Christiane Grefe
Global Gardening

Schriftenreihe   Band 1737

Christiane Grefe

Global Gardening

Bioökonomie – Neuer Raubbau oder
Wirtschaftsform der Zukunft?

Bundeszentrale für
politische Bildung

Christiane Grefe, geboren 1957 in Lüdenscheid, studierte an der Deutschen Journalistenschule und Politikwissenschaft in München. Sie war freie Journalistin bei *Natur*, *Geo Wissen* und beim Magazin der *Süddeutschen Zeitung* und arbeitet seit 1999 als Reporterin für die ZEIT.

Bonn 2016
Lizenzausgabe für die Bundeszentrale für politische Bildung
Adenauerallee 86, 53113 Bonn

© Verlag Antje Kunstmann GmbH, München 2016

Umschlaggestaltung: Naumilkat – Agentur für Kommunikation und Design, Düsseldorf
Umschlagmotiv: © plainpicture

Typografie und Satz: www.frese-werkstatt.de
Druck und Bindung: Pustet, Regensburg

ISBN 978-3-8389-0737-6

www.bpb.de

INHALT

»Lassen wir die Natur unverändert, können wir nicht existieren; zerstören wir sie, gehen wir zugrunde. Der Gratweg zwischen Verändern und Zerstören kann nur einer Gesellschaft gelingen, die sich mit ihrem Wirtschaften in den Naturhaushalt einfügt und die sich in ihrer Ethik als Teil der Natur empfindet.«

Michael Succow, Moorforscher und Naturschützer

VORWORT

Das erste Buch, an dem ich mitgeschrieben habe, war dem »Big Mac«
auf der Spur. Woher kommen eigentlich die immer gleichen Zutaten?
Das wollten wir Autoren wissen, als McDonald's in den 1980er Jahren
nach Europa expandierte und noch nicht im Traum daran gedacht
hätte, mal einen Bioburger zu servieren. Schon damals wurden wir bei
unserer Recherche mit Problemen konfrontiert, mit denen die Welt
heute in ungleich größerer Intensität und Verwobenheit ringt: Entwaldung, Artenschwund, Einheitszuchtbullen, Gentechnik, Pestizid-
duschen, Expansion der Futterpflanzen, Landflucht der Kleinbauern.
Das zu erzählen, soll daran erinnern: Diese Dramen haben lange
Schatten.

In jenen 1980ern las ich auch erstmals Texte zur »Bioökonomie«.
Mit diesem Begriff hatten Ökonomen in den USA eine Wirtschaftsweise beschrieben, die sich auf der Grundlage der Sonnenenergie in
ökologische Grenzen fügen und vom permanenten Wachstumszwang
befreien sollte. Da bedeutete Bioökonomie, die ökonomischen Entscheidungen an den unausweichlichen Rahmen der Naturgesetze zu
binden und nach sozial bereichernden Möglichkeiten in der Selbstbegrenzung zu suchen.

Kaum nötig zu erwähnen, dass daraus – außer neuen Photovoltaik-
und Windkraftanlagen – erst mal nichts wurde. Wahrscheinlich wären
wir heute weiter bei der dreifachen Herausforderung, den Klimawandel
zu bekämpfen und zugleich trotz schwindender Ressourcen in Zukunft
neun Milliarden Menschen mit allem zu versorgen – wären nicht die
neoliberalen Jahrzehnte dazwischengekommen, in denen solche Denk-
ansätze erst einmal verschwanden.

Und jetzt ist die Bioökonomie wieder da. Von der breiten Öffentlichkeit kaum bemerkt, macht sie seit einigen Jahren in den USA und Europa und zunehmend weltweit politische Karriere. Sie ist also nicht mehr nur das Projekt einer Handvoll grüner Außenseiter. Im Gegenteil: Nun treiben Politiker und Manager in Industrie- und Regierungsetagen die Bioökonomie voran, weltweit, von Washington über Brüssel bis Berlin, von São Paulo bis Pretoria. Und wenn sie von ihr reden, dann greifen sie tief ins Repertoire politischer Superlative: »Wirtschaftsform des 21. Jahrhunderts«, »neue Welle zur Globalisierung der Wirtschaft«, »nächste Stufe der industriellen Revolution«. Ja, einige stellen ihre Vision tatsächlich mit der neolithischen Revolution, der Agrarrevolution und der industriellen Revolution in eine Reihe; also mit Menschheitssprüngen, die von technologischen Innovationen, aber auch enormen gesellschaftlichen Umbrüchen begleitet waren. Ein Grund, genauer hinzuschauen bei einem schillernden und spannungsgeladenen Begriff beziehungsweise dem Projekt, für das er steht.

Im Jahr 2010 war mir der Begriff Bioökonomie erstmals wieder begegnet – allerdings erkannte ich ihn da kaum wieder. Als Bioökonomie propagierten Politiker und Wissenschaftler nun die »wirtschaftliche Nutzung biologischer Erkenntnisse« mit dem Ziel, fossile Ressourcen zu ersetzen. Aus der übergreifenden Theorie einer ökologischen Wirtschaftsweise war eine PR-Floskel geworden, um unter einem neuen, populär klingenden Schlagwort Forschungsgelder für die Biotechnologie und die umstrittene Gentechnik zu mobilisieren und der Landwirtschaft neue Absatzquellen zu erschließen. Vielen Umweltschützern galt und gilt der Begriff schon deshalb als »verbrannt«, wie ein Beamter im Umweltministerium formuliert. Doch die Bundesregierung trieb das Projekt weiter voran, mit einem ständig sich wandelnden und wachsenden Radius der Ziele.

Heute gilt die Bioökonomie, kurz gefasst, als jener Teil der »Green Economy«, der biogene Ressourcen nutzt. Der Begriff schließt die gesamte Ernährungspolitik und -wirtschaft ein und entscheidet über nicht weniger als den Umgang mit unseren natürlichen Lebensgrundlagen. So wird die Bioökonomie als Dach über sämtlichen Wirtschaftsbranchen und -sektoren beschrieben, die aus Tieren, Wald- und Ackerfrüchten, Fischen, Mikroorganismen und Algen Produkte herstellen. Eine große Effizienzrevolution soll sie in Gang setzen, und das zugleich bei allen »Sechs F«: Food, Feed, Fuel, Fiber, Flowers & Fun – so schön knapp wie im Englischen kriegt man es auf Deutsch kaum hin. Alle Dinge, die uns ernähren, kleiden, fortbewegen und pflegen, aus denen wir Häuser bauen und Alltagsgegenstände herstellen, sollen zunehmend aus biologischen Quellen hergestellt und mit biologischem Wissen optimiert werden. Dabei wird nach Antworten auf komplexe Fragen gesucht: Wie lassen sich Pflanzen und Flächen für Lebensmittel, Futtermittel, Treibstoffe, Papier und Fasern, Blumen und Erholungsgebiete am zielstrebigsten und mit möglichst großer Ausbeute nutzen? Kann »Biomasse«, der Stoff der Bioökonomie, wundersam vermehrt werden, indem alles technologisch (vor allem biotechnologisch) ergiebiger gemacht und vielfältiger verwendet wird; und das, so die jüngste Ausweitung der Definition, in möglichst geschlossenen Kreisläufen? Die Überschrift für all dies lautet, wie könnte es anders sein: Nachhaltigkeit. Doch mehr noch betonen Regierungen und Industrien die Chancen für Innovationen, neue Produkte und Wirtschaftswachstum. Bioökonomie: Das klingt nicht nur metaphorisch, sondern ganz konkret nach der Hoffnung, jetzt aus Stroh Gold zu machen. Mit der Wachstumskritik der Bioökonomie aus den 1980ern haben diese weiterhin ausgreifenden Konzepte wenig gemein. So bleibt nicht nur der Umweltwissenschaftler Ernst Ulrich von Weizsäcker einigermaßen erstaunt über die »Usurpierung eines sexy Begriffs«. Doch er macht weiter Karriere, und das stachelte meine Neugierde an.

Immerhin planen die Regierungen mit einiger Kühnheit etwas Richtiges: Sie wollten, so begründen sie ihre Vorstöße, die Forschungs-, Agrar-, Wirtschafts-, Verbraucher- und Entwicklungspolitik beim Thema (Bio-)Ressourcen nicht mehr neben- oder gegeneinander agieren lassen, sondern miteinander im Einklang auf Nachhaltigkeit trimmen. Das ist umso wichtiger nach dem politisch bedeutsamen Jahr 2015, in dem sich die Weltgesellschaft auf Klimaschutz-Verpflichtungen und universelle nachhaltige Entwicklungsziele (Sustainable Development

Goals) geeinigt hat. Denn nun gewinnt die Diskussion an Fahrt: Und wie, bitte, machen wir das? Wie setzen wir diese Ziele um? Schließlich wuchs mein Interesse angesichts der Milliardensummen, mit denen die Bioökonomie vorangetrieben wurde und wird. Wer und was steckt hinter dem Begriff: immer noch die Gentechnik, wie manche Umweltschützer unterstellen? Ein thematisches Sammelsurium? Oder tatsächlich, wie in den 1980ern, wieder die Suche nach einer zukunftsweisenden Form des Wirtschaftens, die den Begriff Ökologie im Sinne des gemeinsamen Haushaltens endlich ernst nimmt; zudem Forschung und Wissenschaft neu organisiert, sodass in einer Mischung aus Hightech, sozialer Einbindung und Demut vor der Natur zusammengedacht wird, was zusammengedacht gehört?

Denn wichtig wäre es, die Nutzung biologischer Ressourcen systemisch zu sehen; im »Nexus« also miteinander verbunden. Jeder Hektar Land kann schließlich nur einmal bewirtschaftet werden, für Wald, Getreide, Algen oder Fischteiche; für Nahrungsmittel, Energie, Textilien, Baumaterialien, chemische Grundstoffe oder Pharmazeutika; für Industriegebiete, Städte oder Naturschutzgebiete.

In diesem Sinne wäre die Bioökonomie der Überbau der Green Economy und nicht ein Teil von ihr. Und sie nähme übergreifende Fragen in Angriff: Wie werden alle Menschen ohne fossile Grundstoffe mit allem versorgt und auch noch gesund ernährt? Wie können die Sektoren und Branchen, Stadt und Land noch besser kooperieren, um Ressourcen klüger zu nutzen? Welche Rolle kann Technologie dabei spielen; vor allem: welche Technologie? Aber auch: Wo ist Technologie bloß das Ablenkungsmanöver, um einen radikaleren Wandel in Richtung einer verbrauchsärmeren Gesellschaft zu vermeiden? Tatsächlich steht die Bioökonomie im Zentrum der wichtigsten Frage, deren Bedeutung jeden Tag wächst: Wie geht die globale Gesellschaft mit dem begrenzten Land um, auf dem sie lebt, und wie mit der Natur insgesamt? Oder, pathetischer gesagt: Mit welcher Art des Wirtschaftens und Konsumierens bestellen wir den Garten Eden? Und: Wer entscheidet darüber? Entscheiden die Wissenschaftsministerien oder die Forschungsabteilungen von Monsanto, Nestlé, BP, Evonik und BASF? Sind es neue kalifornische oder baden-württembergische Biotech-Unternehmen? Regierungsagenturen in Malaysia? Globale Agrarspekulanten? Die Bill & Melinda Gates Foundation – oder Naturschützer? Großfarmer, Kleinbauern, Biobauern, Köhler in afrikanischen Wäldern? Die Hersteller von Biogasanlagen? Bioökonomieräte? Die Konsumenten, die Bürger? Einige dieser Menschen und Institutionen habe ich besucht, habe mit Beamten und Managern gesprochen, bei Wissenschafts- und NGO-Kongressen zugehört, mich in Firmenlaboren und Dörfern umgeschaut und Gutachten gelesen, um zumindest Ausschnitte des faszinierenden und komplexen Feldes zu erkunden.

Zunächst werde ich die Entwicklung der Bioökonomie-Politik erzählen. Im zweiten Kapitel geht es um einige ihrer wichtigsten technologischen Ansätze, im dritten um ihre aktuellen Antriebskräfte. Das vierte Kapitel diskutiert die umfängliche Kritik an dem Bioökonomie-Konzept; das fünfte schaut auf ihre Bedeutung für Entwicklungsländer. Kapitel sechs skizziert Gegenbilder zu den vorherrschenden technologie- und produktorientierten Konzepten. Danach sollen einige Synthesen aufgezeigt werden – und die strittigsten Zielkonflikte, die zu lösen Aufgabe der Bioökonomie-Politik wäre. Schließlich werden Ansätze für politische Regeln vorgestellt sowie die Frage, wer über sie entscheidet. Einige Kontroversen der Bioökonomie habe ich darüber hinaus in vier Streitgesprächen eingefangen: zur deutschen Bioökonomie-Politik, zur Synthetischen Biologie, zur Förderung von Kleinbauern in Entwicklungsländern und zum grünen Umbau der chemischen Industrie.

Eine Warnung vorab: Wo so viele unterschiedliche Dimensionen und Branchen, Länder und Disziplinen einbezogen sind, da geht es nicht ohne Mut zur Lücke. Leider kann man nicht mit jedem reden, nicht überall hinreisen. Viele Aspekte, von denen jeder Einzelne ein Buch wert gewesen wäre, sind deshalb nur kurz erwähnt; wichtige Länder wie Brasilien, wichtige Themen wie der Wald, die Tier- oder Fischzucht kommen kaum vor, und manchmal wird es etwas sprunghaft quer durch den Globus gehen. Ein derart breit übergreifendes Thema kann man überdies aus unzähligen Perspektiven betrachten. Mein Fokus ist die Politik und jener Teil der Wirtschaft, der bei aller Breite der

Bioökonomie-Aktivitäten stets in ihrem Zentrum bleibt und mitten in großen Umbrüchen steht: die Landwirtschaft. Vieles an der Bioökonomie ist zudem in frühen Stadien der Forschung, die Politik ändert sich laufend. Es wird also in diesem Buch weniger Antworten geben als Fragen. Doch ich hoffe, es sind die richtigen; solche, die Anstöße für Debatten geben.

Green Economy, Blue Economy, Grünes Wachstum, Kreislaufwirtschaft, industrielle Ökologie: Es herrscht kein Mangel im Wettbewerb der Begriffe für den notwendigen Wandel in Richtung eines nachhaltigen Wirtschaftens. »Bioökonomie« aber holt uns, richtig verstanden, am konkretesten wieder auf den Boden runter, im wahrsten Sinne des Wortes.

1 DIE BIOMASSENBEWEGUNG

Eine politische Geschichte der Bioökonomie

Da steht er, der Rennwagen der Zukunft. Knallgelb und froschgrün, schnittige Heckspoiler, die kompakte Front gelackt wie ein Siegergrinsen. Im Dunkel des Ausstellungsraums in Berlin Mitte leuchten Scheinwerfer die geballte Kraft aus, die ein 2000 Kubikzentimeter-Hubraum verheißt. Nein, nach Öko sieht dieses Gefährt nicht aus, das von einem Journalistenpulk und gleich zwei Bundesministern umringt ist; der Forschungsministerin Johanna Wanka und dem Agrarminister Christian Schmidt. Bei so viel politischer Prominenz haben die Frontmänner des Reutlinger Rennstalls Four Motors persönlich die Präsentation ihres »Bio-Flitzers auf VW-Scirocco-Basis« übernommen. Thomas von Löwis, der Chef des süddeutschen Teams, und der rennbegeisterte Rapper Smudo von den Fantastischen Vier erklären abwechselnd, was in diesem Rennwagen steckt.

Biopolyamid zum Beispiel, daraus sind Ansaugrohr und Kraftstoffleitung gefertigt. Motorhaube, Heck und Türen wurden mit einem Verbundmaterial aus Naturfasern wie Flachs und Harz verstärkt. Auch Scheinwerfer und Motorteile enthalten thermoplastische Werkstoffe auf Pflanzenbasis. Smudo klappt die Motorhaube wieder zu und fährt fort: Im Vergleich mit Stahl und den üblichen fossilen Kunststoffen bringen die grünen Materialien das Gewicht des Rennwagens um 67 Kilo herunter. Das senkt den Spritverbrauch und damit CO_2-Emissionen. Außerdem fährt dieser »Bioconcept-Car« mit Kraftstoff aus Rapsöl. Von null auf hundert in nur sechs Sekunden!

Entwickelt haben Materialforscher der Hochschule Hannover den ökoavantgardistischen »Scirocco«. Die Bundesregierung förderte das

Projekt über ihre Fachagentur Nachwachsende Rohstoffe, damit an diesem Prototypen ökologisch integre Baustoffe für das »Auto der Zukunft« erprobt würden. Theoretisch, erklären Smudo und von Löwis, könnten heute schon 60 Prozent eines jeden Serienfahrzeugs aus Materialien gefertigt werden, deren Grundstoffe auf dem Acker gewachsen sind. Von solch erdigen Ursprüngen weit entfernt, stellen sich Wanka und Schmidt in Positur für die Fotografen. Klick!

Man kann das Foto, das die beiden Minister mit dem »biobasierten Prunkstück« zeigt, auf verschiedene Weise betrachten. Für die Förderer der Bioökonomie, die sich im Sommer 2014 in Berlin versammelt haben, ist es ein Sinnbild für grenzenlose technische Innovationsfähigkeit. Donnerwetter, selbst so ein Geschoss kriegen wir heute bio hin! Wirtschaftswachstum auf der Basis eines durch Züchtung optimierten Pflanzenwachstums und deutschen Erfindergeistes: Das gilt hier als Formel 1 der Nachhaltigkeit. Auch mit Fortschritten wie diesem soll die »Große Transformation« zu einer klima- und ressourcenfreundlichen Gesellschaft weltweit gelingen. Und Deutschland bleibt Exportweltmeister.

Man kann das Bild aber auch ganz anders sehen: als Nachhaltigkeitsselbstbetrug. Aha, dasselbe in Grün. Um den Status quo der Konsumkultur – größer, weiter, schneller, mehr – noch einmal verlängern zu können, wird die Ausbeutung der ohnehin strapazierten Natur womöglich noch weiter verschärft. Es reicht aber doch nicht, nur ein bisschen nachhaltiger zu produzieren und einzukaufen. Biositze, Biotüren, Bioauspuff, Biosprit, toller Fortschritt – wenn er in Biobussen und -zügen als Teil einer umfassenden umweltpolitischen Wende geschieht, die weg vom Auto auf deutlich verbesserte öffentliche Verkehrssysteme zielt!

Unbeabsichtigt wird die politische Inszenierung also zum Symbol für die Kontroverse, die mehr und mehr in den Mittelpunkt der politischen Debatten gerät: Ist grünes Wachstum die Lösung? Wer oder was soll wachsen? Wie sonst sähe eine ökologisch verträgliche Zukunft aus? Oder noch einfacher: was ist nachhaltig; was ist grün? Es ist eine Debatte, die immer komplexer wird, aber auch unausweichlich. Denn grün: Das sind ja, zumindest rhetorisch, heute irgendwie alle. Eines der zugleich chancenreichen wie bedrohlichen Streitfelder dieser Debatte ist die Bioökonomie. Als gigantisches Technologieprojekt handelt sie zugleich davon, wie gut oder schlecht der Mensch seine Rolle als globaler Gärtner spielt.

Diese Rolle haben ihm der Klimaforscher Paul Crutzen und sein Koautor Christian Schwägerl zugeschrieben, und ihrem Begriff ist der Titel dieses Buch entlehnt.[1] »Anthropozän«: So beschrieb Crutzen jene Ära, in der kein Baum, Vogel oder Fisch, keine Mikrobe auf diesem Planeten mehr lebt und keine Wolke mehr fliegt, ohne von der allgegenwärtigen Spezies beeinflusst zu werden. Mit medizinischen Fortschritten und dem daraus resultierenden Bevölkerungswachstum, mit Agrar-, Informations- und Produktionstechnologien haben die Menschen in den letzten beiden Jahrhunderten beschleunigt ihren Ausgriff auch auf die letzten Wälder und Meere erweitert.

»Nature is over«, entschied einmal das *TIME Magazine*. Das stimmt natürlich nicht, denn Homo sapiens wird die Natur niemals beherrschen; er ist ja selbst ein Teil von ihr. Und doch muss er sie heute im globalen Maßstab managen. Er tut es ohnehin, bewusst oder unbewusst, geplant oder ungeplant, egal, ob er pflanzt, isst, Straßen oder Häuser baut oder Blumen in einer Vase arrangiert. Mit seinen Wirtschafts-, Konsum- und Ernährungsweisen bestimmt er mehr denn je über die Gestalt der ökologischen Systeme. Dabei kann er der Hüter ihrer Vielfalt werden – oder ihr Ausbeuter bleiben und damit um kurzfristiger Interessen willen seine eigenen Existenzgrundlagen wie die zahlloser anderer Lebewesen gefährden.

Derzeit erweist sich das vorherrschende, weltweit ausgreifende Wirtschaftssystem als zerstörerisch und der globale Gärtner als »Verbündeter der Wüste« (Carl Amery)[2]. Wie also legen wir den Weltgarten so neu an, dass er jeden einzelnen Erdenbürger gut ernähren und mit allem versorgen, sich aber zugleich immer neu regenerieren kann? Als Großplantage und Rohstofflager für Designer-Pflanzen; daneben vielleicht hübsche Rückzugsräume, ein bisschen echte oder rekonstruierte Wildnis? Schaffen wir »künstliches Leben«, künstliche Äcker, ganz neue Landschaften und Ökosysteme? Rekonstruieren wir die alten, vertrauten; ein globales Puzzle vielfältiger Agrikulturen? Machen wir aus den Städten grüne Paradiese »guten Lebens« durch Urban Gardening? Die Bioökonomie steht im Mittelpunkt all dieser Zukunftsfragen.

Ihr Kernziel sei, die »wissensbasierte Erzeugung und Nutzung nachwachsender Ressourcen, um Produkte, Verfahren und Dienstleistungen in allen wirtschaftlichen Sektoren im Rahmen eines zukunftsfähigen Wirtschaftssystems bereitzustellen«,[3] so lautet die offizielle Definition der Bundesregierung. Alles was wächst und lebt, soll mit Hilfe einer Vielzahl neuer Technologien besser erforscht und effizienter, intelligenter, gesünder, mit neuen Eigenschaften und Vorteilen für die Verbraucher genutzt werden. Dabei will die Bioökonomie zugleich die ökologisch schädlichen Folgen des Wirtschaftens begrenzen, ja beseitigen. Ihr Ziel ist es, fossile Rohstoffe zu ersetzen. Und das heißt auch: riskante Agrargifte und Ressourcen zu sparen, die Ernährung verantwortungsvoll zu verändern, dem Klimawandel entgegenzuwirken, Ackerbau und Viehzucht tief greifend umzugestalten.

Das Thema ist nicht neu, doch es gewinnt an Fahrt: Erstmals diskutieren bei der Konferenz 2014 in Berlin 500 Vertreter der Energie- und der Agrarbranche, kleiner und riesiger Chemie- und Nahrungsmittelunternehmen, Beamte, Umweltschützer und vor allem Wissenschaftler vor einer breiteren Öffentlichkeit darüber, wie man eine solche Wirtschaftsstrategie zur Entfaltung bringen kann. Beim Global Forum for Agriculture, einem internationalen Agrargipfel, den die Bundesregierung jedes Jahr am Rande der Grünen Woche veranstaltet, verabschieden Anfang 2015 70 Agrarminister ein Communiqué, in dem sie die Bioökonomie als Entwicklungsmodell begrüßen.[4] Und sie wird immer höher gehängt: Im Herbst 2015 lädt der Bioökonomierat, ein Beratungs-Think-Tank, den die Regierung berufen hat, unter der Schirmherrschaft der Kanzlerin die Welt zum ersten internationalen Bioökonomie-Kongress (Global Bioeconomy Summit) ein. Die über 700 Gäste reichen von Regierungsvertretern über den päpstlichen Gesandten bis zum chinesischen Genforscher, dessen Institut Schweine für die Herstellung von Medikamenten klont.

Auch Hochschulen, Bundesländer wie Bayern, Nordrhein-Westfalen und Baden-Württemberg sowie einige Regionen schreiben sich die Bioökonomie bereits auf die Fahnen. Nicht nur in Deutschland, auch in Finnland, den Niederlanden, Italien, Frankreich, der Europäischen Union, ja in aller Welt von Südamerika bis Südafrika gebe es eine »stürmische Entwicklung der Bioökonomie-Politiken«, sagt Joachim von Braun vom Bioökonomierat. Die Unterschiede sind zwar erheblich. Länder wie Brasilien oder USA mit ihren gigantischen Flächen haben völlig andere Voraussetzungen als Europas häufig kleingliedrige Landschaften. Asiatische Regierungen wie die Malaysias wollen mit dem Aufbau einer Biotech-Produktion vor allem im medizinischen Bereich den Weg vom Agrarland zum Industrieland schaffen; Kanada will seine Wälder noch produktiver nutzen und Skandinavier die Wertschöpfung ihrer Agrar- und Zellstoffindustrien steigern oder aus dem Meer noch mehr herausholen. Das gemeinsame Ziel aber sei, sagt von Braun, die »Biologisierung der Volkswirtschaft«. Bis Mitte des Jahrhunderts sollten 50 Prozent der Produkte auf biologischer Grundlage erzeugt werden. Diese Form des Wirtschaftens werde nicht weniger als »Mensch und Natur neu in Einklang bringen«.

In einer »umfassenden Neugestaltung des Wirtschaftssystems« soll eine ganze Vielzahl von Schlüsselbranchen rundum erneuert werden: Land- und Forstwirtschaft, Energie, Chemie- und Nahrungsmittelindustrie. Laut jüngsten Zahlen des agrarwissenschaftlichen Beratergremiums der Europäischen Union, SCAR, arbeiten in der EU in allen Bereichen der Bioökonomie rund 19 Millionen Menschen.[5] Zwei Billionen Euro setzten ihre Branchen schon heute jedes Jahr um, behauptet die Kommission.[6] Zwar ist diese Zahl womöglich bewusst hoch angesetzt, um das Thema aufzuwerten: »Da wird noch jeder Getränkekastenlieferant mitgezählt«, frotzelt Benedikt Härlin von der Zukunftsstiftung Landwirtschaft. Doch sie zeigt die Breite des angestrebten Wandels, und auch einige Kritiker sehen »das neue große Ding« auf sich zukommen. Es herrsche »Goldgräberstimmung«, meinen etwa die Nichtregierungsorganisationen, die im »Forum Umwelt und Entwicklung« versammelt sind.[7]

Gemessen an einer so hohen Rhetorik wirkt die Konkretion weiterer

»biobasierter« Produkte, die man in Berlin neben dem Bio-Rennwagen in Augenschein nehmen kann, noch etwas impressionistisch. Da wird ein Fahrrad aus Moso-Bambus, Hanffasern, Buchenholz und Kork vorgestellt. Dübel für die Bauindustrie sind aus Rhizinusöl, ein Föhn aus Biokunststoff. Bei der Modenschau »Milk & Sugar« führen junge Textil-Startups Klamotten aus Bananen-, Bambus- und Eukalyptus-Fasern vor, oder Kleiderstoffe aus Milcheiweiß, das aus nicht mehr verkehrsfähiger Rohmilch gewonnen wurde. Biotechnologen bauen aus nicht genießbarer Ziegenmilch reißfeste und dehnbare Spinnseide nach, um Fäden für OP-Nähte oder Textilien zu erzeugen. Farben kommen aus Mikroalgen, ein goldschimmerndes Hightech-Garn aus Weizenstroh, Sonnenbrillengestelle aus Holz.

Man fühlt sich an eine moderne Variante der mittelalterlichen Dreifelderwirtschaft erinnert. Damals war neben dem Getreide ein Teil des Ackers reserviert, um das Pferd als Energieträger zu füttern; auf einem anderen wurden Fasern zum Weben angebaut. Wird also die Primärwirtschaft, die lange aus dem Bewusstsein gedrängte Urproduktion landwirtschaftlicher Erzeugnisse, auch in ihrer Bedeutung für die Volkswirtschaft wieder primär? Zurück zu den Wurzeln – jetzt aber mit neuen Mitteln?

Doch die Perspektiven der Bioökonomie reichen weiter. Auf pflanzlicher Grundlage sollen »bioraffiniert« Kraftstoffe für Fahr- und Flugzeuge entwickelt werden, die Erdöl vielleicht doch noch mit geringeren Emissionen ersetzen können. Grüne Baumaterialien, zum Beispiel aus dem von Natur aus faserverstärkten Holz, sollen global wachsende Städte klimafreundlich errichten, neue biotechnologische Verfahren und Materialien Umweltschäden und sozialer Ausbeutung in den Warenströmen der Weltgesellschaft entgegenwirken. Ein Gerbstoff zum Beispiel, der aus Olivenblättern gewonnen und optimiert wurde, könnte das hochgiftige Chrom ersetzen und künftig verhindern, dass die Armen in der Leder- und Schuhindustrie Bangladeschs weiter an Lungenschäden, Hautkrankheiten und Krebs erkranken. Diesen Wandel in Richtung einer Wirtschaftsweise, die von der Mobilität bis zur Ernährung »Nachhaltigkeit und Wachstum versöhne«, gelte es »zu beschleunigen und in der Breite zu verankern«, kündigt die Forschungsministerin Johanna Wanka an.

Schon die Event-Location »E-Werk«, ein früheres Umspannwerk der Hauptstadt, unterstreicht die Botschaft des Ministeriums: Das fossile Zeitalter lassen wir hinter uns. Bisher gründet unser Wohlstand auf Kohle, Gas und vor allem Erdöl. Doch künftig sollen sich alle Ressourcen- und Energiequellen erneuerbar wandeln. Wind und Photovoltaik werden dabei zwar die wichtigste Rolle spielen, doch auch Biomasse wird bedeutsam bleiben. Derzeit leistet sie in Deutschland mit 61 Prozent den größten Beitrag zur Endenergie aus erneuerbaren Quellen. Der hohe Anteil ergibt sich daraus, dass 87 Prozent der regenerativen Wärme aus Biomasse kommt, vor allem aus Holz. Beim Verkehr liefern Pflanzen sogar 91 Prozent der erneuerbaren Energie.[8] Auch bei Materialien für Bau oder Kleidung setzt die Bundesregierung stärker auf biogene Ressourcen. Und in der chemischen Industrie: Da werden in Deutschland immer noch 71 Prozent der Grundstoffe aus Naphta und Erdölderivaten und 14 Prozent aus Erdgas erzeugt, und nur 13 Prozent stammen aus nachwachsenden Rohstoffen. Mit der Energiewende soll also nach dem Willen der Bundesregierung zugleich eine Chemiewende, eine stoffliche Wende, auch eine Agrar- und Ernährungswende gestaltet werden. Und nicht nur im eigenen Land, sondern in weltweitem Handels- und Technologieaustausch.

»Peak Everything«:
Die zentrale Herausforderung der Bioökonomie

Wie dringlich der Abschied von den fossilen Energieträgern ist, das muss man nach dem klima- und nachhaltigkeitspolitischen Schlüsseljahr 2015 kaum mehr beschreiben. Der G7-Gipfel, die neuen Nachhaltigkeitsziele der Vereinten Nationen, das UN-Klimaschutzabkommen: Nach Jahrzehnten, die viele politische Abkommen und Initiativen brachten und dennoch ökologischen Rückschritt, standen die großen Umweltkrisen mit gleich mehreren Großkonferenzen ganz oben auf der politischen Agenda.

Allem voran der Klimawandel, der immer noch im Futur beschrieben wird, dabei ist er längst bitter erfahrene Gegenwart. Ohne Ausnahme liegen die globalen Temperaturen seit den 1980er Jahren jeweils über dem Durchschnitt der Vorjahre. Ob in Pakistan, Indien oder Mosambik, ob in Kalifornien oder an der Elbe: In vielen Regionen erleben die Menschen Jahrhundertstürme, Jahrhundertdürren, Jahrhundertfluten in immer kürzeren Abständen. An die alten Bauernregeln kann man sich nicht mehr halten, weil saisonale Rhythmen wie Regenzeiten und Temperaturschwankungen von Indien bis Irland unberechenbar geworden sind. Auch Konflikte um schwindende Wasserressourcen sind bereits Realität. Viele Wissenschaftler sehen uns auf dem Weg zu einer Drei- oder Vier-Grad-Anarchie.

Um sie noch abzuwenden, fordert der Weltklimarat IPCC nicht mehr nur, CO_2-Emissionen zu vermeiden, sondern der Atmosphäre sogar Kohlenstoff zu entziehen. Den größten Teil der Vorräte an fossilen Energieträgern müsse die Menschheit dort lassen, wo die Evolution sie deponiert hat: im Boden. Daran halten sich bislang zwar nicht mal die Staaten, die es sich leisten können, wie die USA oder Kanada. Im Gegenteil: Dort ist seit Jahren ein neuer fossiler Industrialisierungsrausch in Gang. Doch dass Öl und Gas mit gigantischem Aufwand aus dem Meeresgrund gepresst, aus tiefen Gesteinsschichten gesprengt, mit Helikoptern aus den entlegensten Dschungeln geholt oder in den Naturschutzgründen der Arktis gesucht werden muss, zeigt, dass der Peak Oil mit höchster Wahrscheinlichkeit hinter uns liegt. Selbst wenn jetzt der neue Klimavertrag von Paris die Kehrtwende einleitet: Noch setzen sich die unmittelbaren Umweltzerstörungen durch das Erdöl fort. Auch deshalb muss sich die Suche nach Alternativen zu den fossilen Quellen beschleunigen.

Das will die Bioökonomie, und es ist besonders herausfordernd bei dem innersten Stamm, der sie trägt: der Landwirtschaft. Wie sehr sie im Zentrum aller Krisen steht, bekam die Weltgemeinschaft 2007 zu spüren. Damals stiegen die Preise für Nahrungsmittel in unerwartete Höhen auch aus dem Grund, dass der hohe Ölpreis, niedrige Lagerbestände und Dürren in mehreren Weltregionen zusammentrafen. Kunstdünger und Agrarchemie auf fossiler Grundlage, energieintensive Landmaschinen: Alles wurde teurer. Regelrechte Hungerrevolten von Mexiko über Ägypten bis nach Indien rückten die Feldarbeit nach jahrzehntelanger urbaner Naturvergessenheit wieder ins Bewusstsein der Weltöffentlichkeit. Weltweit leiden zudem Bauern unter dem Klimawandel, aber die Agrarproduktion ist zugleich einer seiner wichtigsten Treiber. Mehr als ein Drittel der Treibhausgas-Emissionen gehen auf die Landwirtschaft und die Entwaldung zurück. Laut der Welternährungsorganisation FAO sind die Emissionen vom Acker allein zwischen 2000 und 2010 von 4,7 Milliarden Tonnen sogenannter CO_2-Äquivalente um 14 Prozent auf 5,3 Milliarden Tonnen im Jahr 2011 gestiegen[9] und seither immer weiter. Der Klimawandel sei »die Summe aller Fehler«, so hat es die indische Umweltschützerin Sunita Narain einmal formuliert, die Komplexität erfassend und doch ganz einfach. In der Landbewirtschaftung konnte man die Folgen dieser Fehler schon materiell in Augenschein nehmen und messen, lange bevor die unsichtbaren Zusammenhänge des Treibhauseffektes verstanden und offiziell anerkannt wurden. Es waren und sind Fehler wie die Entwaldung, der Mais- und Sojarausch für eine hochkonzentrierte Tierzucht, die Trockenlegung der Moore oder die Übernutzung der Böden, die an manchen Orten bis zu 16-mal schneller erodieren, als sie sich wieder erneuern können.

Und ein Gipfel nach dem anderen rückt näher: Peak Phosphor, Peak Boden, Peak Wasser, Peak Agrarland. Peak Forest: Auch Wälder schrumpfen noch immer, allein im Jahr 2014 gingen 18 Millionen Hektar verloren[10] und damit ihre Fähigkeit, zu kühlen, Tausenden von Arten einen Lebensraum zu bieten und Wasser zu speichern. Bei vielen Ressourcen des Planeten sind die Grenzen überschritten. Der »Earth Overshoot Day«,[11] zu deutsch: »Erdüberlastungstag«, an dem die Menschheit die ökologisch vertretbare Menge an Wasser, Biodiversität oder fossiler Energie in Anspruch genommen hat, wurde 2014 bereits im August markiert und 2015 wieder ein paar Tage früher. 795 Millionen Erdbewohner haben nicht genug zu essen; ja wahrscheinlich sind es mehr, denn die FAO hat ihre Schätzungen seit 2011 auch durch neue Berechnungsgrundlagen gesenkt. Mit welchen Anbaumethoden und

Produkten, in welchen Versorgungsstrukturen sollen die ländliche Bevölkerung und die wachsende Zahl anspruchsvoller Städter von China bis Mexiko ernährt werden?

Für diese Herausforderungen wollen die Visionäre der Bioökonomie Lösungen finden, und zwar so, dass alle Wechselwirkungen gesehen werden: Der Mensch soll die Natur nachhaltig nutzen und dabei gleichzeitig Klima und Umwelt schützen. Der Fokus bei den Auswegen der Bioökonomie liegt auf neuen Technologien (Kapitel 2). So sollen Hochschulen und Saatgutkonzerne neue Sorten von Nahrungspflanzen entwickeln, die anspruchslos auf salzigen, trockenen oder verarmten Böden gedeihen. Die Landwirtschaft richten sie mit »Präzisionsfarming« neu aus, »Nutraceuticals« sollen Lebensmittel gezielt mit Nährstoffen anreichern. Andere Forscher experimentieren mit einer vegetarischen Ernährung, die nach richtigem Fleisch schmeckt.

Zudem wird weltweit mit Bioraffinerien experimentiert. Ähnlich wie Ölraffinerien, wandeln sie jedoch Feldfrüchte wie Mais, Weizen oder Zuckerrübe, dazu Abfälle in niedermolekulare Kohlenwasserstoffe um. Daraus werden Aromen für die Nahrungsmittelindustrie, Pflanzenfasern für Dämmstoffe, Möbel oder Kleidung, Ausgangsstoffe für Medikamente, die Kunststoff- und Plastikproduktion und andere Bereiche der Chemieindustrie zusammengebaut, und wie nebenbei soll zugleich CO_2-frei Energie entstehen. Auch daran, dass diese Vision sich verwirklicht, arbeiten die Pflanzenzüchter im Vorfeld mit. Bei ihrer Suche nach den besten Sorten wählen sie nicht mehr nur die ertragreichsten aus, sondern Eigenschaften, die der späteren Verarbeitung nützen. Was die Natur nicht schon selbst im Repertoire hat, das soll auf biotechnologischem Wege von einer Art auf eine andere übertragen oder mit Methoden der »Synthetischen Biologie« im Labor optimiert werden.

Als Helfer für die »industrielle Biotechnologie« werden überdies die kleinsten Lebensformen entdeckt und zielstrebig umgebaut. Mikrobiologen erobern immer mehr Hefe-, Bakterien- und Pilzstämme und ihre Fähigkeiten wie einen neuen Kontinent. Solche Mikroorganismen sollen alles können: Insekten aus dem Feld verscheuchen, dem Boden oder dem menschlichen Darm mehr Abwehrkräfte verleihen, vergiftete Gelände sanieren oder Kohlehydrate in Treibstoff verwandeln. Beim »Pharming« will man billige Medikamente in Nutzpflanzen herstellen, aus Mikroalgen eine ganze Palette von Grundstoffen für die Chemie- und Ernährungsindustrie entwickeln. So umfasst die Bioökonomie – in den Ländern jeweils unterschiedlich gewichtet – alle Facetten der Biotechnologie und der Gentechnik: Die »rote« Biotechnologie im Bereich der Medizin; sie ist am weitesten fortgeschritten. Die »weiße« Biotechnologie, welche die Herstellung industrieller Produkte vielfältig optimieren soll. Schließlich die »grüne« Biotechnologie, also ihren Einsatz in der Pflanzenzucht. Die Bioökonomie reiche, sagte der belgische Bioökonomie-Forscher Erik Mathijs bei der Vorstellung des SCAR-Reports der EU in Brüssel, »von Parmaschinken bis Abfall, von Mais bis Mikroorganismus«.

Von der Gentechnik-Promotion zum nachhaltigen Ressourcenmanagement

Dabei erweist sich die Bioökonomie als eine Art Begriffschamäleon, das sich, getrieben vom Innovationsstreben privater Industrien, öffentlicher Wissenschaftsorganisationen und staatlicher Forschungs- und Wirtschaftslenkung, immer wieder an wechselnde Vorgaben anpasst. Ohne Bezug zur Vorgeschichte aus den 1980er Jahren definierten die Genetiker Juan Enriquez-Cabot und Rodrigo Martinez die Bioökonomie in den 1990ern bei einem Kongress in den USA erstmals ganz neu als »Bereich der Wirtschaft, der neues biologisches Wissen zu kommerziellen und industriellen Zwecken nutzt«. Der Name des Unternehmens, das Enriquez betrieb, spiegelt, wie sehr das biotechnologische Denken damals vorherrschte: »Biotechonomy«. 2004 nahm die EU-Kommission diesen Anstoß auf. Die Fortschritte der Lebenswissenschaften ließen die Vorhersage Wirklichkeit werden, »dass dies das Jahrhundert der Biotechnologie sein wird«, heißt es in Papieren aus jenem Jahr. Der neue Titel Bioökonomie überdeckte auch die in Europa so ungeliebte grüne Gentechnik-Forschung. Kritikern galt er deshalb als trojanisches Pferd für die umstrittenen »Life Sciences«. Zudem hatte gerade die »Wissensgesellschaft« politische Konjunktur. Im September 2005 legte daher der damalige Wissenschafts- und Forschungskommissar Janez Potočnik ein erstes Grundsatzpapier zur »Knowledge Based Bioeconomy« vor.[12] Der »wissensbasierten Bioökonomie«.

Die »Kölner Erklärung« zur Bioökonomie, die auf einer Konferenz unter der deutschen EU-Ratspräsidentschaft 2007 formuliert wurde, trieb das Projekt weiter voran.[13] Geradezu schwärmerisch wurde vor allem der industriellen Biotechnologie bei diesem Treffen am Rhein ein weltweites Umsatzvolumen von rund 300 Milliarden Euro bis zum Jahr 2030 und damit transformierender Einfluss auf ein Drittel der gesamten industriellen Produktion prophezeit. Seither gewinnt die Bioökonomie unaufhaltsam an Bedeutung, obgleich von der Öffentlichkeit kaum bemerkt, »sozusagen klammheimlich«, wie der damalige Programmdirektor in der Generaldirektion Forschung und Spiritus Rector der Bioökonomie, Christian Patermann, in einem Aufsatz schreibt.[14] Im EU-Rahmenprogramm von 2007 erhob Kommissionspräsident José Manuel Barroso die Bioökonomie zu einem der zehn großen Forschungsthemen, mit 7 Milliarden Euro wurde sie unterstützt. Ein Jahr später wurde sie eines von sechs Kernprojekten seiner Initiative zur Förderung fortschrittlicher europäischer »Leitmärkte«. 2009 verlieh ihr die OECD mit einem großen Strategieentwurf Rückenwind und erklärte sie, nicht zuletzt unter dem Eindruck der Öl- und Nahrungsmittelpreiskrise der beiden Vorjahre, zum »Motor für eine ökologisch nachhaltige Produktion«.[15] Im Jahr darauf unterstrich die Organisation der mächtigsten Wirtschaftsstaaten mit einer Tagung von Genomforschern und Bioinformatikern in Montpellier noch einmal ihre Hoffnung, dass ihre Disziplinen als »Schrittmacher einer effizienten Bioökonomie dienen« könnten. Modifiziert und optimiert werden sollten nach ihren Vorstellungen die Genome von Pflanzen und Tieren – und auch von Menschen, um Krankheiten zu bekämpfen und vorzubeugen.

Wenig später wurde in Jülich das erste bioökonomische Forschungszentrum in Europa gegründet. Getragen wird dieses »Bioeconomy

Science Center« von der Rheinisch-Westfälischen Technischen Hochschule Aachen, den Universitäten Bonn und Düsseldorf und dem Forschungszentrum Jülich.[16] Gemeinsam mit einer Vielzahl weiterer Forschungsinstitute arbeiten sie nach eigenem Bekunden an »nachhaltigen« Lösungen für die »großen Herausforderungen unserer Zeit«. Im Jülicher BioSC fließen die Arbeiten diverser Forschungs-Plattformen zusammen, etwa das Portfolio »Sustainable Bioeconomy« der Helmholtz-Gemeinschaft. Gleich fünf Helmholtz-Zentren wurden da mit einem Fraunhofer Institut, sieben Universitäten und dem Deutschen Biomasse-Forschungszentrum in Leipzig zusammengeführt, »um das Biomassegeschäft wirtschaftlich, ökologisch und sozial nachhaltig zu gestalten«. 13,5 Millionen Euro steuert Helmholtz bei, alle anderen deckeln auf. Außerdem gibt es den Cluster für Industrielle Biotechnologie CLIB 2021, eine grenzüberschreitende Kooperation zwischen Nordrhein-Westfalen, Flandern und den Niederlanden; die Pflanzengenomforschung GABI, die mikrobiologische Genomforschung GenoMIK, das Deutsche Pflanzen Phänotypisierungs-Netzwerk, das Agrarkompetenzzentrum CropSense – sowie zahlreiche weitere europäische Technologieplattformen, Forschergruppen, Graduiertenkollegs und Industrieprojekte.

Auf der EU-Ebene zählt die 2014 gewählte neue Kommission die Bioökonomie dann erneut zu einer der sechs »Großen Herausforderungen« für die Union und macht sie zum wichtigen Fördergebiet. Sie wird als eine Schlüsselstrategie gesehen, um die Ziele der Leitinitiativen »Innovationsunion« und »Ressourcenschonendes Europa« zu verwirklichen. Wie hoch die Summen insgesamt sind, die für den Wandel zur biobasierten Wirtschaft aufgebracht werden sollen, ist kaum zu erfassen. Denn dazu gehören Budgets für die Biotechnologie-, Ernährungs-, Material- und Agrarforschung, und teilweise spekulieren Politiker und Unternehmen auch auf die Subventionstöpfe der Gemeinsamen Agrarpolitik und des EU-Strukturfonds. Allein aus dem neuen Forschungs- und Innovationsprogramm »Horizon 2020« werden ausdrücklich auf die Bioökonomie bezogene Forschungs- und Innovationsprojekte mit 3,8 Milliarden Euro finanziert. Dieses Programm wurde, wie auf EU-

Ebene üblich, im engen Schulterschluss mit Industrievertretern geplant.

Dass die Bioökonomie auch in Deutschland zunächst in engster Abstimmung mit der Industrie und dabei unter Ausschluss breiterer gesellschaftlicher Kreise gefördert wurde, wird vor allem an der Auseinandersetzung um den »Bioökonomierat« deutlich. 2009 beriefen die damalige Forschungsministerin Annette Schavan und Agrarministerin Ilse Aigner erstmals dieses Beratungsgremium. Ein Jahr später folgten sie mit der »Nationalen Forschungsstrategie Bioökonomie 2030«[17] weitgehend seinen Empfehlungen. Für sechs Jahre stellte die Bundesregierung 2,4 Milliarden Euro für Bioökonomie-Projekte zur Verfügung, unter anderem als Teil der Hightech-Strategie. Davon verwaltet das Bundesministerium für Bildung und Forschung (BMBF) zwei Drittel, ein Drittel das Bundesministerium für Ernährung und Landwirtschaft (BMEL). 1,1 Milliarden sind für die Ernährungssicherung und Herstellung gesunder und sicherer Lebensmittel vorgesehen, 511 Millionen Euro für Energieträger auf der Basis von Biomasse, 800 Millionen für die Nutzung nachwachsender Rohstoffe für industrielle Zwecke. Auch in Deutschland kommen noch Gelder für die Biotechnologie- und Agrarforschung hinzu.

Beherrscht wurde der Rat[18] seinerzeit von Institutionen mit starken ökonomischen Eigeninteressen. Vertreter der BASF saßen darin, der KWS SaaT AG und der DOW-AgroSciences LLC, neben dem Deutschen Bauern- und Waldbesitzerverband und teils industrienahen Forschungsinstituten. Angesiedelt hatte man das Gremium bei der Deutschen Akademie für Technikwissenschaft (acatech), die als nationale Wissenschaftsakademie Politik, Wirtschaft und Gesellschaft beraten und den Wissenstransfer zwischen Forschungsinstituten und Wirtschaft unterstützen will. Umweltorganisationen, Entwicklungsorganisationen oder Ethiker waren nicht vertreten – und darüber *not amused*, dass in ihren Augen Forscher die Kriterien zur Förderung ihrer eigenen Institutionen zuschnitten.

Auch über ihre Kreise hinaus stieß die verkürzte Perspektive auf ein derart weit reichendes und brisantes Themenfeld zunehmend auf Kritik. In Teilen des Forschungsministeriums wie in anderen Ressorts der Regierung wurde das Beratungsverfahren, das Entscheidungen über Milliardensummen beeinflusste, als Konklave einer selbst ernannten Agrar- und Technologie-Elite gescholten. Auch Parlamentarier und Naturschutzverbände erhoben Einspruch dagegen, dass Interessenzirkel wichtige Zukunftsfragen unter sich erörtern wollten. Die Kritik zeigte Wirkung. In ihrer Folge wurde der Bioökonomierat weitestgehend neu besetzt, das Begriffschamäleon nahm neue Farben an.

Mit nur noch einzelnen Konzernvertretern sind jetzt Wissenschaftler aus mittelständischen Biotechnologie-Firmen etwa gleichauf. Mitglieder sind außerdem, um nur einige zu nennen: der Botaniker Johannes Vogel, der als origineller und umtriebiger Leiter des Berliner Naturkundemuseums ein Auge auf die Biodiversität hat. Ulrich Hamm, Experte für Agrar- und Lebensmittelmarketing an der ökologisch orientierten Agrarfakultät der Universität Kassel-Witzenhausen, sitzt jetzt im Bioökonomierat; ebenso Daniel Barben, ein Politikwissenschaftler, der in Klagenfurt zu Wechselwirkungen zwischen technologischen und gesellschaftlichen Veränderungsprozessen forscht. Lucia Reisch wurde ebenfalls neu berufen. Die Wirtschaftswissenschaftlerin beschäftigt sich an der Copenhagen Business School mit der Nachhaltigkeit von Produktionssystemen und dem entsprechenden Konsumverhalten und ist auch in zahlreichen anderen Beratungsgremien der Bundesregierung vertreten. Den Vorsitz des Rates bildet eine Doppelspitze: die Mikrobiologin Christine Lang, sie ist Chefin der mittelständischen Biotech-Firma ORGANOBALANCE, und der Agrarökonom Joachim von Braun. Er war Gründungsdirektor des Zentrums für Entwicklungsforschung in Bonn und sieben Jahre lang Generaldirektor des International Food Policy Research Institutes in Washington. Als global renommierter Experte für politische und ökonomische Fragen der Welternährung gehört er auch dem Präsidium der Welthungerhilfe an.

So ist jetzt im Bioökonomierat eine deutlich breitere Mischung unabhängiger Geister aus unterschiedlichen Disziplinen mit vielen Perspektiven, Interessen und Zielen versammelt. Man könnte noch immer anmahnen, dass die für die Bioökonomie wichtige Kommunalpolitik fehlt und dass auch kein Pionier der praktischen Bioökonomie im Rat sitzt. Die Kontroversen bei den Sitzungen spiegeln aber viel eher als vorher neben den wissenschaftlichen auch gesellschaftliche Debatten, und darüber hinaus will man »den gesellschaftlichen Dialog« fördern. Und so muss es wohl sein, wenn das Bundesforschungsministerium BMBF, wie es 2014 in seinem »Wegweiser Bioökonomie« heißt, »Kompetenzen für eine systemische Betrachtung der Bioökonomie aufbauen, die Natur- und Technikwissenschaften mit Erkenntnissen aus den Sozial- und Wirtschaftswissenschaften« verknüpfen und »die Ergebnisse … in eine kohärente Bioökonomie-Politik einfließen« lassen will.[19]

Mancher fragt sich jetzt, ob ein solcher Komplexitätsgrad nicht vermessen sei, überfordernd oder verwässernd. Doch gerade die Zusammenschau sieht das Ratsmitglied Lucia Reisch zu Recht als zwingend. Damit die »Rückkopplung des Wirtschaftens an Boden und Wälder« gelingt, gelte es, alle Bereiche in den Blick zu nehmen, bei denen grüne Ressourcen eine Rolle spielen.

Auf der politischen Ebene ist man nun in der Bioökonomie auch jenseits des BMBFs um einen »systemischen Ansatz« bemüht. Kurz vor der Bundestagswahl, im Sommer 2013, stellten die damalige CSU-Landwirtschaftsministerin Ilse Aigner gemeinsam mit ihrer Forschungskollegin im Kabinett Johanna Wanka die »Nationale Politikstrategie für die Bioökonomie« vor.[20] Sie wird nicht mehr allein von diesen beiden Ressorts getragen, sondern von gleich sechs Ministerien. Wenn man in die Abteilungen hineinlauscht, dann gibt es zwar gute Gründe, zu bezweifeln, ob die damit angestrebte Kohärenz zwischen Forschungs-, Agrar-, Umwelt-, Wirtschafts-, Entwicklungs- und Außenpolitik plus dem Bundeskanzleramt gelingt. Eine »gemeinsame Vision« werde »noch nicht richtig gelebt«, sagt der zuständige Abteilungsleiter aus dem Agrarministerium. Immerhin liegen die Widersprüche und Konflikte zumindest auf dem Tisch, wenn sich zum Beispiel der Agrarminister immer wieder mit finanzieller Unterstützung für den Export von Fleisch und Milchprodukten aus deutschen Landen in alle Welt starkmacht – während das Umweltministerium die anhaltend überhöhten Stickstoff-

Emissionen anprangert, die eben diese Fleischproduktion mit sich bringt. Oder wenn sich Forschung (pro) und Umwelt (contra) über die Gentechnik streiten.

In der Europäischen Union zeichnet sich ebenfalls ein Wandel ab. Dort stehen nun Nachhaltigkeit, die Förderung der Regionen und eine Rolle als grüner Teil der Kreislaufwirtschaft im Mittelpunkt der Bio-ökonomie-Förderung. Ein zentrales Förderinstrument der EU-Kommission ist die 2014 gegründete, öffentlich-private Partnerschaft zwischen Union und Industrie namens Bio-Based Industries Joint Undertaking (BBI); auf Deutsch heißt sie »GUBBI«.[21] Eine Milliarde Euro fließen aus dem EU-Haushalt in dieses »Gemeinsame Unternehmen Biobasierte Industriezweige«. Industriepartner ist das »Bio-Based Industries Consortium (BIC). 48 große und vor allem kleinere europäische Firmen aus unterschiedlichen Sektoren haben in dieser Gesellschaft ihrerseits mehr als 2,7 Milliarden Euro für die Finanzierung von Bioökonomie-Innovationen innerhalb der nächsten zehn Jahre zugesagt. Als »assoziierte« Mitglieder nehmen zugleich zahlreiche Universitäten, aber auch die Verbände der Pflanzenschützer und Biotechnologie-Firmen Einfluss darauf, welche Projekte im BBI gefördert werden können. Diese sollen dazu beitragen, die »Landnutzung und Nahrungsmittelsicherheit durch eine nachhaltige, ressourceneffiziente und weitgehend abfallfreie Nutzung von Europas nachwachsenden Ressourcen für industrielle Verfahren zu optimieren«. Innovationen sollen bei Biokraftstoffen neuer Generationen, Chemie, Materialien, Futtermitteln und Energieversorgung mobilisiert werden. Zugleich will man den Firmen mit den Finanzspritzen Brücken über das »Tal des Todes« bauen. So nennt man jene Investitionslücke, die oft dazu führt, dass Forschungserfolge nicht praktisch umgesetzt werden. Größere Demonstrationsanlagen der Bioökonomie würden meist eher außerhalb Europas in den USA oder in Asien gebaut, hatten die Unternehmen kritisiert. Sie sprachen vom »welkenden Pflänzchen« – und wurden in Brüssel erhört. Jetzt wolle man »die Investitionen nach Europa holen«, sagt der geschäftsführende Direktor des BCI, Dirk Carrez. (Zu weiteren Motiven: Kapitel 3)

Teufel versus Beelzebub:
Wie nachhaltig ist die Bioökonomie?

Trotz des politischen Wandels, den das Bioökonomie-Projekt durchlaufen hat, vom Fokus auf Biotechnologie und der schieren Substitution fossiler Quellen zum Bemühen um ein globales Ressourcenmanagement: Viele Kritiker sehen die Bioökonomie noch immer als Teil des Problems (Kapitel 4). Denn was in den neuen, nachdenklicheren Papieren des Bioökonomierates, der Bundesregierung und auch der EU-Kommission steht, ist eine Sache – eine andere aber ist die Realität der Märkte und durchsetzungsfähiger ökonomischer Interessen, vor allem des globalen Agrobusiness, aber auch anderer Industrien und Forschungsinstitute. Diese werden von Räten und Regierungen öffentlich kaum thematisiert. So löst, was für die Verfechter der Bioökonomie den weitsichtigen Durchbruch ins postfossile Zeitalter verheißt, vor allem bei Umwelt- und Entwicklungsorganisationen und auch bei vielen Wissenschaftlern noch immer erhebliche Befürchtungen aus. Biomasse sei keineswegs vorbehaltlos »der Stoff, aus dem die Zukunft wächst«, heißt es in einem kritischen Kommentar der Welthungerhilfe.[22]

Das liegt vor allem an den Erfahrungen mit dem ersten praktischen bioökonomischen Großversuch: Biosprit. Dessen Einführung mit pauschalen Beimischungsquoten brachte fatale Folgen mit sich: ökologisch und ästhetisch verheerende Mais- und Rapswüsten, galoppierende Pachtpreise für Ackerland, die Kleinbauern ausbooten, Landnahmen von Brandenburg bis Mosambik, den Aufschub einer ernsthaften Verkehrswende. Der Teufel wurde mit dem Beelzebub ausgetrieben, ohne dass die Klimabilanz entscheidend verbessert worden wäre. Seither hat die schöne Vorsilbe »bio« ihre Unschuld verloren. Schmerzhaft mussten gerade viele Partei-Grüne im Biospritrausch ihren Irrtum erkennen: Ökologische Zerstörung gibt es auch im Namen der Nachhaltigkeit. Im »Bodenatlas« wird bioökonomischen Ansätzen eine kategorische Absage erteilt: »Diese Wachstumsstrategie würde alle Gerechtigkeits-, Biodiversitäts- und Klimaziele zunichte machen, auf die sich die Regierungen in den letzten Jahrzehnten verständigt haben«.[23]

Einige Umwelt und Entwicklungsorganisationen halten sie überdies für die Ummäntelung einer langfristigen Einführung neuer gentechnischer Verfahren. Tatsächlich drucksen Regierung und Bioökonomierat bei diesem Thema bislang herum. In anderen Ländern werden neue Gentechnik-Methoden offensiv vorangetrieben und in den USA auch offen debattiert. Dort gibt es bereits Streit um Genome Editing und die Synthetische Biologie. Bei dieser Fortschreibung gentechnischer Verfahren werden Algen und Mikroorganismen, Pflanzen und Tiere neu konzipiert. Kritiker laufen dagegen Sturm: Eine Bioökonomie, die diese Richtung einschlage, verstärke die fatale Entwicklung, das Lebendige zum Material zu degradieren. »Totalitär« drohe die Bioökonomie die Natur und sämtliche Industrien zu beherrschen, befürchtet hierzulande Franz-Theo Gottwald von der Schweisfurth Stiftung. Er hat gemeinsam mit der *Spiegel*-Journalistin Anita Krätzer 2014 ein Buch über die Bioökonomie veröffentlicht, für beide ist sie »ein Irrweg«.[24]

Tatsächlich werden in der Bioökonomie grundlegende Fragen aufgeworfen: Wie gehen wir mit dem Leben um? Welche Natur wollen wir? Oder: *Welche Natur brauchen wir?* so der Titel einer Aufsatzsammlung, in der eine Vielzahl von Autoren eine »anthropologische Grundproblematik des 21. Jahrhunderts« zur Debatte stellt.[25] Das Nachdenken über Funktionalisierung und Machbarkeit, über plurale Blicke auf eine romantisierte, künstliche, ursprüngliche oder authentische, in jedem Fall gestaltete »Natur« und unsere Beziehungen zu ihr wird mit den ökologischen Engpässen zunehmend zum Politikum, das auch die Wirtschaft ereilt. Dabei werde in der propagierten Bioökonomie bisher weitgehend die »lange Tradition« fortgesetzt, »mit Ingenieurskunst und technischem Fortschritt all die Probleme lösen zu wollen, die aus technischem Fortschritt und einem verengten Verständnis von Natur und Umwelt resultieren«, meint Steffi Ober, forschungspolitische Referentin beim Naturschutzbund Deutschland (NABU). Die Hightech-Blütenträume würden der eigentlichen Herausforderung nicht gerecht: ein grundlegend anderes Wirtschafts- und Gesellschaftsmodell zu entwickeln, in dem weniger verbraucht wird.

Begriffsgrabbing:
Wie die Bioökonomie mal gedacht war

Ein solches Wirtschaftsmodell käme auch der Vorstellung näher, die dem ursprünglichen Wegbereiter einer Bioökonomie, Nicholas Georgescu-Roegen[26], schon vor mehr als vierzig Jahren vorschwebte. Dieser rumänische Wirtschaftswissenschaftler und Mathematiker, ein Schüler Schumpeters, stritt dafür, dass sich alle Formen der Produktion in biophysische Grenzen fügen müssten. Doch bei den Neo-Bioökonomen sucht man seinen Namen meist vergeblich. Auch die »Steady State Economy« des Amerikaners Herman Daly,[27] dessen Wirtschaftskonzept sich vom Wachstum verabschiedet und nach einem Zustand des Gleichgewichtes sucht, kommt so gut wie nirgends vor. Ob blind für seine Geschichte oder mit Absicht haben die Innovations-Bioökonomen den sympathisch klingenden Begriff einfach gekapert, mit der Bedeutung als Wachstumsmotor neu aufgeladen – und zumindest in dieser Hinsicht glatt in sein Gegenteil verkehrt.

»Jeder heute neu gebaute Cadillac verkürzt die Lebenschancen künftiger Generationen.« Diesen Satz schrieb Georgescu-Roegen 1971, ein Jahr, bevor der Club of Rome sein folgenreiches Buch *Die Grenzen des Wachstums* veröffentlichte. Den Cadillac von damals hätte der Rumäne heute vermutlich durch einen SUV ersetzt. Doch auch der Bioconcept-Car als Metapher für grünes Wachstum fiele bei diesem ökologischen Vordenker durch, denn er verstand Bioökonomie ganz anders. Georgescu-Roegen, der bis zu seinem Tod im Jahr 1994 an der Vanderbilt-Universität in Nashville forschte, machte sich mit seiner Wirtschaftstheorie der Selbstbegrenzung schon damals zu einem Außenseiter seiner Zunft – so wie es Wachstumskritiker in der Mainstream-Wissenschaft und auch bei den Mainstream-Bioökonomen bis heute tun.

Georgescu-Roegen machte darauf aufmerksam, welch grundlegende Bedeutung die Energie für die Volkswirtschaft hat; unter anderem, indem er die Gesetze der Thermodynamik auf wirtschaftliche Prozesse anwandte. Am bedeutsamsten schien ihm der zweite Hauptsatz. Er besagt, dass die Konzentration der Energie in einem geschlossenen System unweigerlich immer mehr abnimmt. Entsprechend wird jener Anteil der Energie größer, der nicht mehr genutzt werden kann. Dieses Phänomen namens Entropie kann man am Beispiel einer Tasse Kaffee verdeutlichen: Kühlt sie ab, scheint ihre Wärme verschwunden. Doch tatsächlich ist sie im Raum verteilt und nur nicht mehr zugänglich. In ähnlicher Weise sei alles Wirtschaften entropisch, befand Georgescu-Roegen, und der Verlust beschleunige sich dramatisch, seit der Einsatz fossiler Rohstoffe den Prozess der Industrialisierung beschleunigt habe. Durch Verbrennen würden Kohle, Öl und Gas in nicht verfügbare Energie umgewandelt, und zwar, weil sie endlich seien, für immer. Diese physikalischen Tatsachen blende die gängige, wachstumsorientierte Wirtschaftswissenschaft zukunftsblind aus.

Von der Energie übertrug Georgescu-Roegen seine Entropie-These auch auf die Welt der Stoffe und Materialien. Eisen rostet, Textilien oder Reifen verschleißen. Deshalb war der Ökonom davon überzeugt: »Es ist unmöglich, Stoffe komplett zu recyceln.« Damit werde Entropie höchstens verzögert. Der gesamte Wirtschaftsprozess sei kein Kreislauf, wie es die meisten Theorien behaupten. Er bestehe »aus der kontinuierlichen Umwandlung von niedriger in hohe Entropie, also in nicht wiederverwertbaren Abfall, oder, um einen geläufigen Begriff zu verwenden, in Umweltverschmutzung«.

Georgescu-Roegens Kritiker, allen voran die Schule des russisch-belgischen Physiko-Chemikers Ilya Prigogine, warfen ihm einen Denkfehler vor: Physik und Wirtschaft seien ganz unterschiedliche Sphären, deshalb könne man die Entropie-Gesetze der einen nicht ohne Weiteres auf die andere anwenden. Sie beschrieben die Fähigkeit von Systemen, aus Unordnung neue Ordnung zu erzeugen und dadurch Entropie in »Negentropie« zu verwandeln. Manches hat Georgescu-Roegen später auch selbst relativiert. Gleichwohl hielt er am Kern seiner Theorien fest, dass das Wachstum der Weltbevölkerung in Verbindung mit der Ausbreitung einer konsumistischen Wirtschaft eine grenzenlose Maximierung der Entropie-Erzeugung bewirke, die auf die Dauer zerstörerisch sei und künftigen Generationen die Lebensgrundlagen raube. Auch der 2013 vorgelegte Schlussbericht der Enquete-Kommission des Bundestages »Wachstum, Wohlstand, Lebensqualität«[28] nimmt darauf Bezug: »Rohstoffe tendieren – teils beschleunigt durch wirtschaftliche Prozesse – zu einer immer stärkeren räumlichen Verteilung«, schreiben die Abgeordneten. »Vollständiges Recycling ist daher nicht möglich.«

Für Georgescu-Roegen waren also Ökonomie und Ökologie nicht zu versöhnen – jedenfalls nicht, solange immer mehr Menschen mit Kohle und Öl nicht erneuerbare Energiequellen verheizen. Deshalb plädierte er für eine stärkere Bevölkerungskontrolle – und für die Nutzung der Sonnenenergie, auch in Form von Holz und Pflanzen. Diese nachwachsenden Rohstoffen wären in einer konsequenten Kreislaufwirtschaft zwar theoretisch ohne Grenzen nutzbar, raisonnierte Georgescu-Roegen, doch praktisch könne man auch sie auf begrenzten Böden nicht unendlich vermehren. Deshalb trage die Menschheit Verantwortung dafür, die Entropie-Zunahme merklich zu verlangsamen – einerseits durch Ökolandbau, andererseits durch den Verzicht auf Mode, Luxuskonsum und Autos, »die von null auf hundert beschleunigen, noch bevor der Zigarettenanzünder glüht«.[29]

Welche Technik, welche Agrikultur, welche Natur?

Überhaupt scheint die Dringlichkeit der Entwicklungen Ideen, die in den 1970er Jahren eher am Rand der Gesellschaft entwickelt wurden, ganz allmählich in den Mainstream zu treiben. Seinerzeit machte sich auch ein Zeitgenosse Georgescu-Roegens, der amerikanische Technikphilosoph Lewis Mumford, Gedanken über sinnvolle Innovationen in einer »Biotechnics Economy«. Diese strebt statt nach permanentem Wachstum nach einem Gleichgewichtszustand zwischen begrenzten Ressourcen und Bedürfnissen – und nach einer Fülle (»Plenitude«), wie sie die Natur beständig hervorbringen kann. Eine Vielfalt ihr entlehnter »Biotechnics« sah Mumford im Gegensatz zu einer Technikforschung, die zum Diener der konsumistischen Verschwendungswirtschaft wird oder hermetisch in den eigenen wissenschaftlichen Ritualen verharrt. Er schrieb: »Alles Denken, das diesen Namen verdient, muss jetzt ökologisch sein, in dem Sinne, dass es die Komplexität des Organischen wertschätzt und nutzt; dass es zudem jeden Wandel nicht nur den Bedürfnissen des Menschen oder einer einzigen Generation anpasst, sondern allen organischen Partnern und jedem Teil des Lebensraumes.«[30]

In diesem Sinne sehen auch Kritiker Chancen in der Bioökonomie. So arbeiten immer mehr Experten gemeinsam mit Bauern in aller Welt an ganz neuen Formen, die Erträge in der Landwirtschaft zu steigern und zugleich Ressourcen wie Wald, Boden und Wasser wieder aufzubauen (Kapitel 6). In ihrem Mittelpunkt steht nicht nur das Bemühen, die Erträge zu erhöhen, sondern der Wunsch, die Vielfalt der Agrikulturen und mit ihnen den sozialen Zusammenhalt ländlicher Gemeinschaften zu erhalten. Andere Ökologen suchen nach einer regional unterschiedlich geprägten Stoffstromwirtschaft, in der sich die Produktion von Energie, Wärme und Materialien auf eine Vielfalt neuer Anbausysteme gründet. Auch eine grüne Chemie beginnt, unzählige Pflanzen jenseits der normierten Alleskönner Zucker, Mais und Raps zu untersuchen. Sie könnte neue Vielfalt – und damit Schönheit – auf dem Acker schaffen und zugleich Technologien, um sie dezentral zu nutzen.

»The road not taken«, so ist ein ikonisches Gedicht des amerikanischen Poeten Robert Frost überschrieben, eine Reflektion über das Gewicht und die Schicksalhaftigkeit von Entscheidungen an den Weggabelungen des Lebens, und besonders die letzte Strophe reflektiert den Mut, dabei Neues zu wagen:

»I shall be telling this with a sigh
Somewhere ages and ages hence:
Two roads diverged in a wood, and I —
I took the one less traveled by
And that has made all the difference …«

Auf Deutsch:
»Dies alles sage ich, mit einem Ach darin, dereinst
und irgendwo nach Jahr und Jahr und Jahr:

Im Wald, da war ein Weg, der Weg lief auseinander, und ich –
ich schlug den einen ein, den weniger begangnen
und dieses war der ganze Unterschied.«

Wie der Wanderer in diesen Zeilen, so steht die heutige Gesellschaft vor der Weggabelung: Welchen Pfad der Bioökonomie wollen wir wählen? Den eines mit – auch umstrittenen – Technologien beflügelten, von Experten entwickelten »grünen« Wirtschaftswachstums, wie es in den offiziellen Bioökonomie-Strategien teilweise noch immer anklingt? Oder die »Plenitude«: ein Wachstum der Vielfalt innerhalb biophysischer Grenzen, das auf Agrikulturen gründet, bei denen die Gesellschaft mitreden? Oder sind die beiden Pfade der Bioökonomie gar nicht so unvereinbar? Könnten sie sich hinter der Biegung immer wieder kreuzen oder parallel verlaufen?

Bei der Bioökonomie geht es wie bei der Energie- und der Agrarwende und eng mit ihnen verbunden um einen Strukturwandel und damit einen Machtkampf zwischen alten und neuen Industrien, Technik-Dominanz und gesellschaftlicher Erneuerung, Dezentralität und globalen Einheitslösungen. So lautet die entscheidende Frage: Wer hat wie viel Macht und Einfluss, darüber zu bestimmen? Und da gibt es bei der Bioökonomie noch eine Menge Leerstellen. Denn vieles, was ihre Protagonisten verheißen, wird erst noch in seinen Grundlagen erkundet oder in frühen Stadien erprobt. Und besonders in der Forschungs- und Technologiepolitik, welche die Optionen für unterschiedliche Zukünfte so elementar vorbestimmt, sind die Einflussmöglichkeiten höchst ungleich verteilt. Da handeln Politik, Wissenschaft und Industrie vieles hinter den Kulissen bereits aus, ehe andere gesellschaftliche Gruppen Einfluss nehmen können.

Die Leerstellen zu füllen und mehr Biowirtschaftsdemokratie zu wagen, ist die zentrale Herausforderung. Wenn das nicht gelingt, wird auch die Transformation nicht gelingen, die Klima- und Ressourcenschutz vereint. Und der Publizist Mathias Greffrath bekommt Recht: »Es gibt nicht nur einen Peak Oil, einen Peak Soil, einen Peak Water, es gibt auch einen Peak Democracy.«[31]

2 MEHR MIT WENIGER

Laborbesuche: Bioökonomie als
technologische Verheißung

Wenn sich Mikako Sasa und Sara Landvik in die arktische Wildnis aufmachen, dann planen sie dort keinen Abenteuerurlaub. Obwohl die
Forscherinnen aus Dänemark spektakuläre Landschaften durchwan-
dern, sieht man sie immer wieder nach unten schauen, den Boden ab-
suchen und dann und wann in die Knie gehen. Sie lassen Erde oder
Wasser in kleine Gefäße rieseln und schneiden hier einen Pilz aus dem
Moos, dort einen von einer Baumwurzel herunter. Was sie in ihren Out-
door-Rucksäcken und -Körben aus der Natur nach Hause tragen, ist
eine Grundlage für Hightech-Fertigungsprozesse.

Die japanischstämmige Mykologin und ihre blondgelockte junge
Kollegin aus Schweden arbeiten bei der Firma Novozymes, deren un-
spektakulär modernes Industriegebäude im Kopenhagener Vorort
Bagsværd liegt. Ihre Abteilung trägt den geheimnisvollen Titel:»Pilz-
Entdeckung«. In einer Zeit, da die Tiere und Pflanzen des gesamten Globus enträtselt scheinen und man jeden Winkel des Urwalds, jede Quelle,
jede Insel via Google Earth von überall aus und in Realzeit beobachten
kann, finden entdeckerfreudige Forscher die letzten großen Rätsel offenbar im Boden.

Auf einem Tablett zwischen den üblichen Labortischen, Glas-
schränken und Apparaten haben die Wissenschaftlerinnen für die Besucherin Trophäen ihrer Reisen ausgestellt. Winzige Hütchenpilze und
Trompetenpilze in Giftgelb liegen in den Petrischalen, schrumpelige
Knollen und grau melierte Gebilde, die aussehen wie uralte Baumrinde;
daneben zartfasrige, haarige, fleischige oder verbeulte Schwämme in

allen Schattierungen von Weiß, Grau, Ocker, Braun. Welche Vielfalt der Gestalten! Dabei ist das nur ein winziger, gut sichtbarer Teil aus der Sammlung von Pilzen und Bakterien, die Novozymes' Aufstieg vom kleinen dänischen Fermenter zu einem weltweit führenden Player der globalen Biotechnologie-Industrie mit begründet hat.

Die Mitarbeiter in ihren blütenweißen Kitteln begegnen Besuchern stets skandinavisch locker. Zurückhaltend betonen sie den mittelständischen Charakter ihrer Firma. Dabei fährt das dänische Unternehmen mittlerweile einen stattlichen Jahresgewinn von fast einer Milliarde Euro ein, beschäftigt 6500 Fachkräfte in Europa, Asien und den USA, baut gerade das nächste Forschungszentrum in Dänemark und beherrscht rund die Hälfte des wachsenden Marktes für Enzyme. Und der Anspruch ist alles andere als bescheiden: Mit Hilfe dieser Biokatalysatoren will Novozymes nichts Geringeres als gängige Produktionsverfahren so verwandeln, dass eine »ganz neue«, eine nachhaltige Industrie entsteht.

»Mehr mit weniger«: Diesen Slogan hört man nicht nur in Kopenhagen. Weltweit ist er für die Protagonisten der Bioökonomie das zentrale Mantra. Er fehlt in keiner Politikerrede, keinem Forschungsbericht, keiner Nachhaltigkeitsbroschüre. »Mehr mit weniger«: So soll die Gefahr abgewendet werden, dass schwindende Ressourcen für wachsende und anspruchsvollere Bevölkerungen nicht mehr ausreichen könnten; erst recht, wenn der Klimawandel zugleich den Ausstieg aus der fossilen Energieversorgung fordert. Der Ausweg aus bioökonomischer Sicht: neue Technologien, welche die Erträge nachwachsender Rohstoffe steigern, anschließend alles aus ihnen herausholen und ihre Verarbeitung effizienter machen sollen. So umstritten manche Prioritäten und Optionen dabei sein mögen, wie sich in späteren Kapiteln zeigen wird: Der Wettbewerb um solche Innovationen ist in vollem Gange, und einige der wichtigsten sollen in diesem Kapitel vorgestellt werden. Von Berkeley bis Leuna führt die Reise vor allem durch die Labore kleiner und großer, ganz unterschiedlicher Firmen. Denn auch wenn die Grundlagen vieler Erfindungen ursprünglich in staatlichen Forschungsinstituten mit Steuergeldern entwickelt worden sind: Bei den

Unternehmen sieht man am ehesten, wie nahe oder fern die bioökonomischen Technologie-Träume ihrer Verwirklichung sind.

Bagsværd ist die erste Station, weil Novozymes weltweit zu den Pionieren des viel beschworenen »biologischen Zeitalters« in der Industrie gehört. Außerdem stehen Mikroben, Enzyme und Fermentierungsprozesse im Zentrum diverser Innovationen (oder Hoffnungen darauf), und die Expansionsstrategien der Dänen sind beispielhaft für viele Entwicklungen der Bioökonomie. Die mag überall anders aussehen und sich im waldigen Finnland auf neue Kooperationen der Holz-, Papier-, Chemie- und Energieerzeugung fokussieren, in Norwegen auf Aquakulturen mit Fischen und Algen, in Brasilien auf Biosprit aus Zuckerrohr oder in Malaysia auf Palmöl. Sie mag eine in den einzelnen Ländern ebenfalls unterschiedliche, ständig wachsende Vielzahl von Wirtschaftszweigen und Herstellungsprozessen einschließen – Biokatalysatoren spielen immer wieder eine Rolle. Novozymes hat Kunden in vierzig Branchen und Verkaufsbüros in 130 Ländern und nimmt auch politisch international wachsenden Einfluss.

»Was wir hier machen, gründet alles in der Natur«, schwärmt Sara Landvik. »Wir studieren die Werkzeuge, die sie entwickelt hat – und wenn es für den jeweiligen Zweck nötig ist, dann verändern wir sie ein bisschen.« Ein bisschen? Tatsächlich ist eine der zentralen Kompetenzen der Firma, Mikroorganismen mit Hilfe gentechnischer Methoden (auf die wir noch kommen) passgenau für industrielle Zwecke zuzuschneiden. Aber es stimmt schon: Ausgangspunkt der Enzymproduktion sind die natürlichen Stoffwechseleigenschaften der Pilze, und manchmal werden sie auch nur erkundet und so genutzt, wie sie sind.

Die ganz eigene Lebensform Pilz ernährt sich von organischen Substanzen. Um an den Kohlenstoff heranzukommen, lebt sie oft in Symbiose mit Bäumen, der Deal: Wasser gegen Kohlenstoff. Wachstumsfreudig schließen Pilze Strukturen wie zum Beispiel das Wurzelwerk oder Laub in ihrer Umgebung auf – und das tun sie mit Hilfe von Enzymen, früher nannte man sie: Fermente. Diese Eiweißmoleküle können chemische Reaktionen in Gang setzen oder verändern. Sie spalten Faserproteine, Zellulose und Hemizellulose auf, die in den Zellwänden der Pflanzen sitzen. Manche kriegen selbst eine so komplexe und stabile Verbindung klein wie Lignin, jene Substanz, die Pflanzen verholzen lässt. »PacMan«, nennt ein Novozymes-Mitarbeiter deshalb die gefräßigen Moleküle, in Anspielung auf das großmäulige Männchen in einem alten Computerspiel. Man muss nur beobachten, wie sich ein umgestürzter Baumstamm über die Zeit verwandelt, um die produktive Kraft der Zersetzung zu erkennen. Pilze bauen daraus im Zusammenspiel mit Bakterien und anderen Mikroorganismen neuen Humus auf. Ohne diese in Jahrmillionen entwickelte, subtil verfeinerte Teamarbeit würde es auf der Erde kein Leben geben.

Dank ihrer extremen Anpassungsfähigkeit haben die einfachen Lebensformen unendlich viele Eigenschaften entwickelt, und die machen sich Firmen wie Novozymes zunutze. Auf ihren Touren interessieren sich Mikako Sasa und Sara Landvik beispielsweise für Mikroorganismen, die noch unter ruppigsten Bedingungen selbst am Rande von Salzseen oder bei Eiseskälte gedeihen. »Wenn sie in der Arktis überleben«, sagt Sasa, »dann können ihre Enzyme ja auch noch bei sehr niedrigen Temperaturen wirksam sein.« Solche coolen Überlebenskämpfer studiert das Unternehmen dann im Auftrag der Wasch- und Putzmittelindustrie. Aus den Enzymen mixen seine Wissenschaftler Cocktails, die selbst fieseste Fett- oder Rotweinkleckse schon bei Wassertemperaturen von 40 Grad verschwinden lassen. Für die meisten Konsumenten ist es zur Selbstverständlichkeit geworden, dass man Textilien heute nicht mehr wie früher bei 90 oder 60 Grad waschen muss. Das spart Heizenergie, damit CO_2-Emissionen und Kosten. Und dabei sei das Ende der Fahnenstange mit 40 Grad noch längst nicht erreicht, verheißt Leigh Murphy in Novozymes' Waschlabor. Der Ire testet neue Enzyme mit dem Ziel, die gleiche Reinigungsleistung eines Tages sogar bei 20 Grad, ja vielleicht bei 10 Grad zu erreichen. Dafür lässt er Mini-Stoffproben mit Kakaoflecken, Farbflecken, Alkoholflecken durch Waschmaschinen im Puppenhaus-Format wirbeln. Die wirkungsvollsten Enzymmischungen werden dann weiterentwickelt.

Die Inventur der Natur:
Mikroorganismen werden zu »Zellfabriken«

Der Einsatz solcher Enzyme ist eigentlich eine uralte Kulturpraxis. Seit Jahrhunderten werden Wein-, Bier- und Bäckerhefen genutzt, oder die Bakterien aus Kälbermägen halfen, Käse herzustellen. War das noch das Ergebnis von Beobachtung und Erfahrung, so fand Louis Pasteur bei seinen Experimenten zur Rolle der Bakterien und der Gärung schon detaillierter heraus, dass »die Rolle des unendlich Kleinen in der Natur unendlich groß« ist. Die Konjunktur solcher Fermente und ihre Optimierung zog vehement auch für andere Zwecke an, als in den 1970er Jahren viele Chemikalien wegen ihrer schädlichen Effekte für Gesundheit und Umwelt unter Beschuss gerieten und man nach Alternativen suchte. Seither werden chemische Helfer in der Industrie oft durch Proteasen, Lipasen, Cellulasen, Transferasen und viele andere -asen ersetzt. In der Lebensmittelproduktion zum Beispiel glätten Enzyme Fruchtsäfte, sie verstärken Geschmäcker oder pressen Speiseöle aus Nüssen, Kernen und Saaten. Sie können Orangen schälen, Saucen binden, Mehl bleichen, Brot lockern und konservieren, und das alles billig. Amylase zum Beispiel spaltet Stärke und wandelt sie in Zucker um, der die Hefe nährt. Das kostet um ein Vielfaches weniger, als den Zucker direkt zuzugeben.

Die Ressourcenkrise und der daraus resultierende Zwang, Rohstoffe aller Art immer effizienter zu nutzen, macht die kleinen Helfer heute noch einmal attraktiver. Denn viele von ihnen beschleunigen biochemische Reaktionen um ein Vielfaches. Als natürliche Katalysatoren können sie somit auch bei der Herstellung von Materialien erwünschte Wirkungen oft schneller, kostengünstiger und mit geringerem Energieaufwand erzielen als synthetisierte chemische Mittel. Enzyme ersetzen zum Beispiel ätzende Säuren, hohen Druck oder aufwändige Kontrollsysteme in der industriellen Fertigung. Weil Enzyme oder aktive Bakterien überdies oft weniger Masse erfordern als vergleichbare andere Mittel, verbilligen sie auch noch Lagerung und Transport. Bei der Herstellung von Papier können sie Wasser und Chlor einsparen; wenn es recycelt werden soll, helfen sie, Tinte und Druckerschwärze aus der Masse zu trennen. In Gerbereien machen sie Leder schonender weich. Aber man fügt sie auch dem Viehfutter zu, damit es besser verdaut werden kann und die Methan-Emissionen sinken.

Bei einem dritten Grund für den Aufstieg der Enzyme ist ausnahmsweise der Superlativ »Revolution« angebracht, der sonst gern vorschnell bemüht wird. Gemeint ist das Zusammenwirken von Big Data und Biotech. Zwar sind weder die Informations- noch die Biotechnologie etwa Neues. Schon seit den 1970ern und verstärkt seit den 1990ern investieren Regierungen und Unternehmen weltweit in beiden Bereichen immens hohe Forschungssummen. In den letzten Jahren aber haben Erkenntnis- und Entwicklungsfortschritte in der Datenverarbeitung die Dynamik der Anwendungsmöglichkeiten rasant beschleunigt. Nicht anders als die Autoindustrie mit ihren Logistikzentren, Fertigungshallen und Navigationssystemen oder das Gesundheitswesen mit Operations-Computern und Telemedizin hat die Digitalisierung zunehmend auch jene Branchen erfasst, die mit biologischen Ressourcen wirtschaften. Man kann das Erbgut der Geschöpfe heute in immer leistungsfähigeren Hochdurchsatz-Sequenziermaschinen analysieren, ob Mikroorganismus, Pflanze, Tier, auch Mensch. Mit neuen mathematischen Modellen lassen sich komplexe Vorgänge in der Zelle besser bestimmen. Zugleich sinken für all diese Technologien ähnlich wie bei Handys oder Flachbildschirmen laufend die Kosten. Das macht es noch einfacher, mit Hilfe von Informationssystemen, die auf den Ziffern 0 und 1 gründen, Genomdaten aus den vier Buchstaben ACGT zu erfassen. Die Vereinfachung der Vereinfachung: So umstritten es auch sein mag, das Leben auf seinen Informationskern zu reduzieren, Big Data ermöglicht eine immer genauere Inventur der Natur – und erleichtert damit auch ihre Manipulation.

Je besser die Vielfalt der Ausgangsorganismen bekannt ist, desto mehr Optionen eröffnen sich, ihre Eigenschaften zu nutzen. Allein 100.000 Pilzarten sind in der Mykologie bisher identifiziert, doch Schätzungen gehen von über einer Million aus, ja womöglich bis zu fünf Millionen. Bei Bakterien hängen noch ein paar Nullen mehr dran. Da draußen warte eine »Vielfalt ohne Grenzen«, sagen Mikako Sasa und Sara

Landvik, und deshalb ziehen sie auch immer wieder los. Novozymes-Scouts finden Mikroorganismen weltweit in Botanischen Gärten, in öffentlichen Sammlungen, zu Hause im Wald, »oder manchmal auch im Kühlschrank eines Kollegen, der ein paar Wochen lang im Urlaub war«, lacht Sasa. Was andere ekelt, ist für Mikrobiologen nur herrlich: Bakterien und Schimmelpilze, die sich auf Lebensmittelresten gütlich tun. Wer weiß, was die können.

Wenn ein Industriekunde seine Bedürfnisse vorgebracht hat, dann machen Sasa und Landvik ihren Kollegen in der Entwicklung für den gewünschten Zweck erst einmal Vorschläge, welche Organismen aus ihrer Sammlung sich als Ausgangsmaterial eignen könnten. Dann setzen sich die Wissenschaftler meist daran, produzierende Mikroben zu optimieren – sei es, um einen gewünschten Effekt zu verstärken und die Enzymausbeute zu erhöhen; sei es, um das Kleinstlebewesen für den zumutungsreichen Weg durch die ruppige industrielle Fertigung zu wappnen. Wildformen überleben sonst nicht die Zugriffe der Maschinen und Fließbänder, den Wechsel der Temperaturen, den hohen Druck, oder zumindest bleiben ihre Eigenschaften nicht stabil. Überdies ist ihr Output weniger berechenbar als bei manipulierten Artgenossen, die Enzymmengen sind oft gering oder mit anderen, möglicherweise schädlichen Substanzen vermengt.

Anfangs hat man den Organismen die größere Robustheit und Verlässlichkeit langwierig angezüchtet. Um Mutationen ihrer Gene in Gang zu setzen, wurden sie zum Beispiel radioaktiv bestrahlt oder chemisch bearbeitet. Das Ergebnis war dann noch weitgehend ein Produkt des Zufalls. Mit Hilfe neuer gentechnischer Verfahren kann man die DNA-Abschnitte, welche die Enzymproduktion steuern, nun deutlich zielstrebiger identifizieren und verändern. Aus der Ursprungsmikrobe lässt sich das Erbgut der Kreationen dann in einen robusteren Mikroorganismus übertragen, und der übernimmt das Kommando für die Herstellung. Die Mikrobiologen sprechen von »Zellfabriken«.

Ist ein neuer Enzymkandidat entwickelt, muss er sich in der Produktion bewähren. Wer die Test-Abteilung bei Novozymes betreten will, streift erst einmal Kittel und Plastikbrille über. Zum Schutz aller

Beteiligten: des Besuchers vor Reizen im empfindlichen Auge – der Mikroorganismen vor äußeren Einflüssen. Denn wie gesagt: Auch Zellfabriken sind Lebewesen, und die reagieren sensibel auf jede feine Veränderung. Sogar wetterfühlig sind sie.»Deshalb stellen wir sie erst mal im kleinen Maßstab auf die Probe«, sagt ein Laborant.

In einer bauchigen Flasche mit gelblicher Brühe werden die enzymbildenden Organismen unter kräftiger Sauerstoffzufuhr angefüttert. Die Nährstoffe kommen aus Mais, Kartoffeln, Zuckerrüben oder Zuckerrohr, je nach Region. Wenn die Mikroben die Lebensmittel zersetzen, produzieren sie das gewünschte Enzym – und wachsen schnell. Aus der kleinsten Ampulle setzen die Fachleute das Ferment in eine größere um, dann in eine noch größere, die an Riesen-Dekantierflaschen erinnert. Jeder Skalierungsschritt muss kontrolliert werden: Stimmen Wärme und Feuchtigkeit, Temperaturen, PH-Wert, Schaumbildung und Druck im Gefäß? Wie viel Glukose, Zucker oder Sucrose braucht die neue Mikrobe, und wann will sie womit gefüttert werden? Die Herren im weißen Kittel reden über ihre Designer-Einzeller wie über Nutztiere, auf deren Empfindlichkeiten man peinlichst Rücksicht nehmen muss. Erst wenn sich die Helfer im Kleinen bewährt haben, kommen sie in die große Produktion. Die wird an einem anderen Novozymes-Standort betrieben, in Kalundborg.

Das kleine Städtchen liegt etwa eine Stunde westlich von Bagsværd an der Küste. Auf der Fahrt dorthin türmen sich schneeweiße Nordseewolken über dem flachen Land. Wenn die Sonne durchkommt, scheint sie auf abgeerntete Felder und Bauernhäuser, und im Vorzeigeland für erneuerbare Energien überall auch auf Windmühlen und Biogasanlagen. Rechts und links liegt keine bäuerliche Idylle, sondern eine industrielle Agrarlandschaft, in der Schweine und Kühe gezüchtet, Milch, Bier und Käse erzeugt werden. Auch Novozymes hat Wurzeln in der Agrarproduktion. Die frühere Mutterfirma Novo Nordisk produziert in der gleichen Fertigungshalle heute biotechnologisch Insulin. Ihre Diabetes-Medikamente gehörten zu den ersten, die nicht mehr aus den Bauchspeicheldrüsen von Rindern und Schweinen, sondern gentechnisch hergestellt wurden. Auch mit Fermentierung kennt man sich in

Kalundborg schon lange aus. Mit diesem, wie gesagt, sensiblen, ja
»mehr oder minder magischen Prozess«, sagt beinahe ehrfürchtig trotz
jahrelanger Routine der Produktionsingenieur von Novozymes, Gerrit
Liebgen. Die Fermentierung ist ein Schlüsselprozess vieler bioökonomischer Herstellungsverfahren.

In der Fertigungshalle riecht es ein bisschen nach Brauerei. Mehrere
über 100 Kubikmeter große Fermenter aus Edelstahl reihen sich nebeneinander. Zur Schutzbrille kommt jetzt der Ohrstopfen gegen den Lärm
hinzu. Je nach Mikrobe dauert es 3 bis 20 Tage, bis der Riesenbottich gefüllt ist. Dann muss das Substrat durch den Filter. Schließlich werden
die Enzyme je nach Rezeptur des Kunden gemischt und für den Transport in ein flüssiges Produkt oder farbig gekennzeichnetes Granulat verwandelt. Kalundborg liegt gleich in der Nähe eines Tiefseehafens. Wenn
man auf den Turm des Biogaskraftwerkes in der Mitte des Geländes
steigt, dann sieht man die großen Schiffe warten.

Novozymes hält sich eine umfängliche Ökobilanzierung zugute und
versucht, Produktionskreisläufe zu schließen. Die – angeblich – inakti-
vierten Mikroben etwa, die aus der Enzymproduktion zurückbleiben,
verkauft das Unternehmen den Bauern in der Umgebung, die die Stärke für den Fermentationsprozess geliefert haben, als phosphorhaltigen
Dünger zurück. Aus dem Abwasser gewinnt man zudem Biogas und
Wärme. Ein Teil davon wird in die »Symbiosis« eingespeist, einen Verbund von Firmen rund um den Hafen. Auch er ist ein Vorbild für das
Denken der Bioökonomie. Um Ressourcen einzusparen und effizienter
zu wirtschaften, hat man sich durch Wissenschaftskooperation und
Rohrleitungen so miteinander verbunden, dass des einen Abfall möglichst oft des anderen Rohstoff werden kann. Kalundborg ist eines der
frühesten und prominentesten Beispiele für »industrielle Ökologie«.

Diese »Symbiosis« hat viele Väter; einer ist Steen Riisgaard, Novozymes langjähriger Vorstand. Er ist seit langem Präsident des dänischen
World Wildlife Fund (WWF), kommt also aus der pragmatischen Frak-
tion des Umweltschutzes. Im Jahr 2014 brüstete sich das Unternehmen,
mit Enzymen und Mikroorganismen weltweit zur Einsparung von etwa
60 Millionen Tonnen CO_2-Emissionen beigetragen zu haben; das ent-

spräche etwa dem Jahresverbrauch von 6,5 Millionen Bundesbürgern. Auch mit Hilfe solcher Zahlen hat sich Novozymes als einflussreicher Lobbyist in Brüssel positioniert und die Förderpolitik für bioökonomische Forschungs- und Entwicklungstöpfe maßgeblich mitgeprägt. Auf globaler Ebene befeuern die Dänen im Rahmen der UN-Initiative »Sustainable Energy for All« (SE4ALL) gemeinsam mit vielen anderen Unternehmen einen – nicht bei allen beliebten – Vorstoß, Bioenergien besonders in Entwicklungs- und Schwellenländern zu fördern.

»Der Wandel ist keine Fata Morgana mehr«, sagen die Leute bei Novozymes; immer mehr »große Player« setzten auf das Potenzial biobasierten Wirtschaftens«. Indizien dafür? In Bangladesch und anderswo öffne sich die Textilindustrie, eine der schmutzigsten der Welt, für Versuche, mit biologischen Methoden Wasser und Chemikalien einzusparen, sagt der Firmensprecher. Oder die Kooperation mit Cargill: Die beiden Unternehmen entwickeln gemeinsam Acrylsäure aus nachwachsenden Rohstoffen. Die Säure ist ein wichtiger Ausgangsstoff für Polymere, die Flüssigkeiten gut speichern können; sogenannte Superabsorber, der Hauptbestandteil von Babywindeln. Bislang wird sie aus Propylen, einem Erdölprodukt, gewonnen. Anfangs arbeitete auch BASF bei dem Projekt mit, bei dem ein Vorprodukt der Säure aus Mikroorganismen erzeugt wird.

Mikroben im Einsatz:
Lecker Snacks und lecker CO_2

Novozymes ist das europäische Vorzeigeunternehmen in der Bioökonomie, doch auch in Deutschland gewinnt die industrielle Biotechnologie als Teil dieses Projektes an Bedeutung. 131 große Unternehmen nutzen oder erforschen nach Angaben der Branche biotechnologische Verfahren, und 579 kleinere Firmen sind ganz darauf fokussiert; viele mit Blick auf die Medizinindustrie.[1] Dank ihrer Fahndung nach neuen Produkten kann man sich jetzt beispielsweise die Zähne »bioökonomisch putzen«. Mit dieser Formulierung bewarb die Forschungsministerin Johanna Wanka eine Zahnpasta, die angeblich mit wohlgesonnenen Bakterien schädliche Erreger verdrängen und somit Karies vorbeugen kann. Entwickelt hat sie die Firma organobalance gemeinsam mit BASF. Deren Chefin Christine Lang ist eine der beiden Präsidenten des Bioökonomierates.

Die Labore ihres Unternehmens liegen in einem roten Ziegelbau der alten Berliner AEG-Fabrik, umgeben von anderen Start-ups des Technologie-Parks Humboldthain. Lang konnte im Jahr 2000 die Stammsammlung des Instituts für Gärungsgewerbe mit 8000 Hefen und Bakterien übernehmen. Diese untersuchen ihre 35 Mitarbeiter nun biotechnologisch auf gesundheitsfördernde Wirkungen, die man für Kosmetik- und Pharmaprodukte nutzen kann. Gemeinsam mit einem Schweizer Life-Science-Unternehmen entwickeln sie zum Beispiel ein Medikament aus einem Milchsäurebakterium. Lactobacillus Reuteri hat die Fähigkeit, den Magenkeim Heliobacter pylori zu identifizieren, der Geschwüre und Gastritis verursachen kann – und soll ihn künftig außer Gefecht setzen. In der »Pipeline« sind zudem Bonbons, die dank freundlicher Mikroorganismen Karies nicht mehr verursachen, sondern bekämpfen, oder Cremes, welche die Haut stabilisieren sollen. »Biologische Blauhelme«, so nennt die Mikrobiologin ihre unsichtbaren bakteriellen Agenten. In der Naturheilkunde werden ähnliche Produkte schon lange angewandt, zum Beispiel zum Aufbau der Darmflora, wenn das Immunsystem nach einer langen Infektion oder Antibiotikabehandlung geschwächt ist. So etwas lasse sich heute aber biotechnologisch »viel zielgenauer entwickeln«, behauptet Lang.

Ein anderer Vorreiter ist Holger Zinke. Der Biochemiker war schon früh davon überzeugt, dass »die nächste industrielle Transformation durch die Bioökonomie bestimmt« wird. Zinkes Firma BRAIN (Biotechnology Research and Information Network) errichtete 1996 in Zwingenberg bei Darmstadt eine gentechnische Forschungs- und Produktionsanlage. Sie liegt in einem Industriedenkmal im Bauhaus-Stil, das in den 1930er Jahren von einem Milchpulver- und Babypuder-Hersteller errichtet wurde. BRAIN verkauft technologische Ideen, wie man die »biologische Kreativität aus 3,5 Milliarden Evolutionsjahren« nutzen kann. Über die Jahre identifizierte man einen umfänglichen »Werkzeugkasten des Lebens« voll mit Enzymen, Produzenten-Organismen und bioaktiven Naturstoffen. Eine laufend wachsende Stammsammlung aus derzeit 53 000 charakterisierten Mikroben wird ständig erweitert und für neue Einsätze zugeschnitten.

Im Jahr 2008 gewann der hessische Unternehmer den Deutschen Umweltpreis dafür, dass er mit der Firma Henkel neue, waschaktive und energiesparende Enzyme entwickelt hatte. Mit einer anderen Entdeckung hofft BRAIN sogar, einem der größten Weltprobleme beizukommen: klimaschädlichen Kohlendioxid-Emissionen. Aus dem Rauchgaskanal des Braunkohlekraftwerkes Niederaußem, das vom Energiekonzern RWE betrieben wird, kratzte ein Mitarbeiter den Geobacillus BR-07116. Dieses Bakterium, wahrscheinlich Milliarden von Jahren alt, kann das Treibhausgas Kohlendioxid »verdauen«. Es ernährt sich von »lecker CO_2«, wie das Magazin *brand eins* formulierte. BRAIN hat den Stoffwechsel des Mikroorganismus gentechnisch dann auch noch so verändert, dass er den Kohlenstoff in Pyruvat und Bernsteinsäure verwandelt. Beides sind Grundstoffe für die chemische Industrie, aus denen biologisch abbaubares Bioplastik, Schaumstoff oder Feinchemikalien produziert werden können. So ließen sich zwei Fliegen mit einer Klappe schlagen: Das Treibhausgas würde entsorgt und zugleich eine nicht-fossile Ressource geschaffen. RWE erhoffte sich von dieser Forschung, langfristig Einnahmen zu erzielen statt viel Geld für Verschmutzungsrechte bezahlen zu müssen. Mit dem sinkenden Wert der CO_2-Zertifikate erstarb dann allerdings auch einer der Anreize für die Karriere des Geobacillus. »Außerdem kam RWE durch die Energiewende in finanzielle Turbulenzen«, sagt Holger Zinke. Seine Firma musste erst einen neuen Industriepartner finden, um das Verfahren weiterzuentwickeln.

Auch Zinke bezeichnet sich als »überzeugten Mittelständler«. Doch längst ist aus dem kleinen, tapferen Think-Tank ein Mutter- oder Kernunternehmen für mehrere Firmen-Satelliten in der Pharma- und Kosmetikindustrie geworden, das sich mit Hilfe von Investoren gerade vom Technologieentwickler zum Produzenten ausbauen will. Und längst bedient auch BRAIN Kunden in aller Welt. Seine Mikrobiologenteams entwickeln zum Beispiel Kosmetik, die Falten glattbügeln oder den Juckreiz unterdrücken sollen. Oder sie werfen sich für gesünderes Essen ins Zeug.

Dort in Zwingenberg traut man der sogenannten Eigenverantwortung der Mitbürger bei diesem Thema offenbar nicht viel zu. »Die letzten dreißig Jahre Ernährungsberatung haben nun mal leider nichts gebracht«, sagt Martin Langer, Unternehmensentwickler in Zinkes Biotech-Schmiede. Trotz aller Mantren, dass der moderne Esser möglichst viel Frisches zu sich nehmen und weitgehend auf Fertiggerichte verzichten solle, kauften 85 Prozent der Konsumenten weiterhin hartnäckig »Convenience«-Produkte, die Bluthochdruck, Krebs und andere Zivilisationskrankheiten verursachen könnten. Das viele Unterwegs-Essen infolge zunehmender Mobilitätszwänge, der Zeitmangel, das Leben als Single oder die Allgegenwärtigkeit unzähliger Snack-Verführungen: Viele Gründe führten dazu, dass die »breite Masse« immer wieder schnell und zwischendurch esse, zu fett und zu süß. »Machen wir uns doch nichts mehr vor«, sagt Langer, »wer die Gesundheitskosten verringern will, der muss die Formulierung der Fertigprodukte verändern.« Dabei wedelt er mit einem Mini-Snickers, das er aus einer Schüssel voller Schokoriegel auf dem Konferenztisch der BRAIN-Zentrale genommen hat.

Für die Forscher dort stellt sich die Frage daher anders: Wie kann der Konsument, der sich sowieso nicht ändert, seine schlechten Ernährungsgewohnheiten aufrechterhalten, ohne seinem Magen oder Herz, den Gelenken oder Gefäßen zu schaden – und das Gesundheitssystem mit hohen Kosten für OPs oder Diabetes-Spritzen zu belasten? Potenziell krank machende Inhaltsstoffe sollen also mit biotechnologisch erzeugten ersetzt, die Massenprodukte quasi entschärft werden. »Die BRAIN«, wie Holger Zinke seine Firma wie eine coole Freundin nennt, verfolgt diesen Ansatz in einem Konsortium mit dem Titel »NatLifE 2020«. Darin arbeiten 22 Unternehmen »entlang der Wertschöpfungskette« zusammen, darunter Celanese, Südzucker und Merck. Das Bundesforschungsministerium findet's toll und fördert das Projekt mit 15 Millionen Euro.

BRAIN sucht jetzt also nach pflanzlichen Substanzen, die beispielsweise nach Zucker oder Salz schmecken. Zu diesem Zweck haben die Wissenschaftler eine »molekulare Zunge« entwickelt. Dazu bauten sie Geschmackszellen aus menschlichen Papillaren so nach, dass sie »unsterblich« wurden, und teilten sie in die unterschiedlichen Geschmacksrichtungen ein: süß, salzig, cremig, sauer oder die asiatischherzhafte Geschmacksrichtung umami. Im Labor wird eine bestimmte Anzahl mit einem möglichen Stoffkandidaten aus der Natur in Kontakt gebracht. Da die Zelle die entsprechenden Signale mit Hilfe von Neurotransmittern weiterleitet, lässt sich anhand deren Ausprägung messen, ob sich ein Stoff für die Weiterverarbeitung eignet. Die umfunktionierten Geschmackszellen sollen beispielsweise identifizieren können, woher die Süße der Ananas rührt und wie dieses Aroma in unterschiedlichen Kombinationen beim Kunden ankommen könnte. Aussichtsreiche Kandidaten werden dann biotechnisch isoliert. Mit Hilfe dieser biologischen Geschmackstestmaschine kann man schon mal ein paar zigtausend Verbindungen durchprobieren – unvergleichbar viel schneller, als wenn man dafür echten Personen in einem Testlabor eine Kostprobe nach der anderen vorsetzen müsste. So baut BRAIN eine ganze Sammlung von Naturstoffen auf, mit denen man in Zukunft neue Lebensmittel biologisch konstruieren kann. Am Ende stünden dann Kaugummis mit Zuckeraustausch-Stoffen oder Tütensuppen. Ob die Kunden den Unterschied wirklich nicht merken? In jedem Fall, sagt Langer, sei alles »gesund« und natürlich »natürlich«!

Der Unternehmensgründer Zinke hat sich mittlerweile aus dem Vorstand in den Aufsichtsrat zurückgezogen und wirkt jetzt als »Außenminister« des Unternehmens – mit einer Menge Einfluss. So redet der Hesse bei Brüsseler Entscheidungen mit und war von Anfang an Mitglied im deutschen Bioökonomierat. In dieser Rolle spottet er gern über das »Locked-in-Syndrom« der Chemischen Industrie, weil sich die reiche und global einflussreiche deutsche Traditionsbranche allzu bequem mit der Optimierung ihrer fossilen Strukturen begnüge. »Die Bio-Innovationen kommen nur von den Rändern«, sagt Zinke. Die Großen der deutschen Chemieindustrie drohten die Biologisierung der Industrie zu verpassen: »Wenn der US-Chemieriese DuPont mehr als fünf

Milliarden Euro für die dänische Firma Danisco auf den Tisch legt, dann hat er doch wohl seine Gründe dafür!«

Nämlich Witterung für eine Zukunftstechnologie: Auch das Lebensmittelunternehmen Danisco produziert Enzyme und Mikroorganismen, vor allem für die Ernährungs- und Futtermittelindustrie. Dänemark ist anscheinend der Hotspot dieses Biotech-Zweiges. Novozymes wie Danisco haben mit ihren amerikanischen Partnern ähnliche Innovationsfelder im Blick. Beide suchen auch Ersatz für chemischen Dünger und Pestizide, die derzeit auf fossiler Grundlage erzeugt werden. Und beide wollen nicht aufgeben bei dem Versuch, grüne Treibstoffe zu rehabilitieren. Einen Ursprungstraum der Bioökonomie.

Tank versus Teller und Tank versus Wald: Dieser Nutzungskonflikt war wie gesagt ihr größter Flop. Vor allem nach der Nahrungspreiskrise 2008 wuchs die Empörung; zudem haben wissenschaftliche Institute weltweit bestätigt, dass zumindest der Biosprit aus Nahrungspflanzen oft gar kein CO_2 einspart. Umweltschützer sprechen dem »Biotreibstoff« schlicht die grüne Vorsilbe ab. Die Novozymes-Entwickler hingegen fühlen sich umso mehr herausgefordert. Beispielsweise haben sie ein Enzym so verändert, dass es aus Mais bei einem um drei Prozent geringeren Energieeinsatz 2,5 Prozent mehr Ethanol herausholen kann. In USA, China und mehreren europäischen Ländern erproben die Dänen überdies mit unterschiedlichen Industriepartnern, ganze Pflanzen statt nur die zucker- oder ölhaltigen Bestandteile zu nutzen wie bisher bei Mais oder Zuckerrüben, Raps- oder Palmöl. Dabei setzen sie jetzt – auch durch neue Anreize in der EU – verstärkt auf Reststoffe aus der Land- und Waldwirtschaft wie Stroh oder Holzspäne. Diese »zweite« Agrosprit-Generation scheiterte bislang vor allem daran, dass man Lignin, den holzigen Bestandteil, nicht zersetzt bekam. Im italienischen Piemont stellt die Firma Beta Renewables nun seit 2014 mit Novozymes enzymatischer Unterstützung jährlich 50 Millionen Liter Bioethanol aus Reis- und Weizenstroh sowie aus Pfahlrohr her. Arundo donax, ein Schilfgras, wächst bis zu mehreren Metern hoch auch auf Böden, die für die landwirtschaftliche Nutzung nicht geeignet sind; so werde die Konkurrenz mit der Lebensmittelerzeugung vermieden, versichern die Firmen. Ihren Energiebedarf deckt Europas bislang größte Biosprit-Raffinerie aus der Prozesswärme selbst. Auch so wird versucht, die umstrittenen Energie- und CO_2-Bilanzen des Agrosprits zu verbessern. Trotz gesellschaftlicher Widerstände allenthalben: Novozymes sieht nach wie vor ein »Riesenpotenzial«, um fossile Energien zu ersetzen; zumindest, solange es noch kaum breit zugängliche Alternativen gibt.

Den bislang überraschendsten, auch provozierendsten Deal ihrer Geschichte aber handelten die Dänen auf dem Feld aus, von dem sie sich in Zukunft die höchsten Wirkungsgrade und Wachstumsraten versprechen: der Landwirtschaft. 2014 besiegelte Novozymes eine »Partnerschaft« mit dem zugleich mächtigsten wie unbeliebtesten Giganten des Agrobusiness: Monsanto. Gemeinsam wollen die beiden höchst ungleichen Unternehmen nach »biobasierten« Lösungen suchen, wie man auf dem Acker mit weniger Agrarchemie auskommen könnte – und markieren damit ebenfalls einen globalen Trend. Ein Ansatz ist, Dünger, Insektizide und Pestizide biologisch statt chemisch herzustellen. Zugleich wollen der US-Gigant und sein dänischer Juniorpartner langfristig das gesamte ökologische System einzelner Nutzpflanzen erforschen, um Wege zu finden, wie man sie anders als mit Kunstdünger zu höheren Ernten treiben kann. Nun soll also noch intensiver nach Mikroorganismen gesucht werden, die der Pflanze Stickstoff oder Phosphat leichter verfügbar machen, die Bodenfruchtbarkeit anreichern oder Insekten schrecken können. Damit, so die Hoffnung, würden zugleich die Erträge der industriellen Intensivproduktion gesteigert wie ihre ökologisch schädlichen Konsequenzen entschärft.

Aber wie soll das zusammenpassen: das penibel auf ökologische Correctness bedachte dänische Unternehmen und der gröbste Konzern der Welt? Sehr gut passe das, sagt der Vorstandsvorsitzende Peder Holk Nielsen. Um Bioproduktkandidaten gezielter entwickeln und in den Markt bringen zu können, sei Monsanto mit seiner Erfahrung bei unzähligen Feldversuchen die perfekte Ergänzung. Die 300 Millionen Dollar, die das US-Unternehmen mal eben als Begrüßungsgeld lockermachte, schlägt man vermutlich auch nicht so leicht aus. Novozymes lobt die Zusammenarbeit als »äußerst vielversprechend«.

Wissenschaftler der American Academy for Microbiology würden da wohl zustimmen. Wirklich erstaunlich sei es, wie konsequent die Landwirtschaft die Bedeutung der Mikroorganismen im Boden bislang ignoriert habe, schreiben die Experten in einem Bericht mit dem hoffnungsvollen Titel »Wie Mikroben helfen können, die Welt zu ernähren«.[2] Auch wenn man die Kleinstlebewesen mit bloßem Auge nicht sehen könne: Für die Funktionsfähigkeit der Ökosysteme seien Bakterien, Pilze und Viren von allerhöchster Bedeutung. In ihnen hätten Farmer »Billionen potenzieller Partner«, um mehr mit weniger zu ernten. Und dennoch: »Die ökologische Herangehensweise, die Pflanzen selbst genutzt haben, um Herausforderungen der Umwelt anzunehmen, wurde beinahe vollständig ignoriert«, heißt es in ihrem Bericht.

Diese Aussage stimmt zwar nicht generell, sondern nur für den Mainstream der Bio- und Agrarwissenschaften. Seit der sogenannten Grünen Revolution der 1960er Jahre,[3] die mit Hochleistungssorten, Kunstdünger und Pestiziden auf Ertragssteigerungen gegen den Hunger setzte, wurde der Blick immer mehr verengt: von der komplexen Kunst, die lokalen Beziehungen zwischen Pflanze, Tier und Boden zu optimieren, zu hoch spezialisierten Einzelaspekten bei Monokulturen. Für den biologischen Landbau hingegen stand das Bodenleben schon immer im Zentrum seiner Wertschätzung, der praktischen Erforschung und der Feldarbeit. Die Agrarchemie haben Biobauern ja gerade dafür kritisiert, dass sie die Kräfte von Pflanzen und Böden schwächt, sich selbst gegen Unkraut und Ungeziefer zu wappnen oder Wetterschäden zu heilen, statt sie zu stärken. Biobauern beschäftigen sich zum Beispiel seit langem mit den Lebensgemeinschaften zum beiderseitigen Vorteil, die 80 bis 90 Prozent aller Pflanzen mit Pilzen eingehen. Bei dieser sogenannten Mykorrhiza umschlingen Pilze die Wurzeln mit ihren langen Fäden und bilden einen oft meterlangen, fein gesponnenen Myzelmantel. Weil er den Boden engmaschig durchwirkt, können die Wurzeln Nährstoffe besser aufnehmen und entsprechend kräftiger wachsen. Der Pilz erhält im Gegenzug Nahrung in Form der Kohlenhydrate, welche die Pflanze durch Photosynthese erzeugt hat. Je schlechter die Böden, desto wirkungsvoller ist es für das Wachstum, wenn man diese Wurzelsymbiose fördern kann.

Manche Biobauern setzen auch Probiotika ein, Bakteriencocktails meist kleinerer Hersteller, mit denen der Boden zugunsten der Pflanze optimiert oder das Futter fürs liebe Vieh besser verdaulich wird. Oder es gibt »effektive Mikroorganismen«, die ursprünglich aus Japan kommen. Ihnen wird ein günstiger Einfluss auf die Vergärung organischer Abfälle nachgesagt. Die Intensität, mit der »EMs« wirken sollen, ist zwar umstritten, aber viele Anwender versichern, der entstandene »Bokashi« verbessere das Bodenmilieu.

Monsanto will grün werden?
Die Nachhaltigkeitsrezepte der Agrarkonzerne

Monsanto als Inkarnation des Agrobusiness allerdings hat solche Ansätze, ja die Biolandwirtschaft insgesamt jahrzehntelang bloß milde belächelt – während konventionelle Praktiken vielerorts die Fähigkeit der Böden sogar zerstörten, die Pflanzen zu versorgen. Kunstdünger und andere Agrarchemikalien, außerdem die Verdichtung des Bodens durch schwere Maschinen, eine verschwenderische Bewässerung und viele andere Einflüsse nahmen Bakterien, Pilzen und auch den Wurzeln ihren Lebensraum. Laut der Zeitschrift *Science* könnte sogar die Pflanzenzüchtung, die sich vor allem auf hohe Erträge, Wetterfestigkeit und bestimmte Inhaltsstoffe fokussierte, die Fähigkeit neuer Sorten beschädigt haben, sich mit den Mikroorganismen ihrer Umgebung produktiv zu verständigen. Umso erstaunlicher ist es – auf den ersten Blick –, dass sich Monsanto jetzt von den Methoden der Ökolandwirte anregen lässt und auf die Erforschung biologischer Wirkstoffe und Systeme stürzt. Ausgerechnet der Konzern, der wie kein anderer die Mischung aus Gentechnik und Agrarchemie vorangetrieben hat, wolle sich »an Bio ranmachen«? Das erstaunte Medien in Europa und den USA.

»Monsatan«, »Monsantox«: Das war und ist schließlich das Symbol schlechthin für die große Mais- und Sojamonotonie »mit Gift und Genen«, und damit für die ökologischen Sünden der globalen Fleisch- und Biosprit-Wirtschaft, die sich aus diesen beiden Pflanzen speisen. Ausufernde Patentanträge »auf Leben«, schnelle Prozesse gegen Bauern und Konkurrenten, die öffentliche Diffamierung kritischer Wissenschaftler und eine knallharte Einflussnahme auf Handels- und Saatgutgesetze zu seinen Gunsten, egal, wo in der Welt: Die Liste der Offensiven scheint endlos, mit denen das größte Saatgutunternehmen der Welt die Zahl seiner Kritiker weltweit nach oben trieb. Da kann das Bemühen um Nachhaltigkeit doch nur Schminke sein? Warum also der Zusammenschluss mit Novozymes?

All diese Fragen sind umso brisanter, weil Monsanto als weltgrößter Saatgut- und Biotechnologie-Konzern seine Marktmacht immer wieder hohen Investitionen in neue Technologien verdankt. Allein 2014 flossen 1,7 Milliarden Dollar in die Forschung. Sie prägen die Zukunft der Landwirtschaft überall auf dem Globus mit. Im Speckgürtel von St. Louis, in Chesterfield, einem der Firmensitze, baut der Konzern für 400 Millionen Dollar eines seiner größten Forschungszentren aus. Wo 1200 Mitarbeiter bislang ihre Autos parkten, wachsen neue Labore und Treibhäuser, werden 675 weitere Wissenschaftler eingestellt. Auch an anderen Orten in den USA erweitert Monsanto Forschungsstationen und schmiedet Allianzen. Grund genug, nach Illinois zu reisen, um bei Robert Fraley mehr zu erfahren. Der Biochemiker, den seine Kollegen »Robb« nennen, ist seit den 1980er Jahren ein Pionier der Gentechnik und heute Monsantos Vorstandsvize und Technologiechef. 2013 bekam er den Welternährungspreis – wohl das erste Mal, dass es bei der Verleihung öffentliche Proteste gab.

Federnder Schritt, lässiges Polohemd, zügige Begrüßung mit schnellem Handschlag:»Schön, dass Sie mal nach der Zukunft fragen«, sagt der 61-jährige Biochemiker mit dem eindrucksvollen Kahlkopf. In der Stimme liegt ein Hauch von Trotz. Gegenüber einer Besucherin aus Europa spiegelt das wohl seinen Frust über den Ärger mit »verrückten Ökoextremisten«, wie Fraley gentechnikkritische Aktivisten nennt. Ihnen gibt er die Schuld dafür, dass Monsanto mit seinen Gentechnikpflanzen in der EU einfach nicht landen konnte. 2013 kündigten die

Manager entnervt an, nach all den Kämpfen wollten sie einstweilen keine neuen Zulassungsanträge mehr stellen und lieber das Geschäft mit konventionellem Saatgut ausbauen. Das schließt keineswegs aus, dass sie auf allen Kanälen und jeder Lobby-Ebene, offiziell oder hinter den Kulissen, langfristig weiter auf Zugangsmöglichkeiten drängen. Aber aus Brüssel zog sich Monsanto einstweilen in das mondäne Morges am Genfer See zurück. Und während das Unternehmen Journalisten gegenüber meist – gelinde gesagt – reserviert auftrat, haben sich die Damen und Herren in der PR-Abteilung nun doch für eine mediale Charme-Offensive entschieden. Robb Fraley sagt:»Ich habe gelernt, dass wir der Gesellschaft besser erklären müssen, was wir tun.«

Also sitzen wir im Herbst 2014 beim Self-Service-Lunch in einem holzgetäfelten Manager-Kasino aus den 1950er Jahren, das heute als Kantine für alle Mitarbeiter dient. Es liegt einige Kilometer von Chesterfield entfernt im Vorort Creve Coeur. Wie poetisch das klingt:»Gebrochenes Herz«. Auf diesem Gelände siedelte Monsanto schon, als die Firma noch Plastik und synthetische Fasern herstellte, und auch so umstrittene Produkte wie PCBs, das Entlaubungsmittel Agent Orange, das Pestizid DDT. Seither hat sich der Konzern mehrmals gewandelt: vom Chemie-Riesen zum Biotechnologie-Riesen zum Saatgut-Riesen. Und jetzt kündigt Fraley also die nächste Mutation an:»Wir werden alle Aspekte der Landwirtschaft nachhaltiger machen«, so erklärt er den Weg zum allmächtigen All-Inclusive-Agrarkonzern.»We are a sustainable company.«

Auch der Technologiechef Fraley, der gern seine Wurzeln in einem Familienbetrieb in Illinois betont, repetiert das bioökonomische Mantra: Mehr mit Weniger. Seine Sicht der Weltlage: Die Bevölkerung wächst, 2050 werden»zwei weitere Chinas« den Planeten bewohnen. Weil die Ackerflächen nicht mitwachsen, muss der Anbau viel intensiver werden. Also sucht Monsanto nach neuen Wegen, wie Landwirte mehr Nahrungsmittel herstellen und trotzdem den Einsatz von Erdöl, Wasser, Dünger und Pestiziden drastisch beschränken können. Und das heißt bei den ganz Großen meist, dass sie – Monsantos Geldbeutel gibt's ja her – bei kleineren und größeren Firmen Know-how shoppen gehen. So kreativ sind die eigenen Forschungsabteilungen anscheinend doch nicht.

Drohnen über dem Acker:
Der Höhenflug der Präzisionslandwirtschaft

Schon vor ihrer Verbindung mit Novozymes kauften die Manager in St. Louis Ende 2013 die Climate Corporation, eine Firmengründung von Ex-Google-Mitarbeitern in Kalifornien. Mit ihrer Hilfe will der Konzern die virtuelle Agrarberatung für eine ressourcensparende »Präzisionslandwirtschaft« perfektionieren. »Precision Farming« soll Dünger und Spritzmittel sparen, Böden und Klima schonen und die Bauern zugleich mit präzisen Informationen gegen Unwägbarkeiten beim Wetter wappnen, die ihnen infolge des Klimawandels schon jetzt zu schaffen machen und sich wahrscheinlich verschlimmern werden.

Big Data revolutioniert die Landmaschinen zwar schon länger. In den letzten Jahren haben Erzeuger in aller Welt WiFi in ihrer Scheune installiert und Software nicht mehr nur zur Abrechnung ihrer Subventionen am PC gekauft, sondern auch für das Management ihrer Äcker und Fluren. »Ein amerikanischer Mähdrescher hat heute mehr Computer-Power als die ersten Mondfähren«, schwärmt Robb Fraley.

Bei der Ernte im Corn Belt sind wir auch mal mitgefahren, in der Kabine hoch über mannshohen Reifen. Neben dem Sojafarmer Mike fühlt man sich wie in einem Cockpit. Während mächtige Greifer die reifen Pflanzen in den Bauch des Combine schaufeln und die gedroschenen Körner im goldenen Strahl auf die Ladefläche regnen, zählen Sensoren am Boden genau mit, wie viele Bushel welches Stück Land hervorgebracht hat. Diese Daten kann der Farmer während der Fahrt übers Feld auf einem Bildschirm verfolgen, sie werden auf seinen Computer zu Hause übertragen und für seine Anbauplanung in der kommenden Saison genutzt. Im Frühjahr bekommen die Maschinen über Satellit auch Hinweise, wo sie den Dünger sparsamer dosieren können. Sensoren messen den Chlorophyllanteil der Pflanzen, den Bedürfnissen entsprechend wird mehr oder weniger ausgebracht. »Der Rechner nimmt präziser wahr als ich«, sagt Mike, »und ich muss auch nicht mehr so oft vom Trecker heruntersteigen.«Solche Empfehlungen wollen Monsanto & Co. jetzt aber mit Hilfe der Climate Corporation noch viel umfänglicher anbieten, quadratzentimeterweise für jedes kleine Feldstück, gekoppelt mit dem Wissen über Sorten und Böden und laufend aktualisierten Wetterdaten. Und alles individuell zugeschnitten auf den einzelnen Farmer. Daher die Fusion mit der Climate Corporation.

Denn per Satelliten-Fernerkundung und anderer kartographischer Technologien hatten der Chef des kalifornischen Unternehmens, David Friedberg, und seine Partner Milliarden von Bodendaten gesammelt und ähnlich umfänglichen Klima- und Wettersimulationsdaten zugeordnet. So was fehlte noch in Monsantos Daten-Set. St. Louis bot 930 Millionen Dollar – ein hübsches Sümmchen. Bereits vermarktet werden die Beratungspakete Climate Basic und Climate Pro. Sie funktionieren so: Wenn Bauern für einen Einstiegspreis von 6 Euro pro Hektar im Jahr einsteigen und ihre Anbauprotokolle zur Verfügung stellen, dann versorgt sie ein Team von Agronomen fortan online mit individuellen »Entscheidungshilfen«. Schon morgens kann der Farmer vom Bett aus per Fernbedienung auf dem Bildschirm die Lage auf seinen 1000 Hektar checken – so jedenfalls malt es ein Werbevideo aus. Oder die Botschaften erscheinen auf seinem Handy: Heute lieber nicht düngen, am Vormittag hat es geregnet. Oder: Achtung, einige Maispflanzen unten am Bach haben zu wenig Stickstoff! Man werde eines Tages sogar genau berechnen, schwärmt Robb Fraley, wie viel mehr Körner von welcher Sorte in der feuchten Senke im Vergleich mit der zugigen Anhöhe gesät werden sollten. Entsprechend programmiert, sollen dann neue Sämaschinen verschiedene Saatgut-Boxen öffnen. Um sie und anderes zu entwickeln, hat sich Monsanto 2012 auch schon die Landmaschinenfirma Precision Planting einverleibt.

Das Land nach digitalen Vorgaben zu bestellen, kann nicht nur Herbizide sparen, sondern auch Energie und Zeit – und bisweilen auch die Ernten steigern.[4] Und wenn die Regierungen demnächst den Luftraum dafür freigeben, dann bekommen die Farmer womöglich noch ein weiteres Werkzeug: Acker-Drohnen. Damit sind keine männlichen Bienen

gemeint, sondern fleißige Mini-Helikopter, die Trockenstress, Boden-
feuchtigkeit und Insektenbefall im Überflug noch präziser erfassen.
Oder sie können auch Saatgut ausbringen, ohne den Boden zu verdich-
ten – viele Anwendungen wären möglich.

Ein wenig seltsam kommt dem Laien die virtuelle Bestellung der
analogen Scholle schon vor. Ob es am Morgen geregnet hat, kriegt ein
Bauer doch sowieso mit? Nicht unbedingt, meint Robert Fraley. Bei den
großen Farmen des mittleren Westens liege ein gepachtetes Stück Land
oft 20 Meilen entfernt. Aber Relief und Bodenbeschaffenheit seiner
Felder, die kennt doch nun wirklich jeder Landwirt!»Schon«, antwortet
Fraley.»Aber wir analysieren allein fünfzig oder sechzig einzelne
Bodenparameter, vom Grad der Feuchtigkeit über die Dichte der organischen Materie bis zur Steigung des Hangs und der früheren Anbauge-
schichte.« Die Kompetenz, das alles zusammenzubringen, zu archivie-
ren und zu bewerten – die habe der einzelne Bauer eben doch nicht. Die
Gründer der Climate Corporation bejubeln seinen Schritt»von der in-
tuitiven zur analytischen Entscheidung«.

Ackern nach Rezept: Das ist auch für die anderen Agrarkonzerne
der große Hype. Auf diesem Weg wollen sie im Namen der Nachhaltigkeit vom weltweiten Boom der Landwirtschaft profitieren, der seit
dem Preisgipfel 2008 nur leicht abgeflaut ist. Monsantos Konkurrent
Syngenta war dabei mit seinem»Good Growth Plan« sogar deutlich
früher dran (Streitgespräch Seite 267). Den Agrarkonzernen wäre es
vermutlich am liebsten, alles käme jeweils aus ihrer Hand. Aber es
könnten auch Monsantos Maiskörner, Syngentas Schädlingsbekämpfungsmittel und Dünger von Agrium in einem John-Deere-Mäh-
drescher automatisch und autonom oder ferngesteuert die Feldarbeit
leisten.»Vielleicht noch nicht 2015, aber bis 2020 werden RoboCrop-
Korn-Pestizid-Dünger-Saatmaschinen die Äcker regieren«, prophezei-
en die Experten der technologiekritischen Organisation ETC Group.
Diese»Aktionsgruppe für Erosion, Technologie und Konzentration«
wurde als global vernetzte Plattform schon in den 1980er Jahren gegründet und kommentiert die Bioökonomie seit Jahren mit kritischen
Studien. Ihr Vordenker Pat Mooney bekam 1985 den Alternativen No-

belpreis, damals vor allem, weil er sich für das Recht der Bauern auf freies Saatgut engagierte.

Den zweiten Weg will Monsanto also gemeinsam mit Novozymes beschreiten. Die Arbeitsteilung sehe grob beschrieben so aus, erklärt Robb Fraley: Die Dänen analysieren, optimieren und fermentieren nützliche Organismen – Monsanto testet sie in Feldversuchen. Erste, einfache Produkte werden bereits verkauft, auch in Europa, und Fraley ist überzeugt davon, »dass wir bestimmt noch viele Mikroorganismen und Technologien entdecken, mit denen wir unser Saatgut ummänteln und gegen Insekten und Krankheiten schützen können«. Auch chemischer Dünger könne eingespart werden, indem man das Bodenleben gezielt anreichert. Alles ganz natürlich, »wie wenn wir probiotischen Joghurt essen«.

Wenn Fraley das sagt, dann klingt es, als reite einer los, um die New Frontier auszuloten. Nur liegt die große unbekannte Welt diesmal ganz nah in der lebendigen Erde, und darin ruht potenziell ein Riesenmarkt, so unberührt wie einst der lockende Westen. Bislang haben Schädlingsbekämpfungsmittel auf biologischer Basis erst einen Umsatz von 2,1 Milliarden Dollar pro Jahr. Das entspricht ungefähr 5 Prozent der 44 Milliarden, die für chemische Pestizide ausgegeben werden. Diese Zahl könne sich aber in wenigen Jahren leicht verdoppeln, schreiben die Analysten der Bank Piper Jaffray.[5] Das neue Forschungsfeld lockt mit neuen Patenten und weiteren guten Aussichten: Zusätzlich könnten Mikrobenmischungen einen Anteil des jährlichen Kunstdüngermarkt, von 150 Milliarden Dollar für sich gewinnen. Schließlich lockten immer mehr Kunden im biologischen Anbau. Und es gebe noch einen Vorteil: Während Biopestizide ähnliche Zulassungsverfahren durchlaufen müssen wie die chemischen Produkte, sind sogenannte Biostimulantien, die der Pflanze mehr Kraft geben sollen, in nur ein, zwei Jahren entwickelt, und sie kommen schneller auf den Markt. So kann man auch schneller an ihnen verdienen.

Aus Sicht von Novozymes passte der neue Partner Monsanto, weil man auf der Suche nach neuen Anwendungs- und Vermarktungsmöglichkeiten für die bereits vorhandene Stammsammlung war. Welche

Kunden können unsere Mikroorganismen noch nutzen?, habe man sich gefragt, erzählt Thomas Schäfer, der in North Carolina für die dänische Firma arbeitet. Dabei seien dann Probiotika in den Blick gekommen, also Mikrobenmischungen, die in der Tierernährung das Immunsystem stärken oder den Boden verbessern können. Aber genauer erforschen wolle man zunehmend auch die Interaktion von lebenden Mikroorganismen mit anderen natürlichen Umgebungssystemen. Selbst wenn diese Optimierung noch viele Jahre in Anspruch nehmen werde.

Die Zurückhaltung ist angebracht, denn: Einfach ist die Sache wirklich nicht. Zu atemberaubend ist die Vielfalt der Mikroorganismen im Boden, als dass man sich in ihr allzu schnell zurechtfinden könnte. Ein »Untergrund-Zensus« sei eine immense Herausforderung, heißt es in dem Bericht der Amerikanischen Akademie für Mikrobiologie. In der Erde bilden Pflanzen, Bakterien, Viren und Pilze, Insekten und Würmer hochkomplexe Verbünde aus, die, wie man heute weiß, über Reize und Botenstoffe vielfältig und evolutionär gut eingespielt miteinander kommunizieren. Auch dieser Komplexität wegen scheiterten Experimente mit nützlichen Einzellern, die im Labor gut funktionieren, häufig, wenn man sie unter den natürlichen Bedingungen im Feld wiederholte. Das könne, schreiben die Experten, zum Beispiel daran liegen, dass etablierte Mikrobengemeinschaften äußeren Eindringlingen gegenüber so fest zusammenhalten wie ein badischer Stammtisch, der sofort schweigt, wenn sich eine schwäbische Wandergruppe danebensetzt. Sehr viel Forschung sei daher noch notwendig, um zu verstehen, wie sich Systeme aus Pflanzen und Mikroben gemeinsam entwickelt haben und welche Eigenheiten am ehesten beeinflusst werden können. Doch warum sollten solche neuen Optimierungsansätze nicht auf lange Sicht erfolgreich sein?, fragen die Experten der amerikanischen Mikrobiologen-Akademie. Monsanto ist nicht das einzige Unternehmen, das sich jetzt diesen Fragestellungen widmet; das tun auch andere große und kleine Firmen und vor allem Universitäten. Und am Ende geben sich die US-Forscher zuversichtlich. Schließlich sei es über die Zeit auch gelungen, durch Züchtung so komplexe Ziele zu erreichen wie den Stängel einer Pflanze stabiler zu machen oder ihren Stärkegehalt zu erhöhen.

Die Tempomacher der Bioökonomie:
Big Data beschleunigt Big Biotech

Ein Grund für diesen Optimismus ist auch auf diesem Feld die laufend wachsende Fähigkeit, Genome immer schneller zu durchschauen und grenzenlos viele Datenmengen zu managen. Sie erweitert rasant nicht nur die Erforschung von Mikroben oder Entwicklung eines biologischen Pflanzenschutzes, sondern auch die Möglichkeiten der Züchtung. Wenn man dank der digitalen Revolution das Erbgut wie einen Stadtplan vor Augen hat, dann hilft das – ähnlich wie bei den Mikroben –, auch Mais oder Soja zu manipulieren, Auberginen oder Raps. Beim Gang durch Monsantos Labore erklärt Gary Barton, ein alter Hase des Konzerns, wie Big Data hier einschlägt. Seine Begeisterung gilt weniger den Klimakammern und Treibhäusern, in denen neue Maissorten im Test vor sich hinkümmern oder prächtig gedeihen, als dem Datenverarbeitungs-Maschinenpark. Zum Beispiel einer patentierten Firmenentwicklung namens »Chipper«: Der Apparat mutet äußerlich merkwürdig altmodisch an, als wäre er noch von Daniel Düsentrieb erfunden worden. Aber seine feinen, mechanischen Scherenarme operieren täglich elektronisch gesteuert Abertausende zarter Maisembryos unverletzt aus jedem einzelnen Korn, und beide bekommen den gleichen digitalen Barcode. So kann der Samen weiter für die Züchtung genutzt werden, nachdem das Erbgut seiner Gewebeprobe digital erfasst worden ist.

Das machen Monsantos Hochgeschwindigkeits-Sequenzierer. Äußerlich sehen diese Geräte unscheinbar aus. Große, graue Kästen eben. Doch um ein Hundertfaches schneller, billiger und präziser als noch vor ein paar Jahren entschlüsseln sie heute ganze Pflanzengenome. Was früher Jahre gedauert hätte und noch kürzlich ein paar Wochen, das kriegt man heute in 15 Minuten hin. Diese Beschleunigung habe die Züchtungsarbeit verändert »wie der Übergang vom Kompass zum GPS«, sagt Barton.

Seit jeher haben Menschen besonders ertragreiche oder widerstandsfähige Obst- und Getreidepflanzen oder Tiere miteinander gekreuzt, um günstige Eigenschaften an die Nachkommen weiterzugeben. Monatelang mussten neue Züchtungen erst heranwachsen, ehe man ihre Qualitäten erkennen, neu kombinieren und testen konnte. Dann begann der Prozess wieder von vorn. So entstand eine Generation nach der anderen, ohne dass sich vorhersagen ließ, ob ein bestimmtes Merkmal der Eltern sich auf die Nachkommen tatsächlich vererben würde. Oft waren Jahrzehnte erforderlich, bis eine Eigenschaft dauerhaft in einer Linie verankert war. Jetzt geht auch das viel schneller: Man schaut sich die DNA von Millionen Samen an, markiert die Abschnitte, auf denen die interessanten Eigenschaften erkennbar geworden sind, und züchtet zielstrebig nur mit den vielversprechenden Exemplaren weiter. Wozu? Um im großen Spiel der Evolution immer schneller Sorten zu finden, die den globalen Herausforderungen trotzen können; die zum Beispiel Dürre vertragen oder Schädlingen und Viren widerstehen. Zugleich könnten neue Sorten, die zum Beispiel Phosphat besser aufnehmen oder Stickstoff besser verwerten, für mehr Nachhaltigkeit in der Landwirtschaft sorgen. Und nicht nur Nahrungspflanzen hoffen auch andere Firmen und staatliche Forschungszentren nun leichter verändern zu können, sondern auch Gewächse, die sich für Treibstoffe, Fasern, chemische Grundstoffe oder Medikamente eignen.

Markergestützte Selektion (MAS) oder Smart Breeding, so nennt man diese neue Turbozüchtung. Monsanto hat sie nicht erfunden, aber man habe sie doch für die eigenen Zwecke »optimiert und ausgeweitet«, schwärmt Robb Fraley. Seine Begeisterung wirkt erstaunlich bei einem Wissenschaftler, der doch mit der Gentechnik groß geworden ist. Denn bei MAS dient sie nur zur Diagnose – die Züchtung bleibt konventionell. Vermutlich betont Fraley das neue Faible fürs Traditionelle vor allem, um gegenüber einer Besucherin aus dem kritischen Europa Monsantos Frankenstein-Food Image zu relativieren. Immerhin bietet das Verfahren drei Vorteile: Es ist einfacher als Gentechnik, die oft mit unerwünschten Nebenwirkungen kämpft. Solange Biotechnologie nur diagnostisch eingesetzt wird und keine fremden Gene in die Pflanzen gelangen, haben außerdem Gentechnik-Kritiker nichts dagegen. Dritter Vorzug: Die Zulassungsverfahren sind schneller absolviert. Bei gentechnisch veränderten Pflanzen erfordern sie mehrere Jahre und Kosten von zig Millionen Dollar, klagen die Konzerne. Die seien nie wieder reinzuholen.

Das ist nicht sehr glaubwürdig, denn mit gentechnisch veränderten Organismen (GVO) sind Monsanto & Co. sehr reich geworden, und das nun PR-trächtig ins Scheinwerferlicht gestellte Smart Breeding ist tatsächlich auch für Monsanto keine Alternative, sondern eine zusätzliche Option. Alle großen Saatgutkonzerne forschen zugleich intensiv weiter an einer breiten Palette neuer gentechnischer Verfahren. Im Vergleich zum Genome Editing seien die aktuell vermarkteten GVO schlicht »Saurier«, jubeln die Konzerne übereinstimmend. Denn nun könne der Code des Lebens viel präziser als bisher und daher auch risikoärmer umgebaut werden.

Ingenieure des Lebens: Die neuen Verfahren der Gentechnik

GVO-Pflanzen werden seit den 1980er Jahren gezüchtet. Lange nutzte man dafür »Genkanonen« oder Agrobakterien als Transportmittel, um dem Erbgut neue Eigenschaften beizubringen. Während die Bakterien eine Zelle infizierten, schleusten sie zugleich das erwünschte Gen mit ein. Bei diesem eher groben Verfahren wurden allerdings andere Erbgut-Sequenzen oft ungewollt mit beeinflusst, weil nicht vorhersehbar war, wo genau das importierte Gen andocken würde. Die neuen molekularbiologischen Methoden kommen nun ohne solche »Genfähren« aus. Sie könnten Gensequenzen gezielt dort mit neuen DNA-Botschaften ergänzen, wo ein bestimmtes Merkmal sitzt, behaupten die Biotech-Züchter. Da werden zum Beispiel einzelne Gene »zum Schweigen gebracht«, um eine erwünschte Qualität zu unterdrücken. Die Wissenschaftler basteln sich Nukleasen, die DNA wie Scheren an bestimmten Stellen zerschneiden können. Neue Eigenschaften einzufügen oder zu verändern, die dann weitervererbt werden: Das ist nun innerhalb der gleichen Gattung ebenso möglich wie über Artgrenzen hinweg. Wissenschaftler könnten das Genom heute so detailgenau bearbeiten wie »einen Text in einem Schreibprogramm – Buchstabe für Buchstabe«, so kommentiert Ulrich Bahnsen den Fundus ständig wachsender neuer Möglichkeiten in der *ZEIT*. Um in diesem Bild zu bleiben, das auf die ATGC-Informationen der Doppelhelix anspielt: Während die kreativen Möglichkeiten früher auf die Funktionen »Ausschneiden« und »Einfügen« begrenzt waren, kann man heute auch Sätze streichen und ganz neu formulieren.

Die Bezeichnungen der Techniken klingen in den Ohren des Laien so kryptisch wie der Vorgang: ZFN steht für Zinkfinger-Nukleasen, eine andere Möglichkeit nennt sich TALEN. Jüngster Schrei ist eine Methode, deren Name an den eines Knusperriegels erinnert: CRISPR Cas9. Ihre Entwickler werden schon als Kandidaten für den Nobelpreis gehandelt, und die University of California und das Massachusetts Institute of Technology (MIT) streiten erbittert um die Patentrechte. Molekularbiologen jubeln, dieses neue Handwerkszeug habe »die biotechnologische Laborarbeit so verändert wie nichts vorher«. Denn mit seiner Hilfe kann man noch einmal einfacher und gezielter an lebenden Zellen manipulieren – und nicht zuletzt billiger. Manche Verfahren kosten mehrere tausend Euro, dieses oft nur 30 Euro. CRISPR beflügelt weltweit die Phantasien von Pflanzenzüchtern, Medizinern, Materialforschern. Das System nutzt spezifische Ribonukleinsäuren (RNA), also Reparaturmechanismen der Zelle, und das Enzym Cas9, um bestimmte Abschnitte des DNA-Strangs glatt zu zerschneiden und dann zu verändern. Die Genschere wurde schon bei zahlreichen Pilzen, Pflanzen und Versuchstieren von Fröschen bis Affen eingesetzt – und auch bei menschlichen Stammzellen. Zwar gestehen Laborpraktiker ein, dass es auch viele Auswirkungen an »Nicht-Zielorten« gebe, also unbeabsichtigte Folgen an anderer Stelle der Informationsketten. Dennoch schwärmen einige Forscher bereits davon, dass CRISPR sogar Eingriffe in die menschliche Keimbahn und damit »Korrekturen« der Erbinformation erleichtern könnte. Um Krankheiten zu verhindern – oder unerwünschte Eigenschaften bei Kindern? »Redigiert nicht an der menschlichen

Keimbahn herum«: Eine Wissenschaftlergruppe forderte deshalb in der Zeitschrift *Nature* aus ethischen Gründen ein Moratorium, und immer mehr Forscher schließen sich ihnen an. Auch die deutschen Wissenschaftsakademien und die DFG plädieren für eine Denkpause. Doch für andere Anwendungen halten sie das Genome Editing für »aussichtsreich« und empfehlen, die Methode weiter zu entwickeln.[6]

Laufend werden neue Ansätze entwickelt, die unterschiedliche Funktionen der Zelle beeinflussen. Sie sollen ihre Selbstheilungsmechanismen, Kommunikations- und Stoffwechselwege noch weiter optimieren. Genauer schauen sich die Mikrobiologen gerade die Ribonukleinsäure an, kurz RNA. Diese kann in der Zelle zum Beispiel die Rolle eines Postboten spielen, der Informationen überträgt, und viele andere Regulierungsfunktionen übernehmen. Als Teil der sogenannten Epigenetik wurde sie lange übersehen oder von der Industrie als überflüssig verworfen. Nun entdeckt man ihre bedeutenden Funktionen in der Zelle und versucht, sie sich zunutze zu machen, beispielsweise in der Schädlingsbekämpfung. Neuartige Substanzen, die sogenannte Micro-RNA enthalten oder RNA-Interferenzen bewirken, könnten gezielt das Wachstum von Insekten oder Pilzkrankheiten blockieren. Sie hindern sie daran, bestimmte Eiweiße zu produzieren. Würde man solche RNA-Substanz sprayen, kämen zum Beispiel die Kirschfruchtfliege, der Kartoffel- oder der Rapsglanzkäfer über das Ei- oder Larvenstadium gar nicht mehr hinaus. Die Schädlingspopulation wäre unter Kontrolle, das jedenfalls hoffen die Entwickler solcher Verfahren.

Pflanzenzüchter nutzen die neuen Methoden in der Hoffnung, alle möglichen Träume Wirklichkeit werden zu lassen: Reis wollen sie zum Beispiel so modifizieren, dass aus einer »C3«-Pflanze eine »C4«-Pflanze wird, die bei der Photosynthese ähnlich effizient den Kohlenstoff bindet wie der Mais. Oder sie wollen Gewächse lehren, Stickstoff aus der Luft zu fixieren und sich somit quasi selbst zu düngen. Genomsequenzierung, Smart Breeding und Genome Editing verändern aber auch schon die Tierzucht. Im Synbreed-Projekt der Technischen Universität München zum Beispiel sammelten Wissenschaftler systematisch genetische Fingerabdrücke von Legehennen und Zuchtbullen. Mit diesen Kenntnissen gelinge es doppelt so schnell wie mit herkömmlichen Methoden, Merkmale gezielt weiterzugeben, schwärmen die Wissenschaftler dort und in anderen Laboren der Welt. Der erste Gentech-Lachs ist in Amerika als Lebensmittel zugelassen. Gentechnisch veränderte Ziegen produzieren in ihrer Milch ein Mittel zur Vorbeugung von Thrombosen, Rindern werden die Hörner weggezüchtet, oder Kühe sollen Milch ohne Allergene produzieren. Und während Ethiker kaum hinterher kommen mit ihren Reflexionen, wirft auch schon ein noch stärker dem Ingenieursdenken verhafteter Ansatz der biotechnologischen Natur-Konstrukteure seine Schatten voraus: Synthetische Biologie. Vorangeprescht sind dabei Biologen in den USA, besonders in Kalifornien. Ein Grund, die Reise durch die mögliche Hightech-Zukunft der Bioökonomie im amerikanischen Westen fortzusetzen.

»Hope, Hype and Fear«:
Die Synthetische Biologie wirft ihre Schatten voraus

Auf dem Flug dorthin kann man sich die Zeit mit der Comic-Serie »Silicon Valley« vertreiben. Die Geschichte macht sich über die Algorithmen-Spielkinder der Software-Community lustig: die ADHS-überdrehten Programmierer-Nerds und hypercharismatischen Business-Genies, die gern so sein wollen wie Bill Gates oder Larry Page. In den Episoden der Serie haben sie alle mit quasi-religiöser Verzückung den Satz auf den Lippen, oder er prangt an den Wänden ihrer Firmenzentralen: »We wanna make the world a better place« – wir wollen die Welt verbessern. Den Satz werden wir auch bei einigen Protagonisten der Synthetischen Biologie zu hören kriegen.

Diese – je nach Blickwinkel – Enfants terribles oder Avantgardisten der Mikrobiologie behaupten, sie könnten die Bausteine des Lebens eines Tages nicht mehr nur ein bisschen ändern, sondern ganz neu kreieren. »Künstliches Leben« wollen sie schaffen oder »Leben 3.0«, um damit noch passgenauere Medikamente zu entwickeln, Biomasse für jedwede Nutzungsform herzustellen, Fleischersatz zu züchten oder Bakterien zu basteln, die Böden von Umweltgiften befreien. Auf der

Wunschliste der Wissenschaftler tauchen auch Schweine auf, bei denen man »Organe ernten« kann, so die Zeitschrift Economist[6]; und zwar solche, mit denen das menschliche Immunsystem keine Probleme mehr hat. »A better World through better DNA«, so heißt es bei der amerikanischen Biotech-Firma Intrexon. Aber zunächst fangen die »SynBio«-Ingenieure damit an, einfache Lebensformen noch stärker zu vereinfachen, zu stabilisieren, zu funktionalisieren und kontrollierbar zu machen. Biologie wird Technologie, Technologie wird biologisch: Diese Konversion beschreiben wissenschaftliche Gesellschaften und Think-Tanks weltweit als »Megatrend«. Schon weil bei der Synthetischen Biologie stets Biologen, Physiker, Chemiker und Bioinformatiker zusammenarbeiteten, werde sie zur Schlüsseltechnologie, urteilt beispielsweise die European Technology Assessment Group, ein Netzwerk wissenschaftlicher Institute, welches das EU-Parlament berät.

SynBio-Wissenschaftler reden in einer Sprache, die klingt, als wollten sie Bestellungen im Baumarkt aufgeben. DNA, RNA und Proteine, die elementare biologische Funktionen beinhalten, bezeichnen sie als Bauteile, eine Kombination dieser Bauteile als Baugruppe, Kreationen daraus als Bausysteme. Das alles soll beliebig umgebastelt und dann standardisiert werden, sodass jeder Gen-Ingenieur die neuen »Biobricks« für seine Zielvorstellungen aus dem Internet abrufen und nach dem Motto *Plug & Play* montieren kann – frei und unabhängig davon, wo auf der Welt die DNA-Blöcke jeweils fabriziert wurden. Schon jetzt werden in Biotech-Laboren wie bei Novozymes manchmal vorgefertigte synthetische DNA-Bausteine eingesetzt, deren Informationen am Computer entworfen worden sind.

Das alles klingt spielerisch, nach »Lego-Wissenschaft«, wie es in den Abhandlungen zur Synthetischen Biologie oft heißt. Doch zugleich beschwören Wissenschaftler deren gesellschaftsverändernden Charakter und vergleichen sie mit der Chemie-Revolution im 19. Jahrhundert. Damals begannen Forscher, die Elemente des Periodensystems immer wieder neu zusammenzurühren, um Verbindungen zu synthetisieren, die es zuvor nicht gab. Ähnlich kombinieren nun die Biologen des 21. Jahrhunderts Gene und DNA-Schnipsel neu, um erst Zellbestandteile zu erschaffen, dann funktionale Zellen … und vielleicht ganz neue Lebewesen? Am Ende gar optimierte Menschen, die nicht mehr krank werden oder die besonders gut Klavier spielen, denken, beim Fußball genauer zielen können?

Eine Biotech-Website lässt schon den Mythos vom Golem aufleben, jener nach der jüdischen Buchstabenmystik von heiliger Hand aus Lehm geformten, lebendigen Kreatur, die sich der Mensch nach eigenen Wünschen erschafft und zu Diensten macht. Dieser uralte Topos, vielfältig in Science-Fiction-Romanen modifiziert, ist natürlich von jeder Realisierung Lichtjahre entfernt. Auch die Mikrobe, die nicht verändert, sondern von Grund auf neu geschaffen wurde, dürfte noch lange im Reich der Phantasie bleiben: »Über künstliches Leben mache ich mir Gedanken, wenn mein Organismus mich fragt: Warum hast du mich gemacht?«, witzelte die Mainzer Forscherin Katharina Landfester bei einer Podiumsdiskussion in Berlin.

»Mein Gott – es lebt!« Eine Mischung aus Faszination und Entsetzen bestimmte zwar die Schlagzeilen, als der US-Forscher Craig Venter im Mai 2010 ein spektakuläres Experiment publizierte; es war eine Art öffentlicher Urknall der Synthetischen Biologie. Das gesamte Erbgut des Bakteriums Mycoplasma mycoides, einer komplexeren Zelle, hatte das Enfant terrible der Gentechnik als Datensatz im Computer erfasst und diese digitale Information in ein Biomolekül übersetzt. Der Biochemiker und Biotech-Unternehmer, der im Wettlauf mit den Regierungen schon als Erster das menschliche Genom entschlüsselt hatte, übertrug das künstliche Teilchen in die Zellhülle eines anderen Bakteriums – worauf sich dieses in jene Art verwandelte, die der synthetischen DNA entsprach. Er habe »die erste sich selbst replizierende Spezies auf dem Planeten erschaffen, deren Eltern in einer Computerdatei stecken«, dröhnte der Meister der Selbstinszenierung und des Wissenschaftsmarketings daraufhin. Kritiker in den Medien oder den Kirchen warfen Venter prompt mit ähnlichem Pathos »Schöpferwahn« vor, ja eine »Synde« – während Fachkollegen ihn eher der Angeberei bezichtigten. Denn da sei keineswegs neues Leben erfunden, sondern nur vorhandenes nachgebaut worden, meinte etwa der Nobelpreisträger David Battimore, ein Virologe und Wegbereiter der Gentechnik.[7] Aus dem Nichts könne nun doch nicht Etwas werden. Die »creatio ex nihilo« sei eine Fiktion.

Die Debatte über Realität oder Mythos des Venter'schen Gotteskomplexes machte vor allem eines deutlich: wie schwammig der Begriff Synthetische Biologie ist, und das ist er bis heute. Das sei typisch für so eine neue »Hope-, Hype- and Fear-Technologie«, heißt es in einem Papier des Büros für Technikfolgenabschätzung des Deutschen Bundestags.[8] In Deutschland gibt es immerhin eine Art offizieller wissenschaftlicher Definition. Dass sie gemeinschaftlich von der Akademie der Technikwissenschaften acatech, der Nationalen Akademie der Wissenschaften Leopoldina und der Deutschen Forschungsgemeinschaft (DFG) erarbeitet wurde, zeigt, wie ernst man die Forschungsrichtung auch hierzulande nimmt.[9] In einer Stellungnahme aus dem Jahr 2009 malen die drei großen Wissenschaftsinstitutionen eine chancenreiche Zukunft aus, in der synthetische Zellen mit Eigenschaften, die der Mensch ihnen beigebracht hat, bessere Impfstoffe, Medikamente und Gentherapien, biologische Brennstoffzellen oder neuartige Biomaterialien herstellen. Man hofft überdies darauf, mit ihrer Hilfe Umweltgifte in der Natur zu beseitigen.

»Die Synthetische Biologie basiert auf den Erkenntnissen der molekularen Biologie, der Entschlüsselung kompletter Genome, der ganzheitlichen Betrachtung biologischer Systeme und dem technologischen Fortschritt bei der Synthese und Analyse von Nukleinsäuren. Sie führt ein weites Spektrum an naturwissenschaftlichen Disziplinen zusammen und verfolgt dabei ingenieurwissenschaftliche Prinzipien«, so versuchen die deutschen Forschungsgemeinschaften und -akademien den Begriff zu klären. Ihr spezifisches Merkmal sei, »dass sie biologische Systeme wesentlich verändert und gegebenenfalls mit chemisch synthetisierten Komponenten zu neuen Einheiten kombiniert. Dabei können Eigenschaften entstehen, wie sie in natürlich vorkommenden Organismen bisher nicht bekannt sind.«

Doch diese Definition ist nicht nur kompliziert, sondern auch weit gefasst und unbestimmt. Die Wissenschaftler fügen denn auch schon selbst hinzu, dass sich das Forschungsgebiet »nicht strikt von den herkömmlichen gentechnischen und biotechnologischen Verfahren unterscheidet« und dass es fließende Übergänge gebe. Deshalb reden andere, vor allem die Kritiker, bei der Synthetischen Biologie auch von »erweiterter« oder »extremer« Gentechnologie und schließen die zuvor beschriebenen gentechnischen Fortschreibungen wie TALEN oder CRISPR ein. Die wären dann deutlich näher an der praktischen Anwendung als die Zukunftsträume vom künstlichen Leben. Das Bundestagsbüro für Technikfolgen-Abschätzung hat sich in seinem jüngsten Gutachten zum Thema quasi für beides entschieden: Da wird SynBio »im engeren Sinne« als Neuerfindung »vom Reißbrett« unterschieden von einer praxisnäheren SynBio »im weiteren Sinne«, und sie schließt bereits gängige Methoden des Genome Editing oder der gentechnischen Veränderung von Stoffwechselwegen der Zelle ein.[10]

Die Bundesregierung fördert zwar solche Forschungsprojekte, doch das BMBF wirbt nicht groß dafür – aus Sorge, die alte politische Schlachtordnung wie bei der Grünen Gentechnik könnte sich erneut formieren. Im Gegensatz dazu suchen die Wissenschaftsorganisationen mit Hilfe des Meinungsforschungsinstitutes Allensbach nach Kommunikationsstrategien, wie sie die Bürger am geschicktesten über Synthetische Biologie informieren können. Denn in ihren Augen geht es um die entscheidende zukünftige Entwicklungsrichtung in der Biologie – die sie ihrerseits nach Physik und Chemie als Leitwissenschaft des 21. Jahrhunderts sehen. Petra Schwille, Direktorin am Max-Planck-Institut für Biochemie in München, formuliert es so: Die Natur, bei deren Qualitäten Synthetische Biologen ansetzten, sei »eine der größten Problemlösungsmaschinen, die wir kennen«. (Streitgespräch S. 94)

»Erst Malaria heilen, dann den Klimawandel«: Weltrettung aus Kalifornien

»Ach, nennen Sie's doch einfach Fred«, grinst Jack Newman, offensichtlich gelangweilt von den ewigen Definitionsdebatten. Für den Molekularbiologen ist die ganze Verschmelzung der Informations- und Biowissenschaften, egal, wie man sie nennt, schlicht »faszinierend, weil sie viel komplexer und effizienter ist als die Chemie«. Newman ist Mitbegründer und wissenschaftlicher Vorstand von Amyris, jenem Unternehmen, das 2014 mit Unterstützung der Bill & Melinda Gates Foundation als Erstes ein Produkt mit großem Trara als synthetisch-biologisch erzeugt vermarktet hat: den Anti-Malaria-Wirkstoff Artemisinin. In der Non-Profit-Organisation Zagaya, die zur Promotion des Medikamentes gegründet wurde, will Newman als Nächstes sogar den Malariamücken selbst mit SynBio-Methoden zu Leibe rücken. Seit dem ersten Produkterfolg schaukelt die Firma als ein Flaggschiff der neuen Entwicklungen durch die stürmischen Wellen wirtschaftlicher Probleme und biologischer Herausforderungen, gesellschaftlicher Euphorien und Widerstände.

Auch den Techies von Amyris geht es natürlich um die »better world«. Von der Firmen-Website blicken dem Leser afrikanische Kinder mit großen Augen entgegen, vor sich ein Pappschild, auf dem nur ein Wort steht: »Hoffnung«. Jack Newman schildert sich selbst als engagierten Öko, der schon in der Jugend bedrohte Bäume besetzt und Bakterien gesucht habe, die chemische Gifte aus der Umwelt beseitigen können. »Aber dann dachte ich: Besser, man vermeidet das Erdöl von vornherein – und ersetzt es durch biologische Rohstoffe!« Nickelbrille, langes Haar hinter Geheimratsecken, freundliches Mondlächeln und ein weißes Hemd über der Jeans: Wie ein »liebenswürdiger Langweiler« wirke der Genforscher, schreibt die amerikanische Öko-Zeitschrift *Grist*. Doch da muss der Journalist einen schlechten Tag erwischt haben. Mit uns joggt ein Ausbund von Enthusiasmus durch die Labore in Emeryville, in denen Newman bei diesem Besuch Ende 2014 noch wirkt. Mit der Herkunft des Biokraftstoffs habe er sich auch deshalb beschäftigen wollen, weil er »das schwierigste Projekt ist« sagt er. Der Grund: Hohe Volumina herzustellen, ist schwierig und teuer.

Das Städtchen liegt auf der anderen Seite der Bay, übers türkisfarbene Meer schaut man auf die Skyline von Downtown San Francisco. Die Nachbarn des glasbeherrschten Designer-Gebäudes von Amyris haben einen kleinen Bio-Stadtgarten mit Lavendel, Tomaten, Kräutern und Zitronen angelegt, und im National Holistic Institute kann man »ganzheitliche« Massagetechniken lernen. Die einschlägige Mischung aus

Organic, New Age und Hightech: alles sehr Kalifornien. Nicht weit von Emeryville liegt auch der Campus der Universität Berkeley. Dort hat Jack Newman mit seiner SynBio-Arbeit begonnen, als Mitarbeiter des Amyris-Mitbegründers Jay Keasling.

Keasling, Professor für Bioengineering an der University of California, ist weit über die USA hinaus eine Schlüsselfigur der Synthetischen Biologie. Manche sagen auch schmunzelnd: der Pate, denn in seiner Person ballt sich eine enge Kooperation zwischen Staat, Wirtschaft und Wissenschaft. Auch als Kodirektor des staatlich finanzierten Lawrence Berkeley National Laboratory und des Joint BioEnergy Institute (JBEI) verfolgt Keasling sein Ziel: dass Biologen eines Tages am Computer virtuelle Organismen am laufenden Band komponieren, testen, ausdrucken und automatisch produzieren lassen können. Am JBEI sucht man seit Jahren und bis heute vor allem nach neuen Biosprit-Generationen. Doch Katalysator des größten Erfolgs von Keasling und Newman waren die Dollars von Bill Gates für eine ganz andere Aufgabe.

Der Software-Pionier engagiert sich mit seiner 1999 gegründeten Bill & Melinda Gates Foundation besonders für den Kampf gegen weitverbreitete Amutskrankheiten wie Tuberkulose oder Aids. Bei der Malaria waren viele Medikamente unwirksam geworden, weil die Erreger Resistenzen dagegen entwickelt hatten. Das natürliche Anti-Malariamittel Artemisinin, eine Substanz aus dem Einjährigen Beifuß, zeigte zwar Wirkung, war aber teuer. Also machte Gates 2004 fast 43 Millionen Dollar locker, damit Keasling, Newman und ihr Team eine kostengünstige Alternative entwickeln könnten.

In jahrelanger Kleinarbeit isolierten die Forscher jene Beifuß-Gene, die für die Bildung von Artemisinin zuständig sind. Diese Erbgut-Informationen wurden in eine bestimmte Bierhefe überführt, und tatsächlich: Die Hefe produzierte, gefüttert mit Zucker, den Wirkstoff. Dank zusätzlicher genetischer Schalter aus Hefen und Bakterien, die das Team konstruierte, konnte die Aktivität der Pflanzengene und damit die Ausbeute noch gesteigert werden. Eine »Hail Mary« habe sein Forscherteam mit dem Medikament gelandet, sagt Jack Newman stolz; im American Football nennt man so einen Pass, den der Spieler mit vollem

Risiko auch über eine scheinbar aussichtslos weite Strecke ins Tor schießt. Denn heute stellt der französische Pharmariese Sanofi das Artemisinin in Italien her und vertreibt es in Afrika zu günstigen Konditionen. Amyris verzichtete auf Lizenzeinnahmen. »Wir hätten auch selbst ein Pharmariese werden können«, sagt Jack Newman. »Aber wir wollten lieber weiterforschen.«

Und zwar an dem ursprünglichen Projekt: Bioenergie. Nach dem Motto aus der Werbung »Erst Malaria heilen, dann den Klimawandel« intensivierte Amyris in Zusammenarbeit mit Keasling wieder die Suche nach effizienteren Alternativen zum gängigen »grünen« Sprit. Man richtete den Blick auf die zweite Generation, die nicht mehr nur Teile, sondern die ganze Pflanze fermentiert. Dabei halfen Total, Mercedes-Benz, der Getreideriese Bunge und das US-Verteidigungsministerium, alles Klimakiller-Gewerbe auf der Suche nach einem besseren Image. Auch der Konkurrent von Amyris, Solazyme, ließ sich von Chevron und der US-Marine finanziell den Rücken stärken. Die Firma mit Sitz im Süden der Bay Area verwendet aber statt Hefe eine bestimmte Alge. Deren Fähigkeit, Öl zu produzieren, hat Solazyme technologisch optimiert.

Bei Amyris bleibt die Grundidee, Bierhefe zur Produktion zu nutzen, die gleiche wie beim Malaria-Medikament. Die Hefe funktioniere wie ein Chassis, sagt Newman, also wie das Fahrgestell eines Autos. Darin baue man Motoren ein, die in unterschiedliche Richtungen fahren können. Je nachdem, welcher genetischen Information die Zelle gehorchen soll, stellt sie aus dem Zucker die Medizin her – oder auch chemische Grundstoffe, etwa Farnesan, einen Stoff, aus dem man Biodiesel gewinnen kann. Der hat gegenüber Ethanol einige Vorteile, zum Beispiel, dass er in die bestehende Motorisierungs-Infrastruktur passt. Amyris und Solazyme produzieren ihren Sprit beide in Brasilien. Dort bietet die Zuckerindustrie große Mengen eines Nährstoffes, der billiger und effizienter ist als der amerikanische Mais. Das Department of Energy unterstützt überdies Experimente mit dem anspruchslosen Süßgras Sorghum, das auch in den USA wachsen könnte. Es soll die Konkurrenz mit Nahrungspflanzen entschärfen.

Ein Renner wurde der SynBio-Sprit trotzdem nicht, denn dass große Mengen zu fermentieren kein Kinderspiel sein würde, war zwar klar; aber es erwies sich als noch schwerer als gedacht und wegen des hohen Energieverbrauchs bei der Herstellung als viel zu teuer. Vollmundig hatte Amyris angekündigt, schon bis 2011 40 Millionen Liter zu produzieren – kam aber zu dem Zeitpunkt nur auf 2 Millionen. 2012 war der Börsenkurs von 33 Dollar pro Aktie auf 1,52 Dollar abgestürzt. Newman sagt:»Das schwierigste Projekt erwies sich als genau das: am schwierigsten.« Dazu kommt, dass das Konkurrenzprodukt, Ethanol aus Mais, subventioniert wurde. Vor allem ist der Ölpreis im Zuge des Fracking-Booms rapide gesunken, und damit der für Benzin. Deshalb lohnen sich die Mehrkosten für die erneuerbare Quelle noch einmal weniger:»Wir brauchen gleiche Startbedingungen wie die fossilen Quellen, damit wir mit größeren Mengen die Kosten senken können«, ärgert sich Jack Newman.»Die Infrastruktur der Ölindustrie würde doch heute aus Umweltgründen gar nicht mehr zugelassen!«

Notgedrungen haben Amyris, Solazyme und ähnliche SynBio-Startups ihre Ansprüche einstweilen rapide heruntergefahren. Beim Biosprit richten die Gentech-Ingenieure ihre Energien jetzt hauptsächlich auf Flugbenzin. Biokerosin ist immer noch drei- bis viermal teurer als die konventionell fossile Erzeugung. Aber anders als beim Auto, wo in aller Welt zugleich an Wasserstoffantrieben oder solar erzeugtem Gas geforscht wird und die ersten günstigen Elektrofahrzeuge längst auf dem Markt sind, sind erneuerbare Alternativen für die Luft noch in weiter Ferne. So ist die Wahrscheinlichkeit etwas höher, konkurrenzfähig zu werden oder wenigstens Partner zu gewinnen, die aus Imagegründen in die Forschung an einer höheren Effizienz der Produktion investieren. Mittlerweile ist die Mischung aus 90 Prozent fossilem und 10 Prozent biosynthetischem Kerosin offiziell zugelassen und wird in kleinen Mengen an einige Fluggesellschaften verkauft.

In ihrem Überlebenskampf drehten die SynBio-Forscher von Amyris ihre Strategie außerdem in eine ganz andere Richtung: Aus manipulierten Hefestämmen stellen sie Konsumprodukte für den Massenmarkt her. Farnesan oder Algenöl kann man ebenso gut wie in Biodiesel auch in Kosmetik oder Aromen verwandeln.»Better products for a better world«: Das steht jetzt bei Amyris vor allem für feuchtigkeitsspendende Gesichtspflege, die mit synthetischen Sprachkreationen wie »Biossance« und Natürlichkeitsaura (»Schönheit steckt in unserer Biologie«) beworben wird. Klasse statt Masse: Wenn solche Cremes sich bei den Kunden bewähren, dann bringen geringere Mengen des Biorohstoffes eine deutlich höhere Wertschöpfung auf schneller erreichbaren Märkten als der Versuch, gegen billiges Benzin anzutreten.

Andere Start-ups der Synthetischen Biologie wie Calysta, Intrexon oder Lanzatech haben sich mit der Fracking-, Öl- und Gasindustrie zusammengetan. Ihre synthetisch hergestellten Mikroben sollen helfen, besonders schwer zugängliche Reserven zu erschließen, indem man sie in das Gestein hineinpresst; Chemikalien, die sie erzeugen, lösen das Öl dann heraus. »Microbial Enhanced Oil Recovery« nennt sich das Verfahren. Außerdem könnten sie in einer Art biologischem Äquivalent zum petrochemischen Cracking-Prozess aus Öl und Gas chemische Vorprodukte für Sprit, Plastik oder Kosmetik herausholen, versichern sie, ohne den Aufwand für teure Raffinerien, also effizienter. »Extreme Biotech meets Extreme Energy«, so nennt die technologiekritische ETC Group solche neuen Kooperationen.

Jack Newman ist übrigens mittlerweile umgezogen: Er arbeitet jetzt als Programm-Manager bei der amerikanischen Militärforschungsagentur Defense Advanced Research Projects Agency (DARPA). In einem Vortrag vor deren Mitarbeitern erzählte er, wie die Japaner im Zweiten Weltkrieg Squalen aus Haifischen als Treibstoffquelle erforscht hätten, weil ihnen der Krieg die Erdölvorräte nahm: »Wir machen das jetzt effizienter mit veränderter DNA.« Schmier- und Treibstoffe lassen sich schließlich auch für Panzer, Kriegsschiffe und Bomber nutzen. Die DARPA hat das Berkeley Lab und auch Amyris schon mehrfach bei Projekten gefördert.

Und die Biokraftstoffe: Ist der Traum, sie nachhaltiger herzustellen, ausgeträumt? Immerhin sind die Emissionen des Verkehrs eines der am wenigsten gelösten Probleme des Klimaschutzes, und auch bei den Elektroautos geht es langsamer als erhofft voran. Jay Keasling, dessen Joint BioEnergy Institute im gleichen Gebäude liegt wie die Labore von Amyris, sagt: Die Firmen hätten es nicht leicht, aber bei dem Projekt, Biosprit aus Zucker, Zellulose oder Algen herzustellen, müsse man am Ball bleiben. »In den Siebzigerjahren haben wir schon einmal daran gearbeitet«, sagt er, »und die Forschung in den Achtzigern wegen des billigen Öls einfach gestoppt. Hätten wir damals nicht aufgegeben, dann könnten wir heute deutlich weiter sein!«

●●●

Leuchtendes Beispiel?
Besuch bei den Biohackern vom Glowing Plant-Projekt

Ihr Labor liegt nicht in der sprichwörtlichen kalifornischen Garage, sondern im dritten Stock eines alten Industriegebäudes auf der 3rd Street San Franciscos zwischen jungen Software-, Werbe- und Biotech-Firmen. Die schottendichten, schweren Türen rechts und links der breiten Flure sehen alle gleich aus, deshalb dauert es etwas, bis wir die richtige gefunden haben. Antony Evans macht auf, ein junger, schlanker Mann mit mönchsgleich gerade geschnittenem Pony. Der schmale CEO des Glowing Plant-Projektes setzt sich auf einen Labortisch und lässt die Beine baumeln, er wirkt ein wenig gelangweilt. Wahrscheinlich hat er sie schon zu oft erzählt, die Geschichte, die so symbolträchtig wie ein Werbespot weltweit Aufsehen erregt hat.

»Wie wäre es, wenn wir unsere Straßen mit Bäumen beleuchten würden ...?« Mit dieser Frage warben Evans und seine Mitstreiter 2013 auf der Crowdfunding-Plattform Kickstarter um Sponsoren für ihre Idee. Sie wollten die Gene eines Leuchtkäfers ins Erbgut von Bäumen übertragen und damit eine neue Lebensform schaffen, die eines Tages elektrische Straßenlampen und damit fossil erzeugten Strom nachhaltig ersetzen soll. Innerhalb kürzester Zeit hätten über 8000 Fans rund 600 000 Dollar zusammengeworfen, viel mehr als erhofft, erzählt Antony Evans. So konnten die jungen Forscher daran arbeiten, die Leuchtgene auf Arabidopsis thaliana, die Ackerschmalwand, zu übertragen. Also erst einmal auf diese Modellpflanze, sagt Evans. »Von echten Bäumen sind wir natürlich noch Jahrzehnte entfernt.«

Das Team in San Francisco ist wohl das bekannteste in einer weltweiten Bewegung von »Biohackern«. Inspiriert wird sie unter anderem vom amerikanischen »Futuristen« Andrew Hessel. Der Gründer der Biotechnologie-Genossenschaft »Pink Army Cooperative« lehrt an der Singularity-University. Diese Kaderschmiede des Silicon Valley wird von Elektronik-, Software- und Biotechnologie-Firmen gesponsert, um mit neuen Technologien »die großen Herausforderungen der Menschheit zu lösen«. Auch Antony Evans hat sie besucht. Wie viele andere Biohacker sieht er die Synthetische Biologie als Kunstform, bei der jeder Einzelne zum Gestalter der Natur werden kann. »Man kann damit so coole Sachen machen«, sagt Evans, »blaue Rosen oder Kombi-Tiere. Und letztendlich werden wir Menschen uns wohl auch selbst verändern.«

Oft sind es noch Schüler, die in ihrem Rechner Lebewesen nach- und umbauen, untereinander ähnlich vernetzt wie die Computerhackerszene. Diese Do-it-yourself-Biologen versuchen, eigene DNA-Bausteine zu entwerfen und in einfachste Zellen zu übertragen. Weil man das schon mit ein paar bei E-Bay ersteigerten Utensilien mit nur geringen Apparatekosten machen kann, geben sie sich oft einen Überbau als Demokratisierer der Wissenschaft; eine Gruppe nennt sich: »Science for the Masses«. Überdies streiten sie dafür, dass genetisches Material frei zugänglich bleibt und nicht durch Patente blockiert wird. Stimuliert wird ihre Kreativität durch internationale Wettbewerbe und Treffen, beispielsweise das »iGEM« (International Genetically Engineered Machine), das vom renommierten US-Institut MIT ins Leben gerufen wurde. In Deutschland gibt es den SynBio-Kurzfilm-Wettbewerb »Bio-Fiction«, da können künstlerisch engagierte junge Wissenschaftler Chancen, Illusionen und Gefahren der Synthetischen Biologie ausmalen und reflektieren.

Manche »Biohacker« haben dem neuen Forschungsfeld freilich mit ihren Phantasien statt der beabsichtigten sexy Future-Aura eher ein Frankenstein-Image verpasst. Denn sie schüren die Sorge, bei ihren Experimenten könnten – und sei es aus Versehen – gefährliche Organismen und Viren herauskommen; oder radikale Gruppen könnten gar biologische Waffen basteln. In den USA interessiert sich deshalb das FBI für die Biohacker. Hierzulande warnte der langjährige Präsident der Berlin-Brandenburgischen Akademie der Wissenschaften, Günter Stock: »Ich sehe solche Gruppen kritisch, weil eventuell Sicherheitsstandards weder eingehalten noch kontrolliert werden können.«

Antony Evans hingegen findet es eher bedauerlich, dass sich die Biohacker nicht überall völlig frei entfalten können: »Wie wir hier forschen, das wäre in Europa nicht erlaubt«, meint der Neu-Kalifornier Evans, der schon an vielen Orten der Welt gelebt hat. Schließlich sieht er mit der Synthetischen Biologie nicht weniger als eine »neue Renaissance« voraus.

Sein Versprechen, jedem Unterstützer aus der Crowd zum Dank ein leuchtendes Pflänzchen zu schicken – »get your own glowing plant!« –, löste allerdings auch in den USA Proteste aus. Jeder sollte in seinem Garten genmanipulierte Bäumchen freisetzen können, ohne Zulassungsverfahren, einfach so? Auch wenn die Biologen beteuern, dass alle verwendeten Materialien natürlich und unschädlich seien: Kickstarter machte erst mal einen Rückzieher und erklärte, es sei vielleicht doch zu riskant, die Leuchtpflanzen zu vertreiben, ohne groß zu testen, wie sie sich in der Natur verhalten würden; künftig sollen dort kein SynBio-Projekte mehr sammeln dürfen. Einstweilen wird das Lichtermeer Kaliforniens wohl doch noch mit Gas oder Photovoltaik beleuchtet.

Evans hält seine Kritiker für romantisch und rückwärtsgewandt. Schlimmer als durch die heutige fossil begründete Wirtschaft könne die Erde ja wohl kaum mehr zerstört werden: »Wo gibt es denn noch die Landschaften aus dem Lied, das ich als Kind immer gehört habe: I love the mountains. I love the rolling hills. I love the flowers. I love the daffodils...« Ihm und seinen Mitstreitern gehe es gerade darum, Lösungen zu finden, damit wir ohne Erdöl Landwirtschaft und Städte umweltverträglicher bewirtschaften, Krankheiten bei Mensch und Tier verhindern können. Das alles werde in näherer Zukunft gelingen, denn auch für die Verschmelzung von Natur-, Ingenieurs- und Informatikwissenschaften setzt er auf den Beschleunigungseffekt von »Moore's Law«. Dieses Gesetz beschreibt eine Regel in der Computergeschichte, der zufolge sich die Komplexität integrierter Schaltkreise regelmäßig verdoppelt – mit einer entsprechend wachsenden Vielzahl von Möglichkeiten, Ziele zu verfolgen. So werde es auch bei der Berechnung von Genomverknüpfungen kommen, glaubt Antony Evans.

Können wir den leuchtenden Ackerschachtelhalm denn jetzt mal anschauen? Der PR-Mann des kleinen Teams, das aus einem Biochemiker, einem Mathematiker, einem Bioinformatiker und einem Molekularbiologen besteht, holt einen Blumentopf mit zartem Grün aus der Klimakammer und schnappt sich ein Glas mit Mikroorganismen, die das Leuchtgen ebenfalls in sich tragen. Wir gehen raus aus dem Labor, die Treppen des abgeblätterten Gebäudes hinunter in den Keller. Tür zu, alles stockfinster, dann nach einer Weile: der Hauch eines Glimmens. »Das sind die Bakterien«, sagt Evans. Die Pflanze hingegen rührt sich nicht. »Wir haben Arabidopsis heute schon zu oft gefordert, jetzt ist sie wohl ein bisschen müde.« Tatsächlich sind die Schöpfer mit ihrem Projekt nicht nur im Kreuzfeuer, sondern auch im Verzug. Es sei doch schwieriger als gedacht, die Strahlkraft der Pflanze zu intensivieren, sagt Antony Evans. Die Ansage für den Versand bei Redaktionsschluss: Januar 2016.

● ●

Kaskadennutzung: Bioraffiniert?

Daran haben viele erhebliche Zweifel, doch auch in Europa ist die Hoffnung auf den Biosprit der Zukunft keineswegs aufgegeben. Zwar wurde mit der Reform der EU-Kraftstoffpolitik eine Biosprit-Dämmerung eingeleitet, um die Konkurrenz zwischen Tank und Teller wenigstens zu relativieren. Weiterhin wird ein steigender Anteil von 10 Prozent »grünem« Sprit in den Tankfüllungen bis 2020 angestrebt. Doch nur noch ein Anteil von bis zu 7 Prozent des Sprits, der auf die Klimaschutzquote angerechnet wird, darf aus Mais, Zucker oder Raps hergestellt sein. In

Deutschland ist außerdem die fatale Beimischungsquote abgeschafft. Die Mineralölhersteller müssen jetzt stattdessen jedes Jahr mehr Treibhausgaseinsparungen erreichen. Damit erhofft sich die Bundesregierung, dass Biokraftstoffe mit besseren CO_2-Bilanzen bevorzugt werden und somit der Innovationsdruck steigt. So will man grüne Kraftstoffe künftig nur noch aus Abfällen und Reststoffen aus der landwirtschaftlichen Produktion gewinnen, oder aus Pflanzen, die Nahrungsmitteln keine Konkurrenz machen. Ansätze dazu gibt es vor allem in Finnlands Holz- und Zellstoffindustrie, wo man Biosprit aus Sägespänen herstellt, sowie in Frankreich und in Italien. Und während die Kraftstoffindustrie mit Überkapazitäten ringt, setzt die Politik auch in Deutschland auf eine »bioraffinierte« Zukunft.

Am Karlsruher Institut für Technologie KIT zum Beispiel ist die neue Rohstoffquelle Stroh. Daraus wird mit Hilfe von Druck und Hitze »Biosyncrude« hergestellt. Der schwarze Sud sieht sogar ein bisschen wie Rohöl aus. Er enthält 85 Prozent der Energie, die in den Halmen gebunden war; freilich auf einem Zehntel des Volumens. Damit hat das Gebräu etwa die gleiche Energiedichte wie Braunkohle, und es kann wie Erdöl als Ausgangspunkt für alle möglichen Zwecke genutzt werden. Die Umwandlung funktioniert, nun geht es darum, herauszufinden, welche Motoren Biosyncrude mögen und wie sich die Sache rechnet. Im niederbayerischen Straubing probiert die Firma Clariant ebenfalls, was sonst nur Rumpelstilzchen kann: Gold aus Stroh zu spinnen. In ihrer Pilotanlage werden die Halme nicht chemisch zersetzt, sondern biologisch mit Hilfe von Mikroorganismen aufgeschlossen. Aus 4500 Tonnen Ackerresten werden in diesem »Sunliquid«-Verfahren zurzeit 1000 Tonnen Ethanol gewonnen. Ins Visier genommen sind aber schon Kapazitäten von 280 000 Tonnen Stroh pro Jahr. Straubing ist Teil des »Green Chemistry Belts«, eines grenzüberschreitenden Rohstoffverbunds. Er soll in Kooperation mit dem »BioCampus Straubing« ein Netz aus petrochemischen wie biobasiert forschenden Firmen mit grünem Nachschub aus der fruchtbaren Donauregion versorgen.

20 Typen von Bioraffinerien werden in Deutschland getestet. Einige verwenden Gras, Grassilage, Pflanzenöle oder Zuckerrüben. Und nicht

nur Biosprit sollen sie herstellen, sondern zunehmend auch Grundstoffe für Dämmplatten, Futtermittel, chemische Rohstoffe oder Baumaterial, das umweltschädlichen Zement ersetzt – und das möglichst in Kaskadennutzung. Damit ist gemeint, dass aus jedem einzelnen Rohmaterial möglichst erst stofflich, dann chemisch und schließlich energetisch alles herausgeholt wird, was drinsteckt – und was dabei am Rande abfällt oder übrig bleibt, soll als Koppelprodukt möglichst auch noch genutzt werden, beispielsweise für Futtermittel oder als Dünger. Bislang zielte die Förderung nachwachsender Rohstoffe in erster Linie auf Verbrennung, ob in Form von Biogas, Holzpellets oder Biodiesel. Doch das soll sich ändern, die energetische Nutzung soll möglichst nur noch der letzte Schritt sein. Kaskaden: Auch wenn die Voraussetzungen dafür kompliziert sind, sind sie ein Kern des bioökonomischen Denkens. Ihre Kooperationen sollen auch in vielen anderen Wirtschaftsbereichen perfektioniert werden. Denn sie bedeuten, zwei Fliegen mit einer Klappe zu schlagen: Rohstoffe besser zu nutzen – und mehr an ihnen zu verdienen.

Das größte, geschichtsträchtigste und ambitionierteste Vorhaben, das darauf zielt, liegt in Mitteldeutschland. Unwirklich in seinen Dimensionen, taucht das lang gestreckte, 70 Hektar große Industriegelände von Leuna mit gigantischen Produktionsanlagen und Rohrleitungen aus dem lieblichen Tal der Saale auf. Blühende Landschaften gibt es dort höchstens drum herum. Der Komplex mit eigener Bahnstation ist seit über einem Jahrhundert ein Zentrum nationaler Technologiepolitik und stand Zeit seines Bestehens für die Nähe zwischen Politik und Wirtschaft. Gegründet wurde er 1916, damals war dem Kaiserreich das Schießpulver ausgegangen. Auf Drängen der Regierung und Obersten Heeresleitung errichtete die BASF in Leuna ihr zweites Werk, das die noch junge Ammoniak-Synthese nach dem Haber-Bosch-Verfahren für die Produktion von Sprengstoff für den Ersten Weltkrieg nutzte. Der Tod ist ein Meister aus Deutschland – aber auch das Streben, ihn zu überwinden. Denn auf der chemischen Fixierung des Stickstoffs aus der Luft gründete zugleich die Herstellung des ersten Kunstdüngers, der ebenfalls in Leuna produziert wurde. Er war die Grundlage eines Produktionsschubs in der Landwirtschaft und trug auch zur Grünen

Revolution in den 1960er und 1970er Jahren bei. Im Dritten Reich verwandelten die IG-Farben in Leuna vor allem Braunkohle in Treibstoff für Panzer und Kampfflugzeuge; die Basis energetischer Rohstoffe auszutauschen, ist hier also kein neues Thema. Und Leuna lebt: Die Raffinerie der Nachfolgefirma Total steht jetzt im Zentrum einer Ansiedlung von rund 90 Chemiefirmen und anderen Unternehmen, die von der Betreibergesellschaft Infra Leuna gemanagt wird.

Auf dem Weg ins »biologische Zeitalter«? Die Kanzlerin ließ es sich jedenfalls im Oktober 2012 nicht nehmen, das neue Fraunhofer-Zentrum für Chemisch-Biotechnologische Prozesse (CBP) in Leuna mit einer Rede zur hohen Bedeutung der Bioökonomie selbst zu eröffnen. Dort sollen Beweise dafür gesammelt werden, dass man die klassische Verbundchemie, die hier Tradition hat, auch auf der Grundlage biogener Rohstoffe aufbauen kann. 50 Millionen Euro haben das Bundesministerium für Bildung und Forschung (BMBF), das Bundesministerium für Ernährung und Landwirtschaft (BMEL) über seine Fachagentur Nachwachsende Rohstoffe, das Bundesministerium für Umwelt (BMU) und die Landesregierung Sachsen-Anhalt zusammengetragen, um das CBP anzuschieben. Es stellt zudem den wissenschaftlichen Kern des Spitzenclusters »BioEconomy« im Bereich der Erzeugung chemischer Produkte dar. Darin kooperieren, vom Bund gefördert, rund 100 Partner, große Forschungsinstitute und Unternehmen. In seinen Aufbau flossen weitere 40 Millionen Euro Fördermittel aus dem Forschungswettbewerb. Größere Firmen wie Linde oder Bayer engagieren sich in Leuna, doch man will besonders kleinen und mittleren Unternehmen helfen. Ihnen fehlen oft die Mittel und der lange Atem, um ein im Labor bewährtes Verfahren auf die Ebene einer industriellen Produktion zu hieven.

Gerd Unkelbach ist Chef des CBP und »Themengebietsleiter« im Spitzencluster. Der 36-jährige Forschungsmanager wirkt eigentlich ziemlich nüchtern, umso überraschender ist es, wenn er in einem Nebensatz Stolz auf seine Arbeit bekennt: »Unsere Gesellschaft will immer den schnelleren, kurzfristigen Erfolg, ohne die maximale Wertschöpfung im Auge zu haben, die uns der Rohstoff Holz liefern kann.« Zwei

Dinge sollten demonstriert werden, sagt Unkelbach: Zum einen, »dass man das Produkt Holz komplett in neue Produkte überführen kann«. Als Rohstoffbasis dienen den Wissenschaftlern dafür Hackschnitzel aus dem Harz. Die Buche ist wieder weiter verbreitet, weil sie als natürlich vorkommende Baumart auch unter Artenschutzgesichtspunkten gepflegt wird und man zur Stabilisierung der Wälder mehr heimische Laubarten in die Fichten mischt. Doch während es für Nadelbäume bereits eine Rundum-Nachfrage gibt, sind Buchen bislang noch schwieriger zu vermarkten. Laut den Betreibern der Bioraffinerie in Leuna werden aus ihrer Zulieferregion im nahe gelegenen Mittelgebirge nur 40 Prozent des Buchenholzes genutzt, 400 000 Jahrestonnen stünden demnach zur Verfügung. Nachdem der Baum hergegeben hat, was für Möbel, Bretter, Außenverkleidungen und -terrassen genutzt werden kann, sollen am unteren Ende der Kaskade Kronen-, Alt- und Restholz nicht mehr wie bislang als Pellets in Kaminen verbrannt werden: »Das ist Verschwendung«, meint Unkelbach. Ein Mehrwert könne geschaffen werden, wenn auf unterschiedlichen Pfaden Ausgangsprodukte für die energetische und vor allem chemische Nutzung hergestellt werden. »Die Moleküle nachzubauen, die die Chemieindustrie schon kennt, oder ganz neue Produkte zu schaffen«: Das ist also der andere Teil des Demonstrationsinteresses. Zahlreichen technischen Fragen wird dabei nachgegangen, beispielsweise, wie der Energieverbrauch bei der Verarbeitung gesenkt werden kann. Denn der ist hoch, weshalb einige Experten den Versuch eher kritisch sehen, Biorohstoffe in ähnlicher Weise wie das Öl erst in niedermolekulare Kohlenwasserstoffe zu zerlegen – und sie dann zu hochmolekularen Chemikalien wieder aufzubauen. Interessanter sei, die Stoffe direkt so zu nutzen, wie sie vielfältige Holz- und Pflanzenarten bereitstellen.

Doch zurück nach Leuna: In der Fertigungshalle stehen diverse Kessel und Fermenter, die vielfältig durch unzählige Rohrleitungen verbunden sind. Darin wird gewässert, gekocht, getrocknet, gedämpft und zersetzt; werden Zwischenprodukte kombiniert und fermentiert, um die drei Holzbestandteile getrennt zu verwandeln: die Cellulose und Hemicellulose ebenso wie das härtere Lignin, das im Vorgang der Verholzung darin eingelagert wird. In Leuna mutiert Cellulose unter anderem zu Milchsäure, Hemicellulose zu Furanharzen, Lignin zu Polymeren. Was dabei am Ende herauskommen kann, ist im Flur in kleinen Gläschen und Fläschchen zu besichtigen: Treibstoff, Schmierstoffe, Polymere, Enzyme, Vitamine und Nahrungsmittelergänzungsstoffe, Lasuren. Sie zeigen, dass vieles möglich ist. Doch die Wirtschaftlichkeit im Vergleich mit der petrochemischen Konkurrenz ist ein großes Fragezeichen. Das gilt besonders dann, wenn die Anlagen eher dezentral ausgerichtet sein sollten, um großflächige Transporte von Biomasse zu vermeiden. Die Forschung werde noch Jahre dauern, vermutet Gerd Unkelbach.

Wenn man aus dem Gebäude tritt, in dem die Test-Raffinerie steht, trifft man auf Reihen merkwürdiger, hintereinander angeordneter, etwa mannshoher Wände aus durchsichtigem Kunststoff. In den mehrere Zentimeter breiten Zwischenräumen schimmert es grünlich. Zwei Studenten bringen gerade Nährlösung in einem Eimer, es ist Zeit für die Fütterung. Denn was in den Behältern wächst, sind Mikroalgen. Dank der unendlichen Vielfalt ihrer Typen wären sie theoretisch die bioökonomischen Alleskönner, die Biosprit, Öle, Chemikalien, Nahrung und vieles mehr produzieren könnten, und zwar deutlich effizienter als andere erneuerbare Quellen. Denn Algen wachsen zwölfmal schneller als Pflanzen und enthalten deutlich mehr Öl. Ein Problem: Mikroalgen brauchen Licht, und deshalb brauchen sie auch viel Platz. Daran scheitern bislang richtig große Zuchten in Teichen. Deshalb sehen viele Strategen der Bioökonomie größere Chancen darin, Algen-»Aquakulturen« in Küstengebieten anzulegen. Sie zu erforschen, ist ein Schwerpunkt in der EU, daran arbeiten vor allem Länder wie Frankreich und Norwegen. Aber auch in Deutschland sollen solche Projekte einer »marinen Bioökonomie« wachsen. Zugleich wird in vielen Forschungszentren der Welt getestet, wie man die Einzeller auch raumsparend produktiv machen kann – und deshalb hat eine Arbeitsgruppe im Fraunhofer-Institut für Grenzflächen- und Bioverfahrenstechnik IGB, dem auch das CBP angehört, diese Reaktorform entwickelt. Eine Membran am Behälterboden pustet eine Mischung aus Luft und CO_2 in das Nährmedium. Das hat zwei Effekte: Die Gasbläschen steigen nach oben und versorgen die schwimmenden Algen mit Kohlendioxid, das sie zum Wachsen brauchen. Zum anderen wirbeln sie die Mikroalgen durcheinander. Auf diese Weise strömt jede einzelne immer mal wieder an die Oberfläche des Reaktors und kann dort nach Licht schnappen. Gerd Unkelbach sagt:»So konkurrieren wir nicht mit der Landwirtschaft, denn diese Reaktoren können überall aufgebaut werden.« Und: die Erträge lassen sich kräftig steigern. Womöglich könnten solche Wände eines Tages mit Vielfachnutzen ganze Häuserfassaden zieren. Gläsern, luftig und grün, haben sie durchaus einen ästhetischen Reiz.

Doch so federleicht die Anlage aussieht – die Herausforderung bleibt immens. An einer effizienten Algenzucht haben sich auch über das Flächenproblem hinaus schon viele Wissenschaftler die Zähne ausgebissen. Welches sind die produktivsten Typen? Wie schafft man es, dass sie gleichzeitig geerntet werden können? Wie kriegt man die Erträge in Höhen, die sich auch rechnen? An diesen Themen und vielen anderen Fragen wird hier wie in aller Welt wohl noch lange geforscht. Wie man so sagt: ergebnisoffen.

Zwei weitere Großprojekte im BioEconomy-Cluster von Leuna zielen auf die biotechnologische Herstellung von Isobuten und Bernsteinsäure aus nachwachsenden Rohstoffen. Auch daraus lassen sich Kunst- und Treibstoffe, chemische Grundstoffe, Arzneimittel, Lebensmittelzusätze und Polymere herstellen und vieles mehr. Gerd Unkelbachs bisherige Bilanz ist gemischt:»Die Hoffnungen sind groß – die Probleme sind es auch.« Eine»kleine industrielle Revolution« sieht er dennoch voraus bei den bioökonomischen Experimenten.

Der Traum vom Perpetuum mobile

Mit dem Haber-Bosch-Verfahren, das einst in Leuna vorangebracht wurde, hat die technikgetriebene Landwirtschaft das Wachstum der Pflanzen jahrzehntelang mit Hilfe von Energie und Chemie auf Erdölbasis gesteigert. Die»neue grüne Revolution« versucht, den Prozess jetzt gewissermaßen umzudrehen: Statt Pflanzen aus Energie und Chemie soll es mit Hilfe der bioökonomischen Forschungsansätze Energie und Chemie aus Pflanzen geben. Und auch jenseits dieser Umdrehung sind der Phantasie keine Grenze gesetzt.

Eine Vielzahl von Initiativen widmet sich zum Beispiel der Suche nach neuen Rohstoffen, die den steigenden Bedarf nach Textilien decken sollen. Auch Fasern fordern Flächen, und gerade der Anbau der beliebten Baumwolle geschieht oft mit einem hohen Einsatz von Agrargiften. So erzeugen Wissenschaftler und Praktiker Garn aus Schlachtabfällen und Stoffe aus Brennesseln. Oder sie fertigen künstliches Leder, sei es aus Ananaspflanzen oder, indem sie wie das Start-up »Modern Meadow« Materialien aus einzelnen Gewebezellen in der Petrischale »biofabrizieren«.

Eine weitere Perspektive der Bioökonomie ist das »Vertical Farming«. Hunderte von Unternehmen machen sich weltweit daran, solche Lebensmittelanbaufabriken zu errichten. Nach dem Vorbild holländischer Hightech-Treibhäuser, aber mit noch ausgefuchsteren Beleuchtungs- und Bewässerungssystemen sollen diese mitten in den globalen Megacitys für Nahrung sorgen. Hängende Gärten werden als »Aquaponik« oft in abgeschlossenen Kreisläufen mit der Fischzucht kombiniert. Die Pflanzen brauchen keinen Boden, sie ernähren sich von Nährlösungen und den Ausscheidungen von Forellen und anderen Speisefischen. Die Vision ist eine Agrarproduktion, die von Schädlingen abgeschottet und gefeit vor Stürmen, Dürren und Fluten auch unter Klimastress die urbanen Massen ernährt. Sowohl Wasser und Flächen soll sie sparen als auch Abertausende von Kilometern an Transportwegen von der Farm bis zu den Supermärkten und Küchen. Panasonic, General Electric, Toshiba, Philips, solche Weltfirmen investieren bereits in die notwendigen Technologien. In alten Fabrikgebäuden oder dicht abgeschlossenen, gläsernen Züchtungs-Kathedalen, die an die Phantasien Jules Vernes erinnern, sollen künftig auch gentechnisch veränderte Pflanzen wachsen, die medizinische Wirk- und Impfstoffe herstellen. »Eine heiße Anlage«, jubeln Finanzzeitschriften, und die beteiligten Elektronik- oder Beleuchtungs-Unternehmen locken: »Kein Boden? Kein Problem …«[11] Das stimmt allerdings nicht, denn die Produktionskosten sind hoch und die Ernten oft zu gering im Vergleich mit dem

Energieaufwand, den gerade das permanente künstliche Licht als Sonnenersatz erfordert.

Eine andere Hoffnung der Bioökonomen ist die Verwertung ungenutzten Kohlenstoffs. In Abgasen, Abwässern und Abfällen fallen Unmengen davon an, doch sie werden meist einfach verbrannt. Man könnte ihn an Algen verfüttern oder Bernsteinsäure daraus herstellen, man könnte ihn auf die Böden zurückbringen oder in nutzbare Stoffe umwandeln. Daran arbeitet zum Beispiel die Forschungsallianz »ZeroCarbonFootprint – ZeroCarbFP«.[12] Mit 48 Millionen Euro unterstützt das BMBF unter anderem die Fahndung nach Mikroorganismen, die auf kohlenstoffreichen Abfällen wachsen und sie zu Bausteinen und Substanzen für die Industrieproduktion umwandeln könnten.

Manche Wissenschaftler zählen auch die »Bionik« oder »Biomimikry« zur Bioökonomie. Das ist der Versuch, sich bei technischen Entwicklungen von biologischen Systemen inspirieren zu lassen. Er ist alles andere als neu: Schon Leonardo da Vinci, auch Otto Lilienthal oder die Gebrüder Wright ließ sich bei den Entwürfen für ihre Flugmaschinen von den Vögeln inspirieren. In den 1960er Jahren leitete der Kybernetiker Heinz von Foerster eine Konferenz zu »Lebenden Prototypen«. Doch die Möglichkeiten der digitalen Diagnostik und Computersimulationen schaffen auch bei diesem Beobachtungs- und Denkansatz neue Präzision. Außerdem hat die Suche nach Tricks, wie man Ressourcen sparen kann, die Neugierde auf Vorschläge aus der Natur neu angestachelt. Beispielsweise sind die Hautschuppen schnell schwimmender Haie so angeordnet, dass der Widerstand der Strömung gesenkt wird; ein Effekt, den man bei Design und Materialien für Luftfahrzeuge nutzen konnte, um Zeit und damit Treibstoff zu sparen.

Im weitesten Sinne bionisch ist auch der uralte Menschheitstraum, der Natur die Photosynthese abzugucken. Es ist der faszinierende Schlüsselprozess allen Lebens auf diesem Planeten, wie Pflanzen mit Hilfe des Sonnenlichtes in ihren Blättern »mehr aus weniger« machen können – nämlich aus den energiearmen Stoffen Wasser und Kohlendioxid energiereichen Zucker bauen, den sie zum Aufbau von Biomasse nutzen. Ohne diese Verwandlung hätten auch Mensch und Tier keine

Nahrung. Was so simpel klingt, ist in der Evolution über Jahrmillionen gelernt worden – und dann doch alles andere als leicht zu durchschauen und nachzuahmen. Chemiker versuchen das schon seit Beginn des 20. Jahrhunderts – vergeblich. Doch weltweit geht die Suche weiter nach dem Perpetuum mobile, das menschliches Leben noch enger mit dem großen, strahlenden Fixstern verknüpfen, alle Energieknappheiten beenden und selbst die Entropie-Sorgen des Bioökonomie-Pioniers Georgescu-Roegens für immer beruhigen würde. Die künstliche Photosynthese könnte, so die große Hoffnung, eines fernen Tages sowohl Energie als auch chemische Produkte ohne Emissionen erzeugen und damit die wichtigsten Weltprobleme lösen.

Es gibt kleine Teilerfolge. Einen errang jüngst eine Forschergruppe am MIT: Mit Hilfe von Katalysatoren erzeugte sie aus Wasser und Sonnenlicht Wasserstoff und Sauerstoff, die in einer sogenannten Brennstoffzelle miteinander reagieren und Strom erzeugen. Dieses »künstliche Blatt« klingt poetischer als es aussieht, bei dem Apparat sind keine Ähnlichkeiten vorgetäuscht. Er könne eine kostengünstige Energiequelle für arme Haushalte in Entwicklungsländern werden, sagte der Forschungsleiter Daniel Nocera vom MIT bei der Vorstellung des Systems.[13] Mit wenigen Litern Wasser und Sonne lasse sich genügend Wasserstoff herstellen, um eine Familie einen ganzen Tag mit Energie zu versorgen. Der indische Großindustrielle Ratan Tata sagte Nocera bei der weiteren Entwicklungsarbeit Unterstützung zu.

Teams der Synthetischen Biologie wollen aber noch tiefer in die Urkräfte des Lebens vordringen. Sie untersuchen jeden einzelnen der bekannten biologischen Schritte des raffinierten Photosynthese-Prozesses. Zentrale Agenten dabei sind die Chloroplasten, jene Zellbestandteile, die Algen, Getreiden, Blumen, Sträuchern und Bäumen die grüne Farbe verleihen. Im Projekt »Sun2Chem« will ein europäisch vernetztes Forscherteam diese elipsenförmigen Organellen so verändern, dass sie am Ende Ausgangsstoffe für Chemikalien, Bioplastik oder Biosprit liefern können. 1,2 Millionen Euro macht die EU dafür locker.[14] In Kalifornien gibt es ein ganzes Zentrum für die Erforschung der künstlichen Photosynthese: das Joint Center for Artificial Photosynthesis (JCAP). Mehr als 140 Experten unterschiedlichster Disziplinen arbeiten dort. In der JCAP-Werbung herrscht Euphorie:»Wissenschaftler träumen nicht davon, sie bauen schon dran«. Doch das dürfte dem typisch amerikanischen Optimismus entspringen und auch der Notwendigkeit, mit frohen Botschaften Forschungsgelder zu akquirieren. Denn auch viele Fans der Bioökonomie halten die künstliche Photosynthese angesichts der Komplexität dieser gewaltigen Leistung der Evolution schlicht für einen weißen Elefanten.

Kritiker in Wissenschaft und Nichtregierungsorganisationen hegen auch gegenüber anderen der propagierten Technologie-Ansätze Skepsis und Vorbehalte. Ihre teils gravierenden Einwände sollen im Folgenden vorgestellt werden. Aber zuvor gilt es noch, einer anderen Frage nachzugehen: Warum bewegt sich überhaupt weltweit so viel beim Thema Bioökonomie, wenn doch gerade ihre größten Versprechen für ein postfossiles Zeitalter – etwa die sauberen Treibstoffe und Algen als multifunktionale Allzweck-Rohstoffe – nicht nur an technologischen Hürden scheitern, sondern auch an Kostengrenzen stoßen; wenn sie also erst recht angesichts des extrem günstigen Ölpreises kaum eine Marktchance haben? Müsste das Interesse an dem ganzen technologisch getriebenen Ansatz nicht längst zum Erliegen gekommen sein? Oder welche anderen Antriebe stehen hinter dem neuen Drive, die biogenen Rohstoffe aus zig Perspektiven rundum zu erkunden? Thesen dazu im dritten Kapitel.

● ●

»Das Leben bahnt sich seinen Weg«
Streitgespräch: Petra Schwille versus Andreas Weber über Synthetische Biologie und die Natur des Lebens

Petra Schwille, *geboren 1968, ist Physikerin und Philosophin. Sie leitet die Abteilung zelluläre und molekulare Biophysik am Max-Planck-Institut für Biochemie in München. Schwille ist mit Methoden der Synthetischen Biologie den Ursprüngen des Lebens auf der Spur. Sie wurde für ihre Forschungsarbeit mehrfach ausgezeichnet.*

Andreas Weber, *geboren 1967, studierte Biologie mit dem Schwerpunkt Meeresbiologie und Philosophie. Der Publizist schrieb mehrere Bücher, unter anderem: Alles fühlt – Mensch, Natur und die Revolution der Lebenswissenschaften, Berlin 2007; Enlivenment. Eine Kultur des Lebens. Versuch einer Poetik für das Anthropozän, Berlin 2016.*

Weber Haben Sie gesehen: Über der Eingangstür zu der Tagung über Synthetische Biologie steht heute groß das Wort »Enlighten«. Das passt doch perfekt zu meiner These vom »Enlivenment«. Ich fordere eine zweite Aufklärung, hin zu einem Denken der Lebendigkeit.

Schwille Ich finde ja, es gibt zurzeit eine eher antiaufklärerische Strömung in der Welt. Damit meine ich nicht nur den religiösen Radikalismus, sondern auch den Rückzug vieler Menschen in eine neue, selbst gewählte Unmündigkeit. Als wären sie von der Freiheit überfordert.

Grefe Sie hingegen nutzen die Freiheit – in diesem Falle die Freiheit der Wissenschaft – für Ihren Aufklärungsdrang im umstrittenen Feld der Synthetischen Biologie ...

Schwille Mich interessiert die Natur des Lebens. Ich will ihm auf den Grund gehen und herausbekommen, unter welchen physikalisch-chemischen Bedingungen man so etwas wie eine künstliche Zelle herstellen könnte. Jenseits dieser sehr fundamentalen Herangehensweise entwickeln wir Methoden, die uns erlauben, das Zusammenspiel der Moleküle zu vermessen. Denn das Leben beginnt mit dem wechselseitigen Austausch. Interaktion zu verstehen, ist das Spannendste überhaupt.

Weber Da stimme ich zu, aber ich meine, dass wir jenseits dieser mechanischen Vorstellung noch eine weitere Perspektive brauchen. Ich verstehe Leben als Phänomen der Subjektivität. Es ist die Entstehung eines Selbst mit seiner Innerlichkeit. Ich glaube, dass wir in der Biologie an einem Punkt sind, an dem die Physik vor hundert Jahren war. Wie damals die Quantenphysiker stellen Biologen heute fest, dass ihre Forschungsgegenstände nicht von ihnen getrennt sind, weil beide lebendig sind und beide diese Erfahrung von Innerlichkeit haben. Diese Erfahrung lässt sich nicht ausklammern, ohne falsche Ergebnisse zu liefern. Der Beobachter, der Forscher, der Mensch ist mit der Natur emotional so verbunden, dass er sich immer selbst mit erkennt. Lebewesen sind niemals neutrale Objekte, sie sind immer ein Stückchen »ich selbst«.

Schwille So weit sind wir da gar nicht auseinander. Mir macht zwar das Experimentieren im Labor immer schon großen Spaß. Aber ich habe neben der Physik auch Philosophie studiert wie Sie, und ich fand damals die Erkenntnistheorie besonders faszinierend. In letzter Zeit beschäftigen mich diese Fragen wieder mit neuer Dringlichkeit: Was wissen wir, was können wir wissen, was bringen wir dabei selbst mit ein? Was ist Leben, und was ist daran so besonders? Was erkennen wir in der belebten Natur?

Grefe Wieso befasst sich überhaupt eine Physikerin mit Biologie?

Schwille Mein Interesse galt der belebten Welt immer schon eher als den Kristallen oder Atomen. Physik habe ich studiert, weil ich fand, dass da mehr nachgedacht wurde, in der Biologie dagegen mehr beschrieben und auswendig gelernt. Das hat sich aber geändert. In der modernen Molekularbiologie ist man ja weit entfernt davon, nur Blümchen und Tierchen zu sammeln.

Weber Das stimmt – in dem Maße, in dem die Blümchen und Tierchen aus unserer Lebenswelt verschwinden! Ich bin da etwas weniger ironisch, weil das die Kehrseite eines Phänomens ist, das niemandem guttut: der sechsten Welle des Artenschwindens. Und über einen Begriff bin ich bei Ihnen gestolpert: Erkenntnis. Das klingt so rational. Wer Blumen und Bienen studiert, der ist auch emotional erfasst. Wenn wir Erkenntnis auf den Bereich des Rationalen festlegen, lassen wir den Bereich der Beziehungen aus. Das ist verheerend, weil alles in der Biosphäre Beziehung ist.

Schwille Sie werden es nicht glauben: Obwohl ich mich im Moment eher mit den technischen Aspekten des Lebens beschäftige, denke ich auch immer mehr über seine scheinbare Intention nach ...

Grefe Seine Absichten?

Schwille: Wenn ich zum Beispiel Mikroorganismen beobachte, dann frage ich mich immer: Wo will das eigentlich hin? Ein Philosoph würde mich jetzt wahrscheinlich verprügeln ...

Weber Im Gegenteil, ich gehe ja noch deutlich weiter, und ich bin auch Philosoph!

Schwille Nun, präzise ist der Begriff Intention eben nicht, denn er ist ja eigentlich für bewusstes, also menschliches Leben reserviert. Aber mich fasziniert, dass man doch sagt: Auch Krankheitserreger wollen etwas. Sie wollen sich fortpflanzen, sie wollen sich ausbreiten. Wir Menschen bekämpfen sie als Feinde, mit Waffen, die wir eigens ihretwegen schaffen.

Weber Für mich gibt es diese Intentionalität, und der Begriff beschreibt genau den gegenwärtigen Epochenbruch. Die gängige bioökonomische Mega-Wissenschaft wendet aus meiner Sicht eine Metaphysik des Nicht-Lebendigen an, um Prozesse des Lebens zu analysieren. Das neue biologische Denken hingegen besagt: Es gibt eine Form der Selbstbeharrung, die sich an komplexer Materie manifestiert und die wir ernst nehmen müssen, um Lebendigkeit zu verstehen. Mit meinem Lehrer Francisco Varela nenne ich das »intrinsische Teleologie«. Etwas will sich aus sich selbst heraus entfalten – und das ist Leben. Wir wissen ja, wie das ist. Wir sind ja selbst Lebewesen.

Grefe Aber schon eine kleine Zelle ...? Wo fängt Intentionalität, wo fängt Leben denn an, Frau Schwille?

Schwille Ich bin da ganz von Immanuel Kant geprägt. Diese Intention des Lebens ist ja erst einmal eine Kategorie, die wir anwenden, um das Ding zu beschreiben.

Weber Jetzt rudern Sie aber zurück.

Schwille Nein, nein! Ich sagte ja »erst einmal« ... Aber doch muss es eine Eigenschaft belebter Systeme geben, die uns auf diese Idee von einer Intention kommen lässt. Wir wenden die Kategorie Leben nur auf eine bestimmte Art von Phänomenen an. Etwas muss es also geben, das den Unterschied macht, und genau das möchte ich ja wissenschaftlich erfassen können. Ich werde vermutlich nicht herauskriegen, wo es herkommt. Aber ich will es präzise messen und beschreiben können.

Grefe Allerdings ist das offenbar nicht so leicht. Schon die Gentechnologen, die mit simpleren Fragestellungen arbeiteten, mussten ja erfahren, dass selbst bei einfachsten Organismen alles zu komplex miteinander vernetzt ist, um ihre Manipulationshoffnungen zu erfüllen.

Schwille Tatsächlich weisen alle lebenden Systeme diese Komplexität auf. Aber das beweist nur, dass sie sich von der einfachen Urform, von Adam und Eva der Zellen, weit entfernt haben – was nach ein paar Milliarden Jahren nicht verwunderlich ist.

Grefe Sie wollen also Adam und Eva finden?

Schwille Genau, die Frage ist: Wie sehen die aus? Und ja: Zellen haben mich so oft überrascht, dass ich inzwischen aufgehört habe, sie als komplexes Ganzes zu erforschen. Stattdessen versuche ich, ein extrem einfaches biologisches System zu schaffen, das mich erstmals überrascht.

Grefe Wie schafft man so ein System?

Schwille Man muss sich natürlich Zwischenziele setzen. So versuchen wir erst einmal, den Teilungsschritt zu sezieren. Zellteilung ist ja einer der elementarsten Prozesse überhaupt. Und trotzdem: Wer studiert, welche Moleküle daran beteiligt sind, der sieht sich schnell im Urwald. Das sind unglaublich viele, und sie funktionieren in jedem Zelltypus anders. Physikalisch kann man die Zellteilung etwa so beschreiben: Es gibt eine Membran, die schnürt sich etwa in der Mitte ringförmig ein. Offenbar verschwindet Material, und die Ringzone wird immer kleiner. Aber woher kommt die Kraft dafür? Da gibt es zahllose Möglichkeiten, und wir wollen Motive destillieren, die bei jedem Teilungssystem auftauchen. Wenn wir diese Essenz kennen, dann können wir vielleicht ein minimales Teilungssystem zusammenbauen.

Grefe Da beginnt synthetische Biologie und »künstliches Leben«?

Schwille Genau: im Zusammenbauen. Man bringt Faktoren und Funktionen zusammen, die aus unterschiedlichen Kontexten kommen.

Grefe Herr Weber, klingt das in Ihren Ohren nach ingenieurstechnischer, »bioökonomischer Mega-Wissenschaft«?

Weber Ganz und gar nicht! Ohne diese empirische, molekularbiologische und biophysikalische Forschung hätte ich meine Thesen auch nicht entwickeln können. Das Interessante ist ja: Selbst wenn man mit dem klassischen Newton'schen Denken an Lebewesen heranginge und selbst wenn man sie, mit Goethe gesagt, »auf die Streckbank des Experimentes« spannte – man würde letztlich immer herausfinden, wie sie wirklich sind. Und das ist gerade passiert: Die mechanische Wissenschaft hat aus den Organismen, die sie für Objekte hielt, herausgequetscht, dass diese in Wahrheit Selbste sind, mit eigenen Erfahrungen. Aber eine Frage: Wie definieren Sie eigentlich Leben, Frau Schwille?

Schwille Da gibt es ja viele Annäherungen, die alle zutreffen, und dennoch ist keine vollständig. Es muss einen Stoffwechsel geben, Reproduktion, Reizbarkeit oder dieses Kriterium, das mir lange Kopfzerbrechen gemacht hat: Evolvierbarkeit, also die Fähigkeit von Lebewesen, durch Veränderung ihrer Gene ihre äußeren Merkmale und damit ihre »Fitness« im Überlebenskampf zu verändern. Evolvierbarkeit macht lebende Systeme wandelbar und vielfältig. Vielleicht steckt ja genau hier diese geheimnisvolle Intentionalität, die wir glauben wahrzunehmen und die keine andere der gängigen Definitionen beschreibt.

Weber Ich hätte für das Leben eine Definition, die alle Präzision enthält, die Sie bei der Intentionalität vermissen.

Schwille Legen Sie los.

Weber Leben ist der ständige Prozess, eine Identität herzustellen. Ein Lebewesen, schon eine einfache Zelle, tut vor allem eines: ihre körperliche Ganzheit beständig zu erneuern. Zunächst, indem sie eine Membran um das bildet, was somit das Selbst ist. Das ist Intentionalität »in action«, und das geht nur mit einem Körper, denn diesem ist nicht egal, was ihm passiert.

Grefe Dann wäre Leben aber nicht konstruierbar, oder?

Schwille Die Identitätsbildung hat sehr wohl einen technischen Aspekt, und es ist gar nicht mal so schwer, ihn abzubilden. Die Frage nach der Identität lautet ja: Wie stelle ich sicher, dass es ein Außen und ein Innen gibt? Und wir wissen heute viel über den Metabolismus von Organismen, das hat uns die Biochemie der ersten Hälfte des letzten Jahrhunderts gelehrt. Wir haben auch eine Menge über die Information gelernt, seit Watson und Crick die DNA-Struktur und damit den Mechanismus der Informationsweitergabe entdeckt haben. Aber bei der Hülle, die diese Information umgibt und sich zusammen mit ihr vervielfältigt, da ist noch vieles unverstanden. Dabei ist die erste Möglichkeit, Identität herzustellen, die physikalische Abgrenzung. So wie einst jene gegenüber dem Wasser, dem Schlüsselelement für die Entstehung des Lebens.

Weber Allerdings würde ich betonen, dass die Scheidung von innen und außen nicht einfach mechanisch stattfindet, sondern dass sie geleistet wird. Es ist eine Aktivität. Und die Identität als solche ist nicht physikalisch.

Schwille Aber sie hat eine physikalische Grundlage.

Weber Natürlich. Identität ist ein physikalischer Prozess, der eine individuelle Perspektive hervorbringt. Diese Perspektive ist allerdings nicht das Gleiche wie der Stoff. Das ist ein entscheidender Unterschied. Angesichts der dramatischen Situation des Lebens auf dieser Erde wird es Zeit, anzuerkennen: Leben heißt, dass der Stoff ein Interesse gewinnt.

Schwille Das ist gut formuliert, hilft uns aber für unser Handeln nicht unbedingt weiter. Es gibt eben mittlerweile sehr viele Leben auf der Erde, mit den unterschiedlichsten Interessen. Interessenskonflikte, bis hin zur gegenseitigen Auslöschung, gehören leider auch zum Leben.

Grefe Offenbar gibt es da reichlich offene Fragen. Umso mehr beunruhigt es Laien, dass Verfahren der Synthetischen Biologie als tiefe Eingriffe in die »Identität« von Zellen trotzdem in einigen Industrien und Unternehmen bereits angewandt werden – und bald noch umfänglicher angewandt werden sollen.

Schwille Die Forschung kommt tatsächlich aus zwei Richtungen: Während wir noch »bottom up« die tiefsten Grundlagen erkunden, gibt es zugleich den anwendungsorientierten Top-down-Ansatz. Da drehen die Kollegen in den zellulären metabolischen Netzwerken schon jetzt hier und da an wichtigen Schaltern.

Weber Aber das ist dann bestenfalls ein informiertes Herumstochern. Ein bisschen, wie wenn man im Dunkeln in sein Hotelzimmer zurückkommt. Ein paar Ecken hat man sich gemerkt, an denen kann man sich entlanghangeln. Aber den Schminktisch reißt man um.

Schwille Na, na, das klingt jetzt so, als würde da wild herumgepfuscht. Aber da fließt viel Schweiß, das ist präzise Arbeit, Spitzen-Biotechnologie. Man braucht dafür einen unglaublichen Fuhrpark von Geräten, man muss die Sequenzdaten haben, die Moleküle kennen. Ich muss genau wissen, mit welchen Elementen ich arbeite, wie ich sie miteinander verknüpfen kann und was für Gesetze dabei gelten. Dann kann ich bauen.

Weber Natürlich erzielt man Ergebnisse. Man wird aber leicht unvorsichtig oder größenwahnsinnig, wenn man öffentlich suggeriert, man habe im Prinzip alles verstanden.

Schwille Das behauptet doch heute kaum noch wer.

Grefe Aber was bedeutet diese Ungewissheit für die Risiken?

Schwille Wissen Sie, ich bin ein großer Fan des Films *Jurassic Park*. In einer meiner Lieblingsszenen sagt da Jeff Goldblum als einer der Forscher, welche die rückgezüchtet wieder erschaffenen Saurier vorgeführt bekommen: »Das Leben bahnt sich seinen Weg.« Egal, was man in die Welt setzt – was lebt, ist nicht vollständig regierbar. Das kennt man doch von seinen Kindern!

Weber Ich erinnere mich bei diesem Film vor allem an die Szene, wo der Tyrannosaurus Rex in die Verkehrsampel beißt, mit den entsprechenden Folgen. Aber mir gefällt, dass Sie sagen, auch jenseits der Synthetischen Biologie geht man beim Leben immer Risiken ein.

Schwille Leben ist gefährlich. Das macht es doch so faszinierend. Es ist eben nicht vorhersehbar. Es hat seinen eigenen Kopf.

Weber Für die Synthetische Biologie bedeutet diese Erkenntnis, die Gefahr liegt nicht darin, dass etwas geändert wird, sondern in der Illusion, man könnte diese Änderung kontrollieren.

Schwille Genau.

Weber So wird es aber nicht gesagt.

Schwille Weil die Risiken in dem Fall so groß nicht sind und man sie auch im Verhältnis zu den Dingen sehen muss, die man schon tut. Kein Mensch verliert ein Wort über konventionelle Pflanzenzüchtung, dabei kann sie genauso gefährlich sein.

Grefe Aber bewirkt nicht die Geschwindigkeit der Manipulationen bei der gentechnischen oder synthetisch-biologischen Züchtung einen qualitativen Sprung?

Schwille Der Sprung ist erst mal quantitativ. Ob es zugleich ein qualitativer Sprung ist, dafür gibt es zumindest keine Erfahrungswerte.

Grefe Traditionelle, langsamere Züchtung ermöglicht immerhin eher den Austausch mit der Umwelt, also Koevolution. Wenn man Pflanzen zusammenbaut, dann haben Sie dafür weniger Zeit.

Schwille Intuitiv hat man das Gefühl, dass Langsamkeit besser sei. Wenn etwas immer im Gleichgewicht mit seiner Umgebung passiert, dann kommt es uns einfach schöner vor. In der Thermodynamik sind solche quasistatischen Prozesse ja auch meist umkehrbar. Das ist immer hilfreich, wenn man nicht weiß, ob man gerade das Richtige tut.

Weber Alles im Lebendigen ist Interpenetration, das heißt: Es gibt immer eine Rückwirkung, die das, was wirkt, auch wieder verändert. Es gibt also keine – newtonisch gedacht – neutrale Kraft. Insofern meine ich, dass die Beschleunigung, die wir in der Synthetischen Biologie sehen, sowohl ein qualitativer als auch ein quantitativer Sprung ist. Irgendwann ist die Radikalitätsschwelle so hoch, dass man von einer Qualität sprechen muss. Irgendwann ist eine Änderung so einschneidend, dass Lebewesen sie nicht mehr als Reiz erfahren, sondern als Zerstörung. Für mich ist aber etwas anderes entscheidend: Biologen erkennen zwar langsam, dass Lebewesen keine Objekte sind – aber noch nicht die Ökonomen. Da herrscht immer noch Newton. Die meisten Wirtschaftswissenschaftler gehen von einer objektiven Welt da draußen aus. Sie verstehen diese Welt als Maschine, die macht, was sie wollen, wenn sie an den richtigen Schräubchen drehen. Tut sie aber nicht. Dieser Irrtum potenziert sich, wenn ökonomische Überlegungen die Anwendung von biologischer Forschung steuern, so wie bei der Grünen Gentechnik.

Schwille Deshalb kommt vielleicht immer öfter das Gefühl auf: Es geht alles zu schnell, es wächst uns alles über den Kopf, und die Natur geht dabei drauf. Trotzdem muss man sich im Einzelfall genau anschauen: Haben wir denn zu Recht oder zu Unrecht Angst? Viele sprunghafte Änderungen machen gar nicht so viel aus – andere bringen uns womöglich um. Bei der Grünen Gentechnik fehlt mir immer noch der Beweis dafür, dass die direkte Genmanipulation tatsächlich schädlich ist. In der öffentlichen Debatte kommen ja meist noch viele andere Faktoren hinzu. Da wird auch gerne mal das Kind mit dem Bade ausgeschüttet.

Weber Für die Gesundheit ist der Beweis, Gentechnik sei schädlich, methodisch auch schwer zu erbringen. Aber ökologische Folgen sind doch beispielsweise bei den Pestizidresistenzen sichtbar geworden. Für mich kein Wunder: Wenn man wie die Gentechnikforscher Wesen als kontrollierbare Maschinen betrachtet, verkennt man Lebensphänomene. Dann wird man unfreiwillig pestizidresistente Schädlinge schaffen, andere Arten ausrotten oder Superunkräuter kreieren – und muss am Ende erst recht Vernichtungswaffen einsetzen gegen die Superweeds und Superbugs. Ich setze etwas im besten Glauben in die Welt, aber es wird sich nach seinen eigenen Regeln bewahrheiten.

Schwille Ihr letzter Satz zumindest stimmt generell für die Biologie. Die große Glaubwürdigkeit der Naturwissenschaften rührt ja daher, dass sie Vorhersagen treffen können. Experimente müssen streng wiederholbar sein. Genau das ist in der Biologie eben schwierig. Anders als Albert Einstein, der Säulenheilige der Physik, mit seiner Relativitätstheorie konnte Charles Darwin als Säulenheiliger der Biologie die Evolutionstheorie nur in der Rückschau entwickeln. Es ist ja genau das Spannende an der Biologie, dass sie intrinsisch nicht vorhersehbar ist! Sie wird nie präzise steuerbar sein wie technische Systeme. Aber, und jetzt kommt unser Dissens: kontrollierbar, das ist sie schon.

Grefe Demnach wäre die Anwendung der Synthetischen Biologie in Ihren Augen gerechtfertigt? Mit ihren Methoden wollen ja einige Ihrer Kollegen die großen Krisen bewältigen und nicht nur Pflanzen noch gezielter kreieren, sondern auch Bakterien, die Umweltgifte beseitigen oder die Energieeffizienz in Industrieprozessen erhöhen.

Schwille Da sehe ich schon große Chancen. Wir wissen immer besser, was wir tun müssen, um einen Organismus zu einem bestimmten Verhalten zu bringen.

Weber Ich bin ja auch nicht voller Bange, dass da irgendwelche Monster entstehen. Das Problem liegt woanders: Wegen der Nichtvorhersehbarkeit werden auch die Erfolge nicht so groß sein. Stellt sich der Erfolg nicht ein, wird die Industrie aber hartnäckig weiter versuchen, ihn zu kriegen, weil sich nur so die Investition rentiert. Da wird viel Zeit und Energie investiert und Geld aus dem Fenster geschmissen werden – und einiges kaputtgehen.

Schwille Da sind Sie mir jetzt aber entschieden zu pessimistisch. Die Naturwissenschaftler in der Industrie sind doch nicht alle skrupellos, sondern so selbstkritisch und engagiert wie Sie und ich. Man wird hinter den Stand des Könnens nicht mehr zurückkommen. Schon gar nicht, seit man in der Lage ist, Gene in der komplexen Zelle ab- und auszuschalten. Sie haben Recht: Mit Sicherheit wird nicht ansatzweise so viel klappen, wie die Teams der Synthetischen Biologie sich und anderen versprechen. Aber selbst wenn nur an einigen wenigen Stellen etwas gelingt; wenn uns biologische Systeme beispielsweise erlauben, auch nur einen Teil des Energie- und des CO2-Problems zu lösen – dann, mein Gott, müssen wir es doch probieren!

Weber Müssten wir – wenn man dabei nicht in diesem aufwändigen Mainstream-Diskurs der kontrollierbaren Hochtechnologien so viele Dinge übersähe, die wir viel einfacher und schneller umsetzen könnten. In der Landwirtschaft zum Beispiel die agrarökologischen Anbausysteme.

Grefe Die gelten als »natürlich«, also das absolute Gegenteil von Synthetischer Biologie. Über Leben und seine Konstruierbarkeit haben wir jetzt viel geredet, lassen Sie uns noch ein weiteres Fass aufmachen: Was bedeutet denn für Sie beide »natürlich«?

Schwille Meine große Frage als Kind war immer: was ist der Mensch für die Natur? Wozu gibt es uns? Irgendwann habe ich dann beschlossen, dass unsere wichtigste Aufgabe die Erkenntnis ist.

Weber Sehr schön. Ein genuin romantischer Gedanke ...

Schwille Wir sind Teil der Natur, und wenn wir eine Superidee haben, wie wir die Natur umkrempeln, dann ist auch das natürlich.

Grefe Mit dieser Haltung haben wir Menschen allerdings viel verbrannte Erde hinterlassen und Lebensräume zerstört.

Schwille Das ist gewiss bedauerlich, aber in unserer romantischen Tradition ist der Begriff »natürlich« auch viel zu positiv aufgeladen. Besonders in Deutschland ist Natur immer super. Masern sind toll, weil sie Natur sind. Aber Natur ist eben nicht so toll. Natur ist, was ist, und vieles daran ist grausam. Es geht doch um etwas ganz anderes: unsere Verantwortung, zu diskutieren und zu entscheiden, was wir unserer Nachwelt hinterlassen wollen. Ob das natürlich ist, ist nicht das Kriterium.

Weber Indem wir das Natürliche eben nicht als Abgrenzung vom Humanen definieren, argumentieren wir ja beide aus unterschiedlichen Richtungen im Geiste der Anthropozän-Theorie.

Schwille Ich denke jetzt mal unwissenschaftlich hypothetisch: Vielleicht sind wir Menschen auch nur ein Werkzeug der Evolution, und sie nutzt uns als Instrument ihrer Beschleunigung?

Weber Es gibt auch Theoretiker, die meinen, Lebewesen, auch der Mensch, trieben mit ihrer Vielfalt und Schönheit vor allem den Prozess der Entropie voran, die maximale Gleichverteilung, den »Wärmetod« des Universums. Unordnung und Energieverlust.

Grefe Um genau diesen Prozess zu verlangsamen, mahnte der Vordenker der Bioökonomie, Nicholas Georgescu-Roegen, schon in den Siebzigerjahren zu materieller Bescheidenheit. Müssen wir diesen Gedanken heute mehr denn je ernst nehmen?

Schwille Wir müssen jedenfalls mal definieren, was wir wollen! Im Moment rollt das Ding immer schneller, und wir helfen auch noch nach. Dabei ist Synthetische Biologie nur das allerkleinste Rädchen. Die eigentliche Beschleunigung, die Globalisierung und Steigerung der Komplexität auf allen Ebenen rührt viel eher aus den Informationswissenschaften. Deren Fortschritt ist wahrscheinlich auch nicht rückholbar. Aber die Frage wird auch gar nicht gestellt, weder in der Wissenschaft noch in der Politik: Was wollen wir denn? Wohin soll es gehen? Es ist gut, dass es keine großen Ideologien mehr gibt. Trotzdem müssen wir entscheiden: Was ist das gute Leben?

Weber Da haben wir als Biologen, und umso mehr als philosophische Biologen, viel beizutragen. Wenn wir das Leben nicht mehr als Maschine verstehen, sondern intentional, dann wäre das Ziel, dass sich verschiedene Intentionalitäten miteinander maximal entfalten können. Oder, wie der Theoretiker des Konstruktivismus, Heinz von Foerster, formuliert hat: Handle so, dass sich die Möglichkeiten vermehren. Die Maxime würde uns schon weit bringen: Handle so, dass Leben sei.

Schwille Nein: Handle so, dass ein gutes Leben sei! Das versuche ich mit meiner Forschung zu minimalen lebenden Systemen auch zu zeigen: dass Leben als Phänomen erst einmal genauso viel oder wenig Wert hat wie die nichtbelebte Natur, denn es geht nahtlos aus ihr hervor. Einen Wert hat das, was wir daraus machen. Vielleicht können wir uns darauf einigen: Lassen wir die Intentionalität zu, die anders ist. Schaffen wir Raum für fremde, für andere Intentionalität. Das ist der Kern der Freiheit, die uns die Aufklärung geschenkt hat. Ohne Freiheit und die damit verbundene Verantwortung ist kein gutes menschliches Leben möglich. So kommen wir wieder zum Anfang unseres Gesprächs und zur Aufklärung zurück.

● ●

3 KOHLENSTOFFBLASEN, STAPELPESTIZIDE UND CORPORATE IDENTITY-OMELETTS

Zehn Thesen, warum die Bioökonomie trotz des billigen Öls ein Thema ist

Vor allem die rasanten Entwicklungen der Digitalisierung und der Biotechnologie eröffnen, wie beschrieben, neue Hoffnungen, schrittweise die fossilen Ressourcen zu ersetzen und damit Klima und Ressourcen zu schützen. Doch auch jenseits der Substitutionsstrategie gibt es eine Vielzahl weiterer Triebkräfte.

1 Regierungen wollen sichergehen

Eines der zentralen, langfristigen Motive: Energie- und Ressourcensicherheit. In den USA war dieses Interesse schon seit den 1970er Jahren entscheidend für den Aufbau einer Biosprit-Infrastruktur; nicht zuletzt als sichere Bank für das Militär. Eine überdies dem Auto versklavte Nation wollte sich wenigstens teilweise von den Erdölscheichs und ihren oft machtpolitisch begründeten Willkürpreisen unabhängig machen. Zudem begann in den 1980er Jahren auch in den USA die Diskussion über Peak Oil. Zahlreiche Forschungsprojekte zur Nutzung von Pflanzen und Algen wurden vom Energieministerium unterstützt, ebenso vom Pentagon, einem der größten Energieverbraucher der Staaten. Und sie werden es, aus den gleichen Motiven, bis heute. Denn der aktuelle Fracking-Boom in USA war nur möglich, weil sich angesichts höherer Ölpreise auch die teuren, aufwändigen und schmutzigen Fördermethoden lohnten. Nun ist der Preis wieder so niedrig wie lange nicht, und die Endlichkeit des Booms zeigt sich daran, dass Investitionen zur Erschließung des Öls zurückgezogen wurden. Neben dem Interesse an Energiesicherheit stand anfangs noch ein anderes Motiv hinter der staatlichen Förderung von Ethanol-Raffinerien; eines, das angesichts der drohenden globalen Knappheiten heute kaum mehr vorstellbar erscheint: Überfluss. Bei einer jedes Jahr voluminöseren Produktion der Turbopflanze Mais wussten die Bauern im Mittleren Westen kaum mehr, wohin mit ihrer *commodity*. Viele mussten aufgeben, weil »King Corn« dank hoher Subventionen so billig geworden war, dass sich sein Anbau nicht mehr rechnete, wenn man die Kosten für Dünger, Insekten- und Pflanzenschutzmittel abzog. Auch um den Farmern eine neue Absatzmöglichkeit für ihre Allzweck-Pflanze zu schaffen, zahlte Washington staatliche Fördergelder für die grünen Kraftstoffe. An Klimaschutz dachte damals kaum jemand.

In EU-Papieren wird der Entschluss, fossile Quellen biogen zu ersetzen, ebenfalls damit begründet, dass sich die Union »weniger abhängig von unkontrollierbaren globalen Ereignissen und großräumigen Verteilungssystemen« machen könne,[1] und bis in die 2000er Jahre hinein kamen Überproduktion, Unterbezahlung der Bauern und das Bedürfnis nach Energiesicherheit in ähnlicher Weise zusammen wie in USA. Das Schlagwort vom »Bauer als Scheich«, das heute nur noch spöttisch zitiert wird, war damals Hoffnung. Der Schock nach dem Angriff auf die Twin Towers 9/11 bestärkte diese Politik, und nicht zufällig formulierten viele weitere Länder ihre umfänglichen Bioökonomie-Strategien gerade in den Jahren zwischen 2010 und 2012. Die seit 2007 drastisch gestiegenen Ölpreise hatten beides verteuert: Energie und Nahrung. Das schrie danach, sich mit Alternativen vor der eigenen Haustür abzusichern. Heute gibt es eine Vielzahl anderer »Krisen in der Welt, die in ihrer Intensität und ihrer Dichte präzedenzlos scheinen«, so der Bundesaußenminister Frank-Walter Steinmeier in einer Rede.[2] Wenn die Bundesregierung angesichts dessen auf eigene Quellen setzt, dann eröffnen zwar Sonne und Wind die mit Abstand größten Chancen. Aber Holz und Pflanzen und vor allem Abfälle, die derzeit noch den wichtigsten Anteil erneuerbarer Energien liefern, sollen weiterhin ihren Teil beisteuern.

Der Drang nach Energiesicherheit stachelte auch das heutige Biosprit-Land Nummer eins, Brasilien, seit der Ölkrise der 1970er Jahre dazu an, Energieautonomie anzustreben. Zuckerrohr zu Alkohol: Begünstigt durch damals endlos erscheinende Landressourcen und ein tropisches Klima, das eine hochproduktive Pflanze schnell wachsen ließ, konnte das Land eine Menge Geld sparen: 60,6 Milliarden US-Dollar weniger mussten zwischen 1976 und 2004 für Ölimporte ausgegeben werden.[3] So umstritten die Expansion der Zuckerplantagen mittlerweile auch in Südamerika geworden ist: Die nationale Regierung wie die brasilianischen Bundesstaaten forschen intensiv weiter an effizienteren Bioethanol- und anderen Bioenergie-Konzepten.

2 Nachhaltigkeit wird zum globalen Mainstream

Die globalen Abkommen des Jahres 2015 treiben die Entwicklung zur Bioökonomie voran. Guatemala, Kolumbien und Brasilien gaben den Anstoß, und nach einem jahrelangen Konsultationsprozess der Vereinten Nationen haben sich 193 Regierungen der Welt bei der UN-Vollversammlung im September 2015 auf insgesamt 17 »Nachhaltige Entwicklungsziele« geeinigt.[4] Weltweit muss sich nun jedes einzelne Land mit Vorrang um die Synthese aus Ökonomie, Ökologie und sozialer Verantwortung bemühen – und dazu bieten sich auch Forscher und Firmen aus der Bioökonomie mit ihren grünen Lösungen an. Es ist ein Paradigmenwechsel, der erst allmählich ins öffentliche Bewusstsein dringt: Diese Nachhaltigkeitsziele betreffen nicht mehr allein die armen Länder wie zuvor die Millenniumsziele. Es gibt jetzt nur noch Entwicklungsländer. Auch die alten Industrienationen und Schwellenländer haben sich bis zum Jahr 2030 auf den grundlegenden Wandel zu mehr Gerechtigkeit und einem verantwortungsvollen Umgang mit der Umwelt festgelegt. Und auch sie werden ihre Fortschritte bei dieser Transformation künftig vor den UN nachweisen müssen.

Kein leichtes Spiel, denn die 17 Ziele reichen von der Beendigung von Armut und Hunger über den Zugang jedes Menschen zu Energie, Wasser, Gesundheit und Bildung bis zum nachhaltigen Städtebau; vom

Wandel der Konsummuster und der Verringerung der Ungleichheit über den Abschied von den fossilen Ressourcen bis zum Erhalt der Wälder, Meere, Arten. Man kann den Katalog der »Sustainable Development Goals« (SDGs) als viel zu weich kritisieren, als widersprüchlich, zu wenig verbindlich, und man kann auflisten, was trotz der 169 konkretisierenden Unterziele darin immer noch fehlt. Doch bei allen Schwächen: Die »SDGs« bieten jetzt ein universelles Normsystem. Es reicht bis hinein in die Unternehmen. So unterliegen die größeren ab 2017 einer Berichtspflicht zur Nachhaltigkeit ihres Wirtschaftens.

Rückenwind bekommen biobasierte Wirtschaftsweisen außerdem durch die globale Klimaschutzpolitik. Das Ergebnis des UN-Klimagipfels hat viele positiv überrascht. Die Staaten erlegten sich zwar keine festen CO_2-Minderungsvorgaben auf. Jeder einzelne legte nur Selbstverpflichtungen vor, und diese reichen nach Einschätzung der Experten noch nicht aus, um das Zwei-Grad-Ziel zu erreichen. Doch alle Regierungen sagten zu, im Rahmen des Abkommens alle fünf Jahre zu überprüfen, ob die Klimaaktionspläne wirksam sind, und es wird sogar ein 1,5-Grad-Ziel angestrebt. Möglich wurde das, weil sowohl die USA als auch China diesmal im Boot sind – und weil weite Teile der Wirtschaft auf Investitionssicherheit drängten. Es gibt außerdem finanzielle Zusagen, um den Entwicklungsländern beim Aufbau erneuerbarer Energie-Strukturen zu helfen. Zuvor hatten die G7-Staaten bei ihren Klimaschutzbeschlüssen zwar wenig Ehrgeiz beim Tempo ihrer Anstrengungen gezeigt. Doch bei ihrem Gipfel in Elmau fiel das symbolische Wort »Dekarbonisierung«. Es bedeutet den schrittweisen Rundum-Verzicht auf Kohle, Öl und Gas, also auf rund vier Fünftel der weltweiten Energieversorgung. Erzeuger von Biogas, -sprit, -plastik oder -baumaterialien werden einen Teil davon ersetzen. Und selbst jene Unternehmen, die heute noch zu den stursten Verursachern des Klimawandels gehören, werden langfristig daran verdienen wollen, ihn abzumildern.

3 Fossile Energien werden entwertet

Im engen Zusammenhang mit der Klimapolitik bringt ein anderer Trend bioökonomische Innovationen ins Rollen. Schon im Herbst 2014 rief der UN-Generalsekretär Ban Ki-Moon Institutionelle Investoren wie Fonds, Pensionskassen oder Versicherungen dazu auf, ihre Anlagen künftig nicht mehr den CO_2 emittierenden Brennstoffindustrien zukommen zu lassen, sondern erneuerbaren Energien. Und tatsächlich: Die ersten Geldgeber und Profiteure der fossilen Wirtschaft demonstrieren Liebesentzug – aus Sorge um Höhe und Sicherheit ihres Kapitals. Der Aktienwert konventioneller Energiekonzerne hängt nämlich von ihren Zukunftsperspektiven und Reserven ab, und die globale Klimapolitik zielt darauf, weniger davon zu verbrennen. Ein politisches Signal dafür, dass das fossile Zeitalter auch auf höchster Ebene als Vergangenheit erkannt ist, sandte Großbritannien mit seiner Erklärung, aus der Kohle auszusteigen; auch Deutschland ringt mit dem Thema und mehrere andere Länder. Beim Erdöl ist es noch anders. Darauf setzen Anleger weiter, schon weil es für den Verkehr zu wichtig ist. Aber wenn das Pariser Abkommen ernst genommen wird und Schwung in die Elektromobilität käme, dann müsste sich die Skepsis auch auf Ölinvestitionen auswirken. Der britische Ökonom Nicholas Stern warnte deshalb schon vor der Klimakonferenz vor einer »krassen Inkonsistenz zwischen der Bewertung fossiler Brennstoffe und den Klimazielen der Regierungen«.[5] Weil Anlagen in Öl, Gas und Kohle durch die Politik der CO_2-Minderung entwertet würden, baue sich eine gigantische »Carbon Bubble« auf, urteilte auch der renommierte Finanzexperte Sony Kapoor. Wenn die »Carbon Bubble« in London oder New York plötzlich platze, weil zu viele Anleger gleichzeitig ihre gestrandeten Vermögenswerte loswerden wollten, dann könne das noch dramatischere Konsequenzen für die Weltwirtschaft haben als die Immobilienblase 2007, sagte Kapoor der *Wirtschaftswoche*. Die potenziellen »*stranded assets*« bezifferten Analysten der Citibank auf bis zu 100 Billionen Dollar. Die Deutsche Bank hält zwar eine rasche Abkehr von den fossilen Industrien für unwahrscheinlich. Vor allem angesichts des steigenden globalen Energiehungers sieht sie höchstens »ein großes Wenn«. Doch im Herbst 2015 schloss sich auch der mächtige Chef der Bank of England Mark Carney den Warnern an. Beim »Lloyds City Dinner« sprach er vor Top-Managern der Versicherungsbranche von »potenziell riesigen« Verlusten.[6] Infolge dieser Analyse lenken immer mehr Investoren ihre Anlagen um. Ihre Suche nach anderen Investitionsmöglichkeiten macht den Regierungen Druck, grüne Technologien und Energieversorgungsprogramme zu fördern; einschließlich solcher, wie sie die Bioökonomie erkundet. Das wurde zum Beispiel deutlich, als 120 Manager großer Investmentfonds die Finanzminister der G7-Staaten dazu aufriefen, Signale für Investitionen in eine Wirtschaft ohne CO_2-Emissionen zu setzen. »Wir glauben, der Klimawandel ist das größte systemische Risiko, dem wir gegenüberstehen«, schrieben die Fondsverwalter – und meinten damit nicht nur die betroffenen Ökosysteme und Menschen, sondern auch ihre Konten.[7]

Schon seit einigen Jahren hat auch eine wachsende private und kommunale »Divestment«-Bewegung damit begonnen, den ärgsten Emittenten das Geld zu entziehen. Die Zahl der Stiftungen, Universitäten, Kirchen, Stadtverwaltungen und skrupulösen Mittelstandserben wächst, die mit der Umschichtung ihrer Geldanlagen begonnen haben. Das alles mag noch immer nur einen kleinen Teil der mächtigen Branchen betreffen. Doch längst wenden sich auch einflussreiche Anleger wie die Weltbank, die Allianz-Versicherung, die KfW Entwicklungsbank oder die Rockefeller-Stiftung von schmutzigen Aktien ab. Oder der norwegische Pensionsfonds: Wenn ein so mächtiger Investor den Kohlesauriern Vertrauen und Kapital entzieht, dann hat das Folgen. Seine Anlagepolitik betrifft auch Deutschlands größte Energieversorger E.ON und RWE. Laut der amerikanischen Beratungsfirma Arabella Advisors haben sich bis Oktober 2015 436 Institutionen und 2040 Einzelpersonen darauf verpflichtet, ihre Anlagen aus Firmen abzuziehen, die fossile Brennstoffe fördern oder vertreiben. Diese Investoren sollen insgesamt 2,6 Billionen Dollar verwalten. Seit Paris beraten Finanzexperten unter Hochspannung, wie sie den Transformationsprozess steuern und einen Finanzcrash verhindern können.

Etwas unauffälliger geht der Prozess schon länger von den Nachhaltigkeitsindizes für Wirtschaftsunternehmen aus. Initiativen wie das Carbon Disclosure Project (CDP), aber auch grüne Ratings prüfen, wie stark Firmen von Klima- und Nachhaltigkeitsrisiken betroffen sind und wie intensiv und glaubwürdig sie gegensteuern. Gute oder schlechte Bewertungen sind bei immer mehr Anlegern ein Kriterium. Auch die Bundesregierung sieht angesichts all dieser Entwicklungen die Finanzmärkte als möglichen Motor einer »modernen Klimaschutzpolitik«.[8]

Und wenn die frei werdenden Summen über neue Greentech-Fonds in grüne Innovationen umgelenkt werden – dem Werbeslogan der HypoVereinsbank folgend: »Bei uns darf Ihr Geld auch mal was Gutes tun« –, dann dürfte auch die Bioökonomie profitieren. Jürgen Eck zum Beispiel, neuer Vorstandsvorsitzender der BRAIN AG, registriert ein wachsendes Interesse der Kapitalmärkte an der Biotechnologie. Deren relativ hohe Risiken schreckten die Investoren auch wegen der Niedrigzinspolitik heute weniger ab. Zudem stecken reich gewordene Wagniskapitalgeber aus dem Silicon Valley ihr Geld in die Präzisionslandwirtschaft, in Vertical Farming (»heißes neues Feld für Investoren«), in Lebensmittel-Start-ups.

4 Wachstum, Wachstum, Wachstum
(natürlich grünes …)

Nachdem die großen Anleger den Klimawandel mit verursacht haben, wollen sie nun eben am Kampf gegen ihn verdienen. »Raus aus der Kohle, um Kohle zu machen«, so formuliert es Harald Schumann, »der Anfang vom Ende des fossilen Zeitalters ist nah. Da ist es besser, man steht mit seinem Geld auf der richtigen Seite.«[9] Die Farbe Grün hat sich vom Signal für Weltrettung in ein Signal für Innovation und Wirtschaftsentwicklung verwandelt – für neue Wachstumschancen. Bei Kongressen von Washington über Berlin bis nach Kuala Lumpur steht auf den Podiumsbannern: »Sustainability ist der Business Driver«. Manager von Allianz bis Evonik schwärmen schon davon, dass Umwelttechnologien derzeit einen neuen »Kondratjew-Zyklus« in Gang setzten, einen durch

Innovation beschwingten Wirtschaftsaufschwung.[10] Der deutsche Entwicklungsminister Gerd Müller schließt sich dieser Einschätzung begeistert an und fühlt sich als grüner Exporthelfer. Auch andere Ministerien wollen Deutschlands Weltmarktanteil von 15 Prozent bei den Ökotechnologien weiter ausbauen. Das betrifft alles: bessere Autos, Effizienz-, Wind und Solartechnologien – und als Teil dessen sieht sich auch die Bioökonomie. Laut der Generaldirektion Forschung der EU soll der Übergang zu biologischen Rohstoffen und Verarbeitungsverfahren bis zum Jahr 2030 nicht nur jedes Jahr bis zu 2,5 Milliarden Tonnen CO_2-Äquivalente einsparen, sondern zugleich die Märkte für Biorohstoffe wie neue Konsumgüter »um ein Mehrfaches« wachsen lassen.[11] Ob OECD, EU-Kommission oder Bundesregierung: Auf allen Ebenen wird das Potenzial der Bioökonomie-Branchen betont, die Wettbewerbsfähigkeit der Unternehmen zu stärken. Schon jetzt sei der Stellenwert für die deutsche Volkswirtschaft gewaltig, heißt es in der Nationalen Politikstrategie. Knapp 5 Millionen Menschen und damit 12,5 Prozent aller Beschäftigten arbeiteten in Branchen, die unter dem Dach Bioökonomie subsummiert werden. Sie trügen 8 Prozent der Bruttowertschöpfung bei, rund 165 Milliarden Euro im Jahr.[12] Durch die Vielfalt ihrer Innovationen, die aus jeder einzelnen Maisstaude und jedem Holzspan mehr rausholen sollen, biete die Bioökonomie »das Potenzial, diese Wirtschaftsleistung weiter auszubauen«.[13] Die Formel lautet: Maximale Nutzung, maximale Wertschöpfung.

In der Bioökonomie gebe es keine »Ressourcenjammerperspektive«, bekundet deshalb etwas oberlehrerinnenhaft die Bundesforschungsministerin Johanna Wanka; da suche man optimistisch nach Chancen. Wenn die Bundesregierung dabei mit ihren Forschungs- und Entwicklungsmilliarden kräftig mithilft, liegt das auch daran, dass deutsche Unternehmen nicht immer vorn liegen. Die Chemieindustrie, traditionell Weltmarktführer, stehe unter einem »forcierten Innovationsdruck« vor allem aus Asien, heißt es in der Nationalen Bioökonomie-Strategie. Weil China und andere Länder in die Branche investieren, gibt es Überkapazitäten bei der Produktion einiger Chemikalien. In der Entwicklung von biogenen Materialien sehen Bioökonomen die

Möglichkeit, technologische Vorsprünge und damit neue Marktchancen zu erobern. So sondieren allmählich auch Bayer, BASF & Co. selektiv, wie sie Standbeine in diesem »ausbaufähigen Einsatzgebiet mit hoher Wachstumsdynamik« platzieren und neue Märkte erschließen können. Biotechnologie, Bioraffinerien, Biomaterialien und all die anderen Innovationen sollen also Motoren für globale Geschäfte sein. Mit den Worten des Bioökonomierates bieten sie »vor dem Hintergrund der deutschen Hightech- und Innovationslandschaft technologische Alleinstellungsmerkmale und der deutschen Ökonomie eine weitere Zukunftschance«.[14]

5 Die Nahrungsmittelindustrie hat Hunger

Mit der Bioökonomie wachsen wollen auch die großen Nahrungsmittelunternehmen. Die Märkte der alten Industrienationen sind saturiert, neue Chancen bieten sich mit Designer-Lebensmitteln für mehr Gesundheit und gegen den Klimawandel. Auch Saatgutkonzerne werben mit einem zusätzlichen Gesundheitsnutzen. Transfette zum Beispiel sind in Verruf geraten, weil sie die Gefäße belasten. Also züchten die Forscher jetzt Raps oder Soja mit einem höheren Anteil von Oleofettsäuren. Oder sie erobern neue Vermarktungsoptionen für Gemüse, das »angereichert« mehr Wertschöpfung bringt. Monsanto kauft bei seinen Shopping-Touren schon seit Jahren weltweit Grünzeugfirmen auf. Dem Konzern gehören die beiden größten Unternehmen für Gemüse-Saatgut, Seminis und De Ruiter, mit Sitz in den Niederlanden. In den USA tritt Monsantos Technologiechef Robb Fraley werbewirksam in der populären *The Better Show* auf, um ein Corporate-Identity-Omelett zu brutzeln. Seine Frittata enthält zum Beispiel Brokkoli, die angeblich eine Extraportion Antioxidantien zur Krebsvorbeugung enthalten, und Mini-Paprika ermöglichen es auch Singles, grüne, gelbe und rote Früchte zu verwenden, ohne Reste wergwerfen zu müssen. Na, wenn das nicht wissensbasiert, gesund und grün ist!

6 Rohstoffe werden knapp

Dass sich auch große Nachfrager von Unilever über Tchibo bis Ikea für die Innovationen der Bioökonomie interessieren, hat auch einen bitteren Grund: Die sichere Versorgung mit Rohstoffen gerät bereits ins Wanken. Es war nicht nur die Liebe zu den Kleinbauern, die man auf den PR-Fotos von Mars, Nestlé, Ferrero und anderen Unternehmen sieht, sondern auch die Sorge, angesichts geringerer Erträge auf ausgelaugten Kakaoplantagen leer auszugehen, die viele Schokoladenhersteller vor Jahren zu ihrem werbewirksamen Nachhaltigkeitsengagement in Westafrika trieb. Schon um ihre Geschäftsgrundlage zu erhalten, kümmern sie sich stärker um Bodenschutz, schonendere Anbaumethoden und die entsprechende Ausbildung der Erzeuger. Ein anderes Beispiel ist Kautschuk, jener subtropische Baum, aus dessen Milch Gummi für eine Vielfalt von Zwecken hergestellt wird. Plantagen sind anfällig für Krankheiten geworden, ganze Ernten fallen manchmal aus, und entsprechend schwanken die Preise. Seit langem wird synthetischer Kautschuk angeboten, doch für viele Nutzungen reicht dessen Qualität an den natürlichen nicht heran. Eine biologische Alternative könnte diese Knappheit womöglich entschärfen. Im Test ist zum Beispiel der Milchsaft des Russischen Löwenzahns als Rohstoff für Autoreifen. Diese Pflanze war schon während der Nazizeit auf ihre Tauglichkeit für die Gummiherstellung untersucht worden. Sie kann auch auf weniger fruchtbaren Flächen wachsen und würde insofern nicht mit dem Anbau von Nahrungsmitteln konkurrieren. Forscher des Fraunhofer-Institutes in Münster arbeiten gemeinsam mit dem Reifenhersteller Continental daran, den Einsatz eines heimischen Kautschuk-Ersatzes zu optimieren. Oder Baumwolle: Die Faserpflanze mit ihren flauschigen, weißen Kapseln wird wegen ihrer extremen Schädlingsanfälligkeit mehrheitlich mit GVO oder hohem Aufwand an Pestiziden angebaut. Ein Teil der Textilien könnte auch mit Materialien aus Milchsäure oder anderen Bioressourcen ersetzt werden.

Mit der Aussicht, Angebotsschwankungen auszugleichen, werben auch die Streiter für Synthetische Biologie. Die kalifornische Firma

Amyris hat nicht nur den Einjährigen Beifuß gegen Malaria neu erfunden, sondern auch einen Ersatz für Squalen entwickelt, eine organische Verbindung, die als Ausgangsprodukt für Salben oder Schmierstoffe verwendet wird. Früher gewann man es aus der Leber des Hais, heute aus Oliven. Beides sind knappe Rohstoffe, Squalen aus anderen Pflanzen ist deutlich teurer. Deshalb haben die Kalifornier Hefen gentechnisch so programmiert, dass sie die ölige Flüssigkeit billig produzieren können.

7 Das industrielle Agrarsystem ist am Anschlag

Hunger und Unterernährung sind heute keine Folge des Mangels, sondern einer extrem ungerechten Verteilung. Dennoch: Das globale Ernährungssystem ist auch anfälliger geworden. So habe sich, warnt der Bioökonomierat, die Steigerungsrate bei der Produktion von Biomasse verlangsamt. Nach durchschnittlich 2,1 Prozent pro Jahr zwischen 2003 und 2012 würden bis 2022 nur noch rund 1,5 Prozent erwartet.[15] Das liegt zum Teil am Klimawandel und einer veränderten Landnutzung. Aber zugleich stoßen die fossil basierten, alten Rezepte der Agrarintensivierung mit Hochleistungssorten, Kunstdünger und Pestiziden an ihre Grenzen. Denn sie zerstören nicht nur ihre eigenen Grundlagen: Ob in Ohio, Niedersachsen oder im indischen Punjab, zumindest in solchen Gebieten hoch intensiven Anbaus zeigt die grüne Revolution fatale Spuren. Die Abhängigkeit der Böden von Kunstdünger lässt sie versalzen, überschüssiger Stickstoff hinterlässt Nährstoffüberschüsse in den Gewässern. In Indien landen sie im Grundwasser, in Deutschland in der Ostsee, in den USA reisen sie mit dem Mississippi in den weit entfernten Golf von Mexiko. Der droht wegen der üppigen Algenblüte immer wieder an Hypoxie, also an Sauerstoffmangel, zu ersticken. Und schon jetzt wird Kunstdünger teurer, weil Phosphat knapper wird.

Auch scheint die Saatgutindustrie mit ihren Möglichkeiten, Pflanzen auf eine höhere Produktivität hin zu züchten, nicht mehr viel weiterzukommen. Ein Team internationaler Wissenschaftler hat jüngst die 20 wichtigsten Nahrungspflanzen untersucht und vermeldet, dass bei

18 von ihnen der Wert ihrer maximalen Zuwachsrate schon vor Jahren erreicht wurde, wenn das Zuchtziel auf einen Mehrertrag fokussiert ist. »Peak Soja« zum Beispiel war laut dieser Studie schon im Jahr 2009.[16] An den Anschlag – ökologisch wie politisch – scheint auch die Anwendung von Pestiziden zu geraten. Der Ausbau der Agrarproduktion und in manchen Regionen ein steigender Bedarf pro Fläche hat den Weltmarkt mit Agrargiften im Jahr 2014 auf 42,7 Milliarden Euro erweitert; zwei Jahre vorher wurden noch 36,3 Milliarden umgesetzt.[17] Doch sie sind immer heftiger umstritten, weil Agrar- und Chemiekonzerne den landwirtschaftlichen Anbau mit dem Dauereinsatz von Pestiziden in eine fatale Abhängigkeitsfalle manövriert haben. Das gilt besonders dort, wo die Gifte sogar vorbeugend, also ohne konkrete Schädlings- und Unkraut-Attacken, gespritzt oder in einem Mantel um das Saatkorn verabreicht wurden. Die Böden aber, die Flüsse und Seen, in die dann vergiftete Abwässer fließen, sie wachsen nicht mit.

Unter Beschuss geriet vor allem Glyphosat, das in Monsantos Paradeprodukt »Roundup Ready« und ähnlichen Mitteln anderer internationaler Firmen enthalten ist. Schon lange wurden dem Mittel ökologische und gesundheitliche Risiken nachgesagt. Anfang 2015 dann erklärte ein renommiertes Gremium der Weltgesundheitsorganisation WHO das Totalherbizid für »möglicherweise krebserzeugend«. Das deutsche Bundesinstitut für Risikobewertung (BfR) und die europäische Zulassungsbehörde EFSA (European Food Savety Authority) hingegen erteilten Glyphosat gegen Ende des Jahres ihr Placet. Dieser Widerspruch ist der vorläufige Höhepunkt einer jahrelangen Schlacht der Studien, in der sich Befürworter und Gegner gegenseitig wissenschaftliche Unzulänglichkeiten, selektive Datenauswahl und Fragestellungen anlasteten; den Behörden wird überdies bei ihren Prüfmethoden zu Recht ein zu hoher Stellenwert der Industrie und ihrer Untersuchungsmethoden vorgeworfen.[18] Zu wenig bewertet sei überdies, wie die Kombination von Glyphosat mit unterschiedlichen Beistoffen in den Präparatemischungen der Firmen wirken, kritisieren unabhängige Wissenschaftler rund um den Globus. Bis Mitte des Jahres 2016 muss die EU-Kommission über die Neuzulassung des Mittels entscheiden; wobei neben der Einschätzung der Gesundheitswirkungen auch noch zu berücksichtigen ist, dass Glyphosat die Biodiversität gefährdet. In dieser Gemengelage wurde das Spritzmittel zum Symbol für das wachsende Unwohlsein an der »industriellen Landwirtschaft« – neben der Massentierhaltung und mit ihr eng verbunden.

Glyphosat ist aus mehreren Gründen so brisant, ja zentral für die Fortentwicklung der weltweiten Agrarproduktion. Ursprünglich sollte das große G den Einsatz von Unkrautbekämpfungsmitteln gerade verringern, denn es ist hochwirksam und galt dabei im Vergleich mit anderen Mitteln als weniger schädlich. Bald wurde es deshalb zum Markt-Champion, beliebt bei Landwirten wie bei Hobbygärtnern. Der massenhafte globale Einsatz hatte freilich noch einen anderen Grund: Glyphosat ist eng verbunden mit der weltweiten Ausbreitung gentechnisch erzeugter Pflanzen (GVO). Es ist eine von zwei Kerneigenschaften der GVO-Sorten bei Mais und Soja, dass sie diesem Breitbandherbizid widerstehen können. Gentechnisch wurden die beiden vor allem als Futtermittel verwendeten Pflanzen so verändert, dass sie unberührt bleiben, wenn man das Gift ausbringt – während alle anderen Gewächse auf dem Acker eingehen. Vor allem Landwirte mit großen Flächen waren von diesem Doppelpack angetan und sind es vielerorts nach wie vor. Denn wenn sie die störenden Beikräuter vor der Aussaat niederspritzen, müssen sie über die Saison hinweg gar nicht mehr oder nur noch einmal sprühen statt wie vorher oft vier-, fünfmal und öfter. Die Verbindung von Glyphosat und GVO ist – zumindest auf großen Flächen – auch eine Voraussetzung für die Bodenbearbeitung ohne Pflug, denn das Unkraut wächst intensiver, wenn es nicht in tiefere Erdschichten umgepflügt wird. Ohne Pflug, mit Glyphosat: Diese Kombination wird von der Industrie als eine Methode der »klimasmarten Landwirtschaft« propagiert, weil dabei weniger CO_2 in die Atmosphäre gelange. Doch vor allem sparen die Farmer in USA, Südafrika und Argentinien mit dem GVO-Glyphosat-System Arbeitskräfte und Sprit ein. Die gängigen GVO sind insofern auch so etwas wie Fließbänder in der Industrieproduktion: Rationalisierungstechnologien.

Allerdings, wie sich zeigt: nur auf Zeit. Denn in weiten Teilen der

USA und auch in anderen Ländern haben sich auf immer mehr Mais- und Sojafeldern Resistenzen gegen das vermeintliche Wundermittel entwickelt. Gerade weil Glyphosat so breit eingesetzt wurde, müssen amerikanische Mais- und Sojabauern schon auf deutlich mehr als der Hälfte der Anbaufläche wieder viel öfter spritzen – und das häufig mit hochgiftigen Präparaten, weil sie es mit gleich mehreren und besonders gestählten Beikräutern zu tun haben.[19] Kleinere Farmer lassen sogar wieder per Hand jäten und »jagen die Mexikaner durchs Feld«, wie ein US-Forscher sagt. Die vermeintlich revolutionäre Errungenschaft der herbizidresistenten Pflanzen implodiert in einer naturgesetzlichen Logik, die absehbar war: Schädlinge passen sich an, die Dosis muss steigen oder ein neues Mittel her. Es ist wie beim Zauberlehrling im Kampf gegen die hartnäckigen Geister.

Der amerikanischen Regierung gegenüber hat zumindest Monsanto solche Effekte anfangs verharmlost: Es sei »zu erwarten, dass die Entstehung von Resistenzen nur ein sehr seltenes Ereignis sein wird«, heißt es in einem offiziellen Papier für die US-Regierung.[20] Auch die anderen Konzerne spielten das Problem öffentlich herunter. Heute schiebt Robb Fraley die Verantwortung für die Misere den Landwirten selbst in die Schuhe. Sie hätten Sorten und Agrargifte eben öfter wechseln müssen, sagt der Biochemiker achselzuckend: »So ist halt die Natur.« Im Wettlauf mit ihr züchten die Saatgutriesen jetzt bei Mais und Soja neue GVO-Sorten, die gegen mehrere Unkrautvernichtungsmittel zugleich gewappnet sind. Aber diese »gestapelten« Waffen verteuern das Saatgut, und zusätzliche Herbizide müssen die Bauern auch noch bezahlen.

»Was passiert, wenn Unkrautvernichter aufhören zu vernichten?«, fragte daraufhin die Wissenschaftszeitschrift *Science*. Ihr zufolge stiegen die Aufwendungen für Herbizide beim Sojaanbau in Illinois innerhalb weniger Jahre von 25 Dollar pro Hektar auf 160 Dollar an. Bei Baumwolle im Süden sei der Kostenanstieg noch größer.[21] Um aus der Glyphosatfalle herauszukommen, steigen viele Farmer deshalb derzeit wieder auf konventionelle Mais- und Sojasorten um. Auch das zwingt Monsanto und die anderen großen GVO-Konzerne, mittel- und langfristig neue Methoden der Unkrautbekämpfung zu suchen. An ihren aktuellen Produkten freilich halten sie fest, solange es geht. Offensiv vermarkten sie das System weiter und drängen, vor allem in Asien und in Afrika, wo es bislang meist abgelehnt wird auf Zugang dafür.

Und Glyphosat ist nur ein Beispiel, auch andere Pestizide geraten in Verruf. Besonders sogenannte Neonikotinoide stehen wegen möglicher Gesundheitsschäden und drastischer Folgen für die Artenvielfalt unter Verdacht. Diese Insektengifte attackieren das Nervensystem der Schädlinge, deshalb nennt man sie »Systemische Pestizide«. Es gibt auch bei Neonikotinoiden endlose Gutachterschlachten. Doch wenn 29 international anerkannte Forscher unterschiedlicher Meinungsrichtungen in einer Arbeitsgruppe der Weltnaturschutzorganisation wie 2014 gemeinsam systematisch 800 Studien analysieren, dann kommt schon Kompetenz zusammen.[22] Ihrem Urteil zufolge reichern sich die Nervengifte oft jahrelang in Wasser und Böden an. Deshalb müsse sich der Blick von den unnmittelbar krankheitserregenden oder todbringenden Wirkungen auf chronische Einflüsse auf Lebewesen weiten. Diese könnten eine erhöhte Krankheitsanfälligkeit der Bienen erklären; zudem das Verschwinden vieler anderer Insekten, Vögel und wirbelloser Lebewesen. Die Gifte gefährdeten Nützlinge für ganze Ökosysteme, einschließlich des Bodengetiers wie der Regenwürmer, die für die Fruchtbarkeit eine wichtige Rolle spielen. Neonikotinoide unterliegen bereits Anwendungsbeschränkungen, teils sind sie verboten. Nicht alle Agrargifte sind aggressiv, doch die Debatte über Pestizidrisiken schwillt an wie in der Frühzeit der Umweltbewegung in den 1960er Jahren. Damals warnte die Autorin Rachel Carson mit ihrem Bestseller »Der Stumme Frühling« vor den Folgen von DDT.

Noch ein anderer Grund spricht dafür, dass ein tiefer greifender Wandel in der Landwirtschaft notwendig ist: Seit über 20 Jahren gebe es keine Aussicht auf neue Herbizide, die zugleich effektiv und ökologisch verantwortbar Unkraut bekämpften, berichtete *Science*. Wirkstoffe wie Glyphosat finde man nicht alle Tage. Die Lage scheint ernst zu sein, das Wissenschaftsmagazin zitiert einen Experten der University of Tennessee: »Die Landwirte glauben, es wird schon was am Horizont auftauchen, das sie retten kann«, sagt Larry Steckel. »Aber da ist nichts.«[23]All das bietet Anlass genug dafür, dass nicht nur öffentliche Forschungsinstitute, sondern auch Monsanto & Co. stärker in die Erforschung biologischer Alternativen, der Präzisionslandwirtschaft und anderer Innovationen investieren. Mit der Beschleunigung der bioökonomischen Hightech-Verfahren hoffen sie, ihre Marktmacht zu erhalten. (Streitgespräch Seite 267)

8 Die Angst vor der Öffentlichkeit

Ein weiterer Stressfaktor für die Agrar- und Ernährungsbranche ist der wachsende Druck der Öffentlichkeit. Marketing-Experten registrieren schon einen Wandel »von der Industrie- zur Verbrauchergetriebenheit«. Es ist zwar noch immer eine Minderheit, die sich für die Erzeugung ihrer Lebensmittel ernsthaft interessiert – doch sie wächst stetig. Die gesellschaftliche Debatte über Ernährung und Landwirtschaft wird breiter und gereizter, die Verbraucher immer strenger. Genauer: Sie wollen es sein, denn in der Praxis zeigt sich, gelinde gesagt, oft Widersprüchlichkeit. Da sind Denken und Reden oft noch weit vom Handeln entfernt; da kaufen auch grüne Konsumenten im Zweifelsfall schnell und billig ein. Doch dass es diesen generellen Wandel in den Präferenzen gibt, bestätigt für Deutschland eine Studie zum Umweltbewusstsein, die das Umweltbundesamt (UBA) regelmäßig in Auftrag gibt. Ihr zufolge kaufen 43 Prozent der Deutschen häufig umweltschonende Reinigungsmittel, 39 Prozent haben schon einmal Ökostrom bezogen, und rund ein Fünftel setzt häufig auf Bio-Lebensmittel. »Die Nachfrage nach grünen Produkten ist groß«, sagt die Präsidentin des UBA, Maria Krautzberger, »der Wille zum Umstieg auf umweltfreundliche Alternativen weit verbreitet.« Das Marktforschungsinstitut GfK bestätigt, dass auch der Anteil der Käufer, die für bio oder Fair Trade mehr zu zahlen bereit sind, zwar langsam, aber ebenso stetig auf über ein Viertel angestiegen ist. Erkennbar ist der Trend, weniger Fleisch zu essen; besonders ausgeprägt in der jungen Generation. Hersteller und Handelsketten, allen voran Rewe und Edeka, stellen sich auf die neue Ökorrektness ein und bauen zunehmend Lieferketten zu biologischen oder vor allem regionalen Erzeugern auf – nicht zuletzt, weil das eine höhere Wertschöpfung bringt. Hersteller mit Risikopotenzial werden immer öfter ausgelistet. Hinter den Kulissen üben die großen Nahrungsmittelkonzerne auch schon Druck auf Erzeuger und Politiker aus, Sojaimporte durch mehr heimische Eiweißquellen zu ersetzen. Soll noch einer sagen, dass Konsumenten nichts bewirken könnten!

Agrobusiness und Ernährungsindustrie wehren die Vorbehalte der Konsumenten immer wieder mit dem Vorwurf ab, sie seien typisch deutsch. Anderswo in der Welt seien Verbraucher dankbar für die größte Errungenschaft der modernen Landwirtschaft: preiswerte Lebensmittel. Doch tatsächlich wächst auch in manchen afrikanischen und asiatischen Nationen die Kritik an Gentechnik und Agrarchemie. Das Nachrichtenmagazin *India Today* zum Beispiel warnte im Sommer 2015 vor der »Ticking Food Bomb«. Das kritische »Food Movement« wächst selbst im Ursprungszentrum der industriellen Nahrungsmittelproduktion, den USA.

Das rührt nicht zuletzt daher, dass die Landwirtschaft dort den Klimawandel besonders schmerzlich zu spüren bekommt. Bis 2015 suchte vier Jahre hintereinander eine biblische Dürre mehrere Bundesstaaten heim. Amerikas Garten, das Central Valley, lechzt nach Wasser, einige Stauseen in Kalifornien sind nur noch zu 39 Prozent gefüllt. Dort wachsen aber 40 Prozent der Früchte und Gemüse, der Nüsse und Trauben, die in den gesamten USA verzehrt werden. »Man möchte eine Flasche Wein öffnen, solange es noch geht«, kommentiert der Ernährungsexperte der Zeitschrift *Mother Jones*, Tom Philpott, die Bedrohung sarkastisch. Im Land der größten Fleischeslust bekennt schon deshalb ein Drittel der Bevölkerung, öfter als früher Mahlzeiten ohne Fleisch zu essen. Bill Clinton und Justin Timberlake schwärmen von veganer Ernährung. Und auch in der amerikanischen Öffentlichkeit stehen Futtermittel-Monokulturen und eine konzentrierte Tierzucht zunehmend am Pranger. Tom Philpott nennt sie ein »ruinöses System«.[24] Hollywood-Star Susan Sarandon warnt vor der Gentechnik, in der populären Netz-Talkshow *Larry King Now* wurde sie kritisch debattiert. Die Restaurantkette Chipotle distanziert sich von GVO und gewinnt damit ordentlich

Kunden. In Hawaii setzten die Bürger sogar ein Anbauverbot durch. Der amerikanische Kongress hat zwar beschlossen, eine Kennzeichnungspflicht für GVO auf Landesebene zu verbieten, doch auch das war eine Reaktion auf öffentlichen Druck: 26 Bundesstaaten zogen in Erwägung, dergleichen Transparenz einzuführen, und vier Volksbefragungen dazu sind nur äußerst knapp gescheitert.

Auch die Analysten der Anlageberatung Piper Jaffray nehmen den wachsenden gesellschaftlichen Druck ernst. Weltweit schwelle der »Kreuzzug« für eine grünere und »sanftere« Nahrungsmittelproduktion an, so heißt es in ihrem »Biological Crop Chemistry Primer«, der potenziellen Geldgebern bei ihren Einschätzungen helfen soll. Mehr und mehr Regulierungsbehörden, große Unternehmen und Forschungsinstitutionen, ja »sogar Landwirte« schlössen sich der Phalanx des Wandels an.[25]

9 Forschungs- und Fördertöpfe locken

Vieles an der Bioökonomie ist Zukunftsmusik, und noch gibt es sehr viel mehr Fragen als Antworten. Einer der wichtigsten ihrer vielen Wirtschaftszweige ist daher die Forschung. Milliardensummen aus den Hauptstädten fließen im Namen der Bioökonomie in die Labore und Anlagen von Firmen, Forschungsgesellschaften und Universitäten, ob in Washington, Brüssel, Berlin, Brasilia oder Peking. Gelder zu akquirieren, ist ein weiterer, ja womöglich der stärkste Treiber der Bioökonomie-Konjunktur. Vom Jülicher BioSC war schon die Rede, aber auch die Bundesländer investieren in Wissenschaftsorganisationen und -vorhaben. Baden-Württemberg etwa hat schon eine Tradition in der Biotechnologie-Forschung, vor allem im medizinischen Bereich. In Stuttgart macht neuerdings eine ganze Hochschule die Bioökonomie zu ihrem Leitmotiv. Und wenn sich die Universität Hohenheim, eine der drei bedeutendsten Agrarfakultäten in Deutschland, so ein Profil gibt, dann kann man das als geschicktes Konzept des Wissenschaftsmarketing abtun – aber man kann es auch als Zeichen für das Gewicht deuten, das Fachleute diesem Ansatz für die Zukunft beimessen. Der neue Rektor Stephan Dabbert in Hohenheim dürfte es ernst meinen. Mit Rückenwind der grünen Landesregierung hat der Agrarökonom mit Interesse am Ökoanbau die Bioökonomie gemeinsam mit unterschiedlichsten Fakultäten zum übergreifenden Schwerpunkt von Forschung und Lehre gemacht. Ein nagelneuer, interdisziplinärer Master-Studiengang diesen Titels soll am Rande von Stuttgart künftig Fachkräfte für »biobasierte Branchen« ausbilden. Die Wissenschaftler wollen »die gesamte Wertschöpfungskette der Bioökonomie« durchdringen und »den Bogen von der Pflanzen- und Tierproduktion über neue technische Verfahren der Weiterverarbeitung und -verbreitung von Produkten bis zum notwendigen Veränderungsprozess in Wirtschaft und Gesellschaft« spannen. Es gelte, »das Gesamtsystem zu analysieren, auch um Konflikte zu vermeiden und Prioritäten herauszuarbeiten. Dazu arbeiten Agrar-, Ernährungs- und Lebensmittelwissenschaftler Hand in Hand mit Physikern, Biologen und Biotechnologen sowie Wirtschafts- und Sozialwissenschaftlern. Auch in Osnabrück haben die Hochschule und das Deutsche Institut für Lebensmitteltechnik (DIL) ein Bioökonomie-Zentrum eingerichtet.

10 Jobs für entvölkerte Agrarregionen

In den Augen der EU-Kommission liegt »die Schönheit des Konzeptes« Bioökonomie darin, dass sie Regionen wiederbeleben könne. Brüssel wolle »neue Ökosysteme für Wachstum und Beschäftigung« anlegen, sagt John Bell, der die zuständige Abteilung der Generaldirektion Forschung und Innovation leitet. Von Irland bis Griechenland, von Portugal bis Sizilien, aber auch in Deutschland wanderten die Menschen aus vielen abgelegenen Regionen in die Städte, sagt John Bell, weil sie keine Zukunft mehr für sich sähen. Ihnen böten zum Beispiel Bioraffinerien neue Beschäftigungsoptionen. Jede von ihnen könne künftig bis zu 100 Jobs schaffen, glaubt Bell, und Hunderte weitere in den Bereichen Transport und Dienstleistung, und: »Diese Jobs kann man nicht outsourcen.« Europas regionale Vielfalt biete auf globalen Märkten sogar einen besonderen Konkurrenzvorteil, meint auch Dirk Carrez von der öffentlich-staatlichen Partnerschaft Bio-Based Industries Consortium. Denn anders als in Brasilien mit seinem Zuckerrohr oder im Maisland USA könne Europa von der schottischen Küste bis zum französischen Périgord oder den polnischen Masuren mit einer Vielgestaltigkeit der Landschaften, Produkte und Systeme aufwarten und sich – kleines Volumen, hoher Wert – genau damit auf den Weltmärkten profilieren.

Erste Regionalkonzepte entstehen auch schon in Deutschland. Eines hat sich der Landkreis Weser-Ems im hohen Norden mit seinem »Masterplan Bioökonomie 2020« vorgenommen.[26] Seit 2013 träfen sich dort »illustre Persönlichkeiten aus Politik, Verwaltung, Wissenschaft und Wirtschaft«, erzählt Michael Lübbersmann, Landrat der CDU in Osnabrück und Vorsitzender des »Strategierates«, um gemeinsam technologische Ideen für eine ökologisch verantwortbare Produktion und vor allem für effiziente und innovative neue Wertschöpfungsketten zu schmieden.

Diese Region hat ihre eigenen Motive für so einen Vorstoß. Das satte Marschland ist eine »viehstarke Region«, wie Lübbersmann sie nennt, mit allen Begleiterscheinungen: Haltungsbedingungen für Kühe und Schweine, die in der Gesellschaft nicht mehr akzeptiert werden, Antibiotikamissbrauch, Wasserverunreinigung, Maiswüsten, im vergangenen Jahr auch noch Panschereien bei Kälberblut für die Pharmaindustrie. Fleischverarbeiter und Stärkewerke haben ihren Sitz in der Region, Gülletechniker, große Hersteller für Landtechnik wie Claas, Kotte, Big Dutchman, Amazone und zahlreiche andere Unternehmen der Ernährungswirtschaft – und viele von ihnen haben es nicht mehr leicht in der kritischen Öffentlichkeit. Eine Ausnahme ist die Rügenwalder Mühle, die für ihre Teewurst berühmt ist und sich nun mit Erfolg eine vegetarische Produktlinie zugelegt hat. Doch das gute Ergebnis der Grünen bei der letzten niedersächsischen Landtagswahl wurde nicht zuletzt mit deren Einsatz gegen »Tierfabriken« und ihren Folgen errungen. Landrat Lübbersmann, der Vorsitzende des Strategierates, verhehlt nicht, dass der wachsende Druck aus der Gesellschaft zumindest ein Motiv für die Bioökonomie-Initiative war. Im Masterplan klingt das so: »Viele Anzeichen deuten darauf hin, dass wir in Weser-Ems einerseits in manchen

Bereichen die Grenzen des Wachstums spüren …« Andererseits aber blieben »viele Entwicklungschancen noch ungenutzt«. Das Ziel sei also, herauszufinden, wie man »einen leistungsfähigen Agrarstandort wie unseren weiter ausbauen und gleichzeitig auf ökologische Herausforderungen reagieren kann«, sagt Lübbersmann – und dabei solle Weser-Ems »ein Spitzenreiter der Ernährungswirtschaft« bleiben.

Unterstützt vom Bioökonomierat der Bundesregierung, dem niedersächsischen Wirtschaftsministerium und anderen Förderern wurden erste Pläne geschmiedet und »regionale Wissensnetzwerke« mit der Umsetzung beauftragt. Dazu zählen die Hochschulen in Vechta, Oldenburg, Hannover und Osnabrück sowie das Institut für Lebensmitteltechnik in Quakenbrück.

Miteinander vernetzt, sollen sie beispielsweise der Frage nachgehen, wie angesichts einer wachsenden Weltbevölkerung »Eiweiß nicht mehr allein über Fleisch, sondern auch über pflanzliche Produkte wie Algen erzeugt werden kann«. Überhaupt: Wie sehen innovative Lebensmittelprodukte der Zukunft aus? Man will sich um die Grundwasserpegel kümmern, die auch wegen der Dränagen und verhärteten Böden nicht mehr ausreichend aufgefüllt werden. Gesucht wird nach Lösungen, wie die Nährstoffüberschüsse »optimiert genutzt« werden. Denn die Pflanzen in der Region können nicht all die Gülle aufnehmen, die für die Fläche viel zu hohe Tierbestände hinterlassen. Deshalb landet die Jauche oft illegal, wo sie nicht hingehört: in den Gewässern. Oder sie wird in energieintensiven und kostspieligen Lkw-Fuhren quer durch die Bundesrepublik gefahren. In Zukunft solle der Gülle deshalb das Wasser entzogen werden, erklärt Michael Lübbersmann, und man wolle Produkte aus organischem Dünger zielgerichtet für unterschiedliche landwirtschaftliche Zwecke entwickeln, die kompakt über weitere Entfernungen in die Ackerbaugebiete transportiert werden könnten. Gemeinsam mit den Unternehmen wollen die Politiker und Behörden der Landkreise überdies tiergerechte Stallformen erproben. All diese Technologien sollten dann auch exportiert werden können, »damit die Käfighaltung, die wir bei uns abschaffen, nicht anschließend in Osteuropa oder den Schwellenländern betrieben wird«. Es gibt noch ein weiteres

Motiv für die Pläne, berichten Beteiligte, und vielleicht ist es sogar das stärkste: die geplanten Wachstums-Strukturfonds aus Brüssel. Wer Gelder aus dem 315 Milliarden-Topf erobern will, der muss sich gegenüber der Konkurrenz aus ganz Europa entsprechend aufstellen.

Eine »neue Storyline« für das Agrobusiness?

Womöglich werden im »kreativen Raum« des Emslands ja tatsächlich spannende Lösungen für eine nachhaltigere Produktion der Nahrungsmittel gefunden. Allerdings: Wenig hört man bei den Masterplanern von der Option, den Viehbestand in Norddeutschland zu verringern und damit das Problem an der Wurzel anzupacken. In ihrem Strategierat wollen sie anscheinend auch ohne die Perspektive kritischer Natur- und Umweltschutzorganisationen oder Verbraucherschützer auskommen. Die Außenstehenden sollten zumindest bisher nur bei einzelnen Veranstaltungen »Ängste und Sorgen« äußern. Einer der Initiatoren der ganzen Anstrengung ist der frühere niedersächsische Landwirtschaftsminister Uwe Bartels (SPD), der sich über Jahre stets als Kritiker aller Ökos gezeigt hat. Es sieht so aus, als schmore dieser Bioökonomie-Braten noch im eigenen Saft, aber es ist noch viel zu früh, das Projekt zu beurteilen. Doch die Frage ist nicht abwegig, die viele Kritiker auch generell stellen: Soll die Bioökonomie als Masterplan B am Ende doch vor allem eine »neue Storyline« für das Agrobusiness liefern? Wie wahrscheinlich ist es, dass gerade die Verursacher der Probleme nun die besten Lösungen finden? Wie umstritten Teile der Bioökonomie-Strategien sind, das zeigt das folgende Kapitel.

4 DASSELBE IN GRÜN?

Kritische Fragen an die Bioökonomie

Spätestens seit Goethes Faust weiß man, dass böse Kräfte auch Gutes schaffen können – und umgekehrt. Zwischen beide Pole geriet ein belgisches Unternehmen, das seit 35 Jahren in vielen Ländern Spül- und Waschmittel aus Naturstoffen und sanfter Chemie verkauft. Oft wurde Ecover für seine Produkte hoch gelobt und dafür, dass man sich dort um weitere Ideen für noch größere ökologische und soziale Integrität bemühte. Umso mehr waren die grünen Pioniere überrascht, als ihre jüngste »Weltneuheit« im Sommer 2014 zum internationalen Streitfall wurde – und sie damit ganz schön ins Schleudern gerieten.[1]

Der Anlass: Ein Waschmittel, dessen Tenside auf der Basis von Algenöl erzeugt werden sollen. Ecover entwickelte es in der Absicht, damit Palmöl zu ersetzen. Das Öl, das aus der Frucht der Palme Elaeis guineensis gewonnen wird, ist besonders ergiebig, daher billig und in den unterschiedlichsten Industrien einsetzbar. Es liefert fast ein Drittel der Weltölproduktion und ist laut dem World Wildlife Fund in gut der Hälfte aller Supermarktprodukte enthalten; in Hautcremes und Lippenstiften, Keksen und Fertigsuppen, Schokoladen und Waschmitteln. Seit einigen Jahren werden rund fünf Prozent der Palmölproduktion auch zu Biodiesel verarbeitet. Die ganze Welt will dieses Öl – doch um die laufend steigende globale Nachfrage zu bedienen, werden mit ökologisch fatalen Folgen tropische Wälder abgeholzt und wertvolle Moore trockengelegt. Besonders tragisch ist der Raubbau in Indonesien, dort brannten 2015 wieder die Wälder, zumindest teilweise als Folge gezielter Brandstiftung, um Plantagenland zu gewinnen. Aber zunehmend richten die großen Plantagenbesitzer ihr Interesse auch auf südamerikanische und afrikanische Länder und ruinieren auch deren Waldgebiete. Bei all dem will der Ökohersteller Ecover nicht mehr mitmachen. Deshalb bezieht er schon länger Palmöl mit Nachhaltigkeitszertifikat. Nun wollten seine Produktmanager noch besser werden: Das neue Algenöl spare weltweit Flächen und Wasser, versicherten sie stolz. Gut, oder?

Von wegen: Ein Sturm der Entrüstung brach los – weil hinter dem angeblichen Fortschritt Verfahren der Synthetischen Biologie steckten. 24 Umwelt- und Verbraucherorganisationen aus aller Welt zeigten sich empört. »Wir glauben nicht, dass Produkte aus technisierten Algen, die mit Zuckerrohr gefüttert werden, eine ›grüne‹, ›ökologische‹ oder ›nachhaltige‹ Lösung des Palmölproblems darstellen«, schrieben sie in einer Protestnote an den Firmenvorstand.[2] Ecover legte sein Waschmittel erst mal auf Eis.

Der Streit ist ein Beispiel für die Widersprüche, in die auch »grüne« Unternehmen schnell geraten, wenn sie sich auf technologisches Neuland wagen. Schon die Synthetische Biologie »im erweiterten Sinn« stößt auf großes Misstrauen – und dabei ist sie nicht die einzige Angriffsfläche der Bioökonomie. Auch anderen Ansätzen treten Umwelt- und Naturschützer, entwicklungspolitische NGOs, Wissenschaftler, Wachstumskritiker, die Agrarbewegung, Verbraucherschützer und Ethiker mit großen Vorbehalten entgegen. Das ganze Projekt sei technologiefixiert, blind für Macht- und Naturverhältnisse und letztendlich eine selbstbetrügerische Strategie des Aufschubs, um einen tiefer greifenden Wandel zu vermeiden: So lauten ihre Vorwürfe kurz zusammengefasst. Nach den Kapiteln über politische und technologische Strategien der Bioökonomie-Verfechter werden im Folgenden die wichtigsten Einwände dargestellt.

Das führt zunächst zurück zu Ecovers mit Gentechnik-Methoden verändertem Öl, das Hersteller und Produkt zu einem öffentlichen Testfall für eine wichtige Debatte werden ließ: Welche Risiken bergen die Synthetische Biologie oder auch nur die »Umprogrammierung« der Natur? Schon 2012 hatten 117 internationale Nichtregierungsorganisationen in sieben gemeinsamen »Prinzipen für die Aufsicht über die Synthetische Biologie« gefordert:»Kein synthetischer Organismus oder Baustein sollte kommerzialisiert oder freigesetzt werden, ohne dass seine Eigenschaften und die Ergebnisse einer Sicherheitsprüfung der Öffentlichkeit einsichtig werden«.[3] Die Kritik schwoll an, als bekannt wurde, dass längst auch große Unternehmen Konsumgüter verkaufen, bei deren Herstellung neue Gentechnikmethoden oder auch Genbausteine (»Biobricks«) schon eine Rolle spielen; dass dieser Markt außerdem beständig wächst, mit Produkten vom Biosprit aus Cyanobakterien bis zur »kuhfreien Milch« mit dem schönen Namen »Muufri«. 3000 SynBio-Forscher in 40 Ländern würden von 530 Institutionen dabei unterstützt, die Sache weiterzutreiben, rechneten kritische Experten vor. Doch nur Ecover und seine US-Tochter Method veröffentlichten ihr Verfahren »proaktiv«, wie man im Ökonomen-Jargon so sagt.»Und wenn du den Kopf raushältst, dann riskierst du, dass jemand draufhaut«, seufzte der Innovationsmanager von Ecover, Tom Domen.

Ein Waschmittelhersteller als Prügelknabe:
Wie riskant ist Synthetische Biologie?

Entwickelt wurde das Öl in Kalifornien von dem Biotech-Unternehmen Solazyme. Die wichtigste Algenvariante, mit der diese Firma arbeitet, ist die Grünalge Prototheca moriformis – eine alte Bekannte. Entdeckt wurde die schlichte Einzellerin vor 100 Jahren im Saft einer deutschen Kastanie. Sie wächst im Dunkeln, deshalb können die »Algenisten« sie in Bottichen züchten und nicht in Teichen, die viel Fläche erfordern würden. Prototheca reagiert von Natur aus auf Stress, indem sie Öl produziert. Tricks bei ihrer Züchtung, aber auch »geringste« gentechnische Eingriffe machten diesen Prozess deutlich effizienter, sagen die Forscher bei Solazyme. Bei ihnen klingt es eher nach Verführung als nach Übergriff: Man reize die Algen nur dazu an, das zu tun, was sie ohnehin machen wollten. Statt einen Anteil des flüssigen Fettes von 15 Prozent brächten es die Mini-Ölfabriken schon auf bis zu 80 Prozent. Die neuen Maßschneider des Lebens schleusen auch schon mal ein Pflanzengen in die Alge ein oder schalten störende Eigenschaften gentechnisch aus;

nach eigenen Angaben zwar nicht, wenn damit Lebensmittel hergestellt werden, aber für andere industrielle Nutzungen. Nachdem die Algen geerntet und getrocknet worden sind, presst man den gelblichen Saft heraus. Daraus lassen sich dann – ähnlich wie beim aus Hefe erzeugten Farnesan von Amyris – alle möglichen Produkte herstellen, deren Grundlage sonst Palmöl oder fossile Rohstoffe wären. Das alles sei »ganz natürlich«, beteuern die Experten von Solazyme in Kalifornien. »Nein – wir sind keine Bioschocker.«

Für Kritiker hingegen ist Synthetische Biologie saurer Gentechnik-Wein in alten Schläuchen. Weil sich die jahrzehntealten Verheißungen der Manipulationen am Erbgut – Gentherapien, dürreresistente Pflanzen und so fort – kaum erfüllt hätten, hätten die Wissenschaftler bloß einen neuen Vermarktungsdreh gebraucht, um an Forschungsgelder heranzukommen, meint zum Beispiel Christoph Then vom Münchener Institut Testbiotech. Synthetische Biologie: Das sei Begriffs-Camouflage, um den umstrittenen und unpopulären Begriff Gentechnik zu vermeiden.

International hat sich vor allem die technikkritische ETC Group mit dem Thema befasst. Was passiert denn, fragt ihr SynBio-Experte Jim Thomas, wenn Algen in die Umwelt gelangen, die mit den neuen Verfahren des Genome Editing verändert wurden? Werden sie womöglich andere Algenstämme verdrängen oder mit ihrem synthetisierten Erbgut befruchten? Werden Vögel und Fische krank, die sich von solchen Lebensformen ernähren? Geraten ganze Ökosysteme aus dem Gleichgewicht? Einige Unternehmen erforschen in Küstennähe auch Algen, die Kraftstoffe produzieren sollen. Werden diese Einzeller womöglich einen ständig wachsenden Ölteppich produzieren, wenn sie doch einmal aus ihrer abgeschlossenen Produktionsumgebung in die Nähe des Meeres geraten sind? Trotz solcher Möglichkeiten seien die ersten »SynBio«-Produkte »unreguliert, ohne spezifische Tests, nicht gekennzeichnet, unterhalb des Radarschirms der Öffentlichkeit« eingeführt worden, stellt Jim Thomas fest. Er befürchtet »synthetisch-biologische Verschmutzung«.

Ecover und Solazyme hingegen schätzen das Risiko für die Ökosysteme als äußerst gering ein. Die Mikroorganismen würden ja nicht im

Freiland gezüchtet und verarbeitet, sondern hinter schweren Türen in abgeschlossenen Sicherheitssystemen und Fermentierungsprozessen, die sich schon seit Jahrzehnten bewährt hätten. Im Öl selbst seien gar keine genveränderten Organismen mehr enthalten, genau wie bei den bereits bekannten Verfahren der industriellen,»weißen« Biotechnologie. Auch beim deutschen Umweltbundesamt gelten solche Mikroalgen bei der Herstellung von Waschmitteltensiden allgemein als vertretbare Alternative zu etablierten Rohstoffquellen. Die auf Ölproduktion getrimmten Organismen seien meist noch weit davon entfernt, als von Grund auf neu konstruiert gelten zu können, sagt der Biotechnologe und Chemiker Tobias Knobloch. Mit minimalen Veränderungen habe man solchen Algen außerdem gentechnisch »Pflug und Harke an die Hand gegeben, nicht Schild und Schwert«. Selbst wenn SynBio-Einzeller mal entkämen, fehlte ihnen demnach schlicht die Fähigkeit, sich in der Umwelt als Terminatoren aufzuführen oder ihre DNA wild zu verbreiten. Diese in Industrieverfahren eingesetzten Mikroben brächten vermutlich nur selten evolutionäre Vorteile mit, die ihnen beim Kampf ums Überleben Vorteile böten. Im Gegenteil: Sie seien meist deutlich weniger widerstandsfähig als ihre Wildgenossen, das versichert auch die Industrie. Schon um ihrer Geschäftsgeheimnisse willen seien die Hersteller massiv daran interessiert, dass aus ihren Fermentierungsbottichen kein patentiertes Objekt nach außen dringt und in die Hände der Konkurrenz gelangt. Die Gentechnik bleibe meist in der Produktion, Bakterien würden abgetötet oder Enzyme verlören ihre Wirkung.

Womöglich hat sich die richtige Debatte im konkreten Fall Ecover ja am falschen Gegenstand entzündet. In der Industrie ist es tatsächlich nichts grundlegend Neues, Bakterien und andere Mikroorganismen per Gentechnik »umzuerziehen«. In den 1980er und 1990er Anfangsjahren der Industriellen Biotechnologie gab es zwar auch um dieses Anwendungsfeld heftige Kämpfe. Sie entzündeten sich an der Möglichkeit, gentechnisch Insulin zu erzeugen. Weil aber das Medikament gegen Diabetes knapp war und man nun mehr Menschen preisgünstiger helfen konnte, wurde eine gentechnische Produktion in geschlossenen Systemen (»contained use«) bei hohen Anforderungen an die Sicherheit nach intensiven Verhandlungen zwischen Kritikern und Unternehmen auch in Deutschland akzeptiert. Heute ist die »rote« Gentechnik, also ihr Einsatz in der Herstellung medizinischer Produkte, weitverbreitet und so gut wie unumstritten. Sie gilt dort, wo sie Teil der Bioökonomie-Strategien ist, als eines ihrer dynamischsten Entwicklungsfelder. Auch die »weiße« Biotechnologie, die Gentechnik für industrielle Verfahren nutzt, ist vielfältig eingeführt. Als sich zum Beispiel Holger Zinkes Firma BRAIN, von der schon die Rede war, 1996 in Zwingenberg ansiedelte, gab es noch heftige Proteste in der kleinen Stadt. Die genmanipulierten Organismen mitten im Ort waren einigen Bürgern unheimlich. Doch mittlerweile hat man sich an die Sicherheitslabore gewöhnt. Zinkes Ideen gelten auch vielen Umweltschützern eher als Chance denn als Risiko. Und auch Politiker der Grünen – oder zumindest ihre Realo-Fraktion – haben ein offenes Ohr dafür, dass Biotech-Innovationen den Ressourcenverbrauch effizienter machen können.

Doch angesichts der neuen Möglichkeiten beim Genome Editing und zukünftigen Formen der Synthetischen Biologie hebt die Diskussion jetzt neu an. Es gebe durchaus erste Designer-Enzyme »ohne natürliches Vorbild«, sagt ein Ecover-Manager in der Zeitschrift *Schrot& Korn*, und einige solcher Wirkstoffe könnten zum Beispiel beim Waschen doch hohe Temperaturen aktiv überstehen und auf die Kleider und in die Umwelt gelangen. Solche Produkte lehne sein Unternehmen ab. Können Organismen, die durch vorgefertigte DNA-Bauklötzchen (Biobricks) oder andere Einflüsse modifiziert wurden, also doch riskant sein für Umwelt und Gesundheit?

Das Problem ist: Die Öffentlichkeit weiß nicht genug darüber. Im Januar 2014 widmete sich das Treffen der globalen Spitzenmanager in Davos unter anderem diesem Thema. »Bestehende Regeln sind unzulänglich«, hieß es in einem »Weltrisikobericht« (Insight Report Global Risks), der dort regelmäßig veröffentlicht wird.[4] Die Gesetzeslücken schätzen seine Autoren als hoch problematisch ein, weil auch kleine Hochschulgruppen und Garagenfirmen mit lebenden Materialien spielten.

Viele Forscher scheinen der Harmlosigkeit ihres Tuns auch selbst nicht ganz zu trauen. So versuchen Teams der Harvard Medical School und der Yale University, Organismen, deren Genom gentechnisch »redigiert« wurde, es anschließend wiederum gentechnisch so zu verändern, dass sie für die Welt jenseits der Industrielabore lebensuntüchtig werden. Dann werden zum Beispiel Bakterien, die Inhaltsstoffe für Kleber oder Dichtungsmasse produzieren können, von Nährstoffen abhängig gemacht, die in der Natur nicht vorkommen. Dazu programmieren ihnen die Wissenschaftler den Bauplan künstlicher Aminosäuren ein. Einmal dem Labor entwischt, müssten sie also bald verhungern. Andere Forscher bringen ihren bakteriellen Minifabriken »Selbstmordgene« bei, machen sie unfähig, sich mit anderen Organismen zu kreuzen, oder empfindlich gegen bestimmte Giftstoffe. So könnte man gezielt nur sie abtöten, sollten sie in die Umwelt gelangen. Es sei noch strittig, ob solche biologischen Sicherheitsstrategien »jemals vollständig funktionieren werden oder den Beweis ihrer Wirksamkeit schuldig bleiben«, heißt es allerdings in einem Bericht, den das Sekretariat der UN-Konvention für biologische Vielfalt (Convention on Biological Diversity, CBD) verfasst hat.[5] Denn: Lebewesen sind lernfähig, auch, ja vielleicht gerade die einfachsten.

In den USA haben sich die Zulassungsbehörden mittlerweile auf den Standpunkt gestellt, dass die neuen Methoden, die bislang außerhalb der Forschung angewendet werden, noch keinen qualitativen Sprung bedeuten. Auch in der EU-Kommission kamen drei zuständige wissenschaftliche Ausschüsse (»Verbrauchersicherheit«, »Öffentliche Gesundheits- und Umweltrisiken« sowie »Neu auftretende und neu identifizierte Gesundheitsrisiken«) zu einer recht entspannten Bewertung. Die EU-Gutachter stellen zwar in ihren Stellungnahmen zur Synthetischen Biologie eine Vielzahl durchaus gravierender möglicher Risiken dar. Doch derzeit und für die vorhersehbare Zukunft von zehn Jahren könnten die bestehenden Methoden unter dem gegebenen Rechtsrahmen für die Gentechnik und für Chemikalien angewendet werden, urteilen sie. Neuartige Entwicklungen in der Synthetischen Biologie könnten längerfristig »eine Anpassung vorhandener Methoden für die Risiko- und Sicherheitsbewertung notwendig machen«.[6]

Auf der Tagesordnung stand die Synthetische Biologie auch bei der Versammlung der Biodiversitätskonvention CBD im Oktober 2014 im südkoreanischen Pyeongchang. Am Ende forderten die Diplomaten die Regierungen dazu auf, Vorkehrungen für die Biosicherheit zu treffen und dabei dem Vorsorgeprinzip zu folgen.[7] Einige Entwicklungsländer hatten sogar ein Moratorium für diese Art der Forschung gefordert. Und das vor allem, weil sie in ihr noch eine ganz andere, wirtschaftliche Bedrohung für die soziale Stabilität auf dem Lande sehen.

Neue Konkurrenz für Kleinbauern?

Denn wenn die Inhaltsstoffe von Pflanzen bald in Massen aus Hefen und Bakterien im Labor hergestellt würden, dann könnten Millionen von Kleinbauern wichtiger Einkommensquellen beraubt werden, so die Sorge dieser Regierungen. Die Artemisia-Pflanze zum Beispiel, deren Fähigkeiten das Malariamittel von Amyris synthetisch nachgeahmt hat, haben zuvor kleine Erzeuger in Ostafrika, China und Vietnam gesammelt. Das war zwar ein aufwändiges Geschäft mit unzuverlässigen Erträgen – aber dennoch ein attraktives, weil die Gewächse gutes Geld brachten. Als Folge des neuen biosynthetischen Angebots aber seien die Preise gesunken, behauptet die ETC Group, und die kleinbäuerlichen Erzeuger seien oft nicht mehr konkurrenzfähig. Ein altes Muster im ungleichen Verhältnis zwischen den Rohstofferzeugern und -nutzern könnte sich also wiederholen, denn eine solche Verdrängung war auch schon früher die Folge, wenn pflanzliche Stoffe und Aromen chemisch synthetisiert wurden. Nun könnte sich die Abhängigkeit des fruchtbaren, aber technologisch schwächeren Südens gegenüber den Industrienationen ein weiteres Mal zeigen; wobei jetzt China, Indien oder südamerikanische Schwellenländer ebenfalls an biotechnologisch erzeugtem Ersatz forschen. Ist, was deren Rohstoffoptionen erweitert, für kleine Produzenten in armen Ländern ein Fluch?

Dafür nennt ETC noch andere Beispiele: Die Anstrengungen der Reifenhersteller etwa, die versuchen, Naturkautschuk biologisch nachzubauen (auch um den Wald zu schonen), träfen Bauern von Kambodscha bis Indien, von Thailand bis Vietnam. Oder wenn die Schweizer Firma Evolva aus maßgeschneiderten Hefen im Fermenter Safran biosynthetisiere, dann verlören Tausende von Bauern in Iran einen Teil ihrer Lebensgrundlagen. Dort wird das kostbare Gewürz aus einer Krokusart gewonnen. Eng verbunden mit dieser Verdrängung sind laut ETC zudem Gefahren für manche Ökosysteme. Naturvanille zum Beispiel, die aus den Schoten einer Orchideen-Gattung hergestellt wird, wächst teilweise im Wald. Ihn zu erhalten, liege deshalb im Interesse jener, die mit Vanille ein Zusatzeinkommen gewinnen wollen. Dieser Anreiz entfalle, wenn sie das Produkt nicht mehr so leicht loswerden.[8]

Gegen solche Befürchtungen spricht, dass die Massenindustrien ohnehin kaum echten Vanille-Extrakt einsetzen, sondern meist chemisch erzeugten. Der SynBio-Ersatz wird wohl eher auf dem Markt der billigen Laborversion für die Massenproduktion räubern, als das hochwertige Naturprodukt zu verdrängen. Entscheidend ist aber: Auf der politischen Ebene hat bislang kaum jemand über die Frage nachgedacht, ob es solche möglichen Verdrängungseffekte der neuen Technologien geben könnte und wie man ihnen womöglich entgegenwirken soll.

Die Manager von Ecover in Belgien aber nahmen ihre Kritiker ernst – und regten eine offene Runde zur Technologie-Bewertung an. Chancen wie Risiken der Synthetischen Biologie für grünere Produktionsmethoden sollten in einer möglichst heterogen besetzten Expertenrunde gründlich abgewogen werden. Die Organisation wurde dem Forum for the Future in London übertragen. Es arbeite seit Jahren mit großen Unternehmen zusammen, um deren Wertschöpfungsketten auf ihre ökologische und soziale Fairness zu überprüfen und »Kontroversen über komplexe Nachhaltigkeitsfragen zu moderieren«, wie die Projektbetreuerin Anna Warrington im Jargon solcher Think-Tanks formuliert. Koinitiatoren waren der englische Forschungsrat für Biotechnologie und Biowissenschaften sowie Friends of the Earth. Allerdings ließen sich nur die englischen Sektionen auf die Gespräche ein; die Freunde der Erde sind bei der Frage nach dem Umgang mit der Synthetischen Biologie auch intern grün-grün gespalten. Ihre Mitstreiter in USA und Europa sind strikte SynBio-Gegner. Anna Warrington erzählt, unter den Experten habe es trotz dieser Abwesenheiten kontroverse Diskussionen aus allen Richtungen gegeben: zwischen grenzenlosen Euphorikern und strikten Ablehnern, kompromissorientierten Ja-Aber- und gestrengen Nein-außer-Sagern, die solche Methoden in begründeten Ausnahmefällen respektieren. Das Ergebnis des Palavers wurde im Juni 2015 präsentiert: eine »Entscheidungshilfe für Synthetische Biologie«. Ein kleines Handbuch mit kritischen und selbstkritischen Fragen soll Wissenschaftler, NGOs, Manager und Politiker dazu befähigen, bei jedem einzelnen Forschungsvorhaben, jeder möglichen Produktentwicklung Einwände vorher zu bedenken und sie mit einem Kriterienkatalog zu versorgen, anhand dessen sie ihre Positionen und Strategien besser klären können.

Von der Biodiversitäts-Konvention ist da mehr zu erwarten. Bis zur nächsten Vertragsstaatenkonferenz der CBD im Dezember 2016 soll eine Arbeitsgruppe einen Bericht über die Synthetische Biologie vorlegen und die wichtigsten Fragen einschätzen, unter anderen:

– Unterscheiden sich biosynthetische Organismen und Bausteine von den heute üblichen GVO, und wenn, dann wie?
– Wie angemessen sind die bestehenden Instrumente zur Regulierung, in Bezug auf Sicherheitsfragen ebenso wie mit Blick auf einen möglichen Schwund der Artenvielfalt?
– Welche Gesetzesoptionen gibt es?

Darauf hat die ETC Group seit langem mit hingewirkt, entsprechend positiv bewertet sie den Vorstoß: »Die Wild-West-Jahre der Synthetischen Biologie sind gezählt.« Und ETC vermeldet einen weiteren Erfolg: Bei der Konferenz der Vereinten Nationen zur Entwicklungsfinanzierung in Addis Abeba stritt die Gruppe an der Seite der Entwicklungsländer für ein neues Forum, das Technologien für mehr Nachhaltigkeit weltweit befördern, aber auch ihre Folgen bewerten soll. Besonders in Entwicklungsländern fehlt oft die wissenschaftliche Expertise, um die potenziellen Risiken von Entwicklungen wie Nanotechnologien, Geoengineering oder auch der Synthetischen Biologie zu beurteilen. Der neue »Technology Facilitation Mechanism« der UN soll Debatten organisieren, Wissen verbreiten und interessenunabhängige Gutachten erarbeiten.[9] Dazu trägt ein »Multi-stakeholder Forum« bei, also eine jährlich zusammentreffende Runde, der Vertreter unterschiedlicher Gruppen der Zivilgesellschaft angehören.

Wissen die modernen Alchemisten, was sie tun?

Viele der neuen Bio-Ingenieure verschweigen ja keineswegs, dass ihre Einblicke in die Lebensprozesse einer Zelle »Schnappschüsse« bleiben, wie die Zeitschrift *Science* urteilt, und dass die Konstruktionsarbeit ungleich komplizierter ist, als Leute wie Craig Venter sie erscheinen lassen. Amyris-Forscher Jack Newman zum Beispiel bleibt bei der Führung durch sein kalifornisches Labor geradezu ehrfürchtig vor einem riesigen Wandplakat stehen, das die Stoffwechselwege in einer Hefezelle zeigt. Ein dichtes Gewusel aus blauen, roten und grünen Buchstaben, Ziffern und Linien, schwarzen Pfeilen und gelben Erklärungen veranschaulicht, wie vielfältig die biochemischen Prozesse des Aktivierens und Hemmens, der Wechselwirkungen und Rückkopplungen zwischen den unzähligen Zyklen miteinander verbunden sind – und dabei sind viele Wege des Informationsaustauschs innerhalb der Zelle in dieser Darstellung nicht einmal einbezogen. Gegen das raffinierte Netzwerk wirkt die Stromleitwarte einer 12-Millionen-Einwohner-Metropole wie ein Kleinstadt-Stadtplan. Wie soll der Mensch die über Jahrmillionen optimierten und eingespielten Mechanismen ohne unbeabsichtigte Nebenwirkungen beeinflussen?

Jack Newman empfindet diese Komplexität allerdings bei allem Respekt keineswegs als entmutigend, sondern als Herausforderung: »Hier sieht man die grenzenlosen Möglichkeiten!«, schwärmt der Amyris-Forscher. Er und sein Team tasteten sich mit wachsendem Wissen immer zielstrebiger durch die Terra incognita. Das Prinzip »Versuch und Irrtum«, dem sie dabei folgen, lasse sich mit Hilfe der Informationstechnologien heute ja ebenfalls rasant beschleunigen. Wie Novozymes, BRAIN oder die Saatgutkonzerne in ihren Züchtungslaboren hat Amyris sein eigenes digitales Automatisierungssystem entwickelt, das die Auswertung gelingender oder scheiternder Manipulationsversuche der Zelle rasant beschleunigt.

Aber welche Auswirkungen ihre Eingriffe in der Zelle sonst noch haben, das wissen die Gen-Ingenieure so ganz genau eben doch nicht, das gesteht auch Jack Newman vor seinem Wandposter zu den »Metabolic Pathways« ein. »Wenn wir hier etwas verändern« – er deutet auf einen winzigen Abschnitt ganz unten, reckt sich und zeigt auf einen Punkt ganz oben –, »dann können wir nicht sagen, was das dort für Folgen auslöst.« Bei aller zielstrebigen Programmierung der Zelle bleibt also vieles unberechenbar, sodass trotz einer Vielzahl von Sicherheitstests womöglich doch nicht nur passiert, was passieren soll.

Manche Kritiker sind allerdings nicht mal so sehr wegen solcher Risiken besorgt. Vielmehr hegen sie ihre Zweifel, ob sich die großen Menschheitshoffnungen der Wissenschaftlerteams – salzresistente Pflanzen, künstliche Photosynthese, ergiebigere Biokraftstoffe, biosynthetisch erzeugte Knochen und Organe – überhaupt so rasch wie erträumt oder überhaupt erfüllen werden. Oder werden da Milliardensummen absehbar in den Satz gesetzt? So frotzelt der amerikanische Fachjournalist Daniel Grushkin 2012 in einem Porträt von Amyris im Magazin *Fast Company*: »Wenn Synthetische Biologen ankündigen, dass sie Mikroben als kleine Fabriken behandeln, dann mögen Investoren und Märkte die Ohren spitzen – die Mikroben hören nicht hin.« Und er fährt fort: »Biologie ist weder Programmieren noch Ingenieursarbeit – jedenfalls noch nicht. Hefe ist von der Evolution längst programmiert worden. Neue genetische Anweisungen einzuschleusen oder sich um alte herumzuarbeiten, wird eine unsichere Angelegenheit sein, bis die Wissenschaftler genau verstehen, wie der Organismus funktioniert. Und das kann noch Jahrzehnte dauern, wenn es überhaupt klappt.« Vielleicht ist es ja doch eher so wie von Goethe im Faust bedichtet: »Geheimnisvoll am lichten Tag / Lässt sich Natur des Schleiers nicht berauben / Und was sie deinem Geist nicht offenbaren mag / Das zwingst du ihr nicht ab mit Hebeln und mit Schrauben«?

Freie Fahrt für »gentechnikfreie Gentechnik«?

Ähnliche Fragen stellen sich Kritiker beim Genome Editing oder bei Eingriffen in die RNA bei der Pflanzenzüchtung. Die Grüne Gentechnik ist brisanter als die bewährte industrielle, »weiße« Anwendung in ihren Sicherheitsbehältern. Denn bei Pflanzen geht es naturgemäß immer um den Anbau im Feld und um Produkte, die wir uns einverleiben. Außerdem geht dieser neuen Technologie-Runde ein jahrzehntelanger Macht- und Grabenkampf voraus, den die Kontrahenten – Saatgutindustrie und Umweltschützer, Genforscher und Konsumenten – eigentlich beide schon lange satthaben. Vor allem Gentechnik-Patente und die Schwierigkeit, GVOs mit konventionellem oder biologischem Anbau als friedliche Nachbarn koexistieren zu lassen, treffen ins Zentrum der unterschiedlichen Vorstellungen von ökologisch integren Agrarsystemen. Denn wo Gentechnik angebaut wird, ist sie – je nach Pflanze – dank Pollenflug und Getreidestaub kaum mehr rückholbar. Und ungerechterweise müssen nicht die Verursacher vorbeugen und verhindern, dass konventionelle oder biologisch bewirtschaftete Nachbarfelder »kontaminiert« werden. Es sind vor allem die Biobauern, die mit hohen Kosten die Gentechnikfreiheit ihrer Produkte nachweisen müssen.

Und nun bahnt sich die nächste Streitrunde an. Die neue Variante der alten Kontroverse gilt jetzt der Frage: Sind die Möglichkeiten des Genome Editing tatsächlich subtiler, wie die Industrie behauptet; Eingriffe so fein wie mit dem Skalpell statt wie mit der Axt? Denn weil man das Erbgut unmittelbarer als früher verändern kann, ist oft keine Übertragung artfremder Gene mehr nötig. Außerdem hinterlassen zumindest einige Schnitzereien an DNA und RNA außer der erwünschten Veränderung keine nachweisbaren Spuren im Produkt. Deshalb hoffen die Saatgutunternehmen darauf, dass die so gezüchteten Gewächse nicht mehr unter das Gentechnik-Gesetz fallen. Denn das böte ihnen einen riesigen Vorteil: Neue Sorten könnten dann nicht nur schneller gezüchtet, sondern auch extrem beschleunigt auf den Markt gebracht werden. Umständliche Anträge, langwierige Tests und hohe Kosten würden entfallen. GVO sei »ein sinnloser Begriff geworden«, triumphiert zum Beispiel die Sprecherin des amerikanischen Lobbyverbands Biotechnology Industry Organization (BIO), Adrianne Massey. Die Kritiker bleiben jedoch skeptisch und bestehen auf den strengen Zulassungsverfahren. Denn Gentechnik ohne Gentechnik? Diese paradoxe Deutung lassen sie nicht gelten. Selbst wenn kein eingeschleuster Informationsträger identifizierbar sei, sagt der Tierarzt Christoph Then vom Institut Testbiotech: bearbeitet würden die Gene schließlich, um eine Wirkung zu erzielen – und diese könne auch an anderer Stelle der Zelle unbeabsichtigt etwas verändern. Es gebe einfach noch keine ausreichenden Erfahrungen mit der »synthetischen Gentechnik«. Deshalb müssten die neuen GVO genauso getestet werden wie die alten. Um diese Befürchtung noch einmal mit der Metapher des DNA-Textes zu erklären, der aus den Buchstaben des Lebens ATCG geschrieben wird: Wer nur im Schlussabsatz seiner Rede etwas umformuliert, der verfälscht dadurch womöglich Bedeutungszusammenhänge in Bezug auf den Anfang – und damit den Sinn.

Auch für diese Kontroverse gab es schon einen Präzedenzfall: die neue Rapssorte »SU Canola«. Sie wurde von der europäischen Tochter der US-Firma Cibus gegen ein Herbizid resistent gemacht. Dazu verwandten die Forscher eine als »revolutionär« beworbene Methode namens RTDS. Das Kürzel steht für »Rapid Trait Development System«, übersetzt etwa: System der schnellen Entwicklung von Merkmalen. Um die Reihe der Großbuchstabenbezeichnungen noch zu verlängern: RTDS ist eine Form von ODM, der sogenannten Oligonukleotidgerichteten Mutagenese. Dabei werden sehr kurze DNA-Abschnitte synthetisch im Labor nachgebaut und mit zusätzlichen Eigenschaften versehen – in diesem Fall eben der Fähigkeit, einem Unkrautvernichtungsmittel zu widerstehen. Diese Sequenzen schleusen die Gen-Ingenieure so in die Pflanzenzellen ein, dass sie ihre eigene DNA dem fremden Vorbild anpassen, aber (nach bisherigem Wissen) nicht selbst eingebaut werden. Die Firma Cibus (lateinisch für: Nahrung, Speise, Futter) betonte, der Raps entstamme einer »nicht transgenen« Züchtungstechnologie.[10]

Im Februar 2015 winkte das Bundesamt für Verbraucherschutz und

Lebensmittelsicherheit (BVL), die zuständige Aufsichtsbehörde, das Züchtungsverfahren erst einmal durch: Es sei tatsächlich keine »Gentechnik im Sinne des Gentechnikgesetzes«, urteilten seine Fachleute so wie auch einige Behörden in Nordeuropa.[11] Da im Saatgut weder Genfähren benutzt würden so wie früher, noch Gene aus einem anderen, fremden Organismus oder Antibiotika-Resistenzen in den Zellen zurückblieben, seien die Design-Gewächse ihrem Wesen nach nichts anderes als konventionell gezüchtete Pflanzensorten. Solche Veränderungen des Erbguts könnten ebenso gut auf dem Weg einer natürlichen oder bei konventionellen Verfahren gezielt hervorgerufenen Mutagenese passieren. Es sei ja wohl absurd, etwas zu regeln, das man nicht sehen könne, befand auch ein früherer Amtschef gegenüber der ZEIT. Die Überschrift des Berichts: »Finden Sie den Unterschied!«[12] Der CDU-Landwirtschaftsminister Christian Schmidt übernahm flugs die Position der BVL.

Die Geschwindigkeit, mit der er seine Entscheidung fällte, wirkte fast wie ein Befreiungsschlag; als könne sich Deutschland, wo GVO nicht angebaut werden, mit der unsichtbaren Gentechnik endlich mal wieder »innovationsfreudig« in Sachen Pflanzenzucht zeigen. Aber so einfach ist es nicht, die Große Koalition ist beim Thema Gentechnik intern gespalten. Die Umweltministerin Barbara Hendricks meint wie die übergroße Mehrheit im Land, die Grüne Gentechnik habe sich »als Holzweg erwiesen«,[13] und fordert ein Verbot. Die Kanzlerin hingegen ist offen für GVO und ihre Parteigenossin im Forschungsministerium befürwortet sie geradezu kämpferisch: »Es ist doch absurd: In der Medizin ist Gentechnik völlig akzeptiert. Bei Pflanzen und Nahrungsmitteln gilt sie plötzlich als verpönt«, sagt Johanna Wanka; ja sie bezeichnete die Kritik als gefährliche »Stimmungsmache, um die Freiheit von Forschung einzuschränken«.[14] Im Agrarressort schließlich gibt es unterschiedliche Fraktionen. Deshalb war Minister Christian Schmidt, während er zugleich mit dem komplizierten neuen EU-Recht in Sachen Anbauverbot rang, vielleicht ganz froh, den Präzedenz-Raps von Cibus mal durchwinken zu können.

»Hinterzimmer-Verabredung!« – so verurteilte jedoch der zuständige Abgeordnete der grünen Bundestagsfraktion, Harald Ebner, die Entscheidung von Amt und Ministerium. Auch Nichtregierungsorganisationen, Naturschutzverbände, die Ökobauern von Demeter und einige kleinere Züchtungsunternehmen protestierten gegen den »Freifahrtschein« für das neue Verfahren. Weil die Raps-Pollen weit fliegen, befürchten die Unterzeichner eine unkontrollierte Ausbreitung der Herbizid-Resistenz bei konventionellen Artgenossen; und das, obwohl trotz aller Präzision des Eingriffs keineswegs im Detail verstanden sei, welche Wirkung die Cibus-Technik womöglich in der Pflanze entfalte. Außerdem fehlten die entsprechenden Zulassungsprüfungen und längerfristigen Tests. Christoph Then von Testbiotech, der die Gentechnikpolitik weltweit seit Jahrzehnten beobachtet, beruft sich mit seiner Skepsis zum Beispiel auf eine Untersuchung des Instituts für Biosicherheit im norwegischen Tromsø. Ihr zufolge sind bei einigen ODM-Verfahren bereits unbeabsichtigte Effekte aufgetaucht. Auch eine Studie des österreichischen Umweltministeriums weist auf Indizien für Nebenwirkungen hin.

Vor allem aber warnten die Kritiker der BVL-Entscheidung vor einer Aushöhlung des europäischen Gentechnik-Rechts. Denn die entsprechende Richtlinie definiert unter anderem solche Verfahren als Gentechnik, »bei denen in einen Organismus direkt Erbgut eingeführt wird, das außerhalb des Organismus zubereitet wurde«. Lese sich der Satz nicht wie eine präzise Beschreibung der RTDS-Technik? Der EU-Umweltrechtler Ludwig Krämer gibt ihnen da Recht. Auch ein Gutachten des Bonner Juristen Tade Matthias Spranger im Auftrag des Bundesamtes für Naturschutz sieht rechtssystematische und inhaltliche Gründe dafür, dass die neuen Technologien zulassungspflichtig nach dem Gentechnikrecht seien. Langfristige Folgen seien – im Gegensatz zur natürlichen Mutagenese – unbekannt, daher müsse das Vorsorgeprinzip gelten.

Eilig reichten also mehrere Umweltverbände gegen die Zulassung von Cibus eine Klage ein, um die Aussaat des herbizidresistenten Winterrapses ohne Kennzeichnungspflicht oder Abstandsregeln noch im August 2015 zu verhindern.[15] Unverhofft kam ihnen dann eine Entscheidung an ganz anderer Stelle zu Hilfe. Die EU-Kommission pfiff den deutschen Landwirtschaftsminister zurück. Das BVL war nämlich mit seiner Entscheidung vorgeprescht, obgleich in Brüssel gerade an einer einheitlichen europäischen Regelung für die neuen Züchtungsverfahren gearbeitet wurde. Deshalb baten die EU-Regulatoren alle Mitgliedsstaaten, die Freilassung von Pflanzen, die mit Hilfe von Oligonukleotiden hergestellt wurden, so lange aufzuschieben, bis die entsprechende EU-Stellungnahme ganz abgeschlossen sei. Der Zeitpunkt dafür stand bei Redaktionsschluss dieses Buches noch nicht fest.

Wie die Entscheidung ausfällt, ist für die Pflanzenzüchter von höchster Bedeutung und auch für viele Vertreter der Bioökonomie. Beide wollen ja Pflanzen gegen Schädlinge und die Folgen des Klimawandels wappnen oder für energetische und stoffliche Zwecke zuschneiden. Lässt die Kommission Cibus zu, dann bedeutet das für die Saatgutkonzerne eine riesige Ausweitung ihrer Anwendungsoptionen und damit wirtschaftliche Vorteile. Doch auch die Auseinandersetzung um GVO in Europa könnte damit neu entfacht werden.

»Gentechnik Reloaded«[16], wie die taz spottete: Der Streit darum rumort auch schon auf der anderen Seite des Atlantiks. Im Sommer 2015 kündigte Washington überraschend an, die Zulassungsbestimmungen des Gentechnik-Rechts neu aufzurollen. Damit greife die Regierung in ein Hornissennest, staunte der Agrarjournalist Nathanael Johnson; »verständlich, dass das seit 30 Jahren keiner mehr anfassen wollte«.[17] Welche Richtung wird sie einschlagen: stärkere Auflagen verfügen, wie es Skeptiker aus der amerikanischen Umweltbehörde wollen? Oder wird Washington eher der Argumentation der Konzerne folgen, die behaupten: Unsere neuen Methoden sind viel präziser und im Produkt oft gar nicht mehr nachweisbar? Ein Indiz könnte die Ankündigung des Weißen Hauses sein, die Überarbeitung solle »unnötige Schranken für Zukunftsinnovation und Wettbewerb« verhindern.[18] Also: Freie Fahrt für die Biomasse nach Maß? Noch sind die Würfel nicht gefallen.

Vorsorge oder Wirtschaftsfreiheit?

Der Kern des Konfliktes liegt natürlich in den immer wieder widersprüchlichen Forschungsergebnissen zu allen möglichen Sicherheitsaspekten der GVO und ihrer oft diametral entgegengesetzten Bewertung – jeweils von Wissenschaftlern. Deren Prämissen, Methoden und Verflechtungen zu beurteilen, ist für die breite Öffentlichkeit oft schwer. Die Konzerne mögen noch so sehr auf einem Konsens über »sound science« bestehen, also »korrekter Wissenschaft«, und damit Gegenpositionen immer wieder als unseriös diskreditieren: An der Tatsache, dass es in der Wissenschaft stets unterschiedliche Methoden, Perspektiven und Meinungen gibt, ändert das nichts. Deshalb geht es letztlich um Information, Glaubwürdigkeit und Vertrauen – und um transparente politische Entscheidungen über den Umgang mit Werten, Unsicherheiten und technologischen Risiken. Darüber müssen demokratische Mehrheiten entscheiden – und dabei kommen einzelne Gesellschaften zu verschiedenen Ergebnissen. Deutlich wird das an den Rechts-»Philosophien« der USA und Europas, die auch beim umstrittenen Handelsabkommen TTIP eine Rolle spielen: Während diesseits des Atlantiks die Verfahren der Pflanzenzucht geprüft werden und die Zulassungsbehörden nach dem Vorsorgeprinzip im Zweifelsfall Risiken eher zu meiden haben, schauen sich die Verantwortlichen in Nordamerika die konkreten GVO-Produkte an und müssen deren Schädlichkeit wissenschaftlich nachweisen, ehe sie ein Veto einlegen dürfen. Dort werden die Wirtschafts- und Wissenschaftsfreiheit höher gewichtet. Entsprechend wurden viele GVO erst einmal zugelassen. Auch die SynBio-Leuchtpflanze des Glowing Plant-Projekts bekam vorerst den Passierschein.

Allerdings herrscht auch in den USA kein rundum permissives »anything goes«. Das zeigt das Beispiel des gentechnisch veränderten Lachses, der jüngst als Lebensmittel zugelassen wurde. Die Firma Aqua Bounty hatte den Fisch mit einem Gen für ein Wachstumshormon verändert sowie mit einem anderen, das ihn kälteres Wasser aushalten und daher auch im Winter aktiv bleiben lässt. Dass der Lachs in halb so kurzer Zeit sein Schlachtgewicht erreicht, wird als nachhaltig vermarktet, weil die Aufzucht weniger Ressourcen verbrauche (wobei sich noch zeigen wird, ob es nicht nach klassischer kapitalistischer Rebound-Logik eher zu einer Verdoppelung des Angebots führt). Zugelassen wurde jedenfalls der Fisch als Lebensmittel – aber nicht seine Aufzucht. Die muss aus ökologischen Gründen in dicht abgeschlossenen Tanks ohne Zugang zum Meer erfolgen, damit sich der GV-Lachs nicht mit seinen Wildgenossen zusammentut. Solche zertifizierten Anlagen gebe es nicht in den USA, sondern einstweilen nur vereinzelt in Kanada und Panama, urteilte die zuständige Food and Drug Administration (FDA). Eine etwas bigotte Form der internationalen Arbeitsteilung.

Gentechnik-Befürworter werfen ihren Kritikern meist vor, sie urteilten irrational angstgetrieben. Doch damit lenken sie von einer zentralen Argumentationslinie des öffentlichen Widerstands ab. Dieser richtet sich heute keineswegs mehr allein auf gesundheitliche Folgen der Genmanipulationen, die angesichts der Vielzahl der Umwelteinflüsse schwer kausal nachweisbar sind. Es geht vor allem um die Agrarsysteme, für die die weltweit am weitesten verbreiteten GVO passend gemacht werden sollen; also um den Zweck, dem die Verfahren dienen.

Bei der Gentechnik wie jetzt auch bei der Synthetischen Biologie zeigen Umfragen: Die Mehrheit ist äußerst kritisch, sie akzeptiert neue Technologien aber durchaus, wenn sie von einem Nutzen überzeugt werden kann, der die Risiken vertretbar erscheinen lässt. Deshalb ist die industrielle, also die »weiße« Biotechnologie mittlerweile weitgehend akzeptiert, und auch ihr vermehrter Einsatz in Fertigungsprozessen dürfte auf keine Aufregung stoßen, wenn Chancen einer ökologisch effizienteren Produktion in abgeschlossenen Systemen plausibel dargestellt werden können. Bei der grünen Gentechnologie aber bleiben die Leute skeptisch, schon weil es andere Möglichkeiten gibt, die gleichen Probleme zu lösen. Und einer der wichtigsten Gründe: Bis heute sind über 90 Prozent ihrer Produkte entweder resistent gegen den Einsatz von Unkraut- und Schädlingsbekämpfungsmitteln, oder sie wurden dazu befähigt, selbst eines zu produzieren, nämlich das Bakterium Bacillus thuringiensis, und zwar vorbeugend, auch ohne Schädlingsbefall. Die GVO sind also weiterhin an Agrargifte gekoppelt – und die lehnt die Bevölkerung ab. Auch bei Glyphosat im GVO-Maisfeld werden ja nicht die veränderten Gene verdächtigt, Krebs zu erzeugen, sondern das Gift. Das Problem sind also weniger die manipulierten DNA-Schnipsel als die Eigenschaften, auf die sie zielen. Diese sind bislang vor allem auf die ökonomischen Interessen der Züchter zugeschnitten, denn sie können am Paket aus Saatgut und Gift verdienen. Nicht zufällig folgt der Cibus-Raps dem gleichen Prinzip wie die bisherigen GVO. Seine technologisch beigebrachte Qualität ist wieder eine Resistenz gegen Herbizide.

Auch der zweite Kritikpunkt ist politisch: Vorbehalte gegenüber »Patente auf Leben« als einem der stärksten Antriebe hinter Gentechnik-Innovationen. Weil man GVO mit Patenten schützen lassen und von anderen Nutzern Lizenzgebühren erheben kann, bringen sie den Firmen zusätzlich einen »Technologie-Mehrwert« und höhere Preise für ihr Saatgut. Je nach Sorte treiben Lizenzen die Kosten um ein bis zwei Drittel nach oben – das ist eine Menge. Und es könnte sich bei Verfahren der Synthetischen Biologie noch verstärken. So verfügte der Oberste Gerichtshof der USA zwar, dass »Produkte der Natur« wie Gene nicht patentierbar seien. Aber DNA, die »künstlich«, also vom Menschen am Computer kreiert wurde, könne urheberrechtlich entsprechend geschützt werden. In den USA wird schon eine leidenschaftliche Debatte darüber geführt, ob »Biobricks« und andere Informationen für alle zugänglich sein sollten. Besonders die Garagenbastler wollen das Wissen »open source« geregelt sehen, damit sie ihrer Kreativität freien Lauf lassen können. In der Wirklichkeit aber geht es eher in Richtung eines möglichst weitreichenden Patentschutzes, der wie in der pharmazeutischen Industrie oder beim GVO-Saatgut andere von Erfindungen ausschließt oder sie zumindest an restriktive Lizenzverträge bindet. Die Biotechnology Industry Organisation in den USA jedenfalls deklamiert auf ihrer Website unmissverständlich:»Gesellschaften, die ihre Erfindungen durch Patente schützen, sind wissenschaftlich und technologisch führend in der Welt.« Auch deshalb befürchten die Kritiker, ob in der Saatgutindustrie, bei veränderten Tieren, Mikroben oder Enzymen, dass die Genmanipulation eine ganz andere Dynamik in Zukunft noch verstärkt: zu viel Macht in zu wenigen Händen.

»Große grüne Konvergenz«:
Formiert die Bioökonomie neue Wirtschaftsmacht?

Kaum eine Branche ist ähnlich bedeutsam wie jene, welche die Grundlagen unserer Nahrung gewährleisten soll, doch gerade in diesem sensiblen Bereich ist die Unternehmenskonzentration besonders weit fortgeschritten. Nur zehn Konzerne beherrschen drei Viertel des kommerziellen Marktes für Saatgut, angeführt von Monsanto, DuPont Pioneer und Syngenta. Ebenfalls zehn Global Player verkaufen 95 Prozent der Pestizide; dabei liegen Syngenta, Bayer CropScience und BASF an der Spitze. Allein die jeweils drei größten Unternehmen eroberten rund die Hälfte des globalen Marktes.[19] Diese wirtschaftlich erfolgreichsten Unternehmen kauften über 300 Firmen oder sicherten sich Einfluss durch Beteiligungen. Zudem sind sie untereinander über Lizenzverträge und Technologie-Kooperationen verbandelt. In Europa ist die Vielfalt der mittelständischen Züchter dank eines komplexeren Sortenschutzrechtes zwar noch breiter aufgefächert. Doch es ist weder erstaunlich noch ein Geheimnis, dass die Wirtschaftsmacht der Großen in vielen Weltregionen und auch in Brüssel erheblichen Einfluss auf Agrarpolitik und Ernährungsweisen ermöglicht.

Die Konzerne finanzieren überdies den bei weitem größten Anteil der Agrarforschung, vor allem bei Züchtung und Agrarchemie.[20] Er beträgt ein Mehrfaches der Mittel, die beispielsweise den internationalen staatlichen Züchtungsinstituten für die großen globalen Fragen zur Verfügung stehen; jenem System der CGIAR (Consultative Group on International Agricultural Research), die sich weltweit um die wichtigsten Nahrungspflanzen Mais, Weizen, Reis und Kartoffeln kümmert, aber auch um Forstsysteme, Wüstenbildung, lokale Anbauweisen, also die Fragen, die Millionen Armer betreffen. 8000 Wissenschaftler versammeln in diesen Instituten einen einzigartig und vernetzten Pool von Kenntnissen und Erfahrungen. Doch die Gelder sind knapp, und die Antwort darauf lautet: noch mehr Einfluss für die Privaten. Denn immer enger arbeiten auch die CGIAR mit den transnationalen Unternehmen zusammen; ebenso wie Regierungsinstitutionen und nationale

Hochschulen von Mexiko über Kenia bis Indien. Nicht nur der US-Forscher Irwin Goldman bemängelt, dass sich das Ungleichgewicht zwischen starken privaten und schwachen staatlichen Pflanzenzüchtern immer deutlicher ausgeprägt habe, mit einer überdies ungleichen Arbeitsteilung:»Die öffentlichen Programme kümmern sich um die Sachen, die der Privatsektor nicht macht – Dinge, die lange dauern oder höhere Risiken mit sich bringen.«[21]

Strategische Kooperationen und Joint Ventures verbinden die Herren über das Saatgut außerdem mit den großen globalen Agrarhändlern.»ABCD« werden ADM, Bunge, Cargill und Dreyfus genannt; sie vereinen drei Viertel des existenziell bedeutsamen Geschäftes auf sich. Monsanto hat gemeinsame Unternehmungen mit Cargill, und Bunge mit DuPont. In manchen Regionen gibt es nur noch einen Aufkäufer, entsprechend kann er Nachfrage und Preise bestimmen. Die Macht solcher Oligopole zeigt sich besonders in den Weiten des amerikanischen Getreidegürtels. Dort ließen sich die Schädlinge und Unkräuter oft einfacher und umweltfreundlicher als mit Agrarchemikalien abwehren, wenn es mehr Abwechslung bei den Fruchtfolgen gäbe; wenn nicht mehr nur Mais und Soja auf den Feldern stünden, sondern wieder wie traditionell auch mehr Roggen, Alfalfa oder Gräser. Doch fragt man Farmer zum Beispiel im winzigen Ort Garden City in Iowa, warum sie nicht eine größere Vielfalt der Kulturen anbauen, dann zucken sie mit den Achseln: Wo soll ich die verkaufen? Sie steckten in der Marktfalle einer Infrastruktur, sagen diese Landwirte, die ihnen als Abnehmer ihrer Produkte derzeit nur die Alternative zwischen Mais- oder Sojasilos und Ethanolfabriken bieten, die ebenfalls Mais brauchen. Einige haben sich seit zwei Jahren, unterstützt vom Bundesstaat Iowa, zusammengetan, um Lösungen für die Umweltfolgen ihrer Agrarsystems zu finden. Und sie sind alles andere als klassische Ökos, sondern Vorzeigefarmer, die Pioneer und die Biotechnologielobby bei einer Informationsreise für Journalisten präsentierten.

Warum ist Größe ein Problem? Vielleicht muss es nicht so sein, aber bislang ging sie auch in anderen Zusammenhängen stets mit Verarmung einher. Nur noch 94 Pflanzen von potenziell Zigtausenden liefern heute weltweit über 90 Prozent der Kalorien.[22] Als zum Beispiel Monsanto beim – auch schon weltweit größten – holländischen Gemüsezüchter Seminis eingestiegen war, kürzten seine Manager nach eigenen Aussagen die Palette der beforschten Gemüse von 66 auf 23 herunter, damit sich die Investitionen in Forschung und Entwicklung besser amortisieren.

Too big to fail: Das Beispiel Monsantos zeigt aber auch, wie ein zu mächtig gewordenes Unternehmen nicht nur Landwirte und Wissenschaftler in Abhängigkeit treiben kann, sondern letztlich auch sich selbst. Betriebswirtschaftlich scheinbar hocheffizient, hat der US-Konzern einen allzu großen Anteil seiner Forschungs- und Verkaufsanstrengungen über Jahre auf die Technologie-Ansätze der beiden gängigen GVO-Pflanzen fokussiert. Reich wurde Monsanto unter anderem mit dem Verkauf von Lizenzen für Varianten dieser genetischen Eigenschaften. Die Sparte für Agrochemikalien wurde jenseits des Paradeproduktes »Roundup Ready« heruntergefahren. Lange war diese Strategie überaus erfolgreich. Doch nach Jahren der Expansion zeigt sich jetzt mit dem ökologischen auch das wirtschaftliche Risiko, wenn man zu viel auf eine Karte setzt. Denn um den »Superweeds« zu trotzen, die gegen Glyphosat resistent geworden sind, brauchen die Bauern wieder andere Unkrautvernichtungsmittel – und die kann Monsanto ihnen kaum mehr bieten. Noch enger würde es bei einem Glyphosatverbot oder auch nur einer erheblich eingeschränkten Anwendung. Dann würde mit einem großen Teil des auf Resistenz gezüchteten GVO-Saatguts ein weiteres Tortenstück vom Marktanteil wegbrechen. Dieser drohende Engpass ist ein Grund dafür, dass Monsanto 2014 mit einem Kaufangebot von 45 Milliarden Dollar so beharrlich um seinen zweitgrößten Konkurrenten Syngenta warb. Denn die anderen Saatgutkonzerne haben auch andere Unkrautbekämpfungsmittel weiterentwickelt und können jetzt umso besser daran verdienen. Letztlich scheiterte der Versuch der Nummer eins, die Nummer drei zu kaufen, an kartellrechtlichen Bedenken und daran, dass die Schweizer fanden, sie seien noch mehr wert. Auch um seine zum Risiko gewordene Konzentration aufs GVO-Geschäft zu verringern, forscht Monsanto jetzt an »Wissenspaketen« oder

»integrierten Lösungen«. Andere Konzerne wie Syngenta tun das schon länger. Sie wissen: Die steigenden Anforderungen an die Nachhaltigkeit und Klimaverträglichkeit des Anbaus werden langfristig ihr Geschäft mit der Agrarchemie schrumpfen lassen. Mit neuen Geschäftsfeldern wollen sie ihre Wirtschaftsmacht nicht nur erhalten, sondern mit dem Einstieg in ganz neue Branchen möglichst noch ausweiten.

So hat Monsanto nicht nur die Climate Corporation gekauft und mit dem dänischen Enzymhersteller Novozymes die »BioAg Alliance« besiegelt, um Wetterdaten liefern und neue biobasierte Strategien entwickeln zu können. Darüber hinaus erwarb der Konzern auch die kalifornischen Labore und die Mikrobensammlung der Firma für biologische Hilfssubstanzen Agradis. Syngenta kooperiert ebenfalls mit Novozymes und erwarb im Herbst 2012 außerdem das US-Unternehmen Pasteuria Bioscience. DuPont kaufte, wie schon erwähnt, Danisco, den Hersteller von Enzymen und Nahrungsmitteln. Und auch die anderen bandeln an: Bayer CropScience leistete sich für 340 Millionen Euro die Biopflanzenschutzunternehmen AgraQuest und Prophyta. BASF legte sich Becker Underwood zu, einen Spezialisten, der Saatgut mit Chemikalien oder biologischen Wirkstoffen beizt. Der Multi aus Ludwigshafen sprach überdies Partnerschaften mit Iteris ClearAg ab, einem Analysten für Wetterdaten, und mit dem Landmaschinen-Riesen John Deere. Er steht an der Spitze einer Branche, deren drei erfolgreichste Hersteller beinahe vier Fünftel des rund 65 Milliarden Dollar schweren globalen Marktes für Traktoren, Grubber und Mähdrescher beherrschen.[23]

Auch diese neue, machtvolle Technologie-Phalanx kann problematische Folgen für die Landwirte haben. Die Landmaschinen mit ihren Hightech-Informationssystemen erfordern zumindest bislang hohe Investitionen, und die meisten Angebote lohnen sich in erster Linie für Großbauern. Zudem ist einer der Vorteile des digitalen Managements erneut, dass damit Arbeit und Zeit eingespart werden. So befürchten Kritiker, dass die Entwicklung weitere Landwirte zum Aufgeben zwingen könnte. Wird sich das »Mehr mit weniger« der Bioökonomie am

Ende auch auf die Bauern selbst beziehen? Diese befürchten überdies, dass die neue Technik ihr Erfahrungswissen entwerten, es in normierte Programme zwängen oder missbrauchen könnte. Wie sicher sind ihre Informationen, wenn sich Monsanto oder Syngenta als Daten-Assistenten anbieten? Wer sonst hat dann Zugang: Versicherungsgesellschaften, Spekulanten? Stauben die Anbieter womöglich die Ideen ihrer findigen Kunden ab – und bieten sie ihnen dann gegen Bezahlung wieder an? Selbst das konservative American Farm Bureau, das dem Agrobusiness sonst nahe steht, warnte vor einer »schönen Neuen Welt«[24], wenn einige wenige Konzerne immer tiefere Einblicke in die Praktiken des einzelnen Farmers erlangten. In den USA wurde zwar ein branchenweites Datenschutzabkommen mit den Bauernverbänden ausgehandelt. Dennoch könnte in den Augen vieler Kritiker Big Brother übernehmen: »Wenn ein einziger Konzern das Saatgut verkauft, die Verbreitung von Schädlingen beurteilt und die Pestizide dafür ebenfalls anbietet«, heißt es in einer Publikation der ETC Group; »wenn er zugleich die lokalen Bodenbedingungen kennt und den Dünger dafür aufteilt, das Wetter bei der Ernte vorhersagt und die Versicherung dafür verkauft, dann verliert das Konzept sektoraler und kartellrechtlicher Beschränkungen jede Bedeutung.«[25]

»Große Grüne Konvergenz«, so nannte die ETC Group jenseits dieser Verschmelzung auch den Einfluss neuer »Biomasster« wie der Mineralöl-, Chemie- oder Autoindustrie auf Landwirtschaft und Natur. Deren Kooperationen, um Biosprit zu optimieren, zeigen sich an den Firmenwolken, die das kalifornische Joint BioEnergy Institute umfliegen. Zu seinen Förderern gehören DuPont, Monsanto, Novozymes, Ceres, BP, Total, Statoil, General Motors und Boeing. Die Passion dieser Liaison ist zwar angesichts des gesunkenen Erdölpreises derzeit abgeebbt. Doch wenn das Erdöl doch mal wieder teurer werden sollte, sei es als Folge schärferer Klimaschutzmaßnahmen oder politischer Krisen (man denke an die Diskussion über einen Boykott des saudiarabischen Öls), dann könnten die Freundschaften auch schnell wieder aufleben. Einstweilen entwickeln und vermarkten Monsanto, BP oder Evonik eben gemeinsam Schmierstoffe.

Es stimmt zwar: in Deutschland und auch in der EU-Kommission hören Politiker bei der Bioökonomie nicht mehr allein auf die großen Konzerne. Zu klar wurde offensichtlich, dass die Kreativität eher von kleineren Unternehmen ausgeht als von den großen Tankern in ihren eingefahrenen Fahrrinnen. Auch weil die europäischen Strategen jetzt eher auf regionale Projekte setzen und die Nutzung von Abfall- und Reststoffen erforschen lassen wollen, wird die Bioökonomie heute gern als Feld mit besonderen Chancen für den Mittelstand beworben. Und deshalb hat das Wort von Vertretern kleinerer Firmen in strategischen Gremien wie dem deutschen Bioökonomierat ein höheres Gewicht bekommen.»Bei uns sind nicht die Großen diejenigen, welchen«, versichert auch Dirk Carrez, Geschäftsführer der öffentlich-privaten europäischen Innovations-Partnerschaft Bio-Based Industries Consortium (BIC). Die Fördergelder kämen den kleineren Biotechnologie-Projekten und -firmen zugute; die großen profitierten als Kooperationspartner »nur«, indem sie ihr Risiko bei technologischen Innovationen verringern könnten. Doch in der realen Welt hängen auch kleine und mittlere Unternehmen wie zum Beispiel Helmut Zinkes BRAIN weiterhin von den globalen Spielern als ihren Forschungspartnern und Kunden ab und bilden mit ihnen neue Einflusszentren. Und darunter sind nicht die Kleinsten: BASF, die Spezialchemie-Unternehmen Clariant und Evonik, Südzucker, dazu Firmen aus der Pharma- und Kosmetikindustrie oder der Ernährungswirtschaft wie Symrise oder DSM.

»Healthy Ageing«: Technologie statt Sozialpolitik?

Machtvoll könnten zudem neue Fusionen zwischen Konzernen der Nahrungsmittel- und der Pharmabranche werden.»Wo Ernährung zur Therapie wird«: Diesen Doppelschlag will nicht nur die BRAIN AG verwirklichen. Auch Nestlé verheißt in einer »Zukunftsstudie«, wie Big Data und Big Biotech Lösungen für eine alternde Gesellschaft bieten könnten:»Der Erhalt unserer Gesundheit wird teurer. Wir versuchen, dem mithilfe einer präventiven Ernährung zu begegnen.«[26] So hat der

Schweizer Lebensmittelriese vor einigen Jahren das amerikanische Pharmaunternehmen Prometheus Laboratories in San Diego gekauft. Es ist auf Diagnoseverfahren und Medikamente für Erkrankungen des Magen-Darm-Traktes spezialisiert und gehört nun zu Nestlés noch jungem »Institute of Health Sciences«. Gemeinsam wollen Pharmaforscher und Lebensmitteltechnologen die Konsumenten mit medizinischem Zusatzeffekt füttern. Solches »Functional Food« könne den Umgang mit chronischen Erkrankungen unterstützen und ihnen sogar vorbeugen, behaupten die Forscher und Manager von Nestlé. Erst recht, wenn im Jahr 2030 das menschliche Gen entschlüsselt sein werde, sollten »Gene, Diäten und Lebensstil« noch zielgenauer auf den Einzelnen zugeschnitten werden. Dann könne »jeder analysieren lassen und erfahren, wie hoch das persönliche Risiko für Erkrankungen ist«, heißt es in der Zukunftsstudie. Darin erscheint die Zukunft als Gesundheitsparadies, denn es gibt für jeden »personalisierte Produkte und individuelle Services, gefördert durch weitere technische Vernetzung. Gesundheitsarmbänder und Ernährungs-Apps, Rezeptvorschläge und Tipps werden überall üblich sein.«[27] Dank der immer dichteren Datenvernetzung könnten zukünftig selbst Restaurants »im Vorfeld ein Gesundheitsprofil eines Gastes erhalten und ein personalisiertes Menü zubereiten«. So kommt man auch dem Trend zur »Selbstoptimierung« entgegen, den der Lebensmittelkonzern ausgemacht hat. Angeblich arbeiten die Forscher schon an einem 3-D-Drucker, der wie eine Kreuzung aus Mikrowelle und Nespresso-Maschine aus diversen Kapseln eine individuell perfektionierte Mischung an Inhaltsstoffen in die ganz persönliche Menü-Komposition mixt. »Healthy Ageing«: Der Slogan steht für den dazugehörigen Überbau. Eine »biofortifizierte« Ernährung zum Beispiel werde die Schrecken schwindender Gedächtnisleistungen abmildern oder dabei helfen, schlaff werdende Muskeln neu aufzubauen, so verheißen ihre Förderer in der Industrie. Bei Evonik, wo man ebenfalls auf »Health and Nutrition« einschließlich verjüngender Kosmetikprodukte setzt, liest sich das so: »Ein altes Sprichwort sagt: ›Man ist so alt, wie man sich fühlt.‹ Heute scheint zusätzlich zu gelten: ›Man ist so alt, wie man aussieht …‹«[28]

Bei der Ludwigshafener BASF verschmelzen Teile der Pharma- und Ernährungssparten in ähnlicher Weise zur »Nutrition Health«, kurz: »Newtrition«. Ein mit Omega-3-Säuren, Beta-Carotin und Vitaminen angereicherter, tropischer »FOGO-Drink« zum Beispiel (gegen die »Fear of Getting Old«) soll älteren Damen und Herren auf dem amerikanischen Markt schmecken, die »ihre Lebensqualität, äußere Erscheinung und Mobilität aufrechterhalten wollen«. Oder ein »innovativer« Kaugummi entlässt herzstärkende Mittel ins System. Das alles kommt als vorausschauende Gesundheitsvorsorge daher. Doch wenn man in die Labore, Mixer, Extruder und Kochtöpfe hineinschaut, in denen jetzt Gerichte für die bioökonomische Speisekarte angerührt werden, dann kommt auch die Frage auf: Werden da nicht vor allem Produktwelten für den gesundheitshysterischen Kaufrausch angerichtet?

Die Autoren vom Gen-ethischen Informationsdienst (GID) haben noch brisantere Vorbehalte. Sie befürchten, dass sich in einer »personalisierten Ernährung« auf orwellsch-sanfte Weise »der Imperativ des Konsums mit dem Imperativ der Prävention verbinden« könnte. Sie sei eine typische Techno-Lösung, wo eigentlich eine kulturelle und politische Auseinandersetzung mit Landwirtschaft und Lebensmitteln, Körperbewusstsein und gesundheitspolitischen Reformen gefragt sei. Ähnlich sieht der Bioökonomie-Kritiker Franz-Theo Gottwald hinter den personalisierten Menüs bedenkliche Möglichkeiten, Ernährungsvorschriften, funktionale Lebensmittel und Big Data miteinander zu verknüpfen. Das könne spätestens dann zu einer Bedrohung werden, wenn sich die Krankenkasse einschalte, warnt er: »Denn dann werden womöglich Gesundheitsleistungen nicht mehr bezahlt, wenn man sich an seine Diät nicht hält.« Der Theologe, Verbraucherschützer und Ökolandwirt von der Schweisfurth Stiftung sagt: »Auf die ethischen Fragen, die solche Kontrollsysteme hervorrufen, sind wir überhaupt nicht vorbereitet.« Außerdem erkennt Gottwald das alte Muster wieder, mit Techno-Food »selbst verschuldete Mängel beheben zu wollen, ohne dass unbequeme Veränderungen der eigenen Handlungsweisen erforderlich sind«.

Healthy ageing, healthy hedonism: Auch dem grünen Agrar- und

Energieexperten Alexander Müller kommt es eher so vor, als wolle die Industrie »ganz banal neue Bedürfnisse wecken, statt die Ursachen anzugehen, die vielen Gesundheitsproblemen zugrunde liegen«. Den früheren Vize der Welternährungsorganisation FAO reißen solche Verheißungen der Bioökonomie kaum vom Hocker. Schon seit Jahrzehnten trügen die »Life Sciences« tolle »Functional Food«-Versprechungen vor sicher her, sagt Müller, ohne dass das Land gesünder geworden wäre. Die optimierten Nahrungsmittel seien doch nur »eine neue Wellness-Volte für gründlich überversorgte Wohlstandsgesellschaften«. Aber auch in den »noch unterversorgten Ländern des globalen Südens« breiteten sie sich zunehmend aus. Müller findet es besonders problematisch, wenn in den riesigen Shopping-Malls afrikanischer oder asiatischer Megacitys Vorbeugung gegen Diabetes Typ 2 oder Übergewicht versprochen wird: »Das stabilisiert die falschen Ernährungsweisen des Nordens und erweckt den Eindruck, ungesunde Nahrung sei doch gesund.«

Die Algenzüchter bei Solazyme in den USA erklären ja sogar ausdrücklich, dass sie Fitness ohne Abstriche beim Genuss ermöglichen wollen. »Um die Ernährung gesünder zu machen, kann man entweder abstinent leben«, sagt der Lebensmittelexperte des Unternehmens, Mark Brooks, im Kochlabor in San Francisco, »oder man kann bessere Zutaten verwenden« – und dazu zählen die Kalifornier ihr Ölprodukt. Eiweißreich und fettarm werde es die unterschiedlichsten Leckereien gesünder umgestalten, behaupten sie. Im Test ist zum Beispiel Schokoladeneis: Dank des Algenzusatzes könnten es die Nahrungsmittelkonzerne statt mit 20-prozentiger Milch aus Magermilch herstellen, und dann sei es »fast so fettarm wie Sorbet, aber genauso cremig; also gesünder ohne Kompromisse beim Schlemmen«, versichern die Algenisten. Mit dem Ergebnis, strahlt Brooks: »Man kann zwanzig Prozent mehr davon essen!«

Gewiss, die große bioindustrielle Erneuerungsbewegung in der Ernährung ist auch auf sinnvolle Möglichkeiten gerichtet, die klimaschädliche Produktion von Futtermitteln und Fleisch zu ersetzen und auch sonst Ressourcen einzusparen. Vielschichtig gedacht ist zum Beispiel, vom BMBF gefördert, Eiscreme aus zartlila Lupinen. Die Hülsenfrucht als pflanzlicher Milchersatz ist nicht nur was für Veganer oder Leute, die keine Milch vertragen. Sie sammelt auch Stickstoff und bringt damit in der Fruchtfolge Fruchtbarkeit in den Boden. Weil die Lupine viele Proteine enthält, könnte sie auch Sojaimporte als Viehfutter ersetzen – oder eben tierisches Eiweiß bei Lebensmitteln. So spart sie Flächen für Anbau und Weiden und damit CO_2. Diese Eiscreme ist also ein multifunktionales Idealprodukt der Bioökonomie. Den Entwicklern des Fraunhofer-Institutes IVV in Freising und der norddeutschen Prolupin GmbH überreichte der Bundespräsident dafür den Deutschen Zukunftspreis. Ein anderes Beispiel: Wenn wie in Oregon Rotalgen so umgezüchtet werden, dass sie nach gebratenem Speck schmecken, dann kaufen Amerikaner womöglich tatsächlich weniger klimaschädlich hergestelltes Schweinefleisch. Auch Bill Gates war mal wieder Pionier: Selbst bekennender »Burger Guy« beim Hamburger-Drive-in »Dick's« in Seattle, investiert der Software-Milliardär in Firmen, die Struktur und Geschmack von Würstchen und Steak aus pflanzlichen Rohstoffen möglichst präzise nachahmen (»The perfect fake is getting real«). Oder Südkorea wird gerade von einem biotechnologisch hergestellten Kunst-Ei aus Erbsen-Protein erobert.

Doch so groß wie das Ziel, den globalen Krisen etwas entgegenzusetzen, ist offenbar die Suche der Nahrungsmittelindustrie nach neuen Kicks, mit denen sie die Mittelschichten weltweit beglücken kann. Dabei nutzt ihren Strategen, dass immer mehr Menschen nicht mehr nur über Autos und Kleider, sondern auch über die Mahlzeiten ihre Identität konstruieren. Wenn heute sechs Studentinnen zusammen zu Abend essen, dann stehen oft sechs verschiedene Gerichte auf dem Tisch. Oder haben umgekehrt Werbung und Design-Produkte den Trend zum Ego- und Bekenner-Essen erst in Schwung gebracht? All die veganen Anti-Ageing-Säfte, vitaminangereicherten Proteinkekse und darmpflegenden Hirntrainings-Müslis versprechen den Unternehmen jedenfalls höhere Margen, als wenn sie einfach nur Säfte, Kekse oder Müsli verkaufen würden. Das also verbirgt sich hinter dem Mantra von der bioökonomischen Wertschöpfung.

Alles gebacken?

Das wohl erfolgreichste Vorbild dafür, wie man mehr aus den Agrarrohstoffen herausholt, ist die jüngste Industrialisierungswelle des Brotmarktes. Schon lange ist Weizen eine der drei globalisierten Standardpflanzen, und die westlichen Baguettes und Burger sind in großen und kleinen Städten vom Senegal bis zu den Philippinen ein Zeichen, dass man bei der globalen Kultur dazugehört. Seit ein paar Jahren nun löst der immer raffiniertere Umgang mit gentechnisch hergestellten Enzymen eine weitere, regelrechte Backrevolution aus: die totale Allgegenwart einer wachsenden Vielfalt von Semmeln und Snacks, Pizzen und Kuchen. Sie wäre ohne Biotechnologie nicht möglich geworden. Denn nur weil Novozymes, SternEnzym und andere Firmen mit Hilfe neu entdeckter oder manipulierter Pilze, Bakterien und Hefen immer neue Enzyme hervorbringen, die den Teig schneller aufgehen lassen, haltbarer, klebfester, dehnbarer und vor allem besser gefrierfähig machen, dabei vereinheitlichen und stabilisieren, kriegt man heute zu jeder Zeit in jeder Tankstelle, jedem Zeitungskiosk und jedem Supermarkt die gleichen »frischen«, doch in Wahrheit aufgetauten und aufgebackenen Brötchen und Kuchen. Nur deshalb können Eiweiß-, Jogging-, Weltmeister-, Soja-, Soda- oder Omega-3-Brote industriell maßgeschneidert werden. All die Unterwegs-Snacks, deren verführerische Omnipräsenz vermutlich ihren Teil zur Ausbreitung von Übergewicht und Diabetes beiträgt, ob auf dem Bahnhof in Hamburg oder im Zentrum von Kuala Lumpur.

Die Verfahren begünstigen überdies den ohnehin voranschreitenden Konzentrationsprozess in der Backbranche – auf Kosten kleinerer Betriebe. Denn sie verbilligen die Produktion, und bei der Vielzahl aufwändiger Produkte können die kleinen Anbieter nicht mithalten. In Deutschland war die Zahl von 55 000 Betrieben vor 60 Jahren im Jahr 2011 auf noch rund 14 000 geschrumpft, und in fünf bis sieben Jahren werden schätzungsweise weitere 6000 Geschäfte verschwunden sein.[29] Die Handwerksbäcker ereilt ein ähnliches Schicksal wie die Bauernhöfe, von denen ihr Getreide stammt. Werden solche biotechnologiegetriebenen Herstellungsprozesse auch bei anderen Lebensmitteln zu Konzentrationsprozessen führen? Und die Backrevolution hat vermutlich noch weitere Nebeneffekte. Es gibt keine eindeutigen Belege dafür, aber doch Hinweise darauf, dass der hohe Konsum von Weizen, der oft schon auf hohe Kleberanteile gezüchtet wurde, zur Ausbreitung der Gluten-Unverträglichkeit beitragen könnte.[30] Diese zu bekämpfen, schafft ironischerweise wieder neue, höherpreisige »Newtrition«-Märkte; vor allem, wenn noch ein wenig Mode, Ernährungsideologie und Hype dazukommen. Glutenfreie Produkte füllen schon die Supermarktregale, auch das kann man als bioökonomische Wertschöpfung sehen. Hergestellt sind diese Brote, Nudeln und Knusperstangen dann aus Mais, Reis, Teff oder Quinoa, also jenen Getreiden, die der globale Weizen, den sie ersetzen sollen, in ihren Heimatregionen zugleich oft verdrängt. Auf lokalen Märkten in Bolivien und Peru hat der neue Gesundheitshunger der Reichen laut dem Schweizer *Tagesanzeiger* schon die Preise für Grundnahrungsmittel der Ärmsten nach oben getrieben.

Emsig suchen auch die Saatgutzüchter nach Wegen, wie sie über den Kern eines Agrarrohstoffes hinaus wie bei einer Zwiebel aus äußeren Schalen zusätzlich Wert schöpfen können. Dabei kennt die Phantasie keine Grenzen: Monsantos Melone *Sweet Peak* zum Beispiel verändert ihre Farbe und sagt auf diese Weise Bescheid, wenn man sie pflücken kann. Mini-Wassermelonen passen endlich in den Kühlschrank, Zwiebeln rühren Köche beim Schneiden nicht mehr zu Tränen. Andere Firmen stellen Gummibärchen ohne Gelatine mit doppeltem Eiweißgehalt her. Hat die Welt darauf gewartet?

Dass auch die Bioökonomie-Politik vor allem auf schöne neue Produkte aus sei, statt einen bewussteren und verantwortungsvollen Umgang mit Rohstoffen zu fördern, wirft Ursula Hudson, Vorsitzende der Organisation Slow Food Deutschland, dem Bundesministerium für Ernährung und Landwirtschaft vor. Das stellt Lehrern ein Unterrichtsmodul zur Verfügung: *Biobasierte Wirtschaft – Neue Produkte: Aus der Natur gemacht.* Es soll den Schülern nahebringen, dass die Bioökonomie »Herausforderungen wie Ernährungssicherheit, Klimaschutz und den Erhalt von biologischer Vielfalt« zu bewältigen helfe. Filmchen und Arbeitsblätter vermitteln »einen Einblick in die Welt der Herstellung von Konsumgütern aus nachwachsenden Rohstoffen«. Mit biobasierten Handyhüllen spielen die Pädagogen gezielt auf die Produktsehnsüchte der Schüler an – »statt diese Sehnsüchte auch mal in Frage zu stellen«, kritisiert die Slow Food-Expertin. Hudson findet aber vor allem, das Ministerium solle sein Lernziel besser mit Schulküchen- und gärten verfolgen, und mit Lehrplänen für Theorie und Praxis des Umgangs mit Nahrungsmitteln. Denn sonst wachse schon die nächste Generation Wegwerf-Kunden heran, die sich an gedankenlosen Convenience-Konsum gewöhnt hat.

Technologie statt sozialer Lösungen: Auch die Naturschutzorganisation Grüne Liga fragt skeptisch nach, ob die Bioökonomie »letztlich nur dazu gut ist, Industriestaaten weiterhin auf Wachstumskurs halten zu können«. Die Naturschützer haben den Eindruck, dass Bioökonomie »nicht die fossil basierte Wirtschaft ersetzt – sondern dass sie zu der fossil basierten Wirtschaft addiert wird«.[31] Die Politikwissenschaftlerin Petra Schaper-Rinkel sieht es ähnlich: »Nicht die Grenzen des Wachstums und der Wettbewerbslogik, nicht Verteilungs- und Machtfragen stehen auf der Agenda«, schreibt sie, »sondern die Bioökonomie, die eine weitere Wachstumssteigerung verspricht. Sie verheißt, dass der zu verteilende Kuchen so groß werden könnte, dass die Frage danach, wem die Bäckerei gehört und wer über die Produktion entscheidet, zu den Akten gelegt werden kann.«[32]

Biobasierte Nachhaltigkeitssimulationen

Wachstum statt Wandel: Diese Herangehensweise führt auch auf industriellen Feldern der Bioökonomie zu Widersprüchen. So werden beispielsweise die Kooperationen der SynBio-Unternehmen mit der Öl- und Gasindustrie als nachhaltig und klimaschonend vermarktet. Auch Solazyme in Kalifornien hat sich auf der Suche nach weiteren Anwendungsoptionen für sein Algenöl mit der Fracking-Fraktion zusammengetan – ausgerechnet. Von den Teersandabbaugebieten Kanadas über die amerikanischen Fracking-Regionen bis nach Saudiarabien sollen seine biobasierten Ölzusätze die Förderung von Erdöl und -gas aus tiefen Gesteinsschichten erleichtern – und die Algenproduktserie »Encapso« schaffe das schonender für die Umwelt als die »scheußlichen chemischen Zutaten«, sagt der Solazyme-Manager Tyler Painter in San Francisco. Diese Bio-Schmieröle, verpackt in winzigen Zellen aus Polysacchariden und Emulgatoren, würden nur bei Bedarf an genau der richtigen Stelle im tiefen Untergrundgestein freigesetzt, heißt es in futuristisch aufgemachten Broschüren. Biologisch abbaubar, erhöhten sie die Effizienz der riskanten Bohrungen.

Gemessen an der ursprünglichen Motivation, die Ölindustrie aus dem Feld zu konkurrieren, wirkt dieser Schwenk paradox. Ist es nicht ein grotesker Widerspruch, gerade den Öl- und Gasförderunternehmen mit einer Technologie unter die Arme zu greifen, die Erdöl doch eigentlich mal ersetzen sollte? »Natürlich ist es das«, antwortet Tyler Painter von Solazyme. »Wir haben auch sehr lange darüber diskutiert. Aber dann haben wir beschlossen: Wir werden Fracking sowieso nicht stoppen …« Der geopolitische Druck, die fossilen Quellen vor der eigenen Haustür zu nutzen, sei zu groß, meint Painter, es werde noch Jahrzehnte dauern, bis die gesamte Energieversorgung erneuerbar wird: »Und dann ist es doch besser, wir machen die Öl- und Gasförderung wenigstens ein bisschen sauberer und erhöhen die Umweltverträglichkeit.« Painter nennt das eine »Brückentechnologie«. Sie sei so lange stimmig, bis Sonne und Wind billiger würden als Gas und Öl.

Dabei verschweigen die Solazymes-Manager nicht, dass der Fracking-Sektor auch ihnen selbst eine Brücke gebaut hat, nämlich eine finanzielle, nachdem ihnen der niedrige Ölpreis und mäßige Erfolge beim Biosprit ähnlich wie Amyris zeitweise wirtschaftlich das Wasser bis zum Halse stehen ließ. Man kann es allerdings auch so sehen wie die ETC Group und bemängeln, dass die Biotech-Firmen der »alternden fossilen Ölindustrie eine Krücke« reichen. Ihre Kooperationen senkten den Druck, rascher auf erneuerbare Energien umzusteigen, und schrieben das klimaschädliche Wirken der Ölindustrie noch länger in die Zukunft fort. Eine ähnliche Kritik wird bei dem Versuch vorgebracht, mit CO_2 aus Kohle- und Gaskraftwerken nutzbringende Bakterien zu füttern und es so der Atmosphäre zu entziehen. Denn das spart zwar einen kleinen Teil der Emissionen ein. Wie das Schmieröl von Solazyme könnte aber auch diese Innovation das Tempo verlangsamen, mit dem fossile Anlagen durch erneuerbare ersetzt werden.

Es gibt auch in ganz anderen Bereichen Beispiele dafür, dass »biobasiert« zu kurz springen kann. Eines ist Coca-Cola als selbst ernannter Vorreiter für grünen Kunststoff. Einer der ältesten und größten globalen Konzerne, bekannt wie der liebe Gott, wirbt mit der pflanzenbasierten Flasche. Die ersten, industriepreisgekrönten »PlantBottles« werden schon verkauft, allerdings nur bei zwei aus einer mittlerweile breiten Palette von Getränken. Bei der Expo in Mailand präsentierte der Softdrink-Konzern auch eine Pilot-Version aus 100-Prozent-Bio-PET. Einstweilen sind allerdings nur rund 30 Prozent des Flaschenmaterials auf Stärkebasis hergestellt – der Rest ist aus konventionellem Erdöl. Und was die meisten Kunden nicht wissen: Dieses Produkt kann zwar recycelt werden, wie Coca-Cola wirbt – aber sehr energieintensiv. Außerdem müsse man auch bei der Nachhaltigkeit der nachwachsenden Rohstoffe ein großes Fragezeichen setzen, meint Thomas Fischer, Bereichsleiter für Kreislaufwirtschaft bei der Deutschen Umwelthilfe. Insbesondere Bio-PET werde mit Ethanol aus brasilianischem Zuckerrohr hergestellt, und das wachse zumeist unter dem Einsatz von Pestiziden, Herbiziden und Düngemitteln.

Der Gerechtigkeit halber muss man sagen: Der Konzern bemüht sich auch bei anderen Flaschen um alle möglichen Wiederverwertungs-Konzepte. Doch der Schlüssel zur Nachhaltigkeit im Fall der Getränkeindustrie seien nun mal Mehrwegsysteme, kritisiert der Umweltschützer Thomas Fischer, bei denen Flaschen möglichst häufig wieder befüllt werden – und genau diese umweltfreundliche Lösung werde von Coca-Cola torpediert. Bei einigen Produkten habe der Marktführer den Anteil an Mehrwegflaschen gesenkt, statt ihn schrittweise zu steigern. Durch die neue Einwegstrategie will Coca-Cola in der Logistik Kosten einsparen, um schwindende Gewinne nach oben zu treiben. Vor diesem Hintergrund erscheint das Bemühen um grünes Plastik eher als Schaufensterpräsentation fürs grüne Image.

Ähnlich ist es mit vielen Bioplastiktüten. »Augenwischerei!«, meint der Experte von der Deutschen Umwelthilfe. Zwar entstehen bei ihrer Produktion etwas weniger Klimagase, und es wird weniger Erdöl eingesetzt – das sind Vorteile. Aber beim Wasserverbrauch, der Bodenversauerung, dem Energieeinsatz und der Ökotoxizität, die beim Einsatz von Druckchemikalien und Weichmachern entstehen kann, seien solche Tüten meist auch nicht besser als die konventionellen. Außerdem ist keineswegs jede Biotüte biologisch abbaubar. Selbst »kompostierbar« kann ein Problem sein. Denn manche Materialien lösen sich im Vergleich zu anderen organischen Abfällen zu langsam auf, sodass kleine Plastikstückchen im Kompost verbleiben. Zudem sind biologisch abbaubare Tüten nicht von normalem Plastik unterscheidbar. Sie werden deshalb häufig aussortiert, gelangen gar nicht erst in die Rotte und landen am Ende doch als Sortierrest in der Abfallverbrennung. Weil sich viele kompostierbare Tüten nur unter industrietechnischen Bedingungen abbauen, verrotten sie in der Natur ähnlich langsam wie normale Plastiktüten. Man muss also schon sehr genau auf die Qualität jedes einzelnen Produktes schauen. Biologische Abbaubarkeit kann zwar zum Produktnutzen gehören, etwa bei Folien auf dem Acker, die den Boden schützen und an Ort und Stelle verrotten. »Aber gerade langlebige Kunststoffprodukte, zum Beispiel für die Autoindustrie, müssen nicht biologisch abbaubar sein«, urteilt Thomas Fischer. Allzu oft sei die Vorsilbe Bio »weniger eine wissenschaftliche Aussage als ein Marketinginstrument, um Folien, Einweggeschirr und andere Produkte pauschal als vorteilhaft darzustellen«. Und ganz klar: »6,1 Milliarden Plastiktüten durch genauso viele aus Bioplastik zu ersetzen – das löst nicht das Problem«, sagt Fischer. Besser sei allemal, eine Mehrwegtasche zum Einkaufen mitzunehmen. Ähnlich sieht es bei Produkten wie Bio-Espressokapseln aus. Wieso eigentlich überhaupt solche energieaufwändig erzeugten Plastikdinger? Kaffee einfach so zu brühen, spart im Vergleich eine Menge Material und Energie.

Eine »Nachhaltigkeitssimulation«, zumindest ein unzulänglicher Kompromiss: Darauf könnte es auch bei den anfangs beschriebenen Bio-Pestiziden und Bodenverbesserern von Monsanto, Bayer CropScience

& Co. hinauslaufen. Es beginnt schon damit, dass Biozide keineswegs immer harmlos sind. Gift bleibt Gift, und nicht jeder Biococktail stellt im Vergleich mit chemisch erzeugten Produkten eine Verbesserung dar. Außerdem sollten die biologischen Mittel – zumindest anfangs – die bisherigen meist nicht ersetzen, sondern ergänzen, als Teil jenes »integrierten Managements«, das mit chemischen Produkten kombiniert als Paketlösung verkauft wird. Die Anlageberater von Piper Jaffray jedenfalls freuen sich: So könnten die Konzerne die Zukunft ihrer alten Saatgutprodukte und Spritzmittel, die an Wirksamkeit verloren hätten, noch ein wenig verlängern. Insofern kann man es auch als Aufschubstrategie deuten, wenn sich Bioökonomen allein auf solche technischen Kompromisslösungen beschränken. Ähnlich beim Kunstdünger: Nur weniger davon einzusetzen und dafür mehr biologisches Substrat in jeder neuen Wachstumsperiode wieder aufs Feld zu kippen, ist noch etwas anderes, als den Humus des Bodens langfristig neu aufzubauen, im Wortsinne: von Grund auf.

Es stimmt: Schon seit Jahren haben Precision Farming und andere Methoden dazu beigetragen, dass Pestizide und Kunstdünger zielstrebiger und in kleineren Mengen eingesetzt werden. »Hellgrün« nennt der Vorstand der GLS-Treuhand Nikolai Fuchs solche Innovationen. Besser, immerhin, das schon – aber gut? Ein grundlegender Wandel würde noch mehr erfordern; »the road untaken«, den »unbegangenen Weg«, wie im eingangs zitierten Gedicht von Robert Frost. Oft werden nur einzelne Schlaglöcher auf der maroden Straße ausgebessert. Offenbar kommen selbst dem Wirtschaftsdienst *Bloomberg Businessweek* Zweifel, »ob die gleichen Unternehmen, die das Ernährungssystem von heute geschaffen haben, auch das von morgen schaffen können«.

Viele Strategien der Bioökonomen und vor allem ihrer Urbranche, der Ernährungswirtschaft, sind so konstruiert, dass sie die Strukturen nicht verändern. Das erinnert an die Rolle der Stromkonzerne in den Jahrzehnten der Energiewende. Erst als RWE, E.ON, Vattenfall oder EnBW durch den massiven öffentlichen Druck nach Fukushima dazu gezwungen wurden, stiegen sie ernsthaft in die Stromerzeugung mit Wind- und Sonnenkraft ein. Aber auch danach versuchten sie auf vielfältige Weise, das Tempo aus der Energiewende zu nehmen, um die erneuerbaren Energien auf ihre Geschäftsgrundlagen zuzuschneiden. Das heißt: Sie zogen zentrale Anlagen wie bei der Off-Shore-Windkraft und lange Leitungen einer dezentralen und bürgernahen Versorgung vor und behaupteten vermeintlich unersetzbare Funktionen von Gas und Kohle. Kurzum: Sie kämpften darum, Zeit zu gewinnen. Um es mit einem alten Werbespruch zu sagen: »Ich will so bleiben, wie ich bin«. Heute bestreiten auch die Agrar- und Lebensmittelkonzerne nicht mehr, dass sich etwas ändern muss. Aber auch sie versuchen, den Wandel ihren eigenen Strukturen anzupassen.

Ressourcenschonend oder ressourcenblind?

Die stärksten Vorbehalte gegenüber der Bioökonomie hegen nicht zufällig Experten, die häufig in den ärmeren Weltregionen unterwegs sind. Barbara Unmüßig zum Beispiel leitet gemeinsam mit Ralf Fücks die Heinrich-Böll-Stiftung und ist dort als Expertin für Umweltpolitik zuständig für die internationale Arbeit. Eine spannende Konstellation: Während Unmüßig gegenüber einem technikgläubigen »grünen Wachstum« große Skepsis hegt, hat ihr Vorstandskollege genau darüber ein begeistertes Buch geschrieben (*Intelligent wachsen*[33]). So spiegelt sich die grün-grüne Kontroverse produktiv an der Spitze der Stiftung, die Bündnis 90/Die Grünen nahesteht.

Auch die Unmüßig-Fraktion hat ein Buch geschrieben (*Kritik der grünen Ökonomie*[34]), und darin sieht sie das Projekt Bioökonomie in eine »ökologische Sackgasse« steuern. Sie sei »ein Glaubens- und Ausblendungsprogramm«, gezeichnet durch »Pseudo-Innovation, Reboundeffekte, grüne Irrwege«, so lautet das harte Urteil. Das zentrale Argument: Der Ausbau der Bioökonomie könne die Gefährdung und ungerechte Verteilung der natürlichen Ressourcen trotz der genau gegenteiligen Absicht sogar noch weiter zuspitzen. Mit Entwicklungsorganisationen wie Brot für die Welt bezweifelt Unmüßig die zentrale These der Bioökonomie: dass die Technologien des »Mehr mit Weniger« die Umwelt- und Knappheitskrisen überwinden werde. Die Natur stehe schon jetzt derart unter Stress, dass sie Entlastung brauche, Pflege und Regeneration statt zusätzlicher Ansprüche für Stoffe, Bioenergie und Chemie. Unmüßig befürchtet, dass sich alle Probleme der Übernutzung noch verstärken, wenn eine global von den Regierungen forcierte Bioökonomie nach Rohmaterialien schreit; nach »Feedstock«. Denn:

– Der Boden, die »Haut der Erde«, ist nicht nur für die Nahrung existenziell, sondern auch für das Klima. 4000 Milliarden Tonnen Kohlenstoff speichert sie weltweit; das ist mehr als Atmosphäre und Wälder zusammen schaffen. Doch diese Fruchtbarkeit wird in vielen Weltregionen durch Verhärtung, Versalzung und Erosion zerstört. 24 Milliarden Tonnen Boden verschwinden jedes Jahr als Folge der Urbanisierung, des Klimawandels und der landwirtschaftlichen Übernutzung.[35] Bei den Großfinanziers der ländlichen Entwicklung von der Weltbank bis zu den nationalen Regierungen dringt erst allmählich ins Bewusstsein, dass der »Dreck« vielerorts mit sehr viel Arbeit und Ausdauer neu aufgebaut werden muss. Denn dieser Prozess kann je nach Region jahrzehnte-, ja jahrhundertelang dauern. Vor diesem Hintergrund erscheint eine zusätzliche Beanspruchung durch die Bioökonomie als fatal.
– Hinzu kommt die globale Wasserkrise: »Whiskey ist zum Trinken da, Wasser zum Kämpfen«, schrieb Mark Twain lakonisch. In Kalifornien, in Südeuropa, aber auch in Brandenburg gibt es infolge des Klimawandels schon heute immer mehr Probleme mit Trockenheit und Dürren. Ausgeprägt sind diese Naturphänomene auch in den Ländern der südlichen Halbkugel, die dank ihrer tropischen Witterung für den Anbau der Biomasse besonders geeignet erscheinen. Selbst Brasilien, wo die tropisch grüne, feuchte »Lunge der Welt« atmet, hat immer mehr Wasserprobleme. Die Rodung und Umnutzung der Wälder zu landwirtschaftlichen Flächen und die daraus resultierende geringere Verdunstung in Amazonien führt mit hoher Wahrscheinlichkeit dazu, dass mittlerweile auch im Wassereinzugsgebiet von São Paulo die Regenfälle abnehmen. In vielen Ländern werden die Brunnen immer tie-

fer gebohrt. Die meisten Aquifere sind schon angezapft, und bei einem Fünftel von ihnen wird das Wasser laut dem amerikanischen Worldwatch-Institute schneller entnommen, als es sich natürlich erneuern kann. In Indien und einigen afrikanischen Ländern gibt es schon heute immer wieder Gewaltkonflikte um die Quellen. Und dann noch mehr durstige, nachwachsende Rohstoffe?

– Denn, so die Sorge: ohne zusätzliche Biomasse-Importe werde der Umstieg auf ein biobasiertes Wirtschaften in Europa nicht gelingen – und folglich nicht ohne das Risiko weiteren Flächenraubs und Raubbaus in Afrika und Südamerika, Asien und Osteuropa. Schon jetzt beansprucht Europa weltweit riesige Anteile an Ackerboden und Plantagenland in anderen Nationen. Diesen »virtuellen Landhandel«, der zugleich ein Handel mit virtuellem Wasser ist, schätzt das Bundesumweltamt auf rund 640 Millionen Hektar, und Deutschland allein nutze davon 80 Millionen.[36] Die Zahl ist mit Vorsicht zu genießen, denn sie schließt jede Form der Landnutzung ein, ob intensiv oder extensiv, Acker, Wald oder Wiese, ob für Holz-, Bananen-, Baumwolle-, Kakao-, Steak- oder Biosprit-Importe, aber sie gibt doch einen Eindruck von der Interdependenz. Der WWF rechnet anders und kommt allein für die Einfuhr von Lebens- und Futtermittel nach Europa laut Handesbilanz auf mehr als 30 Millionen Hektar.[37] Deutschland nutzt davon etwa ein Viertel. Nun betont die chemische Industrie in ihren Papieren zur Bioökonomie, nur wenn der Zugang zu Ressourcen in großen Mengen gewährleistet sei, könne sie sich auf den biogenen Weg machen. Ebenfalls groben Kalkulationen zufolge (denn niemand kann technologische Fortschritte vorhersagen) würde die EU womöglich statt 45 bis zu 70, ja 80 Millionen Hektar Land benötigen, um den Bioenergie-Anteil ihrer Anforderungen an den Klimaschutz bis 2030 zu erfüllen.[38] Europas Ausgriff nähme also zu, doch über solche Fragen rede kaum jemand bei Bioökonomie-Kongressen, kritisiert Barbara Unmüßig, »bei solchen Zielkonflikten herrscht regelmäßig ohrenbetäubende Stille oder sie werden verharmlost«.

Ganz so stimmt das zwar nicht mehr. Die Beteuerung, dass Nahrungs-mitteln Vorrang vor jeder anderen Nutzung gebühre, ist geradezu eine Pflichtübung in jeder Rede zur Bioökonomie. Der Bioökonomierat schreibt:»Im Rahmen einer nachhaltigen Bereitstellung und Nutzung von biobasierten Rohstoffen geht die Ernährung vor.« Auch der End-lichkeit der Ressourcen ist man sich wohl bewusst:»Ertragssteigerun-gen dürfen ... nicht dazu führen, dass der ökologische Fußabdruck der Landwirtschaft wächst«. Dennoch betont der Präsident des Bioökono-mierates Joachim von Braun, Europa werde auf zusätzliche Importe aus anderen Ländern angewiesen sein. Deshalb würden neue Handels-abkommen mit Entwicklungsländern zur – natürlich nachhaltigen – Lieferung von Bioressourcen angestrebt. Darin sieht von Braun je nach Region auch Chancen für das Wachstum der Volkswirtschaften armer Länder. Doch Stig Tanzmann von Brot für die Welt bleibt skeptisch: »Das allein ist nur das alte Exportmuster, das seit der Kolonialzeit herrscht und selten Fortschritt gebracht hat.«

Die Kontroverse um den ökologischen und sozialen Fußabdruck grüner Rohstoffe spielte auch bei der Debatte um Ecover und seinen Forschungspartner Solazyme eine Rolle. Selbst Algen oder Hefen, diese Alleskönner der Bioökonomie, bringen weder Biosprit noch andere Produkte hervor, ohne dass man sie zuerst mit einer Form von Kohlen-stoff füttert. Die Kalifornier lassen ihr Algenöl nicht zu Hause produ-zieren; ihre Tanks stehen vielmehr in Orindiúva bei São Paulo. Denn in Brasilien wächst reichlich Zuckerrohr, mit dem die Mikroben im Ver-gleich mit den USA zum deutlich geringeren Preis ernährt werden kön-nen. Damit werde freilich der Teufel mit dem Beelzebub ausgetrieben, meint Jim Thomas von der ETC Group. Denn dann müsse womöglich anstelle asiatischer Regenwälder für Palmöl fortan die wertvolle brasi-lianische Cerrado-Savanne für das Mikrobenfutter auf Zuckerrohrplan-tagen weichen – oder am Ende gar der brasilianische Regenwald, weil in der Folge der Zucker den Anbau von Soja und Nahrungsmitteln dort-hin verdrängt.

Ecover und Solazyme widersprechen: Das verwendete Zuckerrohr sei vom Nachhaltigkeitslabel Bonsucro zertifiziert, und das schließe solche Ausgriffe in natürliche Systeme aus. Ihre Produktionsform zeige einen Flächenvorteil, deshalb sei sie effizienter. Auch Jack Newman von Amyris, der seine Hefen ebenfalls mit brasilianischem Zucker päppelt, regt sich auf: Man könne doch das hypothetische Risiko, dass Agrarflächen in Brasilien ausgeweitet würden, nicht gegen die nachgewiesene, dramatische Zerstörung des indonesischen Dschungels für Palmölplantagen aufrechnen! Aber das Beispiel zeigt, dass sich die Vorteile der Alternative durchaus relativieren können und jeweils genau ermittelt werden müssen. Und es zeigt generell, dass ein unvorsichtiger Ausbau der Bioökonomie die Konkurrenzkämpfe um Flächen verschärfen könnte.

Saison für Landjäger?

Boden: sein hoher Wert spiegelt sich in der deutschen Sprache in der doppelten Bedeutung des Wortes. Es steht für die Krume wie für das bebaubare Land. Nur etwa 12 Prozent der Erdoberfläche sind für die Landwirtschaft nutzbar, und wenn Bevölkerungswachstum und Klimawandel zusammentreffen, dann droht dieser Anteil sogar noch zu schrumpfen. Allein seit 1960 habe sich die Fläche weltweit halbiert, die jedem Menschen für seine Versorgung zur Verfügung steht, rechnete das Potsdamer Institute for Advanced Sustainability Studies, IASS, bei der »Global Soil Week« vor.[39] Das wären heute noch 0,22 Hektar. Auch infolge der anhaltenden Urbanisierung sind in Deutschland 13 Prozent des Landes versiegelt, und die Bundesregierung wertet es schon als Erfolg, dass jeden Tag »nur noch« durchschnittlich 73 Hektar verloren gehen – Hektare oft fruchtbaren Landes.[40] Den gleichen »Angriff der Gegenwart auf die übrige Zeit« (Alexander Kluge) erleben Entwicklungsländer von Indien bis Ghana in zugespitzter Form: Rund um wuchernde Städte wird Land asphaltiert oder bebaut. Oft verschwindet gerade das fruchtbare Schwemmland der Küstenregionen, wo die Flüsse ins Meer münden, unter dem Asphalt. Und wenn der Grund knapp wird, dann wollen sich immer mehr Akteure ihre Produktionsflächen sichern. Besonders, nachdem die Nahrungsmittelpreise 2007/2008 so dramatisch angestiegen waren, gab es eine Welle von »Landgrabs« in tropischen Ländern, die hohe Ernten versprechen.

In der »Land Matrix«[41] sammelt eine unabhängige Organisation Daten über diese neue globale Conquista. Ihr zufolge sind in den letzten 15 Jahren weltweit Kaufverträge oder langfristige Pachtabkommen über rund 130 Millionen Hektar über Grenzen hinweg ausgehandelt worden. Andere Studien kommen auf 200 Millionen Hektar allein in den Jahren 2000 bis 2010. Das wäre mehr als das Zwölffache der Fläche, auf der in Deutschland Landwirtschaft betrieben wird. Dass die Zahlen so unterschiedlich ausfallen, liegt auch daran, dass die Details, selbst das Zustandekommen vieler geplanter Projekte oft im Dunkeln bleiben. Es sind indische, chinesische, saudiarabische, europäische und amerikanische Interessenten, die nach Afrika, Südamerika und Osteuropa drängen. Neben Staatsunternehmen, internationalen Agrarkonzernen oder -fonds beteiligen sich auch reich gewordene nationale Eliten am Run auf das kostbare Land.

Gern beteuern solche Investoren, sie wollten nur ungenutzte Flächen beackern. Doch das zeugt von Unkenntnis der vielfältigen Bewirtschaftungsformen, auf die sich Hirten und Dorfbewohner oft in subtil eingespielten Absprachen einigen. Scheinbares Gestrüpp dient in Wirklichkeit als Gemeinschaftsweide für Rinder und Ziegen oder als Ort, an dem Gewürze, Heilkräuter und Pilze als wertvolle Eiweißquelle, Bauund Brennmaterialien gesammelt werden. So wurden landlose Bauern immer wieder mit Kaufplänen überrumpelt, vertrieben und ihrer Existenz beraubt. Oder man zog sie bei Landhändeln über den Tisch Im Südsudan, wo besonders viele Investoren aktiv wurden, wechselten einige Flächen für nicht mal einen Cent pro Hektar den Besitzer. Zwei Drittel der weltweiten Landnahmen von außen geschehen laut Oxfam in Regionen, die mit der Sicherung ihrer Ernährung kämpfen. Dabei ist eine der Ursachen für Hunger und Unterernährung, dass die Bauernfamilien keine Eigentumsrechte für Felder besitzen. Trotz seiner existenziellen Bedeutung ist das Land in vielen Ländern noch ungleicher verteilt als das Einkommen, darauf weisen Barbara Unmüßig und ihre Koautoren in ihrer *Kritik der Grünen Ökonomie* hin. Oft sind die Eigentumsrechte für Flächen gar nicht geklärt. Den Investoren von außen erleichtert das dann den Zugriff.

Zwar hat die ganz große Welle der Landgrabs nachgelassen, weil sich infolge des gesunkenen Ölpreises und des Widerstandes in europäischen Ländern der Anreiz bei den Nahrungsmitteln und der Druck beim Biosprit etwas verlangsamt haben. Auch internationale Regeln für solche Geschäfte haben zu einer Entschleunigung beigetragen. Im Welternährungsausschuss der Vereinten Nationen in Rom wurden in einem demokratischen Verfahren Standards zu Landnutzungsrechten und Agrarinvestitionen erstritten, um die Menschenrechte von Kleinbauern und indigenen Völkern zu schützen. Sie sind zwar freiwillig, zeigen aber in vielen Ländern Wirkung. Außerdem: Nicht jeder Landkauf, nicht jede längerfristige Pacht ist auch ein Übergriff. Politiker und Entwicklungsorganisationen haben schließlich immer gefordert, dass mehr Unternehmer in die Entwicklung der ländlichen Räume Asiens und vor allem Afrikas investieren. Es gibt auch Farmbesitzer, die das mit Engagement versuchen. Doch oft sind die Ziele der Investoren eben nicht identisch mit denen der Menschen im »Zielland«, wie es die Land Matrix nennt. Und oft kommt es zu Gewaltkonflikten.[42] So gehen rund 60 Prozent der Lebensmittel, die auf international besetzten Ländereien erzeugt werden, in den Export, kritisiert die Hilfsorganisation Oxfam, und werden der lokalen Bevölkerung für ihre Ernährung oder auch den Aufbau eigener, lokaler Verarbeitungsindustrien entzogen. Laut der Land Matrix sind rund ein Drittel der Anbaufrüchte Energie- oder Industriepflanzen. Dieser Anteil könnte noch höher sein, denn ein Teil kann wie zum Beispiel Palmöl sowohl zu Diesel als auch zu Margarine verarbeitet werden.

Dabei betrifft die Landknappheit nicht nur Entwicklungsländer, sie treibt auch in Europa die Preise für Boden und Pacht nach oben. Die EU-Kommission hat zwar Recht, dass der Begriff »Landgrab« weltweit unklar definiert ist. Dahinter könnten sich sinnvolle ausländische Direktinvestitionen ebenso verbergen wie Konzentration in Folge des Strukturwandels, heißt es in einem Bericht.[43] Aber das Höfesterben in Europa, das die Kommission damit in Verbindung bringt, halten längst nicht alle wie sie für einen »natürlichen und teilweise notwendigen« Prozess. Der EU-Wirtschafts- und Sozialausschuss zum Beispiel spricht von einer »Jagd nach Agrarland«, bei der sich mittlerweile die Hälfte der Agrarflächen der EU in der Hand von nur drei Prozent der Grundbesitzer konzentrierten und Familienbetriebe unter Druck gesetzt würden.[44] Vor allem in Osteuropa droht die Bioökonomie diese Landnahmen weiter zu befeuern.

In Deutschland trieben – neben der mengenmäßig alles überfrachtenden Nachfrage nach Futtermitteln – die vorübergehend überhöhte Förderung von Strom aus Biogasanlagen aus dem Erneuerbare-Energien-Gesetz und zusätzliche Prämien für nachwachsende Rohstoffe die Konzentration des Landbesitzes voran. Letztere wurden zwar mittlerweile wieder gedeckelt und damit ein politischer Fehler korrigiert. Doch alte Anlagen genießen Investitionsschutz. Nicht nur Norddeutschland ist seither dunkelgrün vom Mais, auch Süddeutsche spotten über »Freiburg im Maisgau«. Attraktiv werden Landkäufe außerdem durch die garantierten EU-Subventionen, die pro Hektar bezahlt werden, gleich wie das Land genutzt wird. So stieg der durchschnittliche Verkaufswert der Äcker und Weiden in Deutschland seit dem Krisenjahr 2007 um 57 Prozent; in den ostdeutschen Bundesländern mit ihren großen Flächen früherer Landwirtschaftlicher Produktionsgenossenschaften ging er sogar um 132 Prozent nach oben.[45] Allein 2013 gab es einen Preissprung um durchschnittlich 13,6 Prozent auf bis zu 25 000 Euro pro Hektar. Das ist für Bauern ebenso unerschwinglich wie die entsprechend hohe Pacht. Aber Finanzinvestoren, die wegen des niedrigen Zinssatzes nicht wissen, wohin mit dem Geld, können es mit Land besser vermehren und vor der Inflation schützen als mit Aktien und anderen Geschäften. Also bieten sie hoch.

Fondsgesellschaften wie Agro Energie, aber auch reiche Unternehmer wie ein Erbe der Industriellenfamilie Dornier, der Müllunternehmer Rethmann oder der Heizungsmilliardär Martin Viessmann kauften sich in Regionen ein, die dank der zentralistischen VEB-Strukturen nach der Wende ohnehin schon von wenigen Großbesitzern dominiert wurde.[46] Das renommierte Thünen-Institut urteilte in einer Studie von

2013: »Der vor allem in Mecklenburg-Vorpommern geäußerten Befürchtung einer Rückkehr zu Strukturen, die sich dem Großgrundbesitz im 19. Jahrhundert annähern, kann … daher nicht gänzlich widersprochen werden.«[47] Bei der Agrargesellschaft KTG, der mehrere Tausend Hektar in Ostdeutschland gehören, stieg jüngst mit 9,03 Prozent der Anteile das Unternehmen Fidelidade Companhia de Seguros SA ein.[48] Es hat seinen Sitz in Portugal, doch dahinter steckt die chinesische Investment- und Industrie-Gruppe Fosun International aus Shanghai. Sie soll KTG dabei unterstützen, »China als größten Konsumentenmarkt mit unseren hochwertigen Lebensmitteln zu erschließen«, heißt es auf der Website. Selbst der deutsche Bauernpräsident Joachim Rukwied kritisiert den Preisdruck, den »nichtlandwirtschaftliche Investoren« auch in anderen Regionen erzeugt haben.[49]

Vor allem Biobauern werden von den steigenden Boden- und Pachtpreisen in die Falle getrieben. Die Ökolandwirte haben höhere Produktionskosten, bekommen jedoch, seit Bio Massenware geworden ist, für einige Produkte kaum mehr Geld als konventionelle Bauern. Die kleinen Margen lassen sich aber wegen der hohen Preise für Land nicht mehr auf mehr Fläche ausgleichen. Mittlerweile beklagen sogar die neuen, finanzstarken Junker, obgleich selbst Treiber der Entwicklung, dass die Boden- und Pachtpreise in Deutschland nicht mehr tragbar seien.

• •

Stummer Frühling in Mecklenburg-Vorpommern
Von Michael Succow. Der Moorforscher und Naturschützer aus Greifswald engagiert sich weltweit für Biosphären-Reservate. Er bekam den Alternativen Nobelpreis und den Ehrenpreis der Deutschen Bundesstiftung Umwelt

Als Kind hatte ich im Märkischen Oderland Schafe zu hüten. Unter dem norddeutschen Himmel ist mein Interesse an der Natur früh erwacht. Ich war ständig draußen. Während ich auf die Tiere aufpasste und durch die Landschaft wanderte, hielt ich meine Beobachtungen in Vogel-Tagebüchern fest. Einige dieser alten DDR-Schulhefte sind mir kürzlich wieder in die Hände gefallen. Diese Aufzeichnungen – erst in großen Kinderbuchstaben, dann in immer reiferer Schrift – sind richtige Zeitbeobachtungen. Sie machen anschaulich, welche Lebensfülle es einst in der Kulturlandschaft gab.

Die erste Notiz datiert vom 22. 3. 1952, da war ich noch nicht einmal elf Jahre alt. Ich schreibe über zwei Wildentenpärchen, ein Wintergoldhähnchen, über Amsel und Bluthänfling, Grünling, Bachstelze und Nonnenmeise. Am 3. April brütet das erste Ringeltaubenpärchen, ein Grünspecht kommt zu Besuch. Ich bin begeistert darüber, wie eine Rohrweihe niederschießt, um sich ein Hasenpärchen im Liebesreigen zu ergattern. An diesem Apriltag bin ich auch auf ein Kiebitznest mit vier Eiern gestoßen, außerdem ein Rebhuhnnest mit 20 Eiern und ein Steinschmätzernest. Ich habe die Brutpaare jeder einzelnen Vogelart gezählt. Die Landschaft meiner Kindheit war voller Leben!

Wenn ich aber heute den kleinen Ort in Märkisch Oderland besuche, wo ich aufgewachsen bin und buchstäblich jeden Baum und Strauch kannte, dann fühle ich mich wie ein Heimatvertriebener. Die meisten Vogelarten der Agrarlandschaft sind verschwunden, oder es gibt sie nur noch sehr selten. Uferschwalbe und Steinschmätzer, Braunkehlchen und Gartenammer, Wiedehopf und Steinkauz stehen auf der Roten Liste. Von den Rebhühnern gab es bis zu zwölf Brutpaare im Umkreis des Dorfes, heute sucht man sie vergebens. Seit den 1990er Jahren sind auch die Großtrappen ausgestorben. Ich erlebe jetzt wirklich einen stummen Frühling, wie ihn die Autorin Rachel Carson in den 1960er Jahren beschrieben hat. Als ich meine Tagebücher führte, gab es keine Pestizide, da hatten die Vögel noch reichlich Insekten und Unkrautsamen zu fressen. Heute wird die Landschaft mit einer Monotonie und Intensität genutzt, die ich mir früher nie, niemals hätte vorstellen können.

Dabei musste ich ja selbst in den 1960ern vier Jahre lang in einem »Meliorationskombinat« als »Standorterkunder« arbeiten, um die Fluren für eine industriemäßige Nutzung vorzubereiten. Aber schon wegen der verbreiteten »Schluder- und Kodderwirtschaft« in der DDR war diese Agrarindustrialisierung im Vergleich zu heute noch harmlos. Irgendwelche Feldecken blieben von der Nutzung immer ausgespart. Da fanden Turteltauben und Wendehals noch Schutz und Nahrung. Auch die Großtrappe überlebte noch die DDR. Auf den Sandbergen zum Beispiel wuchsen Bäume und Büsche.

Jetzt bringen die großen Biogasanlagenbetreiber und die Besitzer von Anlagen zur Geflügel- und Schweinemast selbst auf den ärmsten Sandböden Gülle und Gärreste aus, die diese ökologisch sensiblen Standorte ruinieren. Am Rande meines Heimatdorfes tritt auf einem riesigen Ackerschlag hoch belastetes, übel riechendes Grundwasser aus. Einst war dort eine kleine orchideenreiche Wiese. Und das in einer Zeit strenger Wassergesetze.

Jeder einzelne Quadratmeter muss Höchsterträge bringen. Besonders hier im Osten Deutschlands kauft die Agrarindustrie Standorte auf, die bisher mit ihrer hohen Biodiversität nur extensiv genutzt wurden, und führt sie in eine intensive, umweltschädigende, auf Chemie und Maschine orientierte Nutzung. Es werden lediglich noch fünf Marktfrüchte gewinnbringend angebaut: Braugerste, Winterweizen, Raps, Zuckerrüben – und vor allem Mais. Ein holländischer Unternehmer allein hat in meiner Kindheitslandschaft 5700 Hektar in Besitz. Seit sechs, sieben Jahren wird dort fast ohne Unterbrechung Mais angebaut. Es ist ein enormer Energieaufwand für Pestizide und Dünger erforderlich, damit diese subtropische Pflanze hierzulande überhaupt wachsen kann. Diese naturfeindliche Agrarindustrie duldet kein Ackerblümchen, keinen Goldlaufkäfer, alles muss mit einer ganzen Palette von Giften abgetötet werden. Auf diesen Äckern wird Krieg gegen die Natur geführt. Nach der Ernte liegen die Felder nackt da, bei Regen wird der Oberboden abgewaschen.

Die Natur duldet solche Nacktheit nicht. Wenn sie ungestört ist, deckt sie den Boden zu und lässt mit dem Bodengetier Humus gedeihen. Ich praktiziere das in meinem ökologisch bewirtschafteten Garten, den meine Frau und ich als Mulchkultur angelegt haben. Pflanzenreste und Laub von den Obstbäumen lassen wir liegen, wir decken den Boden zu mit dem Gras aus der Streuobstwiese. Kartoffeln, Mohrrüben, Zwiebeln, Kohl, Erbsen und Bohnen, all das Saatgut kommt direkt unter die Mulchdecke, meist ohne zu graben. Das gibt den Regenwürmern reichlich Nahrung, hält den Boden feucht, locker und gut durchwurzelt, und die natürliche Fruchtbarkeit steigt unentwegt. Ich brauche keinen künstlichen Dünger und auch keine Pflanzenschutzmittel. Wenn ich den Morgen oder den Abend hier im Garten verbringe, dann kommt es mir fast so vor, als ob die Vögel aus Dankbarkeit für mich singen würden, weil sie hier so viele Würmer finden.

Eine ferngesteuerte Agrarindustrie kann keine Beziehung zum Boden aufbauen, so wie es das bäuerliche Denken tut. Dass dieses keinen Platz mehr findet, haben wir vor allem der europäischen Subventionspolitik zu verdanken. Sie honoriert den Flächenbesitz, die Hektarpreise steigen ständig. Für diese »subventionierte Unvernunft« bezahlen wir Steuerzahler dreimal: Als Erstes kommen wir für die Subventionszahlungen auf. Dann zahlen wir für die Beseitigung der immer größer werdenden ökologischen Schäden. Schließlich für Hartz IV, weil die ländlichen Räume veröden. Besonders in Ostdeutschland ist der Arbeitsplatz Landschaft weitgehend verloren gegangen, und die »braunen Schatten« werden immer länger. Die soziale Struktur in den Dörfern bricht auseinander. Das macht mich traurig und auch wütend!

Auf den Äckern meines Heimatdorfes ist gerade eine riesige Hähnchenmastanlage errichtet worden, fensterlos, menschenleer, eher eine Geisterstadt. Nur gelegentlich ist ein Arbeiter zu sehen. Nach der Wende hätte in Ostdeutschland wieder ein freies Bauerntum entstehen können, stattdessen eroberten neue Großagrarier die Landschaft. Wenn die Kapitalisierung der Region so weitergeht, dann werden wir bald wieder über eine Bodenreform diskutieren müssen.

Diese sozialen und ökologischen Verluste treffen mich nun auch sehr persönlich, besonders mit meiner großen Liebe zu den Vögeln, zu all dem »wilden« Leben, das ich als Kind und Jugendlicher beobachtet habe. In meinen vergilbenden Tagebüchern kann ich nachlesen, wie reich die Vogelwelt in der Feldflur auch im Winter war. Hier, der Eintrag am 13.12.1959: Bei einer zweistündigen Wanderung über die Felder beobachtete ich über 1000 Kleinvögel, immer wieder neue Schwärme der Überwinterer aus Skandinavien oder auch der heimischen Vögel: Grauammern und Feldsperlinge, Feldlerchen und Ohrenlerchen, Berghänflinge und Bergfinken. Dazu die Greifvögel: Rauhfußbussard und Sperber, Kornweihe und Merlinfalke. Damals fanden sie noch reichlich Mäuse und Vögel als Nahrung – heute nicht mehr. Der alte Viehtreiberweg aus dem Oderbruch nach Berlin ist jetzt eine Asphaltstraße, und die Bäume sind arg beschnitten. Kein Ort mehr für Waldohreule und Steinkauz, Baumläufer und Wiedehopf. Die Felder, auf denen einst die Trappen lebten – Ende April balzten bis zu acht Hähne, leuchtende weiße Federbälle in der Feldflur –, sind riesigen Schlägen gewichen. Ich hätte nie für möglich gehalten, dass unsere Kulturlandschaft mit ihrer in Hunderten von Jahren gewachsenen Koevolution von Mensch und Tier innerhalb eines halben Jahrhunderts so grundsätzlich verändert werden kann – und dass man das auch noch Fortschritt nennt.

In Deutschland sehnen sich die Menschen zunehmend nach Wildnis, aber auch nach einer harmonischen Kulturlandschaft, in der sich noch Kindheitsmuster widerspiegeln. Sie sollte, wo sie noch vorhanden ist, als Schutzgut betrachtet werden. Unsere Vision aus der Wendezeit, Nützlichkeit, Vielfalt und Schönheit in historisch gewachsenen Formen der Landnutzung zu erhalten, wird in den damals geschaffenen Biosphärenreservaten der UNESCO verfolgt. Im Großschutzgebiet Schorfheide-Chorin zum Beispiel haben 60 Prozent der Höfe mittlerweile auf ökologische Bewirtschaftung umgestellt. Allein das Ökodorf Brodowin hat 70 Beschäftigte! In der Region gibt es durchaus auch sehr große Landbesitzer. Sie haben aber begriffen, dass die Zukunft in der Vielfalt liegt. In dieser vielfältigen Natur- und Kulturlandschaft singen auf einem Quadratmeter 15 Feldlerchen, nicht nur eine.

●●

Der letzte Strohhalm

Boden, Wasser, Land: Nicht zuletzt wegen solcher Begrenzungen suchen Bioökonomie-Forscher so wie in Leuna nach Lösungen, wie die Biomasse in Kaskaden bis auf das letzte Molekül ausgenutzt werden kann – wobei Michael Carus, einer der kompetentesten Bioökonomie-Experten vom nova-Institut, in einem Vortrag über die »Irrtümer der Bioökonomie« bei diesem Zauberbegriff kritisch anmerkte, dass dafür noch so gut wie alles fehle: Konzepte, Daten, Strukturen, Analysen zu Nutzungskonkurrenzen und Folgen. Außerdem und in Verbindung mit der Kaskadennutzung richtet sich der Fokus nun darauf, vor allem Reststoffe und Abfälle energetisch, chemisch oder stofflich zu verwerten. Dabei werden Bioabfälle in den Kommunen angepeilt und auch alles, was in der Land- und Forstwirtschaft übrig bleibt und derzeit – zumindest teilweise – verbrannt wird. Das macht Sinn – aber sind das wirklich immer Abfälle? Auch da sind Kritiker misstrauisch.

Zum Beispiel beim Stroh, das in Bioraffinerien verwertet werden soll. Laut dem Deutschen Biomasseforschungszentrum Leipzig verfügt Deutschland durchaus über Potenziale: Zwischen 8 und 13 Millionen von etwa 30 Millionen Tonnen ausgedroschener Halme könnten demnach zur Erzeugung von Strom oder Biosprit der zweiten, verbesserten Generation genutzt werden.[50] Mit diesem Potenzial könne man 1,7 bis 2,8 Millionen Haushalte mit Strom und bis zu 4,5 Millionen Haushalte mit Wärme versorgen, heißt es in der Studie. Industrieschätzungen zufolge wäre es möglich, schon im Jahr 2020 ein Viertel des europäischen Treibstoffbedarfs aus 60 Prozent der anfallenden 240 Millionen Tonnen zu gewinnen.[51] Doch je größer eine Anlage, desto größer sei die Gefahr, »dass sie die Biomasse ansaugt wie ein Staubsauger«, kritisiert Steffi Ober vom NABU, und das womöglich in ökologisch unverträglichen Mengen. Denn Stroh sei elementar, um Humus zu gewinnen und den Böden Nährstoffe zuzufügen. Zwar ist die Beschaffenheit der Erdkrume, ihr Düngebedarf und die Verfügbarkeit anderer kohlenstoffreicher Materialien regional sehr verschieden. Auch kommen die Vergärungsrückstände aus den Bioethanolanlagen als Nährsubstrat auf den Boden zurück. Aber für den Humusaufbau ist es ein Unterschied, ob auch organische Masse zersetzt wird. So erhebt der Präsident der Deutschen Landwirtschaftsgesellschaft ebenfalls Einspruch:»Hier wird der Irrglaube vermittelt, agrarische Reststoffe und andere Abfälle seien eine wertlose Rohstoffquelle«, sagt Carl-Albrecht Bartmer.

Ähnlich bei Holzhackschnitzeln. Im Augenblick gibt es gute Vorräte in den deutschen Wäldern – aber es wird auch so viel Holz eingesetzt und zugleich importiert wie nie. Wenn Waldbesitzer also generell von hohen Potenzialen schwärmen und Bioraffinerie-Träume in den Himmel wachsen, dann werden Naturschützer hellhörig.»Die Reste, die bei Bäumen anfallen, müssen im Wald bleiben!«, sagt zum Beispiel Lutz Fähser, der als früherer Lübecker Stadtförster zu den Pionieren einer ökologischen Waldbewirtschaftung gehört. Denn Totholz schafft Humus und bietet vielen Arten einen Lebensraum. Auch Steffi Ober befürchtet deshalb, dass mit einer zu großen Entnahme»wichtige Pfeiler des Erhalts der Bodenfruchtbarkeit und der Biodiversität« ins Wanken geraten könnten. Das muss keine Absage an Bioraffineriekonzepte sein, ist aber eine Warnung, bei Standorten und Dimensionen sensibel zu sein.

154,09 Euro für ein Blaukehlchen: Die Ökonomisierung der Natur

Die steigende Nachfrage nach pflanzlichen Rohstoffen könnte noch eine weitere Ressource in wachsende Bedrängnis bringen: die Vielfalt der Arten. Schon zu Beginn der 1990er Jahre sah sich der Biologe Edward O. Wilson in der Rolle eines Kunsthistorikers, der beobachten muss, wie der»Louvre der Biodiversität« in Flammen aufgeht. Seither sind die»Kunstwerke« immer schneller heruntergebrannt. Allein zwischen 1970 und 2006 habe die Populationsgröße der Wirbeltierarten durchschnittlich um ein Drittel abgenommen, heißt es in einem Bericht des bereits erwähnten Übereinkommens zur biologischen Vielfalt (Convention on Biological Diversity CBD). Laut dem Living Planet Index sind es bis heute 52 Prozent.[52] Die genaue Statistik des Verschwindens kennt zwar niemand; man kennt ja nicht mal alle Arten. Wenn aber Wissenschaftler der drei Universitäten Princeton, Berkeley und Stanford gemeinsam feststellen, dass die Aussterberate heute das Hundertfache der natürlichen erreicht hat[53] und die Welt an der Schwelle zur »sechsten Welle des Massensterbens« sehen, dann ist das alarmierend. Dem will die Bioökonomie zwar entgegentreten. Doch wird sie mit einseitig ökonomischem Blick gesteuert, kann sie den traurigen Abschied im Gegenteil noch verstärken.

Wissenschaftler haben die unzähligen Arten, die sich zu einem Ökosystem verbinden, mit den Nieten verglichen, die ein Flugzeug zusammenhalten. Wenn man einzelne herauslöst, dann wird erst einmal nichts passieren, die Maschine kann weiterfliegen. Aber zunächst unmerklich, Stück für Stück wird die Struktur fragil. Irgendwann muss sich nur noch eine Niete lösen, und das Flugzeug stürzt ab. Gewiss, die Natur ist nie statisch, doch in natürlichen Systemen hängen viele Lebewesen von anderen ab. Jedes einzelne ist wichtig, ob die Indische Riesentrappe oder Langohr-Wüstenspringmaus, ob Flammen-Adonisröschen oder Herzlöffel. Nicht nur die Vielfalt solcher wilden Spezies nimmt ab, sondern auch die von Nutzpflanzen und -tieren. Und schon 1996 warnten die Experten der CBD auch davor, dass viele Bestäuber, die als verletztlichster Teil der landwirtschaftlichen Biodiversität gelten, geschützt werden müssten. Aber:»In diesen zwanzig Jahren ist nicht viel passiert«, sagte die Biologin Christine von Weizsäcker bei einem Vortrag.

Saatgutunternehmen überbieten sich zwar neuerdings darin, für Blühstreifen Werbung zu machen, auf denen die Bienen tanzen können. Doch auf dem Großteil des Ackers tut sich längst nicht genug. Weiterhin werden Pestizide, Fungizide, Insektizide, ja ganze Wirkstoffcocktails versprüht, die das Nervensystem der Hummeln und Bienen angreifen, sie verwirren oder schleichend töten; die auch nützliche Insekten vertreiben, und damit die Vögel, die von ihnen leben. Und die Bemühungen, wilde Arten zu schützen, hinkten bislang der Entschlossenheit zur Ausbeutung noch des letzten Quadratmeters Ackerland oder seiner Betonierung allzu oft hinterher.

Zwar sei mittlerweile genau ausgerechnet worden, welchen Verlust es für die globale Agrarproduktion ausmachen würde, wenn Bienen und Hummeln tatsächlich aussterben, fährt Christine von Weizsäcker fort: 190 Milliarden Dollar pro Jahr. Doch sie fragt:»Was passiert jetzt mit diesem Wissen? Wie beflügelt es einen politischen Willen, der bereit ist, wirklich etwas zu ändern, allem voran die Anbaumethoden?« Ja, wie?

Von Weizsäckers Frage zielt auf einen neuen Lösungsansatz: Im nach wie vor tiefen Glauben an die Kraft des Marktes verfolgen immer mehr Institutionen und auch Bioökonomen die Idee, den Schutz der Arten und ihrer Lebensräume finanziell interessant zu machen. Schließlich sind gerade Biotechnologen, Bionikforscher, Züchter, Agrarökologen und alle Nutzer von Biomasse in hohem Maße auf Inspiration durch die Vielfalt dessen angewiesen, was da kriecht und fliegt. Künftig sollen also auch Banken, Unternehmen und Investoren dazu motiviert werden, Geld in die Erhaltung von Lebensräumen zu investieren. Mit den Worten der deutschen Umweltministerin Barbara Hendricks gesagt:»Auch die Natur verdient für ihre Arbeit einen Mindestlohn.«

Als Voraussetzung dafür, diesen zu berechnen, muss erst einmal der Wert der Natur beziffert werden. Dazu definiert man sie zu einem Großunternehmen um, das Dienstleistungsprodukte offeriert. Was Gewässer, Pflanzen und Tiere zu bieten haben, ist schließlich fürs menschliche Wohl ein Top-Service. Boden und Wald zum Beispiel saugen Regenwasser auf und binden CO_2. Mangroven schützen Küstenbewohner und ihre Äcker vor den gefährlichsten Angriffen einer Sturmflut. Bienen ermöglichen Befruchtung, Biber schaffen mit ihren Holzdämmen emsig Feuchtgebiete. Und das machen die alles umsonst! Was sie geschaffen haben, wird jedenfalls in den Unternehmensbilanzen bislang nicht sichtbar. Wer»Ökosystemdienstleistungen« behindert, indem er Land für Häuser, Fabriken oder den Getreideanbau nutzt, der belastet die Gesellschaft mit einem Verlust. Deshalb müssten die wirtschaftlichen Vorteile des»Naturkapitals« künftig»eingepreist« werden, argumentieren solche Umweltschützer; ein klassischer Fall der Internalisierung externer Kosten, die sonst auf Kosten des Gemeinwohls gingen. So gebe es ein stärkeres Motiv als bisher, Lebensräume zu erhalten. Folglich werden derzeit in allen möglichen Instituten »Ökosystemdienstleistungen« einzelner Naturregionen oder sogar Spezies erfasst und entsprechende Finanzierungsmechanismen entwickelt.

Jüngst rechneten zum Beispiel Forscher aus Boston in den ehrenwerten Proceedings of the National Academy of Sciences der USA einige Ökosystemdienstleistungen von Fledermäusen vor.[54] Die nachtaktiven Tiere ersparen Bauern demnach weltweit Kosten von mehr als einer Milliarde Dollar allein beim Mais, indem sie bestimmte Schädlinge verspeisen. Hinzu kämen weitere Einsparungen, weil ihre Raubzüge überdies Pilzerkrankungen unterdrückten, die von den Schädlingen ausgelöst werden. Fledermäuse statt Gift: Da soll es sich wohl lohnen, ihre Lebensräume zu erhalten!

Ganz neu ist diese Argumentation nicht. Vor dreißig Jahren rechnete der Münchner Kybernetiker Frederic Vester einmal vor, wie viel die Welt an einem Blaukehlchen hat. Den Materialwert des Vogels aus Fleisch, Federn und Skelett bezifferte der Kybernetiker auf damals 31 Pfennige – also kein Ding. Aber dann wog der Öko-Pionier all die Kosten dagegen, die der Vogel den Menschen erspart. Bauern müssten zum Beispiel weniger für Schädlingsbekämpfungsmittel bezahlen, weil das Blaukehlchen die Insekten ganz unentgeltlich verspeise. Es sei außerdem als Bio-Indikator nützlich, rechnete Vester weiter vor. Es trage mit seiner Schönheit und seinem Gesang zur Erholung des Menschen bei und verringere so die Gesundheitskosten. Am Ende kam Vester pro Tier und Jahr auf ein Honorar von heute 154,09 Euro.[55]

Richtig ernst machte aber erst der Wirtschaftswissenschaftler Nicholas Stern mit diesem Denken. Im Jahr 2006, als die globale Erwärmung erstmals mit großem Tusch auf die Agenda kam, stellte der Ökonom eine ähnliche Verlustrechnung für ein anderes, wertvolles öffentliches Gut auf: die Atmosphäre. Es werde die Weltgemeinschaft deutlich teurer zu stehen kommen, weiterzuwirtschaften wie bisher und dann den Preis für die zerstörerischen Folgen des Klimawandels zu tragen, so rechnete Stern vor, als lieber gleich in zukunftsträchtige, postfossile Wirtschaftsweisen zum Schutz des Klimas zu investieren. Dafür lieferte er stapelweise Belege. Abgesehen von real erfahrenen Unwetterkatastrophen, war sein Bericht in jenem Jahr die folgenreichste Warnung vor dem Klimawandel – weil sie ökonomisch argumentierte. In der Sprache der Entscheider, wie man sagt.

Dadurch angeregt, begann ein weltweites Netzwerk aus dem Umweltprogramm der Vereinten Nationen (UNEP), Unternehmensgruppen, Wissenschaftlern und Nichtregierungsorganisationen, das die Bundesregierung und die EU-Kommission initiiert hatte, die Ökosystemdienstleistungen zu bewerten. Dieser bisher größte Versuch einer Schätzung der Natur ist im Bericht »The Economics of Ecosystems and Biodiversity Report« von 2010 dokumentiert (»Die Ökonomik von Ökosystemen und Biodiversität«).[56] Gegründet wurde TEEB auf Initiative der Umweltminister der G8 bei ihrem Treffen 2007 in Potsdam, und Leiter der Projektgruppe wurde Pavan Sukhdev. Der Inder hatte zuvor als Manager bei der Deutschen Bank in Singapur und Mumbai gearbeitet und war Berater der Green Economy Initiative beim Umweltprogramm der Vereinten Nationen (UNEP). Wenn Natur nichts koste, sei die Gefahr des Raubbaus groß, glaubt Sukhdev; habe sie einen Wert, dann werde sie geschützt. Deshalb: »Put a value on nature!« Gebt der Natur einen Wert!

Intensive Debatten wurden und werden nun verstärkt darüber geführt, mit welchen Methoden die Umweltkosten und der ökologische Nutzen unterschiedlicher, komplexer Ökosysteme erhoben werden könnten. Denn so federleicht kann man es sich nicht mehr machen wie seinerzeit Frederic Vester: Der setzte für den Posten »Ohrenschmaus und Augenweide eines Vogels durch Farben-, Formen- und Gesangsvielfalt und durch die Eleganz des Fluges« den Wert einer vermiedenen Valiumtablette an. Andererseits: Im Grundsatz verschieden sind die Berechnungen auch nicht, nur viel komplizierter, mit denen heute versucht wird, einzelne Funktionen der verwobenen natürlichen Systeme als Verrechnungsposten auszudrücken. TEEB kam jedenfalls zu dem Ergebnis, dass sich allein Klimafolgeschäden in Höhe von 3,7 Billionen – Billionen! – US Dollar vermeiden ließen, wenn es nur gelänge, die Rate der Entwaldung bis 2030 zu halbieren, sodass mehr Bäume CO_2 speichern. Oder: Indem die australische Stadt Canberra 400 000 Bäume pflanzen ließ, habe sie durch die verbesserte Luft, die niedrigeren Kosten für Klimaanlagen und vermiedene Klimafolgen auf vier Jahre gerechnet 67 Millionen Dollar eingespart.

Seither sind die Manager des Artenschutzes konkret geworden. REDD+ zum Beispiel (»Reduzierung von Emissionen aus Entwaldung und Degradierung von Wäldern«) ist ein Mechanismus des Klimaschutzabkommens, über den Industrieländer Programme zum Erhalt artenreicher Wälder in Entwicklungsländern finanzieren. Darin sollen Ökosystemdienstleistungen und Biodiversität fortan mitberücksichtigt werden. Daneben werden »Payments for Ecosystem Services«, kurz PES, vorgeschlagen. Das sind freiwillige Vertragssysteme, deren Partner sich darauf einigen, Ökosystemdienstleistungen zu erhalten und zugleich Entwicklungsperspektiven zu schaffen. Die amerikanische Naturschutzorganisation The Nature Conservancy gründete bereits eine Investment-Abteilung namens NatureVest, ihr Hauptsponsor ist die US-Bank JPMorgan Chase. Die Anlagenplaner arbeiten daran, »Investitionsgeschäfte zu schaffen und voranzutreiben, die Naturschutzergebnisse ebenso wie finanzielle Erträge für Investoren liefern«. Bei all dem fällt immer wieder gern das Zauberwörtchen: win-win. Das heißt: Die Naturschützer hoffen auf eine neue Finanzquelle, die Investoren hoffen auf Renditen mit gutem Gewissen. Kann das funktionieren?

Noch gibt es wenig praktische Erfahrungen mit solchen Geschäften, aber ein erster Versuch für die Vermarktung von Rechten zur Ausbeutung der Natur – der Handel mit CO_2-Zertifikaten – belegt, dass der Marktansatz eher bescheidene Erfolge bringt. Die Amerikaner hatten ihn 1997 im Klimaschutzabkommen vor allem durchgesetzt, um eine CO_2-Steuer zu verhindern. Beim Emissionshandel wird eine maximale Obergrenze festgelegt und auf die Nationen aufgeteilt, und Industrieunternehmen müssen anteilig Zahlungen leisten, wenn sie die Atmosphäre weiter verschmutzen. Davon erhofften sich die Marktapologeten, dass energieintensive Betriebe und Kraftwerke möglichst viel in den Klimaschutz investieren würden, um Kosten zu sparen. Die Zertifikate kann man außerdem verkaufen und dadurch an Energieeffizienz, Sparsamkeit oder dem Einsatz erneuerbarer Energien verdienen. Schöne

Idee, doch nachdem das Instrument 2005 in Europa eingeführt worden war, haben die größten Verursacher von Luftverschmutzung und CO_2-Emissionen durch intensiven Lobbyismus immer wieder dafür gesorgt, dass ihnen die Zertifikatepreise so nicht wehtaten. Außerdem wurde kreativ getrickst – oder der Arten- und Ressourcenschutz dem Klimaschutz geopfert.

Das gilt besonders für das im Rahmen des Emissionshandelssystems ermöglichte »Offsetting«. Bei diesem Ausgleichsmechanismus kann ein Klimasünder seine überzogene CO_2-Bilanz durch Aufforstung oder andere Klimaschutzmaßnahmen in tropischen Ländern ausgleichen. Da wurden dann zum Beispiel Urwälder durch schnell wachsende Monokulturen ersetzt, die viel Kohlendioxid speichern, um höhere Rechnungen stellen zu können. Weil solche »dunkelgrünen« Ablasshändel häufig die lokale Bevölkerung in armen Ländern überrumpelt haben, spricht das amerikanische Oakland Institute von »Kohlenstoffgewalt«. Bespielhaft kritisieren seine Rechercheure die Plantage der norwegischen Firma Green Resources in Uganda, die auch von der Weltbanktochter International Finance Corporation IFC unterstützt wird und vom Emissionshandelssystem profitiert.[57] Schon vor der Ankunft des Unternehmens habe die Regierung Dorfbewohner aus dem Wald vertrieben, heißt es in einem Report von 2014. Dann seien heimische Baumarten gefällt und durch Monokulturen regional unangepasster Nadelhölzer ersetzt worden; die dadurch notwendigen Herbizide hätten die Gewässer verschmutzt. Bewohner klagten, dass sie Lebensmittel nicht mehr anbauen, ihr Vieh weiden lassen und an heiligen Orten ihre Traditionen pflegen könnten. Der CEO von Green Resources warf seinen Kritikern schlechte Recherche vor, aber der Bericht enthält viele Zeugenaussagen von Betroffenen.

Auch in Brasilien können Landbesitzer wählen, ob sie einen Teil ihres Regenwaldgebietes intakt lassen wollen – oder die Bäume fällen und das mit »Aufforstungskrediten« ausgleichen. Solche Zertifikate sollen das Versprechen dokumentieren, dass anderswo neue Bäume gepflanzt oder ein artenreicher Wald bewahrt wird. Allerdings war der dort womöglich gar nicht gefährdet; dann gäbe es für Gewinne mit Holzgeschäften doch einen Netto-Waldverlust. Immer wieder wurden auch Fälle beschrieben, bei denen Geschäftsleute spekulativ Land kauften, aus dem nicht viel herauszuholen war, um an solchen Zertifikaten gut verdienen zu können. Die Marktmechanismen könnten sogar den paradoxen Anreiz schaffen, noch mehr Wald abzuholzen, weil die verbliebenen Schutzgebiete dann wertvoller werden und man für sie höhere Preise bekommt. Sie begünstigen also dubiose Geschäfte, und ob diese künftig in den Detailregeln des neuen Klimaschutzabkommens erschwert werden, ist eine Frage von hohem Gewicht.

Wie beim Emissionshandel folgt auch die Konstruktion vieler PES-Verträge der ambivalenten Logik des Ablasses. »Moor Futures« zum Beispiel, die man sich für Norddeutschland oder Südostasien ausgedacht hat, helfen zwar tatsächlich, den Erhalt der bedeutendsten Kohlenstoffspeicher zu finanzieren. Sie ermöglichen sogar ihre Wiederherstellung, indem trockengelegte Agrarflächen wieder vernässt werden. Solche Zertifikate können Touristen kaufen, um ihre CO_2-Emissionen bei Reisen auszugleichen. Auch Unternehmen oder Banken zieren ihre »Corporate Social Responsibility«-Berichte mit der Angabe, dass sie damit die Emissionen ihrer Flüge kompensieren. Doch so bleibe das Geld für den Moorschutz daran gebunden, »dass der Dienstwagen weiter durch die Straßen fährt«, kritisiert Thomas Fatheuer in einem Band zur *Neuen Ökonomie der Natur*.[58] Und, noch pointierter: Die Konstruktion des »Offsetting« knüpfe »die Schaffung des ›Guten‹ an die Kontinuität des ›Bösen‹«. Statt einen tiefer greifenden Wandel zu befördern, könnten sich auch Immobiliengesellschaften oder Minenbetreiber mit ihren zerstörerischen Aktivitäten freikaufen. Ungewiss ist Fatheuer zufolge überdies, ob sich überhaupt genug Investoren für einen »marktbasierten« Artenschutz finden. In Costa Rica zum Beispiel seien PES-Programme zu 85 Prozent aus Entwicklungsgeldern und einer Treibstoffsteuer finanziert worden. Auch weltweit entpuppten sich meist Staaten und internationale Organisationen wie die Weltbank und nicht private Markakteure als wichtigste Finanziers.

Diese neue Form der Ökonomisierung der Natur beginnt ja erst, und über Sinn und Unsinn streiten auch hier wieder Umweltschützer mit Umweltschützern. Während die einen auf »fresh money« von der Artenschutz-Börse hoffen, sorgt sich die kanadische ETC Group: »Wollen wir unseren Planeten wirklich den Finanzmärkten überlassen?« Denn das bedeute, so befürchten die Öko-Experten, »dass ausgerechnet diejenigen, die Hypotheken für Einfamilienhäuser nicht managen konnten – die unsere Häuser samt Wert buchstäblich verfallen ließen –, mit der Monetarisierung der Natur dazu eingeladen werden, jetzt draußen im Garten weiterzuspielen«.[59] Der britische Journalist und Umweltaktivist George Monbiot urteilt noch schärfer: »Die Natur wird immer weiter in das System gepresst, das sie bei lebendigem Leib auffrisst.«[60] Und er sieht die Schalthebel zur Fürsorge ganz woanders: »Nicht die Zahl mit einem Dollarzeichen dahinter entscheidet, ob der Planet am Leben erhalten bleibt, sondern der politische Wille. Das ist nur eine andere Form zu sagen: Es geht um Macht.« Tatsächlich wurden die Zertifikate im brasilianischen Klimaschutzgesetz vom Agrobusiness durchgesetzt, um schärfere Vorschriften der Regierung zu vermeiden. Politische Gegenmacht würde dafür sorgen, dass der Staat seinen Job macht und rigoros jeden strafrechtlich verfolgt, der mehr Bäume einschlägt als aus Klimaschutzgründen gesetzlich erlaubt ist.

Auch die Vorreiter von TEEB sind keineswegs begeistert, wenn ihre Wert-Schätzungen der Ökosystemdienstleistungen in solche reinen Marktansätze münden. Für den heutigen TEEB-Studienleiter Bernd Hansjürgens ist das Ziel der Berechnungen vor allem, das Bewusstsein für die Bedeutung der Natur zu schärfen und dafür, welchen Preis die Gesellschaft für ihre Ausbeutung zahlt – und zur Aufklärung darüber sind die Berechnungen in der Tat nützlich. Eine »Monetarisierung, Bepreisung oder Entwicklung realer Märkte« sei damit aber nicht verbunden, sagte Hansjürgens in einem Interview: »Man braucht keinen Markt dafür. Der Staat muss nur eingreifen und seine Instrumente einsetzen«.[61] Und das tut er ja auch – wenngleich zu unentschlossen. Die Regeln für die Agrarsubventionen der Europäischen Union etwa folgen bislang nur halbherzig diesem Denken, wenn ein geringer Teil der flächenbezogenen Direktzahlungen nur an Bauern ausgezahlt wird, die sich an einzelne Maßnahmen zum Schutz der Ressourcen halten. Oder kommunale Wasserwerke geben Landwirten Geld dafür, dass sie auf biologischen Anbau ohne Pestizide umsteigen und dadurch das Grundwasser sauber halten. Pestizid- oder Stickstoffsteuern würden ebenfalls bestrafen, dass Ökosysteme angegriffen werden.

Wertschöpfung versus Schöpfung

Andere Kritiker setzen noch grundsätzlicher an, ihr Befremden erwächst aus der Ethik und dem Bild vom Menschen, die hinter der zunehmenden Ökonomisierung der Natur stehen können. »Ganz leichtfüßig« wischten Begriffe wie »Naturkapital« oder »Ökosystemdienstleistung« Antriebe wie Moral, Ethik und Emotionen vom Tisch, meint etwa Martin Sharman, der viele Jahre lang in der Forschungskommission der EU für die Biodiversität zuständig war. »Jene von uns, die Ehrfurcht vor der Natur empfinden, betrachten Rhetorik und Denkweisen der Ökosystemdienstleistungen als abstoßend ... Sie erheben die ökologisch zerstörerischste invasive Spezies in der Geschichte des Lebens über alle anderen Arten. Und diesen schreiben sie pauschal nur noch die Rolle von Gebrauchsgütern zu«.[62]

In den 1980er Jahren musste sich Frederic Vester noch gegen heftige Angriffe verteidigen, als er das Blaukehlchen auf seinen Geldwert »reduzierte«, statt sich für die Natur um ihrer selbst willen einzusetzen. Heute kann nur überzeugen, wer den Naturschutz wirtschaftlich begründet. Die Vorstellung vom Menschen als Homo oeconomicus herrscht trotz aller Zerknirschungen nach der Finanzkrise weiterhin vor, und dieser Triebtäter des Eigennutzes will die Natur erst dann ernsthaft schonen, wenn er auch finanziell etwas davon hat oder wenn es ihn zumindest nichts kostet. Verantwortung für kommende Generationen, der Respekt des Wissenschaftlers, religiöse Überzeugungen, spirituelle Ehrfurcht, die Verteidigung der Schönheit – solche Motive gelten als ehrenwert, aber letztlich naiv. Deshalb argumentieren auch viele Naturschutzverbände mittlerweile eher mit der Wertschöpfung als mit der Schöpfung und greifen Kalkulationen wie die von TEEB fast erleichtert auf. Umso irritierender – im produktiven Sinne – schlug die jüngste Enzyklika des Papstes ein. Die große Reflektion »Laudato Síʼ« kritisiert das einseitig ökonomische Denken als weltfremd: »Innerhalb des Schemas der Rendite ist kein Platz für Gedanken an die Rhythmen der Natur«, schreibt Franziskus, »an ihre Zeiten des Verfalls und der Regenerierung und an die Kompliziertheit der Ökosysteme, die durch das menschliche Eingreifen gravierend verändert werden können …« Der Papst folgert, »dass eine ganzheitliche Ökologie eine Offenheit gegenüber Kategorien verlangt, die über die Sprache der Mathematik oder der Biologie hinausgehen und uns mit dem Eigentlichen des Menschen verbinden«. Es dürfe nicht als »irrationaler Romantizismus« herabgewürdigt werden, wenn Menschen so wie einst Franziskus von Assisi selbst die kleinsten Geschöpfe der Erde als ihre Brüder und Schwestern empfänden: »Wenn wir uns der Natur und der Umwelt ohne diese Offenheit für das Staunen und das Wunder nähern, wenn wir in unserer Beziehung zur Welt nicht mehr die Sprache der Brüderlichkeit und der Schönheit sprechen, wird unser Verhalten das des Herrschers, des Konsumenten oder des bloßen Ausbeuters der Ressourcen sein, der unfähig ist, seinen unmittelbaren Interessen eine Grenze zu setzen.«[63]

Es wäre ungerecht und falsch, Wissenschaftlern gleich welcher Disziplin dieses Staunen pauschal abzusprechen. Doch die Sorge geht um, dass sich das Verhältnis des Menschen zur Natur auch dadurch weiter in Richtung eines ökonomisch-utilitaristischen Optimierungsdenkens verschieben könnte, dass infolge der Beschleunigung neuer Hightech-Eingriffe menschliche Körper, Pflanzen, Tiere, Mikroorganismen, Landschaften noch mehr »in einzelne Funktionen zerlegt und damit auf Messbares reduziert« werden. Die Spirale der Entfremdung, damit die Gefahr möglicher Grenzüberschreitungen könnte sich in eine neue Dimension winden, wenn Bäume, Tiere, Meere nicht mehr nur in Unternehmensetagen und Laboren, sondern selbst unter manchen eingefleischten Wandervögeln in Begriffen der Wirtschaftswelt beschrieben werden. Und was bedeutet es erst recht, wenn jede Form des Lebendigen als Maschine gesehen werden kann, die sich anhand ihrer Informations-Schalthebel nach Belieben umbauen, umprogrammieren, optimieren lässt? Wenn das Leben, um es mit den Worten Craig Venters zu sagen, zu einem »DNA-Software-System« erklärt wird?[64] Über diese ethischen Fragen wird seit den 1980er Jahren diskutiert. Doch die Debatte gewinnt an Dringlichkeit: Ist es im Angesicht des drohenden »perfekten Sturms« namens Klimawandel tatsächlich notwendig, die Natur »effizienter« zu machen? Müssen, dürfen Bäume, Pflanzen und Tiere im Überlebensinteresse manipuliert, Äcker, Ställe und Glashäuser als Biomasselager verstanden werden, und Landschaften als Zulieferbetriebe? Landschaften, von denen sich laut dem Bundesamt für Naturschutz zwei Drittel infolge der Bauversiegelung, des Klimawandels und des Raumbedarfs für Anlagen der Energiewende »innerhalb von nur einer Generation in ihren Grundzügen verändern werden«? Wie wirkt sich eine zunehmende Techno-Natur auf Kulturen, soziale Strukturen, religiöse Empfindungen, Zugehörigkeitsgefühle und Werte aus? Was bedeutet es, wenn die Gesellschaft das im Bundesnaturschutzgesetz verankerte Eigenrecht von Leben negiert und »keine ›Nutzlosigkeit‹ mehr zulässt«,[65] wie Franz-Theo Gottwald kritisiert? Oder sind solche Fragen an die Bioökonomie sentimental?

So stellt es die Agrarindustrie gerne dar, besonders jetzt wieder, wo sie für ihre neuen Gentechnikverfahren werben will. Bei einer PR-Reise für Journalisten zum Saatguthersteller DuPont Pioneer etwa gibt die Referentin Adrianne Massey im breitesten Südstaatenslang mit ironischem Unterton eine Warnung zum Besten: »Wir haben jüngst unser Wissen über die Genetik an einen Punkt gebracht«, liest sie im Konferenzraum von Pioneer vor, »bei dem wir das Leben manipulieren können wie nie zuvor in der Natur. Wir müssen bei der Anwendung dieser neuen Fähigkeiten mit allerhöchster Behutsamkeit vorgehen ... Na, wer hat das gesagt?« Triumphierender Blick in die Runde, denn nein: da wurde kein Whistleblower aus dem gentechnologischen Horrorlabor zitiert. Der Satz stammt aus dem Jahr 1906! Und zwar von Luther Burbank, einem der bekanntesten amerikanischen Pflanzenzüchter. Dieser frühe Star der Botanik brachte durch seine mit zuvor ungekannter Systematik betriebene Kreuzungs- und Selektionsarbeit im 19. Jahrhundert 800 verbesserte Getreide-, Obst- und Gemüsesorten hervor. Sogar Burbank zögerte also damals, wenn es galt, neue Technologien anzuwenden – die heute selbstverständlich sind. Die Absicht der Referentin ist klar: Die Furcht vor der Manipulation der Natur will sie als irrationale Reaktion herunterspielen. Der Mensch habe das genetische Innenleben der Pflanzen schließlich seit 10 000 Jahren beeinflusst, seit er erstmals Gräser auswählte und domestizierte, erklärt Massey. Nach der Mendel'schen Selektion sei erst recht »gar nichts mehr natürlich«.

Tatsächlich waren auch jene Bauern und Züchter von Ängsten geschüttelt, die seit den 1930er Jahren mit Hybriden experimentierten. Das zeigt der ungewöhnliche amerikanische Dokumentarfilm »Hybrid« über Milford Beeghly, der ebenfalls ein Pionier der amerikanischen Pflanzenzucht war.[66] In jeder einzelnen seiner Maisstauden sah der Gründer des Saatgutunternehmens »Beeghly's Best Hybrids« eine »Persönlichkeit«. Seine Tochter erzählt, letztlich sei er seinen Freunden auf dem Feld sogar nähergestanden als seiner Familie. Und man glaubt es, wenn man den fast Hundertjährigen in der Latzhose aus festem Denim murmeln hört, während er durch die Reihen mächtiger, den Mann überragender, sich im Wind wiegender Maisriesen läuft: »Wenn sie sprechen könnten, dann würden sie sich mit Dir unterhalten …« Umso mehr empfanden Milford Beeghly und seine Züchterkollegen ihre Experimente mit dem ertragssteigernden Mais in den 1960er Jahren als bedrohlich: Sollte man diese Pflanzen wirklich zu sich nehmen? Das Fleisch der Tiere, die davon gefressen haben? Würde der Boden ruiniert? Und viele betrachteten die Sache als eine regelrechte Sünde: »Wir sprachen über die Gefahren der Inzucht wie über etwas ganz Verruchtes«, sagt Beeghley im Film, »orthodoxe Agronomen haben es Inzest genannt.« Anfangs hätten die innovativen Farmer deshalb ihre Züchtungsversuche mit Maishybriden auf möglichst wenig einsehbaren Feldstücken hinter ihren Holzhäusern gestartet, damit sich die Nachbarn nicht empörten. Aber, und deshalb wird Beeghlys Geschichte hier erzählt: War ihr Unwohlsein nicht Intuition und hatte im Nachhinein eine Berechtigung, weil es die Quadratur des Maises doch nicht gibt? Denn die Ertragssteigerung war zwar ein Segen, doch langfristig kostete sie auch einen hohen Preis: Die neue Methode klappte nur mit agrarchemischen Krücken, und sie war der Kulminationspunkt für Patente, die Verdrängung anderer Futtermittel und den Aufstieg des Weltmeisters Mais zur allgegenwärtigen kapitalistischen Superertrags-Einheitspflanze – mit den beschriebenen ökologischen Folgen.

Solche Fragen polarisieren besonders in Deutschland, dem Land des Wandertags. Das liegt auch an einem Naturbild der urbanen Konsumenten, das mehrheitlich noch immer durch die Ambivalenzen der Romantiker geprägt ist. Schon sie sahen ihre Innerlichkeit in Wald- und Gebirgsdramen gespiegelt, ohne sich mit den konkreten sozialen Verwerfungen und Naturzerstörungen der Industrialisierung, aber auch ihren Fortschritten ernsthaft auseinanderzusetzen. Heute sind die meisten Bürger in ähnlicher Weise zugleich naturversessen wie naturvergessen – und immer noch selten: naturbewusst.

So ist die Übereinstimmung zwar groß, wenn in Umfragen nach dem Stellenwert einer möglichst unberührten Natur gefragt wird; sowohl im Sinne einer unberührten Landschaft wie eines möglichst unberührten Genoms. So gut wie einhellig wünschen sich die Deutschen, dass mehr Wildnis zurückkehrt. Zugleich aber gibt es regelmäßig Konflikte, wenn diese Wildnis beispielsweise in Form eines Wolfes oder Borkenkäferbefalls näher rückt. Oder: Niemand mag zwar »unnatürliche« Gentechnik und technisch verwandelte Lebensmittel essen – aber die meisten finden es dann doch zu anstrengend und zu teuer, auf das Fleisch von Tieren zu verzichten, die mit gentechnisch verändertem Mais und Soja gefüttert wurden.

Einerseits soll die wilde Natur sauber sein, ungefährlich, fehlerfrei; ein Erholungs-Paradies, in dem es am besten keine Menschen gibt und schon gar keine Traktoren oder Drohnen. »Es wohnt Genuss im dunklen Waldesgrüne / Entzücken weilt auf unbetretener Düne / Musik im Wellenschlag am ewigen Meer / Gesellschaft ist, wo alles menschenleer … / Die Menschen lieb ich, die Natur noch mehr« (Lord Byron). Andererseits geht im Zweifelsfalle die Baugenehmigung vor. Und der Rohstoffexperte des BDI und Vorstandsvorsitzende der K+S Aktiengesellschaft weiß immer noch einen Großteil der Menschen hinter sich, wenn er von einer »gefährlichen Ersatzreligion« in Deutschland spricht, welche die Natur »verabsolutiere« und damit Wohlstand und Wachstum aufs Spiel setze.

Das gleiche zwiespältige Verhältnis zeigt sich in der Beziehung zur Kulturlandschaft. Jenseits aller Unterschiede bei den Altersgruppen und Weltanschauungen meinen 91 Prozent der Deutschen, die »landschaftliche Schönheit und Eigenart unserer Heimat« solle erhalten und behütet werden. Da wird der beschauliche, alte Gutshof am Waldesrand erträumt. Zugleich schauen die gleichen Bundesbürger bei jedem Einkauf mehrheitlich streng aufs Preisschild. Billige Waren aber sind nur möglich durch eine Produktion von Pflanzen und Tieren, die auf Kosten der Umwelt und regional charakteristischer Landschaftsbilder geht. So bleiben Schwärmen und Zerstören eins, und eine differenzierte Diskussion über Nutzen und Schützen der Natur ist nicht leicht. Es wird schnell laut, wenn Konsumenten und Naturschützer mit Landwirten, Förstern, Vertretern des Agrobusiness oder Lebensmittelherstellern zur gleichen Zeit im Raum sind.

Denn diese blicken meist anders auf die Natur. Zwar kommen sie den Käufern ihrer Produkte nach wie vor gern entgegen, indem ihre Reklamebilder mit Assoziationen von Landlust, Landpartie und Landliebe werben. Doch in der realen Landschaft ist »der Gegensatz zwischen beschaulichem Bauernhof und rauchendem Industrieschlot längst aufgehoben«, wie die Politologin Petra Schaper-Rinkel schreibt.[67] Und bei den »Feldtagen« der Deutschen Landwirtschaftsgesellschaft (DLG) in Sachsen-Anhalt wird deutlich, wie sehr die Natur in Form von Wetter und Ungeziefer für Bauern eine wirtschaftliche Bedrohung bleibt: Über dem großen Ausstellungsgelände mit seinen Zelten und Buden, in denen neue Sorten und Blühstreifensaat, Drohnen und Düngermischungen, Wachstumsregler und Grubber präsentiert werden, schweben ein aufblasbarer Hai mit gigantischen Zahnreihen und ein noch größerer Riesengorilla. Beide symbolisieren die hilfreichen Gegenkräfte, die »unaufhaltsam gegen Ungräser und Unkräuter« ziehen: Agrarchemikalien, die martialische Namen wie Herkulex, Bazuka oder Cruiser Force tragen. Auch hinter Begriffen wie »Farmhygiene« steht die Hoffnung auf die technologische Vernichtung des Feindes namens Ackerfuchsschwanz oder Gemeiner Melde, der Ernte und Einkommen bedroht. Lernen von der Natur? Der Satz fällt einem bei diesem Anblick nicht gleich ein.

Kein Wunder, dass viele Landwirte – oder zumindest ihre Verbände – auch für die neuen Naturkontrollverheißungen der Bioökonomie empfänglich sind – zumal diese zugleich den Anschluss ihres derzeit oft geschmähten Berufsstandes an den Rest der Hightech-Gesellschaft versprechen.

Denn in den neuen, bioökonomischen Bilderwelten steht kein anachronistischer Bauer mehr in dreckigen Arbeitshosen neben seinem alten Traktor, sondern ein Experte im Laborkittel mit Laptop. So wie er seine Stalltüren neuerdings für »transparente« Einblicke in GPS-Tiererkennungs- und Full-Line-Fütterungssysteme öffnet, tun es seine Abnehmer in der Lebensmittelwirtschaft mit ihren chromblitzenden Produktionsstraßen. In den Broschüren, die über Bioökonomie aufklären sollen, winden sich Tiere, Pflanzen, Bäume, Lebensmittel und Naturprodukte durch die Öffnungen von DNA-Strängen, umgeben von vielgestaltigen, farbenfrohen Mikroben-Zellformationen im Computerspieldesign. Da stinkt nichts mehr und wird nichts mehr dreckig.

Aus der künftigen Kulturlandschaft, die ein niederländisches Informationsvideo über die »Biobasierte Ökonomie« zeigt, sind die Bauern anscheinend ganz verschwunden.[68] Die musikalische Untermalung mit großem Geigenorchester erinnert zwar noch an das Pathos alter Naturfilme von Walt Disney. Doch im diametralen Widerspruch dazu überfliegt man aus Drohnenperspektive eine sortierte, aseptisch elegante Landschaft aus rechtwinkligen Feldern, Algenteichen und Industrieanlagen. Bioraffinerien, Produktionshallen, Windräder: Alles steht weiß im Kunstrasengrün. Landmaschinen rollen ferngesteuert über die Produktionsflächen. »Biomasse« und ihre Produkte gleiten geräuschlos durch Umwandlungs-, Transport-, Verarbeitungs- und Rückführungsstraßen. Der Schmetterling, der über die satten Grashalme im Google-Design fliegt, flattert wie ein Urzeitwesen, das sich verirrt hat. Das Video wirkt, als solle die Skepsis des Papstes Franziskus in seiner Enzyklika über den Versuch der Menschen untermalt werden, »eine unersetzliche und unwiederbringliche Schönheit auszutauschen gegen eine andere, die von uns geschaffen wurde«.

Diese Technisierung der Kulturlandschaften, die Fabrikgeländen ähneln, fügt sich in ein Bild vom Anthropozän, das den globalen Gärtner vor allem als Homo technologicus sieht; einen Manager von Naturverhältnissen, bei denen Stadt-Land-Wald und Produktion eins werden. Urbane Räume sollen immer mehr zuwachsen, und das Land wird zum industrialisierten, bebauten Grün; daneben dürfen Naturschutzgebiete als Wildnis-Reservelager bestehen bleiben. Nur wenn dank wissenschaftlicher Fortschritte die bestehenden Agrarflächen noch intensiver bewirtschaftet würden, könne man angesichts der wachsenden Weltbevölkerung auch noch unberührte Räume zum Schutz der ursprünglichen Artenvielfalt erhalten, argumentieren viele Protagonisten der Bioökonomie. Mit den Worten des amerikanischen Agrarökonomen und Gentechnikfans David Zilberman gesagt:»Wer Bäume liebt, muss GVO lieben!« In dieser Vision ist die in Jahrhunderten von Menschen den natürlichen Gegebenheiten angepasste Kulturlandschaft beinahe schon stärker gefährdet als die Wildnis.

Doch die EU-Kommission – genauer: die Generaldirektion Forschung – dürfte nicht nur im romantischen Deutschland auf Widerstand stoßen mit ihrer Werbung für die Bioökonomie. In dem Filmchen locken Sehnsuchtsbilder von einsamen finnischen Seen, weiten ungarischen Ebenen, lieblich grünen Hügeln in Irland – lauter europäischen Naturidyllen. Dann wird – Ökonomie statt Bio – für die Industrialisierung getrommelt:»Die Leute hier müssen auch noch leben können, wenn die Touristen weg sind.« Ob die dann noch kommen, ist die Frage.

Benedikt Härlin bestimmt nicht. Der Aktivist von der Zukunftsstiftung Landwirtschaft lebt in einer jener Regionen Mecklenburg-Vorpommerns, deren reale bioökonomische Gegenwart in Form riesiger Biogasanlagen ihn auch gegenüber den weiß-grünen Zukunftsvisionen skeptisch macht:»Bisher schafft die Bioökonomie Wüsten. Die Höfe verschwinden schneller als anderswo. Die jungen Leute gehen weg, in solche Regionen will niemand mehr ziehen«, so lautete, kurz gefasst, sein Statement, als er im Herbst 2015 bei einer Anhörung zur Bioökonomie in Brüssel als Experte gefragt war. Härlins Stiftung kämpft unter anderem gegen das Höfesterben, weil sie darin einen Verlust von Vielfalt erkennt. Tatsächlich stehen die Landwirte in den ökonomischen Modellen der Bioökonomie als Profiteure neuer Wachstumsraten hinten an. Der Präsident des deutschen Bioökonomierates, Joachim von Braun, malt die Wertschöpfungszuwächse gern in der Form einer Zwiebel aus. Je weiter außen die Schale, desto mehr sei zu holen. Ganz außen sitzen die Patente, also Wissenschaft und Industrie. Die Bauern sitzen ganz innen.

Bei der Anhörung in Brüssel bemängelt Benedikt Härlin aber noch einen anderen Punkt: Was ihm fehle in all den Bioökonomie-Strategien, das sei Suffizienz, also Genügsamkeit. Nur sie könne eine weitere Entseelung der Landschaften verhindern – nicht ein »anhaltender Produktivismus, der nur effizienter werden soll«. Die Frage müsse doch anders gestellt werden: »Wie wird die Nachfrage nach Biomasse in den reichen Ländern langfristig verringert?«

Das ist der zentrale Vorbehalt der Umwelt- und Entwicklungsorganisationen, aber auch vieler Wissenschaftler gegenüber der Bioökonomie: Der Dramatik der globalen Krisen werde man nur gerecht, wenn sich auch Konsumweisen fundamental ändern – doch das werde gar nicht oder höchstens als Floskel am Rande erwähnt. Diese Kritiker stellen schon die grundlegende Prämisse der Bioökonomie in Frage: dass es nicht reicht. Tatsächlich erzeugt die Landwirtschaft heute rechnerisch mindestens ein Drittel mehr Kalorien, als für die Versorgung aller Menschen mit Nahrung benötigt wird. Außerdem gehen von den essbaren Lebensmitteln laut Berechnungen der FAO jedes Jahr 1,3 Milliarden Tonnen verloren; das entspricht 28 Prozent, also deutlich mehr als einem Viertel der global genutzten Ackerflächen. In Entwicklungsländern sind daran vor allem fehlende Transportwege, Lagerhallen und Möglichkeiten zur Kühlung schuld, in reichen Ländern luxurierende Fahrlässigkeit und Verkaufsstrategien der Lebensmittelunternehmen. Auch der Skandal, dass mit 795 Millionen Menschen mindestens jeder neunte Bewohner des Planeten hungern muss, ist daher global gesehen nicht einem Mangel an Nahrung geschuldet, sondern einer ungerechten Verteilung, unfairer Handelsbeziehungen, fehlenden Infrastrukturen, ungeklärten Besitzverhältnissen bei Grund und Boden. Bei Welternährung und Nachhaltigkeit gehe es viel eher »um Fragen der globalen Gerechtigkeit als um Techno-Visionen«, meinte auch Arnold Sauter vom Büro für Technikfolgen-Abschätzung beim Deutschen Bundestag (TAB) bei einer Veranstaltung des Evangelischen Kirchentages zur Synthetischen Biologie. Nicht die Welt müsse ernährt werden, sondern die Hungrigen.

••

»Da ist Macht unterwegs«
Streitgespräch: Franz-Theo Gottwald versus Carl-Albrecht Bartmer über Staat und Wissenschaft, die Chancen und Risiken der Bioökonomie und die Eigenrechte des Lebens

Franz-Theo Gottwald, *geboren 1955, studierte Theologie, Philosophie, Sozialwissenschaften und Indologie. Seit 1988 ist er Vorstand der Schweisfurth Stiftung in München, die sich für eine tierfreundliche ökologische Landwirtschaft einsetzt. Gottwald ist außerdem Honorarprofessor für Agrar-, Ernährungs- und Umweltethik an der Humboldt Universität Berlin sowie Vorsitzender der Verbraucherkommission in Bayern*

Carl-Albrecht Bartmer, *geboren 1961, bewirtschaftet seit 1991 einen Ackerbaubetrieb in Sachsen-Anhalt. 2007 wurde er Präsident der Deutschen Landwirtschaftsgesellschaft (DLG). Die 1885 gegründete Organisation macht es sich zur Aufgabe, mit Tagungen, Ausstellungen und Publikationen agrar- und ernährungswissenschaftliche Erkenntnisse und technische Neuerungen an den Landwirt zu bringen sowie die Qualität des Anbaus und der Verarbeitung von Lebensmitteln zu sichern.*

Grefe Herr Bartmer, Sie haben, aufgewachsen im Westen, kurz nach der Wende den Hof Ihrer Vorfahren in Sachsen-Anhalt übernommen. Hat man überhaupt eine Beziehung zu einem Stück Land, das man kaum kennt?

Bartmer Ja, auf jeden Fall. Zwar hatte ich das Gut 1980 schon einmal besucht, aber die Geschichten der Großeltern über »unser liebes

Löbnitz« waren viel vitaler. Und ja: Es gibt diese archaische Liebe zu einem Fleck Erde. Sie rührt aus der Verbundenheit zur Familie, dem Boden, den Nachbarn. Wenn ich dort heute ein verrostetes Hufeisen auf dem Acker finde, weiß ich: Das hat mal ein Pferd meines Vorfahren verloren. Tatsächlich haben wir Landwirte ein großes Privileg, weil wir quasi mit den Händen die generationenübergreifende Verbundenheit mit den Menschen und der Region, auch die Verantwortung dafür greifen können.

Gottwald Für mich liegt etwas Zukunftsweisendes darin, wie bei uns im Dorf der Zusammenhalt gewachsen ist – zwischen Biobauern, konventionellen Kollegen und den anderen Dörflern mit ihren vielfältigen Beziehungen bis in die umliegenden Städte hinein. Wir sind vor zehn Jahren aus München nach Oberbayern gezogen. Im Dorf gibt es acht Vollerwerbsbetriebe, davon vier Demeter-Höfe. An einem Milchviehbetrieb bin ich mit einer kleinen Summe auch still beteiligt. Doch wichtiger ist: Ich melke, ich miste, ich füttere. In die Biolandwirtschaft bin ich aber schon 1985 eingestiegen. Als Geschäftsführer der Schweisfurth Stiftung konnte ich bei der Konzeption und dem Aufbau der Herrmannsdorfer Landwerkstätten mitwirken. Wir wollten auf 170 Hektar demonstrieren, dass eine ökologische Transformation des Anbaus und der Vermarktung auch im großen Stil möglich ist. Das war damals im alternativen Landwirtschaften noch kaum vorstellbar!

Bartmer Ich habe ja Ihr Buch über die Bioökonomie gelesen ...

Gottwald ... meine Streitschrift ...

Bartmer ... genau, eine grundlegende Kritik an den Innovationen in der Land- und Ernährungswirtschaft, vor allem an der Biotechnologie. Bei der Lektüre habe ich mich gefragt: Was hätte Herr Gottwald wohl vor 150 Jahren geschrieben? Damals fingen ja die ersten Forscher damit an, chemische Verbindungen zu synthetisieren. Sie stellten Dinge her, die vorher in der Natur nicht vorkamen, also auch lebenserhaltende Medikamente, Kleidung, flexibel formbare Stoffe für Spielzeug oder Autos, organische und anorganische Verbindungen. Das hat alle Lebensbereiche unserer Welt sicherer, funktionsfähiger, auch komfortabler gemacht. Hätte man die damaligen Entwicklungen mit einem vergleichbar engen Regulierungskorsett unter dem heutigen Gebot des »vorsorgenden Verbraucherschutzes« überzogen und außerdem Verbote unter dem Stigma »nicht rückholbarer Freisetzung« ausgesprochen, dann gehört nicht viel Phantasie dazu festzustellen, dass es uns heute schlechter ginge. Ja, das sage ich auch mit dem Wissen des Missbrauchs von Chemie im Kriege in unserer Geschichte. Technologien entbinden uns niemals von der Verpflichtung, sie verantwortungsvoll einzusetzen.

Gottwald Aber Herr Bartmer, die Bioökonomie markiert doch einen unvergleichbar anderen, einen fundamentalen Bruch im menschlichen Verhältnis zur Natur als seinerzeit die Chemie! Der Mensch will weg von der Junkie-Nadel des Erdöls, die sich ja auch die intensive Landwirtschaft in die Venen sticht mit den Agrarchemikalien, die aus fossilen Brennstoffen hergestellt sind. Man will hin zu einer pflanzenbasierten Wirtschaft. So weit, so gut. Aber angesichts von Entwicklungen wie der Grünen Gentechnik, der Synthetischen Biologie und dem Anbau von Biokraftstoffen ist doch die Frage, ob wir bei der Grundlage für all das überhaupt noch von Pflanzen reden können. Arbeiten die Biotechniker noch mit biologischem, morphologischem, evolutionsbiologischem und auch zeitökologischem Wissen von Pflanzen und Tieren? Oder bloß noch mit »Biomasse«? Was die Menschheit in allen Kulturen bislang als Natur und Schöpfung begriffen hat, das gilt in der Bioökonomie nicht mehr. Und dieser Einschnitt ist ein ganz anderer als damals in der Chemie.

Bartmer Bei allem Respekt vor Natur und Schöpfung: Ihre statische Vorstellung davon erscheint mir doch etwas romantisch idealisiert.

Gottwald Nein, die ist weder romantisch noch sentimental. Das ist eine Tatsachenaussage angesichts genmanipulierter Pflanzen wie dem Bt-Mais, angesichts von transgenem Lachs, angesichts von Knock-out-Mäusen für die Pharmaforschung und von manipulierten Biomolekülen und Bakterien, die in der Natur so nicht vorkommen. Der Papst hat in seiner Enzyklika Laudato Si' der Schöpfung ein Loblied gesungen und gezeigt, wie unser Irrglaube, wir hätten die

Welt verstanden, sie ihrer Vielfalt beraubt und zur Müllkippe gemacht hat. Womöglich hat all das, was heute an gewachsenen Möglichkeiten des Lebendigen existiert, bald keinen Bestand mehr.

Grefe Herr Bartmer, was bedeutet denn für Sie der Begriff Bioökonomie?

Bartmer Bioökonomie ist für mich der Ansatz, aus besserem Verständnis der genetischen Grundlagen und Interaktionen neue Erkenntnisse zu gewinnen und die Kreativität der Biologie für Mensch und Natur nutzbar zu machen. Ein heute vertieft möglicher Einblick in biologische Grundstrukturen ist nicht nur wissenschaftstheoretisch plausibel, sondern auch eine Frage des verantwortungsvollen Umgangs mit den Herausforderungen einer Welt, in der in drei Jahrzehnten neun Milliarden Menschen leben werden. Wir müssen mehr ernten. Das werden wir nur dann leisten, wenn wir biologische Systematiken besser verstehen und neue Erkenntnisse kreativ nutzen, in der Züchtung oder beim Schutz der Kulturen. Fraglos gilt es, die neuen Möglichkeiten verantwortungsvoll zu nutzen. Aber Verantwortung heißt nicht, die Natur, Gottes Schöpfung, schlicht zu umzäunen und sie einem Denkmal gleich unverändert in die Zukunft zu überführen.

Gottwald Aber wer ist das »Wir«, wer entscheidet? Wenn die Regierungen der G7-Staaten, die in der Vereinigung BRICS versammelten Schwellenländer und einige Länder im asiatisch-pazifischen Raum jetzt alle Bioökonomie-Strategien etablieren, dann sehe ich darin eine konzertierte globale Aktion von oben, um ein neues Paradigma im Wirtschaften mit Pflanze und Tier, Wasser und Boden zu etablieren.

Bartmer Glauben Sie wirklich an ein »Kartell der Großen«? Sind es nicht vielmehr die »Kleinen«, die innovativen Köpfe, die das Projekt vorantreiben? Das war bei der Chemie nicht anders.

Gottwald Achtung! Das waren damals ganz andere Technologien. Die Folgen der Biotechnologie ähneln jenen der Atomenergie. Sie sind weitreichend und nicht rückholbar.

Bartmer Ist das nicht bei vielen Technologien so?

Gottwald Eben nicht. Ein Auto können Sie zurückbauen.

Bartmer Und die Treibhausgasemissionen?

Gottwald Die rühren vom Erdöl her, dem Treibstoff mit seinen katastrophalen Folgen fürs Klima. Noch einmal: So einen politisch gewollten Schulterschluss zwischen Politik, Wirtschaft und Wissenschaft wie bei der Bioökonomie gab es in dem globalen Muster und mit derartiger Kapitalintensität noch nie. Allein die im Forschungszentrum Jülich versammelten Einrichtungen – das Plant Phenotyping Centre, die Planzenexperimentieranlage PhyTec und das MRI-PET Zentrum für Pflanzen –, bündeln große Forschungsbudgets, und dies im Schulterschluss mit ähnlichen Institutionen weltweit. Da ist Macht unterwegs, da herrscht Dominanz, da werden kleine oder alternative Forschungseinrichtungen ausgeschlossen. Deshalb frage ich: Wo ist die Bereitschaft, die Risiken genau in den Blick zu nehmen; die ökologischen, kulturellen und ethischen? Was heißt das denn, wenn wir Abschied nehmen von dem, was in unserer Verfassung steht: Die Würde des Menschen ist unantastbar? Und ist nicht die Würde des Lebens unantastbar?

Bartmer Wer will das denn antasten? Das Gegenteil ist der Fall, es geht um einen Nutzen für alle. Die bioökomische Forschung, Politik und Wirtschaft schaffen gemeinsam neue Optionen. Für mich ist es das typische Beispiel einer Public Private Partnership, wie es sie auch in der Bildung gibt oder bei Infrastrukturprojekten: Wo lassen sich Schnittmengen zwischen öffentlichen und privaten Interessen finden, und wie kann man die Forschung einbeziehen? Das Paket zur Bioökonomie ist jetzt einmal so auf den Weg geschickt worden. Forschung muss dabei notwendigerweise ergebnisoffen sein. In zwanzig Jahren werden wir den einen oder anderen Um- oder Irrweg konstatieren – aber auch spannende, zukunftsträchtige neue Lösungen, die wir heute gar nicht für möglich halten.

Gottwald Bei den Erneuerbaren Energien oder in der Informatik sind Staat und Großunternehmen auch nicht so elitär konzentriert vorangegangen. Und gerade da gab es jede Menge Innovation.

Bartmer Ja, Herr Gottwald, weil es sich dabei um die Fortentwicklung von bereits existierender Technologie handelte. Etwas ganz anderes ist es mit der Biologie. Hier öffnen sich die Türen der Erkenntnis gerade erst. Es bedarf daher noch der Forschung zu Grundlagen und zu Sicherheitsfragen.

Gottwald Genau, und die Folge ist eine weitere Konzentration von Wissen und Macht! Am Ende wird es dann wieder so sein, dass die Gesellschaft erst politisch aufwacht, nachdem die Produkte aus neuen Bio-Technologien nach neuen Regeln oder einer Verrechtlichung rufen, insbesondere was die sogenannte bäuerliche Zucht beim Saat- oder Tierzuchtgut angeht. Wer darf was anbauen, wer muss an wen Lizenzgebühren zahlen? Allein diese Frage hat im Umfeld der Firma Monsanto schon zu größeren Prozessen geführt.

Grefe Wenn man der Bundesregierung oder dem Bioökonomierat zuhört, dann geht es in der Bioökonomie um grüne Textilien und Baumaterialien, Abfallverwertung und Konsum-Innovationen in Kosmetik und Ernährung. Sie beide klingen jetzt aber so, als stehe dahinter als entscheidende Dynamik doch die Biotechnologie. Warum wird sie dann öffentlich kaum thematisiert?

Bartmer Weil Bioökonomie am Anfang fälschlich ganz auf Grüne Gentechnik reduziert wurde. Diese spielt nur teilweise eine Rolle. Und leider ist es inzwischen opportun, solche politisch-medial verminten Felder zu meiden und sich nicht mehr dafür einzusetzen, selbst wenn es rational noch so sehr angezeigt ist. Eine kollektive Debatte hat ihre Risiken, weil eine Abwägung komplexer Fragestellungen den notgedrungen Fachfremden häufig überfordert. Ich jedenfalls würde mir wünschen, dass in größerer Breite Chancen und Risiken der Biotechnologie auch in der Pflanzenzüchtung ernsthaft durchdacht würden. Ein mündiger Bürger wird jenseits skandalisierender Reflexe zum Beispiel Regeln der Koexistenz formulieren, die wie im Straßenverkehr nicht das Verbot von Autos vorsehen, sondern den Bau von Fahrradwegen und Ampeln. Ein Grenzwert für gentechnische Beimischung von null Komma null Prozent ist nicht nur keine Koexistenz, sondern ein Wert, den es in einer grenzenlosen Natur gar nicht gibt.

Gottwald Ich stimme zu, dass wir rational und diskursiv mit dem Thema umgehen müssen. Die Forderung nach Rationalität soll aber oft auch als Rechtfertigung dafür dienen, auf Zeit zu spielen. Natürlich kann es keine null Komma null Prozent GVO-Freiheit mehr geben, weil das Zeug ja in der Welt ist. Aber je mehr GVO angebaut werden, desto unmöglicher wird doch die sogenannte Koexistenz. Dann sollten Sie auch ehrlicherweise nicht mehr so tun, als ob es langfristig noch Ökolandbau geben könnte. Mir macht es auch deshalb Sorgen, wenn der GVO-Konzern Nummer eins, Monsanto, so viel Kapital mobilisieren kann, dass er beinahe die Nummer drei, Syngenta, geschluckt hätte. Und mir macht Sorge, dass fünf große Unternehmen von Nestlé bis Unilever auf der Verarbeitungsseite jedes Jahr bis zu 2,5 Milliarden Dollar für Industrieforschung ausgeben; Summen, mit denen sie zusätzlich gewaltige öffentliche Mittel hebeln können. In den Händen von so wenigen kommt dann immer wieder ganz leicht das Kapital zusammen, um sich mit der nächsten Technologieführerschaft durchzusetzen, zu Lasten kleinerer Unternehmen.

Bartmer Herr Gottwald, Ihrem Szenario einer tendenziell zur Monopolisierung neigenden Wirtschaft kann ich nicht viel abgewinnen. Diesem stehen nicht nur im Allgemeinen sehr wirksame wettbewerbsrechtliche Instrumente entgegen, sondern auch viele sehr erfolgreiche kleine Unternehmen, die durch niedrige Transaktionskosten die großen »Dickschiffe« an Innovationskraft und Flexibilität überholen. In der Landwirtschaft erfreuen wir uns nach wie vor einer großen Vielfalt an Möglichkeiten. Weltweit.

Gottwald Es werden aber Sachzwänge geschaffen. Die Kosten für immer neue Paketlösungen der Agrarindustrie – also für die Anschaffung von Saatgut, das auf ein abgestimmtes synthetisches Düngemittel sowie auf ein abgestimmtes Herbizid, Fungizid oder Insektizid angewiesen ist, das eine bestimmte Anzahl von Spritzungen braucht, bestimmte Landbaumaschinen und computergestützte Präzisionstechnik – diese Kosten werden immer höher und die Abhängigkeiten größer. Viele Landwirte haben gar nicht die Wahl, weil sie das Kapital nicht haben. Aber gegen Milliardeninvestitionen in Hightech-Lösungen stehen hier in Deutschland gerade mal 17 Millionen Euro für die Erforschung agrarökologischer Alternativsysteme. Viele Öko- und Kleinbauern müssen um ihre Zukunft fürchten.

Grefe Und weichen, weil sie nicht wachsen können? Sehen Sie in der Bioökonomie noch mehr Höfe sterben?

Gottwald Es ist ja jetzt schon schwierig. Nehmen Sie unser oberbayerisches Dorf: Welcher junge Mensch lässt sich denn noch auf den Überlebenskampf in so einer kleinräumigen Agrarstruktur ein? Die vier Demeterhöfe und auch die konventionellen Bauern denken jeweils gemeinsam darüber nach, wie der Generationswechsel noch funktionieren kann. Sie, Herr Bartmer, bewirtschaften 1000 Hektar, bei uns im Dorf sind es vielleicht im Schnitt pro Betrieb 50 Hektar. Wir müssen uns heute fragen: Wie können wir im Getreidebau, etwa im Roggen, die Tonnagen schaffen, die von der Mühle gefordert sind, damit unsere Produkte überhaupt noch abgeholt werden? Unser Experiment vollzieht sich am offenen Herzen.

Bartmer Wir können nicht erwarten, dass liebgewonnene Strukturen in aller Zukunft erhalten bleiben. Man kann beim Vergleich Ihres Dorfes mit meinem auch zu einem anderen Schluss kommen: In Löbnitz gibt es nach wie vor einen landwirtschaftlichen Familienbetrieb mit vier Mitarbeitern, der aber wegen seiner Größe ein wettbewerbsfähiger Handelspartner ist.

Gottwald Günstige Preise im Wettbewerb sind nicht alles, Herr Bartmer. Ob wir Bauern überleben, das entscheidet über die sozioökonomische, auch die kulturelle Entwicklung einer ganzen Region. Wir Marginalisierten in Oberbayern haben wenigstens noch den Ballungsraum München in der Nähe.

Bartmer Das ist ja auch eine phantastische Konstellation, auf die sich Ihr Unternehmen gut eingestellt hat. Aber im Sinne eines nachhaltigeren Wirtschaftens sind viele kleine Subsistenzbetriebe nicht die Antwort. Wir müssen doch ehrlicherweise sagen: Es geht nicht zurück in die Vergangenheit. Wir müssen eine sinnvoll strukturierte, arbeitsteilige Welt aufbauen. Für die Nachhaltigkeit ist eine Großküche manchmal besser, als wenn in fünfzig Haushalten jeder seinen eigenen Kühlschrank und Abfalleimer füllt. Die Urbanisierung ist kein Nachhaltigkeitsproblem, sondern ein Teil der Lösung.

Gottwald Das ist unstrittig – wobei ich als Professor in Shanghai vor allem an dezentralen Konzepten für Urban Farming oder Vertical Farming mitgewirkt habe. Aber es gibt natürlich riesige Probleme, wenn man die Sache nicht vom idealisierten Ende des Urbanisierungsprozesses her denkt. Das erreichen wir vielleicht im Jahr 2090 – aber wie lösen wir die dramatischen Probleme des Übergangs? Wie sollen denn all die marginalisierten Bauern in Indien und Afrika überleben, die auf dem Land keine Existenzmöglichkeit mehr haben? Es sind ja ausgerechnet die Bauern, die hungern. Und in den Städten kannst du die Leute auch nicht alle beschäftigen.

Grefe Eine andere Folge der Skaleneffekte ist, dass die Artenvielfalt auf dem Acker verarmt.

Bartmer Sicher, mein Großvater hatte noch Schweine, Schafe, Kühe, Gemüse und Fruchtfolgen mit fünfzehn verschiedenen Kulturen. Dagegen bin ich mit meinen vier Kulturen natürlich stark eingeschränkt. Aber die Vielfalt damals war eine Folge der Not! Die Schweine hatten es nicht besser als heute, die Nährstoffe wurden schlechter verteilt, Pflanzenkrankheiten hatten Missernten zur Folge. Und auch wenn wir heute Pflanzenschutz- und Düngemittel für eine intensivere Produktion benötigen: Der Nachhaltigkeitsbericht der DLG zeigt, dass sich in Deutschland dank technischer Innovationen und eines gezielteren Einsatzes von Dünge- und Pflanzenschutzmitteln die Nachhaltigkeit der Landwirtschaft positiv entwickelt hat. Das Schlimmste wäre, in die alten ineffizienten Produktionssysteme zurückzukehren. Heute nutzen wir die natürlichen Ressourcen schonender und erzielen gleichzeitig mehr als die dreifachen Erträge, zum Nutzen einer hiesigen Bevölkerung, auch der weltweiten, die in dieser Zeit von zwei auf sieben Milliarden Menschen angewachsen ist.

Gottwald Das sehe ich genau anders: Der Betrieb Ihres Großvaters wäre höchst zeitgemäß. Gegen schwankende Energiekosten und die

Unwägbarkeiten des Klimas ist gerade ein vielgliedriger Hof gut gewappnet. Außerdem gelingt es ihm, in seinen Stoffkreisläufen die auf uns zukommenden Engpässe beim Dünger zu lösen, weil er noch ein paar Tiere hat und keine Gülle oder synthetisierte Nährstoffe für das Bodenleben importieren muss. Ich glaube, wir haben da einen sehr unterschiedlichen Fortschrittsbegriff.

Bartmer Wussten Sie, dass mein Großvater mit achtzig Mitarbeitern wirtschaftete, die ich heute gar nicht mehr fände? Wir leben nicht im Speckgürtel von München, wo es Berechtigungen für Höfe gibt, die Sie beschreiben. Genau deshalb hat mein innovativer Großvater bereits in den Zwanzigerjahren des letzten Jahrhunderts von der Pferderennbahn in Berlin mit dem Zug Mist nach Löbnitz bringen lassen: weil er merkte, dass sein eigener Dünger nicht mehr reicht!

Gottwald So ein vielfältiges System muss ja nicht autark sein, und arbeitswirtschaftlich wie technologisch hat sich gerade die Biolandwirtschaft extrem weiterentwickelt. Der Bioanbau ist widerstandsfähiger, weil es einen Ausgleich gibt, falls eine angebaute Marktfrucht scheitert oder der Markt kippt. Es schafft auch mehr Jobs als ein Großbetrieb mit vier Agraringenieuren – und das ist heute für Entwicklungsländer, ja bis nach Südeuropa hinein ein wichtiges Angebot für die vielen arbeitslosen jungen Menschen. Es wäre zudem eine andere, bio-sozio-regionale Arbeitsteilung möglich. Das heutige System der Rohstofflieferung von den grünen Werkbänken der Welt bringt etwas, um Mengen zu erzeugen. Aber es hat die Tendenz, allen anderen Strukturen der Erzeugung und Versorgung schlicht die Existenzmöglichkeiten zu rauben. Und das finde ich auch evolutionsbiologisch problematisch. Denn was heute fast unsichtbar in der Nische lebt, das kann morgen groß werden – und uns vielleicht sogar retten! Denken wir nur an die möglichen Klimaveränderungen.

Bartmer Ihre Kritik an der Tendenz zu Monopolisierung, Monokulturen und Verdrängungseffekten hat uns in der Geschichte immer begleitet. Diese Diskussion wurde mit viel Schaum vor dem Mund geführt – wenig sinnvoll, weil es keine pauschalen Antworten gibt.

Ja, genau deshalb sind in Entwicklungsländern andere Strukturen sinnvoll als unsere hiesigen. Und jeder sollte vorsichtig sein, wenn er »strukturelle Exportprodukte« beschreibt.

Gottwald Ich finde die Folgen fatal. Diese ganze neue Intensivierung der Landwirtschaft fordert globale Investoren, die vom Shareholder-Value getrieben sind – das zeigt zum Beispiel die Diskussion um Agrarfonds bei der Deutschen Bank –, aber nicht von der Verantwortung für Wasser und Boden. Die Ferninvestitionen würden wenigstens eine funktionstüchtige globale politische Steuerung erfordern. Aber die haben wir nicht.

Bartmer Sie haben Recht und Unrecht zugleich. FAO und Weltbank haben immerhin Regelwerke zur Landnutzung verabschiedet. Aber was heißt das für uns? Ich bin davon überzeugt, dass wir uns der globalen Verantwortung am besten stellen, indem jeder seine Wettbewerbsvorteile nutzt. Wir leben hier in Europa an einem hoch fruchtbaren Agrarstandort, wir haben ausreichend Wasser, hervorragend ausgebildete Landwirte, laufend neues Wissen. Es ist eine globale Verantwortung, auch um der Nachhaltigkeit willen, dass wir unsere Talente nutzen. Und noch einmal zu Großkonzernen, Shareholder-Value, dem außerlandwirtschaftlichen Kapital: Da kann ich Ihnen die Sorge langfristig auch nehmen. Deren Renditeversprechen, das im Wesentlichen auf steigenden Bodenpreisen fußt, wird sich in den typischerweise volatilen Agrarmärkten nicht erfüllen.

Grefe Aber könnte der Druck auf die Flächen in der Bioökonomie nicht im Gegenteil sogar noch steigen, wenn Land außer für Nahrung, Biogas und Biosprit auch noch für die Faser- und Textilwirtschaft sowie die Grundstoffchemie bei der Polymererzeugung gebraucht wird?

Bartmer Für den Landwirt hat diese Konkurrenz zunächst Marktchancen eröffnet. Allerdings haben die umfangreichen öffentlichen Gelder nicht gerade zu einer wettbewerbsstarken Ökonomie geführt. Das beweisen die Märkte, die kollabieren, wenn die öffentliche Unterstützung zurückgeht. Schade um zahlreiche Investitionen, um Know-how, das heute nicht mehr gebraucht wird. Gleichzeitig will ich betonen: Die Agrarwirtschaft hat zunächst die menschliche Ernährung zu sichern. Wenn wir schöne Biokleider tragen, aber die Menschen das Essen nicht mehr bezahlen können, dann haben wir einen Fehler gemacht.

Gottwald Das klingt gut, Herr Bartmer, aber Sie unterschätzen den Druck. In der schönen bioökonomischen Welt der »Fünf F« – Food, Feed, Fuel, Fibre, Fun – wird es am Ende ganz einfach so sein, dass die Prioritäten nach erzielbaren Erlösen gesetzt werden. Wer den höchsten Preis bietet, der kriegt die Biomasse – und das sind eben keineswegs zwingend die Erzeuger von Lebensmitteln. Wir dürfen doch nicht noch mehr in gespaltene Gesellschaften einzahlen und neuen Hunger riskieren!

Bartmer Herr Gottwald, wir sind uns ja einig: Neue Marktentwicklungen, auch durch neue Technologien, sind immer eine Herausforderung für alle Beteiligten: Produzenten, Konsumenten, Staaten. Aber leitet sich daraus die Berechtigung ab, solche Entwicklungen im Keim zu ersticken? Vorwegnehmenden kritischen Analysen sind keine Grenzen gesetzt. Man kann doch aber auch Chancen vorwegnehmen! Vielleicht gibt es morgen Lösungen – viele denken an Lebensmittel, die aus Algen gewonnen werden –, die gerade Menschen in Entwicklungsländern einen leichteren und preiswerteren Zugang zur Nahrung bieten.

Gottwald Aber das akzeptieren die Leute doch gar nicht. Schon jetzt gehen jedes Jahr zur Grünen Woche vierzig- oder fünfigtausend Bürger bei der Demonstration »Wir haben es satt« auf die Straße. Die wollen keine Algen, die wollen auch kein Nestlé-Health-Food aus dem Drucker. Die wollen überhaupt nicht diese hoch verarbeiteten Lebensmittel.

Bartmer »Wir haben es satt« – das ist eine luxuriöse Geisteshaltung, aber kein Argument. Das ist aber sicherlich ein Zeichen dafür, dass wir die positiven Perspektiven noch nicht ausreichend vermittelt haben.

Grefe Herr Bartmer, Sie haben einmal gesagt, Sie hätten den Eindruck, in Deutschland werde der Mensch mittlerweile nur noch als Störfall der Schöpfung angesehen. Was hat Sie dazu veranlasst?

Bartmer In unserer Kultur gibt es ein großes Missverständnis, nämlich dass eine Natur ohne Menschen schöner wäre. Gewiss haben Wildnisgebiete wie die Arktis einen Wert an sich. Aber alles, was wir heute für schützens- und liebenswert halten, ist ein Ergebnis dessen, wie der Mensch die Natur – auch mit Blick auf die Nachwelt – gestaltet hat. Meine Vorfahren haben kleine Feldgehölze angelegt, auf dem ertragreichsten Land Deutschlands und in einer Region, in der man sonst sagt, der höchste Baum wäre ein Zuckerrübenschosser. Auch ohne den Begriff Biodiversität zu kennen, haben sie Sträucher und sogenannte Remisen gepflanzt. Um darin zu jagen, schon; aber noch mehr, um sich an einer schönen Landschaft zu freuen.

Gottwald Ich sehe uns Menschen als Treuhänder der Schöpfung, und wenn wir diese Aufgabe so erfüllen, dass die folgenden Generationen in einigermaßen ähnlichen Lebensverhältnissen leben können; wenn wir als Kulturwesen sagen, was wir bewirtschaften, das sind Werte, das ist Leben – dann haben wir eine gute Rolle in der Natur.

Bartmer Diese Werte werden wir aber nur erhalten, wenn wir die Dynamik von Natur und Gesellschaft beachten. Die Welt darf kein Museum sein.

Gottwald Aber wenn wir die Rolle als Treuhänder weiter so schlecht erfüllen wie jetzt, dann sind wir ein Störfall, der hoffentlich bald ein Ende hat. So wie in der Geschichte vom Planeten, der an der Krankheit Mensch leidet, und sein Nachbarplanet sagt: Das geht vorüber. Okay, ich weiß, diese Pointe ist uralt. Sie ist jedoch nur scheinbar ein Witz.

● ●

5 ICH ZEIG DIR MEIN GELD

Der Streit um die Erneuerung der
»alten Bioökonomie« in Entwicklungsländern

Wenn man Bauern im Zentrum Tansanias fragt, was ihre Region zuletzt am meisten nach vorn gebracht hat, dann antworten viele überraschend: die chinesischen Motorräder. Bunt und wendig knattern tatsächlich auffällig viele dieser kleinen Kraftmaschinen über die Staubstraßen. Sie sind erschwinglich, Bauernsöhne finden sie cool und können ihre Erzeugnisse darauf weiter transportieren als auf dem Rad oder zu Fuß. Zum Beispiel zu dem lokalen Markt unten am Magole-Fluss. Von dort bringen Laster Mais, Straucherbsen, Tomaten oder Sesam in die Agrarfabriken der Bezirkshauptstadt Morogoro am Fuße der Uluguru-Berge. Je tiefer es aber ins Innere des Landes geht, desto größer werden die Schlaglöcher, desto trockener die Felder zwischen verbuschtem Land – und desto ärmer sind die Menschen. Mohammed Issa, der Moderator des Landfunks im Privatsender *Abood*, ist unterwegs zu seinen Hörern. In seinem Autoradio laufen Hip-Hop-Songs, deren Texte Träume vom besseren Leben wecken:»Ich zeig Dir mein Geld«, oder »Eines Tages werd' ich's schaffen.«

In Kiyegea auf einer Anhöhe im Hochland hält Issa an. Dort wartet schon eine Runde junger und alter Bauern. Sie sitzen im Kreis auf bunten Plastikstühlen und erzählen von ihrem Alltag, von ihren bescheidenen Wünschen: Für den einen ist das besseres Saatgut, ein anderer hätte gern Zugang zu einem Trecker, um ein größeres Stück Land bestellen zu können. Die junge Frau im braun-zitronengelb gemusterten Kitenge möchte wissen, wie sie trotz des Wassermangels mehr Gemüse anbauen kann. Denn meist gebe es nur Maisbrei und Bohnen, sagt sie.»Könnte ich meinen vier Kindern öfter etwas Frisches zu essen geben, dann wären sie vielleicht nicht mehr so oft krank«. Das jüngste Baby trägt sie auf ihrem Rücken.

Der Landfunk ist wichtig in Tansania, denn drei Viertel der über 50 Millionen Einwohner ernähren sich von der Feldarbeit. Die allermeisten von ihnen sind dabei wie seit Menschengedenken auf den Regen angewiesen, der in Zeiten des Klimawandels nicht mehr zuverlässig kommt. Und selbst wenn heute auch in Kiyegea ein Moped steht und wie überall in der Welt ständig irgendwo ein Handy klingelt: Grundbedürfnisse wie Nahrung, Energie, ein Dach über dem Kopf und Gesundheit werden vor allem mit Hilfe der Pflanzen oder des Holzes befriedigt. Hier herrscht die »alte Bioökonomie«, so nennt Joachim von Braun vom Bioökonomierat diese Wirtschaftsweise in unmittelbarer Abhängigkeit von der Natur.

In Tansania lebt fast ein Drittel der ländlichen Bevölkerung in Armut. Zwar versichern so gut wie sämtliche Regierungen, internationalen Organisationen und Konzerne in aller Welt unisono, dass sie Kleinbauern in den Mittelpunkt ihrer Anstrengungen stellen. Auf Weltkonferenzen und -kongressen dreht sich alles um »family farmer« und »smallholder«. Doch ein Besuch in Tansania zeigt beispielhaft für viele Entwicklungsländer, dass die Bedürfnisse der Armen und der Natur immer wieder übersehen worden sind – und dass viele angebliche Lösungen auch heute wieder über ihre Köpfe hinweg erdacht werden.

Folgenreiche Fehler:
Die Hybris der Entwicklungspolitik

Der erste große Fehler: Staatliche Institutionen, die Farmer unterstützen, wurden untergraben. So müssten die Bauern rund um Morogoro eigentlich regelmäßig Besuch bekommen, ein Berater aus der Agrarverwaltung sollte ihre Fragen nach besserem Saatgut, nach Möglichkeiten für den Gemüseanbau und nachhaltigen Anbaumethoden beantworten. Es gebe auch wieder so einen Experten, der für sie zuständig sei, erzählen die Farmer:»Aber wir sehen ihn kaum, weil er für ein viel zu großes

Gebiet zuständig ist.« Dass Bauern auch in anderen afrikanischen Ländern mit ihren in den Tropen besonders schwierigen Anbauproblemen allein gelassen sind, ist die langfristige Folge einer verfehlten Politik in den 1980er/1990er Jahren. Damals verabschiedeten sich die Entwicklungspolitiker von der Weltbank bis zum IWF von der Landwirtschaft. In ihrer Welt des Überflusses nahmen sie Bauern schlicht als rückständig wahr. Für Fortschritt sollten fortan ein freier globaler Handel und die Privatisierung staatlicher Einrichtungen wie von selbst sorgen.

Hatten die Gebernationen in den 1980ern noch 17 Prozent ihrer Hilfsgelder in die ländliche Entwicklung investiert, so schrumpften diese Ausgaben bis zum Jahr 2005 auf ganze 3 Prozent. Auf Druck der internationalen Kreditgeber mussten die Regierungen in Afrika, Südamerika und Asien zugleich ihre Zölle senken und die Mittel für staatliche Genossenschaften, Regionalbanken, Anbauberatung und Agrarforschung rigoros kürzen. Selbst in den fruchtbarsten Agrarländern Afrikas reichten infolge dieser Erosion bald die Erträge nicht mehr, und kleine, einheimische Lebensmittelerzeuger konnten gegen subventionierte Industrieprodukte aus anderen Ländern nicht mehr konkurrieren. Verlorene Jahrzehnte: Auch wegen dieser Vernachlässigung ernten viele Bauern im tansanischen Hochland nur ein Drittel dessen, was ihre Felder hergeben könnten. Eine Reihe afrikanischer Staaten wurde von Nahrungsimporten abhängig, 35 Milliarden Euro pro Jahr gibt der gesamte Kontinent dafür aus. Erst, als sich die Verzweiflung vieler Menschen von Ägypten bis Senegal, aber auch von Indien bis Mexiko 2007/2008 in Brotrevolten auf der Straße entlud, wachte man auf. Ob Weltbank, G8, FAO: Auf allen Ebenen nimmt sich die Staatengemeinschaft der Landwirtschaft seither neu an. Auch die afrikanischen Regierungen haben versprochen, fortan mindestens 10 Prozent ihrer Budgets in die Agrarforschung und -entwicklung zu investieren.

Der zweite große Fehler: Die globalen Strategen der Armutsbekämpfung übersahen die zentrale Bedeutung der Energie. Viele Regierungen verteilten zwar großzügig Subventionen für Strom und Diesel, davon profitierten meist größere Betriebe. Aber auch die Kleinbauernfamilien kommen erst voran, wenn sie Wasser pumpen, abends bei Lampenlicht lernen oder Produkte mit einfachen Maschinen selbst weiterverarbeiten können. Erst ein Viertel der Bürger Tansanias hat Zugang zum öffentlichen Stromnetz, und auf dem Land sind es sogar nur 7 Prozent. Weit über 90 Prozent der Frauen bereiten die Mahlzeiten wie eh und je mit Brennholz oder Holzkohle zu. Diese Energieversorgung ist fatal, weil sie die Rodung der ohnehin von Äckern und Plantagen bedrohten Wälder befördert. Laut der tansanischen Organisation TaTEDO, die sich um emissionsarme Energie für Dörfer kümmert, gehen für eine Million Tonnen Holzkohle pro Jahr fast 100 000 Hektar verloren, und nur etwa ein Viertel werde wieder aufgeforstet.[1] Im Miombo, dem großen Urwald und Wasserspeicher in den Uluguru-Bergen, leben Dutzende seltener Affen-, Vogel-, Insekten-, Reptilien-, Amphibien- und Hunderte wertvoller Pflanzenarten. Früchte, Wild und Pilze bieten den Dorfbewohnern zusätzliche Nährstoffe zu ihren meist einseitigen Mahlzeiten. Das alles ist auch dadurch gefährdet, dass an den Berghängen Rauchschwaden aus den Holzkohlemeilern aufsteigen.

Die offenen Feuerstellen, auf denen die Frauen kochen, sind außerdem eine Gesundheitsgefahr. Millionen von Menschen weltweit werden der Weltgesundheitsorganisation zufolge krank und sterben um Jahre früher, weil sie in ihren Lehmhütten schädliche Gase und Rauchpartikel einatmen. Pearson Jonathan, einer der Bauern in Kiyegea, ist eine Ausnahme. Dank der Hilfe von Freunden kann er auf seinem kleinen Hof demnächst eine Mini-Biogasanlage zum Kochen einbauen. Sie soll mit Dung, Stroh und anderen Resten vom Feld betrieben werden, die sonst verbrannt würden. Die Grube dafür hat der gewitzte Alte mit seinem Riesensonnenhut schon ausgehoben.

Energie: Das Thema kam auch in der Millenniums-Agenda der Vereinten Nationen zur Armutsbekämpfung schlicht nicht vor. Erst in den jüngst verabschiedeten 17 Zielen zur nachhaltigen Entwicklung fordert Nummer 7, dass bis zum Jahr 2030 alle Menschen Zugang zu »erschwinglicher, verlässlicher, nachhaltiger und erneuerbarer Energie«[2] bekommen sollen. Ernährung *und* Energie *und* Entwicklung, und das alles mit Rücksicht auf die Ökosysteme miteinander verknüpft: Dieses systemische Denken gewinnt jetzt international an Boden, und Deutschland schwingt sich dabei zu Agenda-Setting und globaler Führung auf. Man wolle »Ernährungssicherheit und nachhaltige Ressourcennutzung für eine wachsende Bevölkerung erreichen«, heißt es etwa im Abschlusscommuniqué des Global Bioeconomy Summit, den der Bioökonomierat mit Geldern des Forschungsministeriums zusammenrief.[3] Die versammelten Politiker und Wissenschaftler vereinbarten, künftig zu diesem Zweck intensiv zusammenzuarbeiten. Im Januar 2015 hatte bereits das Global Forum for Food and Agriculture zum Thema Bioökonomie des BMEL getagt. Dort versprachen 62 Agrarminister aus aller Welt ebenfalls, sie würden gemeinsam Rahmenbedingungen dafür schaffen, »dass die steigende Nachfrage nach Nahrung und nachwachsenden Rohstoffen befriedigt werden kann, ohne die Ernährungssicherung zu gefährden.«[4] Auch durch den Anbau von Biomasse könnten kleine Erzeuger in Entwicklungsländern zu Einkommen und Arbeitsplätzen kommen. Christopher Kajoro Chiza, Tansanias damals amtierender Landwirtschaftsminister, trieben in Berlin noch Zweifel um, als er abends im Foyer seines Hotels über das neue Schlagwort »Bioökonomie« nachsann. Man sei doch sehr vorsichtig geworden nach bitteren Erfahrungen seinerzeit mit dem Biosprit-Hype, sagte er – und spielte damit auf ein Beispiel für den dritten großen Fehler der Entwicklungspolitik an: die Tendenz zur alle paar Jahre wechselnden, vermeintlich perfekten schnellen Lösung.

Das Biosprit-Wunder, das keins war

In Deutschland ist sie schon so gut wie vergessen, aber nicht in Tansania: die Geschichte von der Wunderpflanze Jatropha, auch Purgiernuss genannt. Ihre Samenkapseln enthalten ein Öl, das hochwertigen Dieselkraftstoff liefern kann. Das Wolfsmilchgewächs hat noch weitere Vorteile: Der Presskuchen, der bei der Ölerzeugung anfällt, ist ein proteinreiches Tierfutter, der Strauch schützt vor Erosion. Vor allem wächst Jatropha auch auf schlechten Böden, sodass sie nicht mit Nahrungspflanzen konkurrieren muss. Deshalb begann eine regelrechte Jatropha-Euphorie, als die EU etwa um das Jahr 2003 begann, wegen der steigenden Ölpreise und aus Klimaschutzgründen über »grüne« Kraftstoffe zu diskutieren. Flugs erkundeten, erwarben oder pachteten europäische Unternehmen in Afrika und auch Tansania große Ländereien. Eine Studie des Land Rights Research and Resources Institute in Daressalam kommt auf über 40 ausländische Unternehmen, die innerhalb kürzester Zeit in die Biokraftstoff-Herstellung investierten; zwei Drittel davon mit Jatropha, ein Drittel mit Palmöl oder Zuckerrohr.[5]

Angestachelt waren sie unter anderem durch eine Machbarkeitsstudie der Gesellschaft für Technische Zusammenarbeit (GTZ, heute: Gesellschaft für Internationale Zusammenarbeit, GIZ) aus dem Jahr 2005.[6] Die Experten des deutschen Regierungsunternehmens rechneten den Tansaniern damals Riesenchancen vor: Das Land könne sich mit Bioenergie versorgen und vor allem mit Biokraftstoffen für den Weltmarkt Jobs auf dem Land schaffen und gut verdienen. Der Regierung empfahl die GTZ, eine eigene Taskforce für die Biokraftstoffpolitik einzurichten. Doch zugleich forderte sie sie dazu auf, deren Arbeitsergebnisse gar nicht erst abzuwarten, sondern »sofort zu handeln, um in den learning-by-doing-Prozess einzutreten«.

Es wurde sofort gehandelt – genauer gesagt: überstürzt. Denn wie sich zeigte, wuchs Jatropha zwar tatsächlich auf weniger fruchtbarem Land, aber die Erträge waren zu niedrig, Verarbeitung und Transport rechneten sich nicht. Die Finanzkrise und dann sinkende Ölpreise erstickten die Unternehmungen schließlich ganz, auch Zucker- und Palmölplantagen für den Kraftstoffexport machten wieder dicht. Christopher Chiza sagt lakonisch: »Unser erstes Bioenergie-Wunder starb ganz langsam einen natürlichen Tod.«

Schlecht für die Investoren aus Europa, doch noch viel schlechter für die einheimischen Bauern. In der Hoffnung auf Jobs und ein besseres Leben hatten sie ihr Ackerland abgegeben, laut der englischen Hilfsorganisation ActionAid oft auch noch für viel zu geringe Preise – und nun hatten sie auch noch alles umsonst verloren. Viele dieser Flächen seien nach wie vor im Besitz der Pächter, ohne genutzt zu werden, kritisiert Timothy Wise von der amerikanischen Tufts University.

Ein größeres Energie-Unternehmen ist weiterhin aktiv: die Firma Bagamoyo EcoEnergy, eine Tochter des schwedischen Unternehmens

EcoEnergy Africa. Sie will auf einer aufgelassenen Rinderzucht-Ranch an der Küste Zucker und Ethanol teils für den Export herstellen und außerdem Strom ins Netz speisen. Auf rund 20 000 Hektar sind zunächst 7800 Hektar Plantagen geplant, außerdem sollen die Kleinbauern aus der Umgebung in das Geschäft einbezogen werden. Stolz sind die Investoren auf ihr Beteiligungsmodell, bei dem die Regierung und lokale Gemeinden zunächst zehn Prozent, dann ein Viertel der Anteile und Mitspracherechte bekommen. Trotzdem gab es auch bei diesem Projekt Streit um Kompensationen. Denn auf dem ungenutzten Land hatten sich laut der Organisation ActionAid schon seit vielen Jahren 1300 Bauernfamilien angesiedelt.[7] Das 500-Millionen-Dollar-Projekt stagniert, wichtige Geldgeber zogen sich zurück; nicht zuletzt, weil die Biokraftstoffpolitik der EU mit einer Verringerung ihrer Quoten dort Überkapazitäten schuf und nun den Absatz erschwert.

Tansanische Kritiker verwarfen die Biosprit-Pläne schon bald aus einem ganz anderen Grund. Estomihi Sawe von TaTEDO etwa fragte, warum der wertvolle Zucker, das Palm- und das Jatropha-Öl, wenn sie schon energetisch genutzt würden, nicht den Einheimischen zugutekämen? »Wir produzieren Ethanol und Biodiesel«, rätselte der NGO-Direktor, »wir beladen damit Schiffe in Daressalam und überqueren den Ozean, um Europa zu erreichen. Auf halber Strecke treffen sie dann auf arabische Schiffe, die hoch beladen mit Erdöl auf dem Weg nach Tansania sind …«[8] Und gewiss, Erdöl ist energetisch ungleich effizienter – aber die Rechnung für einen geringen Anteil des Öls am Energiemix frisst immerhin 10 Prozent des tansanischen Bruttoinlandsproduktes; als die Ölpreise hoch waren, noch deutlich mehr. Macht es da wirklich Sinn, die eigenen Energiequellen zu verkaufen?

»Sexy Africa«:
Große Korridore, große Ergebnisse, große Sprünge nach vorn?

All diese Fehlsteuerungen der Vergangenheit, die Zyklen aus Hypes und Desillusionierung haben in der Zivilgesellschaft auch gegenüber der nächsten Patentlösung Misstrauen geschürt: PPP, das steht für Public Private Partnership. In Afrika ist die New Alliance for Food Security and Nutrition (Neue Allianz für Ernährungssicherheit) eines der mächtigsten Beispiele für solche öffentlich-privaten Partnerschaften.[9] Sie wurde 2012 beim G8-Gipfel in Camp David unter der Präsidentschaft Barack Obamas gegründet. An der Seite der mächtigen Regierungen bieten sich die Konzerne Monsanto, Bayer CropScience, Nestlé, Unilever, SABMiller, Syngenta, United Phosphorus, Agro EcoEnergy und auch zahlreiche afrikanische Unternehmen der Lebensmittelindustrie und des Agrobusiness als Entwicklungshelfer an; dazu einige Organisationen der Zivilgesellschaft. Die Idee dahinter: Weil trotz des neuen Engagements für die Landwirtschaft das Ausgabenniveau der 1980er in den öffentlichen Haushalten meist nicht wieder erreicht wurde, soll die Privatwirtschaft einspringen und eine zentrale Rolle bei der Anstrengung bekommen, Hunger und Armut zu bekämpfen. In zehn afrikanischen Ländern von Ghana bis Mosambik plant die Neue Allianz riesige »Wachstumskorridore«. In diesen »Brotkörben« wollen Regierungen und Großkonzerne eine »moderne« Landwirtschaft voranbringen. Erneut bietet auch Tansania die Leinwand für einen Breitbandfilm der Versprechungen.

Der ostafrikanische »Donor Darling« gehörte zu den ersten Förderkandidaten, weil Tansania mit seinem Programm »Kilimo Kwanza« (Landwirtschaft zuerst) die Privatwirtschaft bereits mobilisiert. Der geplante »Southern Agricultural Growth Corridor of Tanzania«, kurz AGCOT, soll südlich von Daressalam beginnen und sich bis hinunter zur Grenze Sambias über fast ein Drittel des fruchtbarsten Landes erstrecken.[10] Innerhalb der nächsten 15 Jahre will man ein Gebiet von der Größe Italiens mit Straßen, Dämmen, Bewässerungsanlagen, Lagern, Hafenanschluss und anderen Infrastrukturmaßnahmen erschließen und intensiv bewirtschaften. Sieben Großgrundbesitztümer, 25 mittelgroße Farmen für Reis und Zuckerrohr und 78 kleinere Farmen will die tansanische Regierung vergeben. Auch Kleinbauern wie jene in Kiyegea wollen die Betreiber als Vertragslandwirte einbeziehen; also als Zulieferer, die feste Abnahmeverträge bekommen. Die ganze verdichtete Agrarproduktionslandschaft soll am Ende 420 000 neue Jobs schaffen, zwei Millionen Menschen aus der Armut befreien und dabei 2 Milliarden Dollar Einkommen aus der Landwirtschaft generieren. 1,3 Milliarden Dollar Kreditzusagen versprechen die Regierungen, die Unternehmen wollen 2,1 Milliarden Dollar mobilisieren. Auch die Bundesregierung hat im Rahmen der New Alliance Vorhaben in Höhe von 361 Millionen Dollar zugesagt.

Von den angestrebten 350 000 Hektar Wirtschaftsfläche ist ein knappes Drittel bereits zur Ausschreibung abgesteckt worden, laut der Regierung erst, nachdem die betroffenen Dörfer eigene Flächennutzungspläne erstellt hatten. Der vormalige Agrarminister Christopher Chiza versicherte:»Wir wollen es so vorsichtig wie möglich machen, wir wollen keine Landgrabs.« Doch genau darauf könnte es trotzdem hinauslaufen.

Schon im Vorfeld der Planungen sahen Umweltexperten der amerikanischen Entwicklungsorganisation USAID für fast ein Fünftel des vorgesehenen Landes die Vertreibung von Kleinbauern und Konflikte mit Hirten über ihre Weiderechte voraus. Skeptisch ist auch Olivier De Schutter, der frühere Sonderbeauftragte der UN für das Menschenrecht auf angemessene Ernährung. Die Wachstumskorridore der Neuen Allianz beförderten die rasche Etablierung von Landtiteln und Eigentumsrechten für Privatinvestoren, schreibt er in einer Studie für das EU-Parlament, während die Möglichkeiten des Landerwerbs für die betroffenen Kleinbauern und Siedler in den Verträgen nur sehr vage formuliert seien.[11] Nach Recherchen der Hilfsorganisation Misereor über die»Allianz der Zäune«[12] zielen Interessenten vor allem auf die fruchtbarsten Flächen; genau dort hätten sich oft Kleinbauern angesiedelt. So habe es bereits Konflikte mit potenziellen Farmbesitzern gegeben. Anwohner beklagten sich über falsche Angaben bei der Dauer der Pacht, der Größe der abgetretenen Flächen oder sozialen Versprechungen.

Solche Vorwürfe gab es auch schon bei dem Projekt, das der G8 für die AGCOT-Idee als Vorbild diente: Bei der 40 000 Hektar großen Farm Kilombero Valley. Dort baut das Agrarunternehmen Agrica Reis mit Intensivmethoden an. Auch in diesem besonders fruchtbaren Tal sollen Dorfbewohner unter Druck gesetzt worden sein, ihr Land zu verkaufen oder

Ersatzflächen zu akzeptieren, die kleiner als ihre vorherigen waren. Carter Coleman, der Gründer der Farm und CEO von Agrica, bestreitet die Vorwürfe. Der frühere Journalist, Romanautor und Begründer einer Umwelt-NGO wirkt wie ein engagierter Abenteurer, der vielleicht manche soziale Hürde einer solchen Unternehmung unterschätzt hat. Er ist davon überzeugt, dass Kleinbauern durch private Großfarmen bessere Anbauempfehlungen und Marktzugänge bekommen als durch überforderte staatliche Berater. Seine Investoren halten ihm die Stange, darunter Norfund, Norwegens staatlicher Entwicklungsfonds: »So wie wir es sehen, ist die kleinbäuerliche Erzeugung wichtig«, schrieb Norfund in einer Stellungnahme. »Aber Afrika braucht auch einen kommerziell effizienten Agrarsektor, um Wachstum und preiswerte Nahrung zu erzielen.«[13]

Eine Regionalplanung, wie sie so ein Agrarkorridor darstellt, ist prinzipiell durchaus sinnvoll, und dass Geld von außen in die afrikanische Landwirtschaft fließen muss, unbestritten. Entwicklungspolitiker und Nichtregierungsorganisationen haben schließlich jahrzehntelang kritisiert, dass sich die reichen Staaten und Unternehmen vor dieser Verantwortung drückten. Doch bei AGCOT und den anderen Megaprojekten der New Alliance sind sie besorgt. In dieser öffentlich-privaten Partnerschaft sei »vieles zu privat«, so formuliert es der US-Entwicklungsexperte Timothy Wise.

Tatsächlich spricht manches dafür, dass die Konzerne die Regierungsnähe in der G8 vor allem als Türöffner zu ihrem neuen »Handelsplatz der Zukunft« nutzen; so nannte der US-Außenminister John Kerry den lange vernachlässigten Kontinent bei einem großen US-Afrika-Gipfel in Washington. Das Wachstum der Landwirtschaft biete »eine enorme Investitionschance« mit der Aussicht auf eine Billion Dollar schwere afrikanische Industrie im Jahr 2030, heißt es schwärmerisch in Papieren der New Alliance. Martin Richenhagen, Vorstandsvorsitzender des Agrarkonzerns AGCO Corporation, schwärmt gar vom »Sexy Africa«, und darauf stellen sich die Manager ein. Für die Saatguthersteller ist ein Markt hoch interessant, auf dem Bauern noch rund drei Viertel der Samen aus ihrer eigenen Ernte verwenden, tauschen, gemeinsam weiterentwickeln. Bei Monsanto zum Beispiel wurde Afrika bis 2014 noch in der gleichen Abteilung wie Europa quasi nebenher betreut; dann übernahm der Vizepräsident Michael J. Frank selbst den Job, von Tansania bis Südafrika den »Subsistenzanbau in eine Wachstums-Maschine zu verwandeln«. Sein Konzern schloss in Tansania Verträge mit Farm Input Promotions Africa (FIPS), um Saatgut unter anderem für neue Hybridmaissorten zu verkaufen. Nach eigenen Angaben hatten die Unternehmen in der New Alliance bis 2013 1,1 Milliarden investiert. Im Hafen von Daressalam wird gerade ein 25 Millionen Dollar schweres Terminal gebaut, in dem der weltgrößte Düngemittelkonzern Yara seine Produkte entladen will.

Die zentrale Frage ist, ob die langfristigen Interessen der »Input«-Industrien mit denen der tansanischen Bauern identisch sind. So warnen Wissenschaftler und Nichtregierungsorganisationen, dass sich die konventionellen Agrarmethoden mit hohen Investitionen für Dünger und Agrarchemikalien auf die ganz anderen ökologischen, wirtschaftlichen und sozialen Gegebenheiten von Ländern wie Tansania, Mosambik oder Sambia nicht ohne Weiteres übertragen ließen; dass sie noch dazu zu einem Zeitpunkt transferiert würden, wo diese Modelle in USA und Europa selbst in Frage gestellt werden. Die Vertragslandwirtschaft begünstige überdies vor allem jene Bauern, denen es ohnehin etwas besser gehe. Bei solchen Abnahmegarantien bekommen sie einen festen Preis, müssen sich aber an Vorgaben für Anbau und Qualität halten, und das können meist nur jene, die schon über mehr Land, Geld und Bildung verfügen. Auch Olivier De Schutter bemängelt, dass die New Alliance ihr löbliches Bemühen, Afrikas Importabhängigkeit zu verringern, mit einem »überholten« Modell verfolge. In ihren Kooperationsabkommen werde die Vertragslandwirtschaft zu wenig reguliert und die Nachhaltigkeit der Anbaumethoden kaum erwähnt. Und während das Interesse der Agrarriesen abgesichert sei, Hybridsaatgut abzusetzen, das man jedes Jahr neu kaufen muss, fehlten entsprechende Rückversicherungen für Kleinbauern, die ihr Saatgut weiterhin frei untereinander tauschen wollen. Überhaupt leuchtet De Schutter der ganze groß dimensionierte Kooperations-Ansatz nicht ein. Die »entscheidende Frage« sei, schreibt er, »ob eine direkte Unterstützung der Kleinbauern … nicht stärkere

Wirkungen für die Armutsbekämpfung gehabt hätte, ohne die riskante Konkurrenz um Land und Wasser, die große kommerzielle Agrarprojekte mit sich bringen.«[14]

Philantropischer Kolonialismus

Tatsächlich scheint auch in der Bundesregierung mittlerweile Skepsis gegenüber der New Alliance zu herrschen. Beim G7-Gipfel unter deutscher Präsidentschaft zumindest wurden daneben eigene Schwerpunkte für die Agrarentwicklung festgelegt. Ein anderer Unterstützer hingegen gab der New Alliance von Anfang an Rückendeckung, Bill Gates: »Das sind genau die richtigen schlauen, innovativen Partnerschaften mit afrikanischen Regierungen, die wir brauchen, um den Fortschritt voranzutreiben«.[15] Die Bill & Melinda Gates Foundation macht den Privatmann mittlerweile zu einer der weltweit mächtigsten entwicklungspolitischen Instanzen. 2014 gab das Philantropen-Paar aus einem Stiftungsvermögen von fast 44 Milliarden Dollar rund 3,9 Milliarden für wohltätige Zwecke aus; das entspricht mehr als der Hälfte des deutschen Entwicklungshilfe-Etats.[16] Der Einfluss derart hoher Summen ist immens. Wenn Mr. und Mrs. Gates etwas beschließen, dann schlägt auch der Kompass vieler Regierungen, Hochschulfakultäten und NGOs in diese Richtung aus. Für Kritiker hingegen verkörpern sie jenen »philantropischen Kolonialismus« (Peter Buffett)[17], mit dem die privaten Wohltäter ihre eigenen, im Fall Gates oft technologieverliebten Prioritäten auf andere Gesellschaften übertragen.

Seit zehn Jahren ist die Stiftung als Förderer der Landwirtschaft auch ein zentraler Akteur in der Bioökonomie – umso mehr, weil Gates ein Biotech-Fan ist und einer seiner Schwerpunkte auf der Saatgutzüchtung liegt. 264 Millionen Dollar investierte die Stiftung 2014 allein in ihr industrienahes Netzwerk Alliance for a Green Revolution in Africa (AGRA).[18] Der Name spielt bewusst auf die Erfahrungen der Grünen Revolution an. Tausend neue Sorten für Afrika versprach Gates und kündigte an, er werde dabei vor allem jene Nutzpflanzen erforschen lassen, die den Anbaubedingungen und Essgewohnheiten afrikanischer

Länder entgegenkommen: Sorghum und Hirse, Erdnüsse und Platanen, Kuhbohne und Cassava (Maniok), Süßkartoffeln und Yamswurzel. Damit übernahm die Stiftung eine Aufgabe, die von der kommerziellen Züchtung vernachlässigt worden war und für die den nationalen und internationalen Agrarforschungsinstituten das Geld fehlte. Doch zugleich sehen amerikanische, europäische und afrikanische Kritiker in diesem Schwerpunkt auch ein Instrument, die Bauern von Hybridsorten abhängig zu machen, die auf Kunstdünger und Agrarchemie angewiesen sind. Mit Tausenden privater Läden für solche Landhandelsprodukte, die AGRA etabliert hat, breche man diesem Agrarmodell Bahn.

Eines der Züchtungsprogramme ist WEMA, das steht für Water Efficient Maize for Africa.[19] Es soll Sorten hervorbringen, die auch bei Trockenheit und Dürre gedeihen. Bill Gates finanziert den Löwenanteil der 100 Millionen Dollar für diese öffentlich-private Partnerschaft, neben der US-Regierung und der Howard G. Buffett Foundation. Monsanto bringt Züchtungsmaterial und -expertise ein. Einige sind konventionell gezüchtet, doch es wird auch Gentechnik eingesetzt. Ist das also ein Versuch, unter dem Banner von Klimaanpassung und Hungerbekämpfung »die afrikanische Gesetzgebung zur Biosicherheit aufzuweichen und damit das Fundament für die Verbreitung der Grünen Gentechnik auf dem Kontinent zu ebnen«, wie die Hilfsorganisation Brot für die Welt mutmaßt?[20]

Auch weitere gentechnisch »optimierte« Sorten von Reis, Cassava, Sorghum und Bananen warten in der Pipeline der Saatgutindustrie. Deshalb ist es für sie tatsächlich ein Ärgernis, dass bis auf Südafrika, Burkina Faso, Sudan und Ägypten die allermeisten afrikanischen Regierungen den Anbau von GVO und meist auch Freisetzungsversuche bisher verbieten. Die Schuld daran gibt Monsantos Vize vor allem den europäischen NGOs, die durch Indoktrination der afrikanischen Gesellschaften »den Fortschritt aufhalten wollen«. Mit aller Lobbymacht arbeiten Monsanto, andere Konzerne und von der Gates Foundation gestützte Organisationen wie zum Beispiel HarvestPlus in den afrikanischen Hauptstädten und Marktunionen ausdauernd daran, dass Gesetze gentechnikfreundlich umgeschrieben werden.

Die Bill & Melinda Gates Foundation wehrt sich gegen die Kritik, dass sie dem Agrobusiness allzu nahe stehe. Sie sei »technologieneutral«, nur fünf Prozent der Züchtungsprogramme hätten mit Gentechnik zu tun. »Wir finanzieren so viele kleine Organisationen«, sagt Pamela Anderson, die Chefin des Agrarprogramms, »die haben halt nur nicht so große Presseabteilungen.« Tatsächlich findet man in einer Liste aller Zuschuss-Empfänger, die im Foyer der Stiftung in Seattle ausgestellt ist, endlos viele Namen von Forschungsinstituten, Entwicklungs-NGOs oder Thinktanks zu vielfältigen Aspekten der Armutsbekämpfung auf dem Land. Doch in afrikanischen Ländern, die GVO verbieten, übt ein einflussreicher Geldgeber auch mit »Technologieneutralität« beim Saatgut Druck aus.

● ●

Bauerndämmerung

»Eine Klasse von Überlebenden«, so nennt John Berger die Bauern, weil sie über Jahrtausende zu allen Zeiten, in allen Teilen der Welt, unter den verschiedensten Herren stets zuerst für andere arbeiten, erst andere ernähren mussten, »oft um den Preis, dass sie selbst hungrig bleiben«. Der britische Autor, der in den französischen Cevennen lebt, hat in einer Essay-Trilogie von der Lebensweise und Wahrnehmung der Menschen auf dem Land erzählt. Mit ihrem vielfältigen Wissen und ihren Traditionen hätten Bauern den Abhängigkeiten immer wieder getrotzt, schreibt Berger, so wie auch den Fluten, Missernten, Kriegen.

Doch er fährt fort: »Zum ersten Mal ist es möglich, dass eine Klasse von Überlebenden nicht überlebt.« In einigen Jahrzehnten werde es vielleicht keine unabhängigen Bauern mehr geben: »Bald könnten die ländlichen Gebiete der Welt auf die Städte angewiesen sein sogar hinsichtlich der Nahrungsmittel, die die eigene Landbevölkerung braucht. Wenn und falls das geschieht, werden die Bauern aufgehört haben zu existieren.« Das schrieb Berger vor zwanzig Jahren, und in immer mehr Regionen nähert sich die Wirklichkeit der Prophezeiung an.

Noch lebt fast die Hälfte der Weltbevölkerung auf dem Land, doch bis spätestens 2050 soll der Anteil auf ein Drittel geschrumpft sein. Ein großer Teil dieser Landflucht ist dem Bevölkerungswachstum geschuldet. Ein, zwei Hektar reichen einfach nicht mehr aus, wenn die Familie wächst. Doch jenseits dessen werden Tausende kleiner Pächter auch verdrängt, weil sie bei den hohen Anfangsinvestitionen der modernen Landwirtschaft nicht mithalten können; den Kosten für Dünger und Chemie, die man für ertragreichere Sorten braucht. Oder die Jungen folgen den Sehnsüchten nach einem leichteren Leben, die die Medien auch in entlegensten Dörfern wecken, und ziehen nach Istanbul, Lima, Mumbai, Beijing, Dakar. Für einige erfüllt sich die Hoffnung, doch für die meisten erweist sie sich als Illusion. Als »arbeitslose Abhängige« beschrieb John Berger die »Masse ortsgebundener Landstreicher« in den Vorstädten, die »abgeschnitten von der Vergangenheit« seien und »von den Errungenschaften des Fortschritts ausgeschlossen, von der Tradition im Stich gelassen, keiner Sache dienend«.

Keiner Sache dienend: Allein zwischen 1995 und 2010 verübten 250 000 indische Bauern Suizid. Das sind offizielle Zahlen. Zahlen, hinter denen viele Gründe stehen: Überschuldung, Aussichtslosigkeit, Scham oder das Scheitern der gentechnischen Wundersaat. Und noch immer bringen sich Bauern in Indien um. Obwohl kein Vergleich in den Dimensionen, nehmen sich auch in anderen Gesellschaften besonders viele Landwirte das Leben. Selbst in den USA ist die Rate der Selbstmorde bei den Farmern doppelt so hoch wie im Rest der Bevölkerung. In Frankreich starben während der Finanzkrise allein zwischen 2007 und 2009 500 Bauern auf diese Weise.

Sahen sie keine Zukunft mehr, für sich selbst und darüber hinaus? In Teilen des amerikanischen Corn Belts liegt ihr Durchschnittsalter über 60 Jahren. Auch in Deutschland finden mehr als zwei Drittel der Bauern heute keinen Nachfolger. Die Zahl der Höfe schrumpfte seit 1950 auf weniger als ein Sechstel. Immer noch machen europaweit jedes Jahr Tausende weiterer Erzeuger dicht und verkaufen ihr Land. Nur noch zwei bis drei Prozent der Bevölkerung sind Bauern, und ihre Zahl sinkt weiter, trotz Subventionen. Die konzentrieren sich auf immer weniger, immer größere, immer öfter ferngesteuerte Betriebe. Seit der Nahrungsmittelkrise 2007 umgarnen zwar Politiker die Kleinbauern weltweit rhetorisch. 2013 war das UN-Jahr des »Familienbetriebs«.

Und »grow, grow, grow Africa«: auch ein Videoclip der entwicklungspolitischen NGO ONE, der mit Hip-Hop-Stars aller afrikanischen Länder und Sprachen auf das legendäre »Live Aid«-Konzert anspielt, versucht jungen Leuten das Gefühl zu geben, dass Landwirtschaft supercool ist. Da wird auf dem Trecker gerappt, und die schönsten African Pop-Queens sieht man perfekt geschminkt bei der Ernte grooven. Doch in der Realität werden die Bauern oft weiter entmündigt. Man bringt ihnen vor allem bei, was sie als Zulieferer für die Lebensmittelindustrien wissen müssen. In reichen Ländern wird der Familienbetrieb zum Dienstleistungsmäster für die letzten drei großen Hühnerzuchtunternehmen. So arbeitet kein freier Bauer.

Was aber bedeutet sein Verschwinden? Das vollendete Paradies, das die Menschheit endlich von Dreck und Plackerei befreit, von ihrem biblischen Fluch: »im Schweiße deines Angesichtes / Sollst du dein Brot essen«? Die wissenschaftlich fundierte, maximal optimierte Produktion der Nahrungsmittel? Ist es ein Unterschied, ob ein Bauer sein Land, das Land seiner Vorfahren, bewirtschaftet – oder ein Betriebsleiter mit wechselnden Angestellten? Kommt drauf an ...

Niemand solle das Schicksal »Überlebender« idealisieren, warnte John Berger. Und es stimmt: Die Bindung an Grund und Gut ist auch eine Last. Auch pflegt keineswegs jeder Kleinbauer die Traditionen, hat noch »das alte Wissen«, so wie es viele Nichtregierungsorganisationen verklären. Dennoch gibt es nach wie vor jene Hofbesitzer, die sich als Kulturträger sehen, als »Bindeglied zwischen Natur und Gesellschaft«, wie ein bayerischer Landwirt sagt. Und noch gebe es die besondere bäuerliche Weltwahrnehmung, die, eng verbunden mit den Rhythmen der Natur und sich in der Generationenfolge bescheidend, dem Wachstumsrausch Unersetzliches entgegenstelle, schrieb John Berger:»Die bemerkenswerte Beständigkeit bäuerlicher Erfahrung und bäuerlicher Weitsicht gewinnt im Moment, da sie von der Auslöschung bedroht ist, eine beispiellose und unerwartete Wichtigkeit.« Sitzen wir auch deshalb im ökologischen Schlamassel, weil die Mehrheit der Städter, aber selbst viele Landwirte diese bäuerliche Erfahrung kaum mehr kennen? Warum sind Bauern noch wichtig? Zum Beispiel wegen ihrer besonderen Mischung aus Vorsicht und Experimentierfreude. Zutiefst konservativ sind sie, ja stur; Wetter und Schädlinge bringen genug Ungewissheit in ihr Dasein. Aber gerade sie zwingt auch zu Improvisation und Erfindungsgeist. Bauern haben viele Anbauweisen zuerst ausprobiert, auf die Forschung und Industrie heute zurückgreifen. Und: Immer wieder sind es die kleinen selbstständigen Erzeuger, die in Anatolien doch noch die alten Trauben- und Pistaziensorten wachsen lassen oder in abgelegenen Seitentälern des Appenin jahrhundertealte Maissorten weiterzüchten, obgleich sie kaum zu vermarkten sind. Die also biologische Vielfalt nicht nur als Genmuster in Kühlschränken aufbewahren, sondern, einschließlich ihrer kulturellen und kulinarischen Eigenheiten, lebendig fortentwickeln. Was sie erhalten, das ist, so paradox das klingt angesichts der anachronistischen Rolle, die unsere Gesellschaft ihnen zugeschrieben hat: die Zukunft.

●●

Moringa, Malabar und Matembele:
Biogemüse oder Biofortifizierung?

Auch die gezielte Züchtung von Pflanzen mit bestimmten Inhaltsstoffen und die Anreicherung von Nahrungsmitteln mit Vitaminen, Jod, Zink, Folsäure oder Eisen ist ein Lieblingsprojekt der Gates Foundation – und der Bioökonomie. Es soll ein ernstes Problem lösen, das in der globalen Politik an Bedeutung gewinnt:»versteckten Hunger«. In

Entwicklungsländern sind viele Menschen unterernährt, obwohl sie ausreichend Kalorien zu sich nehmen. Denn weil es nichts anderes gibt, essen sie zu einseitig. Das verursacht ernste Mangelerscheinungen. Besonders Kinder in den ersten Lebensjahren sind in der Gefahr, dass sich ernährungsbedingte Defizite ihrer Entwicklung lebenslang nicht wieder aufholen lassen.

In Afrika weit verbreitet ist zum Beispiel der Mangel an Vitamin A. Er kann Stoffwechselprobleme verursachen, und vor allem Sehstörungen bis zur Blindheit. Deshalb förderte Gates die Züchtung ertragreicherer Sorten einer Süßkartoffel, die besonders viel Provitamin A enthält. Damit diese Kartoffeln angenommen und angepflanzt werden, brauchen die Bauern Informationen, und auch das unterstützt die Stiftung mit zitronengelben, solar betriebenen Radiorecordern und Fortbildungsprogrammen des »Farm Radio International«. Mohammed Issas Sender in Morogoro strahlt sie aus, und so lauschen die Bauern Kiyegeas im Schatten des größten Baumes, wenn der Landfunk Erfahrungen ihrer Kollegen mit dem Anbau der tollen Knolle sendet. John Lukas Mchimbu schneidet durch ein Riesenexemplar und präsentiert ihr orangefarbenes Fleisch. »Ist doch besser, unsere Kinder essen öfter von dieser leckeren Kartoffel hier, als dass sie andauernd Tropfen einnehmen müssen«, sagt er. Solche Kartoffeln kannten die Leute zwar schon vorher, aber nicht diese farbintensive Sorte. »Wir testen alle möglichen Rezepte und machen sogar Kekse draus …«, sagt Pearson Jonathan. Die Frauen ergänzen: »Und Chapatis aus Süßkartoffelmehl sind auch lecker.« »Oder Saft.« »Oder Chips, die viel gesünder sind als die aus Mais!« Allerdings gebe es noch kaum Vermarktungswege für die Kartoffel; man könne sie einstweilen nur selbst essen. Diese Schwierigkeiten sollten aber in der zweiten Förderrunde bearbeitet werden, die Gates dem Dorf versprochen habe, sagt der Landfunkreporter.

Die Verbreitung der Vitamin-A-Süßkartoffel in ganz Ostafrika gilt als Erfolgsgeschichte. Umstrittener sind ähnliche Projekte mit gentechnisch veränderten Pflanzen wie dem Vitamin-A-Reis, aber auch groß angelegte Programme zur Anreicherung von Lebensmitteln mit Mikronährstoffen. Auch sie werden über öffentlich-private Partnerschaften vorangetrieben: die Global Alliance for Improved Nutrition (GAIN) und die Initiative Scaling Up Nutrition (SUN). In Tansania sollen dank dieser Initiative zum Beispiel Vitamin A, Eisen, Zink, Folsäure und Vitamin B12 ins Mehl gemischt werden. Terre des hommes und die Welthungerhilfe sind ambivalent: Sie sehen mögliche Chancen bei einem gezielten Einsatz, befürchten aber, dass auch bei diesem Thema die Interessen der Industrie zu sehr beherrschen, wie es angepackt wird.[21] Tatsächlich sei keineswegs bei allen Mikronährstoffen bekannt, ob mangelernährte Personen sie überhaupt wirkungsvoll aufnehmen können, sagen die Experten der Nichtregierungsorganisationen. Außerdem fehle gerade den Ärmsten das Geld, um die entsprechenden Produkte zu erwerben. Der Industrie hingegen dienten Fortifizierungs-PPPs dazu, im eigenen Interesse auf die Lebensmittelgesetzgebung Einfluss zu nehmen. Am Ende zielen diese Gesetze dann wohl eher auf angereicherte Produkte für wohlhabende Kunden im Milimani-Einkaufszentrum der Hauptstadt Daressalam, wo in den Regalen die gleichen Wellness-Produkte wie in Europa liegen.

Außerdem enthalten isolierte Vitamin- oder Mineralstoff-Zusätze nicht die vielen anderen Inhaltsstoffe, die frisches Gemüse und Obst mitbringen. Und während solche technisch aufwändigen Ansätze viel Aufmerksamkeit bekommen, wird das Naheliegende übersehen: alles dafür zu tun, dass auch in den armen Regionen frische Produkte angebaut werden können. Kleine Initiativen, die dieses Problem mit langem Atem und vielfältigem Nutzen lösen wollen, haben es deutlich schwerer, an Fördergelder zu kommen. Die Organisation Slow Food zum Beispiel hat sich vorgenommen, 10 000 »Gärten für Afrika« zu schaffen. Sie sollen möglichst viele Menschen in die Lage versetzen, gemeinschaftlich vitamin- und mineralstoffreiche, einheimische Pflanzen anzubauen, auch über einseitig beworbene Pflanzen-Superstars wie die Süßkartoffel hinaus. Denn so kann zugleich die Biodiversität auf dem Acker gefördert werden – oder wo es den nicht gibt, in hängenden Beeten oder mit Erde gefüllten Gemüsesäcken. Auch die Moringawurzel, die Flammenblume und der Erd-Ginseng mit seinen winzigen, zartrosa Kugelblüten gelten als gut für die Augen. Letzterer soll zugleich der Verdauung zuträglich sein. Mit »Black Nightshade« bekommt man Beta-Carotin und Eisen. Nährstoffreich sind auch der großblättrige Malabar-Spinat und Matembele, die Blätter der Süßkartoffel.

Dass diese und andere Lebensmittel in Tansania wieder öfter angebaut oder gesammelt werden, ist nicht zuletzt dem Regent Estate Senior Women's Group (RESEWO) zu verdanken. Die Renterin Freda Chale gründete ihn vor acht Jahren. Seither pflegt sie mit ihren Freundinnen und jungen Leuten einen Stadtgarten am Rande Daressalams, und RESEWO-Leute reisen zu Anbau-Kursen quer durchs Land. Indem Bauern, aber auch Stadtrandbewohner Gemüse und Kräuter ernten, sollen sie zugleich ein kleines Zusatzeinkommen erwirtschaften und die Vielfalt traditioneller Pflanzen pflegen. »Das praktische Wissen über den Anbau, die Qualität und die Verarbeitung der Pflanzen sollen doch nicht ganz vergessen werden«, sagt Freda Chale.

Energieberatung im Miombowald

Auch bei der Energieversorgung können basisnahe Projekte den Dörfern Entwicklungsvorteile bringen. Die beste Lösung sind dann Solar- und Windkraftanlagen. Mittlerweile sind die Preise bei der Photovoltaik weltweit so niedrig, dass sie auch für arme Länder zur realistischen Option werden; besonders auf dem Land, wo es keine Stromleitungen gibt. Die Regierung in Daressalam tut jetzt auch mehr dafür, sie hat zum Beispiel erneuerbare Energien von Steuern befreit. Die internationale Unterstützung wächst ebenfalls, beispielsweise in Form eines Weltbankkredits von 4,5 Millionen US-Dollar für solare Heimsysteme. Gelder aus dem Klimaschutzabkommen sollen solche Transfers in den nächsten Jahren vervielfachen.

Doch trotz dieses Rückenwindes wird es noch Jahre dauern, bis sich die Technik und die dazugehörigen Geschäfte und Handwerksbetriebe in Ländern mit oft schwacher Infrastruktur flächendeckend ausgebreitet haben. Deshalb lohnt es sich, auch das lokale Biomasse-Potenzial für Biogas und Kraftstoffe sensibel zu erschließen. Bioenergie könne einen Energiemix ergänzen, »der für eine nachhaltige Entwicklung erforderlich ist und dazu beiträgt, in ländlichen Regionen die Armut zu überwinden«, urteilten internationale Experten, die sich im Potsdamer Institute für Advanced Sustainability Studies IASS versammelt hatten. Intensive Forschung müsse die Risiken klären – aber auch die Chancen. Bei Jatropha-Öl zum Beispiel ließe sich ja vielleicht doch noch mehr rausholen, wäre die Pflanze Teil eines ertragssteigernden Züchtungsprogramms. In Kenia und auch in Tansania experimentieren kleine Firmen mit Croton megalocarpus als Quelle für Dieselsprit – vielleicht für die chinesischen Mopeds? Der einheimische Strauch braucht nur einen Bruchteil des Wassers; zugleich dient er als Hecke zum Schutz gegen Erosion.

Wo sich fast alle mit Holz versorgen, da sieht auch der deutsche Bioökonomierat außerdem eine dringliche Aufgabe darin, weniger davon effizienter zu verbrennen. Wie solche Verbesserungen der »alten Bioökonomie« möglich sind, zeigt eine Wanderung mit Abdul Haman Mgawe durch den Miombowald der Uluguru-Berge. Der Umweltsekretär seines Dorfes ist ein Berg von einem Mann in seinem dunkellila Achselhemd. Äste krachen unter seinen Füßen, auf einer weiten Lichtung bleibt er stehen. Sie dient als Demo-Platz für einen Kursus, bei dem Bauern lernen, Holzkohle emissionsärmer zu erzeugen. Fünf Meiler sind in dieser Köhler-Schule aufgebaut: höher oder flacher, mit einem oder zwei schmalen Schornsteinen, durch die der Rauch kanalisiert wird. Den größten Ofen räumen zwei Waldarbeiter gerade aus. Sie packen die Kohle in mannshohe, weiße Plastiksäcke à 50 Kilogramm. Abdul Mgawe nimmt ein paar pechschwarze Scheite in die Hand:»Schauen Sie: viel weniger staubig als bisher«, sagt er.»Hier lernt man, wie unsere Energie nachhaltiger hergestellt werden kann.«

Dann geht er voraus zum Holzlager:»Es beginnt schon damit, dass die Stämme richtig getrocknet werden müssen«, sagt er,»mindestens zwei Wochen lang.« Für den Meiler werden sie dann in zwei Reihen geschichtet, und zwar mit einem Abstand dazwischen, damit die Luft besser zirkulieren kann. Lehm soll das Ganze so fest abdichten, dass kein Qualm mehr durch die Ritzen kommt. Das Holz verkohlt langsamer, über fünf bis acht Tage. Fünf Kubikmeter ergeben jetzt zehn Säcke

Kohle à 90 Kilogramm. »Das ist im Vergleich zu früher mehr als das Doppelte«, sagt Mgawe. »Und wir versuchen, noch besser zu werden.« Vor drei Jahren haben tansanische Umweltorganisationen diese Köhler-Kurse gemeinsam gestartet, zusammen mit der Nationalen Kommission für natürliche Ressourcen. Zu deren Schutz wurden in den Dörfern eigene Komitees gegründet.

Ohne Genehmigung darf jetzt in dieser Region am Uluguru kein Bauer mehr Holzkohle herstellen, und wer eine Lizenz hat, soll auch nur noch Bäume aus abgegrenzten Beständen verwenden. Der Wald ist in Zonen eingeteilt, und damit keine übernutzt wird, rotieren die anderen Funktionen: Auf einem Waldstück stehen Bienenstöcke, auf einem weiteren kann Bauholz geschlagen werden, eines ist für Dorfbewohner zugänglich, die Pilze, Heilkräuter, Beeren und Früchte sammeln wollen; eines wird ganz in Ruhe gelassen, damit sich der Wald erneuern kann.

Für Holzeinschlag und Holzkohle müssen Köhler eine kleine Gebühr bezahlen, und die Einnahmen fließen laut einem Landnutzungs-Vertrag neuerdings direkt den Dörfern zu. Erstmals werde jetzt anerkannt, dass der Wald etwas wert ist, sagen die Verwalter und Förster. Finanziert wurde das Schutzprojekt aus dem REDD+-Programm im Klimaschutzabkommen. Es sieht nach einem positiven Beispiel für die Finanzierung von Ökosystemdienstleistungen aus, gemeinschaftlich verwaltet von denen, die von ihnen leben.

Dorf für Dorf bieten die Initiatoren außerdem Kurse an, wie die Familien emissionsärmer kochen können. Die üblichen Herde, bei denen der Topf auf drei Ziegeln über dem offenen Feuer schwebt, sollen durch sparsamere Lehmöfen ersetzt werden. Um sie zu bauen, braucht man nur einfache Dinge, die jeder auftreiben kann: sechs Eimer Ton, einen Sack Gras, zehn Ziegel, einen Eimer Wasser und leere Säcke. Die Form und der Abzug müssen sich dem Standort anpassen. Es kommt ja darauf an, woher der Wind weht. Gut abgedichtet, lassen diese Herde nicht nur die Gifte abziehen und verhindern die Hälfte der vorherigen CO_2-Emissionen. Die Frauen sparen auch noch richtig Zeit. Denn um Brennholz zu sammeln und in Riesenbündeln auf dem Kopf nach Hause zu tragen, müssen sie nur noch einmal statt zweimal in der Woche fünf, sechs Stunden lang zu Fuß in den Wald, die Machete in der Hand. In der gewonnenen Zeit können sie zum Beispiel mit Näharbeiten oder einer Geflügelzucht für die Familie etwas dazu verdienen.

Ein großes Bioökonomie-Forschungsprojekt
für kleine Lösungen

In der Gegend um Morogoro stößt man noch auf ein anderes Projekt, das den Ärmsten nützen soll.»Trans-SEC«[22], so nennt sich die Forschungsinitiative in der Kürzelsprache des Wissenschaftsbetriebs, ist Teil der »Nationalen Forschungsstrategie Bio-Ökonomie 2030« und wirkt zwischen den meist Hightech-orientierten Vorhaben fast ein wenig exotisch. Hier und in weiteren Dörfern im bitterarmen, sehr trockenen Nordwesten und außerdem in Kenia wollen rund 130 Wissenschaftler vielfältige Lösungen für die drängendsten Probleme der Bauern erproben und ihre Ernährung langfristig stabilisieren. Das Ganze nennt sich Aktionsforschung und wird nicht nur von Professoren und Studenten aus mehreren Fachdisziplinen gestaltet. Auch Praxisexperten reden mit – allen voran die Bauern selbst. Diejenigen also, um die es eigentlich geht.

Für sie hat alles in einer mehrtägigen Dorfversammlung begonnen. Aus mehreren Angeboten konnten einzelne Kleinbauernfamilien zwei Themen auswählen, die ihnen am wichtigsten erschienen; darunter ebenfalls effizientere Öfen, Küchengärten, neue Methoden, Regenwasser zu sammeln, Erosionsschutz, Abfallverwertung, Hühnerzucht, neue Pflanzenarten oder -sorten sowie per SMS unterstützte Marktsysteme, mit deren Hilfe Bauern lokale Produkte besser an- und verkaufen können. Dann wurden Farmergruppen gebildet, in denen sie zusammen lernen, die neuen Praktiken in ihren Alltag einzubauen. Weil Familien, die nur von ihren ein, zwei Hektar leben, oft ungern Neues riskieren, liefern ihnen die Wissenschaftler Entscheidungshilfen. Dabei bringen sie auch die alte und die neue Bioökonomie zusammen, indem sie mögliche Folgen am Computer simulieren. Zum Beispiel können die oft jungen Forscher jeweils bezogen auf eine bestimmte Sorte verschiedene Varianten der Düngung bei unterschiedlichen Temperaturen oder Regenfällen durchprobieren und die Folgen studieren. Oder sie rechnen aus, welche Investition wirtschaftlicher wäre, wenn eine Gruppe von Bauern ihre Felder effizienter bestellen will: ein Ein-Achs-Schlepper oder ein Ochse? Der eine kostet nur Sprit, wenn man ihn braucht. Den anderen muss man immer füttern, aber dafür bekommt man auch Fleisch und organischen Dünger.

Innovationen und Vorgehensweisen, die gut laufen, sollen dann anderen interessierten Gemeinden weitergegeben werden. Dazu werden in den Dörfern Trainer ausgebildet, die im Schneeballsystem ihrerseits neue Trainer schulen. Am Ende hoffen die Forscher, auch über die Modelldörfer hinaus zu wirken. Durch die umfassende wissenschaftliche Begleitung wollen sie der tansanischen Regierung gut untermauerte Empfehlungen geben können, wie »erfolgreiche Strategien mit politischen Instrumenten Rückenwind bekommen können«, sagt Stefan Sieber, Agraringenieur am koordinierenden Institut des Leibniz-Zentrums für Agrarlandschaftsforschung (ZALF).

Bei diesem Großprojekt kooperieren 14 Institute in Deutschland, Kenia, Tansania und USA für die kleinen Lösungen. Nord und Süd, aber auch Süd und Süd wollen voneinander lernen. Eine weitere Neuerung: Forscher aus den Geber- und Nehmerländern arbeiten gleichberechtigt zusammen. Zumindest ist die übliche Hierarchie vielfach durchbrochen, bei der sonst die Experten des Geberlandes schon deshalb die Bosse bleiben, weil allein sie das Geld verwalten. Es gibt sogar eine eigene Mediationsmöglichkeit und Konfliktprävention für mögliche interkulturelle Missverständnisse.

Dass die lokale Perspektive bei den Entscheidungen und Experimenten wertgeschätzt wird, hält der Agrarökonom Khamaldin Mutabazi für äußerst wertvoll. Auch die anderen Forscher hoffen, dass die Dorfbewohner bei praktischen Neuerungen eher langfristig am Ball bleiben, wenn sie nicht wie bei vielen Industrieprojekten von oben auf sie herabregnen. Die Technologien mögen einfacher sein und vielleicht nicht den ganz großen Sprung nach vorn bringen. Aber dafür sind es keine Versprechungen, sondern konkrete Verbesserungen, auf denen man aufbauen kann. Und sie knüpfen an die Vorstellung eines Wandels an, der sich an vielen Stellen anbahnt.

6 WENIGER IST MEHR

Die Bioökonomie von unten

»Wachen wir doch endlich auf!« Pavan Sukhdev, der Ex-Banker und Vorkämpfer für Biodiversität, ist sonst kein Mann des Pathos. Im eleganten dunklen Anzug tritt er stets zurückhaltend und sachlich auf. Doch bei dieser Rede vor europäischen Agrarpolitikern in Brüssel wirkt Sukhdev innerlich aufgebracht. Sein Thema ist die Welternährung – und damit die Kernaufgabe der Bioökonomie, wie immer wieder beteuert wird. 2,6 Milliarden Menschen von Indien bis Afrika hingen allein vom Ertrag ihrer Felder ab, sagt Sukhdev, und in vielen Regionen untergrabe der Klimawandel und die Erosion von Wald, Wasser und Boden ihre Lebensgrundlagen. All diese Armen in den Städten ausbilden und beschäftigen zu können, sei aber angesichts des technischen Fortschritts eine Illusion: »Die Welt braucht einfach nicht eine Milliarde mehr Automechaniker oder IT-Berater!« Fast beschwörend fordert Pavan Sukhdev die versammelten Experten deshalb dazu auf, mehr, bessere und auskömmliche Arbeit für Kleinbauern zu schaffen, statt sie mit maschinengestützter Konkurrenz zu verdrängen: »Man kann diese Milliarden auf keine andere Art und Weise beschäftigen als in Ackerbau und Viehzucht«, sagt er. Und wie das gehe, das stehe in der »wichtigsten unveröffentlichten Studie, die je verfasst wurde«.

Gemeint ist eine Arbeit des britischen Umweltwissenschaftlers Jules Pretty aus dem Jahr 2001, und – Sukhdev irrt – diese Ergebnisse wurden von vielen verbreitet. Aber offenbar erweitert sich erst jetzt ihr Wirkungskreis. Prettys Team von der Universität Essex hatte Daten über 286 Kleinbauernprojekte in 57 Nationen gesammelt, die insgesamt 37 Millionen Hektar Land »agrarökologisch« bewirtschafteten;[1] mit »guten, einfachen Techniken«, wie Pavan Sukhdev sagt. Überrascht stellten die Forscher fest: Auch ohne oder mit äußerst wenig Dünger und Pestiziden konnten diese bodenständigen Praktiken vor allem in tropischen Ländern oft deutlich die Erträge steigern. Durchschnittlich 79 Prozent mehr ernteten die Bauern. Dabei gelang es ihnen mancherorts zugleich, verwüstete Regionen zu renaturieren und mehr Menschen Arbeit zu geben. Nicht um reich zu werden – aber um überleben und vielleicht erste Schritte einer weiteren Entwicklung gehen zu können – und das ist in vielen Regionen schon sehr viel.

Eines der erfolgreichsten Beispiele ist das »Zai-System«, das in Burkina Faso und anderen Ländern des Sahel angewandt wird. Dort sind die Böden vielerorts durch Übernutzung und Trockenheit immer wieder felsenhart. »Zipelle«, so nennen Einheimische dann die Ackerscholle. Wie sie wieder belebt werden kann, das fanden experimentierfreudige Bauern erstmals in den Dürrejahren Ende der 1980er heraus. Seit jeher säen sie ihre Grundnahrungsmittel Hirse und Sorghum in Tausenden kleiner Gruben, die sie mit halbmondförmigen Erdwällen schützen. Doch weil es immer trockener wurde, wehte der Wind die Saat oft fort, und für die jungen Triebe reichte das Wasser nicht mehr aus. Yacouba Sawadogo, ein Bauer im Norden des Landes, kam nun auf die Idee, die Halbmonde zu vergrößern, und er gab zusätzlich während der Trockenzeit Kuhfladen oder Kompost hinein. Sofort nach dem ersten Regen kam das Saatkorn in dieses Pflanzloch, und alles wurde mit etwas Erde bedeckt. Die Nachbarn fanden zunächst, den Dung so zu verwenden, sei Verschwendung. Doch ihre Skepsis wurde widerlegt: Das organische Material lockte Termiten an. Sie durchbuddelten und lockerten den Boden, sodass er das Wasser besser speichern konnte und die Wurzeln leichter Zugang zu den Nährstoffen bekamen. Und die neuen Zais zeigten gegenüber der normalen Aussaat noch eine Reihe weiterer Vorteile: Der Schutzwall verhindert, dass der Regen Korn und Boden wegwäscht, sodass der Bauer nicht vier-, fünfmal in einer Saison säen muss. Die Nährstoffe sind zur richtigen Zeit an der richtigen Stelle konzentriert. So stiegen die Ernten teils um ein Mehrfaches.

Der innovative Bauer Sawadogo beobachtete aber noch einen weiteren Effekt: In den Zais keimten neben Sorghum oder Hirse auch zarte Triebe junger Bäume. Aber nehmen Bäume mitten auf dem Acker nicht den essbaren Süßgräsern Platz und Nahrung weg? Sawadogo ließ sie wachsen, und der Nutzen war immens: Es gab Schatten, der Wind wurde abgehalten, die herabgefallenen Blätter dienten als Mulch, damit langfristig neuer Boden aufgebaut werden konnte, das Erdreich blieb länger feucht. Außerdem liefern Bäume Holz zum Kochen oder Bauen. Das kann man selbst nutzen – oder in schlechten Zeiten verkaufen, damit Geld für Lebensmittel hereinkommt. Also säten die Burkinabé auch noch Akazien oder Sisyphusbäume in den bewährten Pflanzlöchern.

Heute, fast 30 Jahre später, gilt Yacouba Sawadogo als »Mann der die Wüste aufhielt«,[2] so der Titel eines englischen Dokumentarfilms über seine Experimente. In vielen Dörfern des Sahel wachsen wieder grüne Haine, und die Grundwasserspiegel sind angestiegen, weil sich die Methode schnell ausgebreitet hat.

Den Begriff »Bioökonomie« verwenden diese Bauern nicht, und auch nicht die Umwelt- und Entwicklungsorganisationen, Wissenschaftler und Regierungsagenturen, die versuchen, solche regional jeweils ganz unterschiedlichen Praktiken zu vervielfältigen. Doch auch was die Dorfbewohner im Sahel geleistet haben, ist Innovation.

Die Vögel sind wieder da:
Wie die Landwirtschaft zugleich produzieren
und regenerieren kann

Was diese Innovationen am meisten von den Hightech-Ansätzen der Konzerne und Regierungen unterscheidet, ist ihr Fokus auf heimische Pflanzen und Traditionen; damit auf eine breite Vielfalt der Lösungen statt modifizierter Standardmittel. Vor allem zeichnet sich diese lokale Bioökonomie durch soziale Kooperation aus. Um sich die Handgriffe gegenseitig beizubringen und Erfahrungen auszutauschen, hatten sich die Bauern in Zai-Gruppen auf Gemeinschaftsfeldern getroffen. Eine solche Zusammenarbeit, die sich oft auch noch auf gemeinsame Vermarktungsaktivitäten ausweitet, ist vielleicht sogar der wertvollste Teil des agrarökologischen Ansatzes, den Jules Pretty erforscht und auf den Pavan Sukhdev angespielt hat. Denn es erfordert Ausdauer, Ressourcen besser zu nutzen, ja sie sogar wieder aufzubauen – und Ausdauer fordert einen Rahmen, in dem man sich langfristig gegenseitig unterstützt.

Das zeigt auch eine andere Geschichte: Wie Laxman Singh und seine Mitbewohner im Dorf Laporiya das Regenwasser zähmten.[3] Sie spielt in Rajasthan in Nordindien. Dort ringen die Bauern und Hirten mit einer Natur, die ihnen bei oft über 40 Grad Hitze von September bis Anfang Juli keinen Tropfen Regen gönnt und dann drei Monate lang vom Himmel stürzende Monsungüsse sendet – wenn sie sich überhaupt noch an Regeln hält. Dieses Wasser aber rauschte allzu lange mit dem Bahala-Fluss davon.

Um es aufzuhalten, musste Laxman Singh Mitstreiter mobilisieren. Die streitbare Kaste der Gurjar habe früher die ganze Gegend unterdrückt, erzählt der charismatische Bauer und Sozialarbeiter bei einem Besuch auf der Terrasse seiner Organisation GVNML (Gram Vikas Navyuvak Mandal Laporiya). Diese Kämpfer hätten alle Rechte über die Nutzung des Dorfteichs beansprucht, sich aber keinen Deut um dessen Erhaltung gekümmert. Breit seien die Befestigungsdämme eingerissen und der ohnehin kleine Tümpel ausgetrocknet. Zunächst konnte Singh seine eingeschüchterten Nachbarn nicht davon überzeugen, sich gegen die Gurjar zu wehren. So begann er eines Tages gemeinsam mit einem Freund einfach wortlos mit der Reparatur. »Das schafft ihr doch nie allein«, sagte der erste Nachbar, der vorbeikam. »Dann hilf halt mit«, antworteten die beiden. Nach und nach sei das ganze Dorf dabei gewesen, erzählt Singh.

Die Erfahrung des Zusammenhalts machte Mut, mit vereinten Kräften auch das innovative »Chouka-System« aufzubauen, das Singh entwickelt hat, um Regenwasser zu »ernten«. Chouka heißt Rechteck, und lauter viereckige Felder wurden auf dem kollektiven Weideland angelegt. Sie sind jeweils an drei Seiten von Lehmwällen eingedämmt und leicht versetzt hintereinander angeordnet. Wenn es zur Monsunzeit schüttet, dann sammelt sich das Wasser in der niedriger gelegenen, geschlossenen Seite und »springt« ab einem bestimmten Pegelstand zum nächsten Chouka über; und so fort, bis es schließlich in drei Bewässerungsteichen aufgefangen wird. So werden die Regenfluten länger auf der Weide gehalten. Es wachsen Gras und Kräuter für die Tiere, sogar der vielfältig nutzbare Neembaum, Tamarinde und Babul. Langsam kann das Nass ins Grundwasser versickern, das 103 Brunnen speist. Sparsam zur Bewässerung der Felder genutzt, sind sie selbst in sehr trockenen Jahren nicht versiegt. Für seine »Feldflaschen« haben Singh und seine Nichtregierungsorganisation mehrere Preise bekommen. Fast 100 weitere Dörfer in der Region haben das System übernommen.

Die Chouka-Technik ist nur eine Möglichkeit, Regenwasser zu nutzen. Runde oder schlangenlinienförmige Dämme, Steinwälle auf den Feldern oder Gräben, die den Höhenlinien eines Bergs folgen – in Indien werden die unterschiedlichsten Technologien der Wasserernte wiederentdeckt und modernisiert. Sie zu praktizieren sei »wie hart verdientes Geld auf ein Sparkonto einzuzahlen«, schreibt die Umweltschützerin Sunita Narain vom Centre for Science and Environment (CSE) in Delhi. »Man füllt das Konto in weiser Vorausschau immer wieder auf und lebt von den Zinsen, statt das Kapital der Grundwasserreserven anzugreifen.«[4]

Rund 300 Millimeter Regen im Jahr müssten fallen, damit sein System funktioniere, sagt Laxman Singh. Aber dann geht es den Leuten deutlich besser. Sie verdienen an ihrer Milch, sie bauen dank der Bewässerung Futter, Mais, Weizen und Gemüse an, und neuerdings sogar Heilkräuter für den wachsenden Ayurveda-Markt. Und: »Hören Sie, die Vögel …«, sagt Laxman Singh. Sie singen wieder, weil es wieder junge Bäume gibt.

Auch in anderen Teilen der Welt gibt es viele Beispiele, wie Bauern über die Jahre gelernt haben, unabhängig von chemischen Betriebsmitteln mit angepassten Methoden ihre Ernten zu erhöhen, dabei die Ressourcen wieder aufzubauen und ihre wirtschaftliche Situation zu verbessern. Zusammengefasst werden ihre Strategien unter dem Begriff »Agrarökologie« – und eine globale Bioökonomie-Politik wird sich auch daran messen lassen müssen, ob sie solche Systeme stärkt – oder ob sie ihnen durch den Aufbau finanzkräftiger Konkurrenz das Wasser abgräbt. Denn solche Innovationen sind die Grundlage einer »Wirtschaft der Permanenz«, an die Pavan Sukhdev gedacht hat. Sie können genau den Menschen helfen, die es am meisten brauchen, den Kleinbauern.

Aber auch in den reichen Ländern tauchen im Meer konventioneller Agrarlandschaften immer mehr Inseln auf, die eine gesunde Ernährung mit dem Schutz des Bodens, der Arten und des Klimas verbinden. Josef »Sepp« Braun zum Beispiel ist ein unermüdlicher Forscher des biologischen Ackerbaus. »Der Boden ist der Schlüssel«, sagt der Bauer, denn je mehr Leben darin, desto größer die Fruchtbarkeit. Brauns Hof liegt in keiner Idylle, nur ein paar Kilometer vom Münchner Flughafen entfernt. Dort erforscht der »ReforMist« schon seit Jahrzehnten, wie man noch mehr fruchtbaren Humus aufbauen kann. In jedem Kubikmeter tummeln sich Hunderte von Regenwürmern. Sie bringen durch ihren Kot pro Hektar 280 Kilo Stickstoff in die Erde, erzählt der bedächtige Bayer. Er produziert Milch, Käse und eine Vielzahl von Getreiden, Kräutern, Gemüsen sowie Kleegras und Leguminosen als Futtermittel – alles ohne Chemie.

Eine neue Praxis aus den USA, die »regenerative Landwirtschaft«, richtet den Fokus des Bioanbaus noch einmal stärker auf den Klimaschutzaspekt. Als einer ihrer Vordenker und Pioniere versucht Timothy LaSalle aus Pennsylvania, »tiefer zu graben«.[5] Ziel des Amerikaners ist es, mit mehr organischer Substanz im Boden nicht nur die Fruchtbarkeit zu erhöhen, sondern zugleich besonders viel Kohlenstoff langfristig im Boden zu binden. Seine Äcker werden ohne Pflug und mit viel Mulch, Kompost und vielfältigen Mischkulturen bewirtschaftet. Auch in Wiesen und Weiden säen die Bodenpfleger stickstoffreiche Leguminosen oder Phacelia. Und besonders Gräser könnten mit ihrem gewaltigen unterirdischen Wurzelwerk große Mengen CO_2 in den Boden bringen, sagt LaSalle, bis in Tiefen von mehreren Metern. Derzeit versucht er, mit seinen »regenerativen« Experimenten strapazierte Böden in Afrika wieder aufzubauen. Er nennt sie seine Form des »Geo-Engineerings«; eine, die natürliche Prozesse nutzt, statt sie mit Hightech-Methoden umzusteuern.

Tradition wird modern:
Wie Bauern und Wissenschaftler zusammenarbeiten

Auch der Begriff Agrarökologie kommt ursprünglich aus den USA.
Dort definierten Landschaftsökologen ihn in den 1920er Jahren als jenen Teil ihres Fachs, welcher die Agrarsysteme in ihren Wechselwirkungen mit den sie umgebenden Ökosystemen betrachtet; mit Wäldern, Arten, Klima, Gewässern, der Beschaffenheit des Bodens. Heute verstehen viele Experten darunter landwirtschaftliche Praktiken, die auf solche lokalen Eigenheiten reagieren. Vielgliedrige Fruchtfolgen und eine den Flächen gemäße Tierhaltung sollen den Boden mit Stickstoff versorgen und Nährstoffkreisläufe schließen. Um all das und eine gesunde Ernährung zu gewährleisten, stehen auf dem Feld nicht nur ein, zwei globale Einheitskulturen, sondern viele verschiedene. Für Subsistenzbauern ist die hohe Kunst, das System so anzulegen, dass sich die Gewächse, oft in Etagen angebaut, gegenseitig Schatten geben, Schädlinge in Schach halten, je nachdem, was gefordert ist. Wenn sie überdies zu unterschiedlichen Zeiten reif werden, gibt es zu allen Zeiten des Jahres Nahrung und Einkommen.

Eigentlich machen Bauern das seit Jahrtausenden so: auf dem gleichen Acker eine Vielfalt gesunder Nahrungsmittel, Fasern und Heilpflanzen zu erzeugen – und zugleich das Ernterisiko zu streuen. Im trockenen Zentraltansania lässt zum Beispiel Pearson Jonathan auf seiner 1,5 Hektar kleinen Shamba neben den Grundnahrungsmitteln Mais und Bohnen auch Kartoffeln und Bataten wachsen, Maniok und andere lokale Wurzeln, verschiedene Chilisorten, jeweils mehrere Arten von Straucherbsen, Sonnenblumen und Erdnüssen. Wenn eine Saat nicht aufgeht, tut es die andere vielleicht immer noch. Die eine mag an einer Insektenplage zugrunde gehen, doch der anderen können die Schädlinge nichts anhaben. Eine Kuh und ein paar Ziegen liefern zusammen mit den Leguminosen dem Boden Stickstoff. Die Vielfalt verhilft nicht zuletzt in Zeiten des Klimawandels zu etwas mehr Sicherheit bei der Ernährung.

Ähnlich pflanzen mexikanische Bauern im Hochland von Mexiko

auf ihrer Milpa traditionell nicht nur eine top ertragreiche Supermais-
sorte an, sondern zwölf verschiedene stehen nebeneinander. Die einzelnen Varietäten mit mehr oder weniger Stärke, in Gold, Weiß, Rot oder
Lila eignen sich jeweils für unterschiedliche Tortillas und Tamales.
Doch auch in Oaxaca oder Chiapas dient die Vielfalt zugleich als Versicherung für kleine Erzeuger. Zwischen den Maispflanzen gedeihen Kürbisse, Stangenbohnen, Kräuter und Früchte. Sie liefern ausgewogene
Mahlzeiten und reichern den Boden an, statt ihn einseitig zu belasten.
Die großflächigen Kürbisblätter schützen überdies vor Verdunstung
und halten das Unkraut unten.

Doch Agrarökologie besagt auch, dass man bei der Wiederbelebung
alter Methoden nicht stehen bleibt, sondern sie fortenwickelt. Dazu tun
sich Bauern und Agrarwissenschaftler zusammen. Die Mischung aus
dem lokalen Erfahrungswissen mit den spezialisierten Erkenntnissen
von Mikrobiologen oder Agronomen holt dann oft noch mehr aus dem
Land heraus. Die Forscher können Möglichkeiten vorausberechnen wie
beim Trans-SEC, sie können Erfolge empirisch überprüfen oder die Defizite des Bodens mit modernen Methoden analysieren. Oder sie kennen vielleicht eine Sorte, die auch noch besser an die Bedingungen des
Standortes angepasst ist. Bei den Zai-Bauern im Sahel zum Beispiel wurde ein einheimischer Sisyphus-Baum mit einer indischen Variante ver-
edelt. Heraus kam eine Pflanze, die die schroffen und unsteten Wetter-
verhältnisse in Niger besser überlebt und sogar noch deutlich größere
Früchte produziert. Diese Frucht enthält überdies Vitamin A.

Agrarökologie folgt also dem Vielfaltsprinzip des Gartens, sowohl
auf dem einzelnen Feld als auch regional.»Sie ist weder ein perfektes
System, noch eine universelle Ideologie«, heißt es in einer Veröffent-
lichung deutscher Umwelt- und Entwicklungsorganisationen,»sondern eine ständige, nie vollendete Annäherung an bestmögliche Lösungen und Kompromisse und die jeweiligen örtlichen, ökologischen,
kulturellen und sozialen Bedingungen.«[6]

Ein Allheilmittel ist auch die agrarökologische Herangehensweise
nicht. Sie macht mehr Arbeit und das ist dort ein Nachteil, wo das Land
schon entvölkert ist oder Kriege und Krankheiten die Bevölkerung aus-

gedünnt und überaltert haben. Doch Arbeit statt Kapital: In vielen Weltregionen würden mit einem größeren Fokus auf agrarökologischen Systemen gerade jene Beschäftigungsmöglichkeiten für Landarbeiter und Kleinbauern geschaffen, die Pavan Sukhdev bei seiner Rede in Brüssel mit solcher Dringlichkeit eingefordert hat. Wenn sich die Ernte verbessert und die Produkte vielleicht auch noch weiter verarbeitet werden, dann können die Bauern auch Helfer ernähren und bezahlen. Würde mehr Geld und Beratung in solche Vielfaltssysteme investiert, in lokale Verarbeitungsbetriebe und den Aufbau von Märkten, gäbe es zudem verlässliche Eigentumsrechte – auch solche auf Gemeineigentum –, dann hätten mehr Menschen die Möglichkeit, auf dem Land zu bleiben. Das Angebot an Nahrungsmitteln könnte sich deutlich erhöhen, bei einem geringeren Verbrauch an Wasser und Energie.

Lange galt die Agrarökologie in den Augen einer Landwirtschaft, die ganz auf Spezialisierung setzt, als ineffizient. Deren Vertreter rechnen immer wieder vor, dass solche chemiefreien Methoden geringere Erträge brächten als die industrielle Intensivierung. Aber da werden oft Äpfel mit Birnen verglichen. Tatsächlich mag die Ernte bei einer einzigen Kultur geringer sein. Aber die Summe aus allen bringt mehr Kalorien, Nährstoffe und Nutzpflanzen von der gleichen Fläche – besonders in den Tropen. Bekräftigt wurde dieser Ansatz von einem »International Assessment of Agricultural Knowledge, Science and Technology for Development« (IAASTD) von 400 Wissenschaftlern aus aller Welt, das die Weltbank initiierte und bei dem erstmals auch das Wissen der Industrie, NGOs, Bauern und indigener Völker erfragt wurde. 2008 veröffentlichte dieser »Weltagrarrat« sein Plädoyer, dass eine künftige Revolution der Landwirtschaft weit über die Produktivität hinaus auch ökologische, soziale und kulturelle Dimensionen einbeziehen müsse.[7] Sein Bericht, unvollkommen, aber damals hoch innovativ, wurde bis heute zu einer Art Bibel für die kritische Agrarbewegung. Die meisten Regierungen und auch die Industrie ignorierten die Vorschläge zunächst, obwohl sie an ihrer Entstehung beteiligt waren. Mittlerweile aber taucht der Kernsatz »Business as usual is not an option« immer öfter in den Reden über die Zukunft der Landwirtschaft auf. Die Welternährungsorganisation

FAO veranstaltete erste Workshops zur Agrarökologie, ihr Direktor José Graziano da Silva sagt:»Wir haben hundert Jahre gebraucht, die Chemie in die Landwirtschaft einzubringen. Wir werden sie deutlich schneller wieder loswerden.«[8] Noch stehen – auch in der FAO – viele Beharrungskräfte dem Vielfaltsansatz entgegen. Es ist auch nicht leicht, ihn praktisch umzusetzen, weil dafür ganz neue Handelswege und Wertschöpfungsketten erschlossen werden müssen. Aber darauf drängen Bauernverbände, Nichtregierungsorganisationen und Wissenschaftler in aller Welt.

Die neuen Stadt-Land-Koalitionen

Sie bilden eine Art von sozialer Bewegung, die, ursprünglich in den USA und Südamerika entstanden, rund um den Globus aus der Agrarproduktion eine zeitgemäße Form der »Agrikultur« machen will. Besser: der Agrikulturen. Und ein echtes Novum ist: Sie schafft von Mexico City über Dakar bis nach Rom ein gemeinsames Projekt von Stadt und Land.»Power to the Bauer!«In Deutschland ist diese Bewegung aktiver als in anderen Weltregionen, und sie zeigt sich bei einer mittlerweile schon zum Ritual gewordenen Großveranstaltung:»Wir haben es satt«. Unter diesem Motto fordert jedes Jahr im Januar ein Aufmarsch von 2015 über 50 000 Bürgern, Verbänden und Organisationen die Internationale Agrar-Schau»Grüne Woche« heraus. Es ist eine ebenso zornige wie gut gelaunte Parade, die dann durchs Regierungsviertel zieht.»Ei love Freedom«, hat sich dort ein Pärchen aufs T-Shirt geschrieben. Imker in weißer Montur wedeln den Smoker wie Priester ihr Weihrauchgefäß, Damen und Herren im rosa Schweinchenkostüm zupfen sich an den Ringelschwänzchen. An der Spitze fährt ein Konvoi aus 90 brummenden Traktoren. Und auch wenn konventionelle Bauern mittlerweile mit einer eigenen Kundgebung»Wir machen euch satt« dagegen halten: Die neue Agrarbewegung wächst.

Für Zulauf haben nicht zuletzt immer wieder Lebensmittelskandale gesorgt: 2011 trieb Dioxin in den Eiern neue Mitstreiter auf die Straße, 2015 waren es multiresistente Keime als Folge des Antibiotikamissbrauchs im Stall. Doch geeint werden so unterschiedliche Gruppen wie die Arbeitsgemeinschaft bäuerliche Landwirtschaft (AbL) und vegane Studenten, Umwelt- und Verbraucherverbände, Milchbauern und Luxusköche, Gärtner, Mütter und Fair-Trade-Organisationen auch in ihrer Suche nach Alternativen zu jener wachstumsfixierten Agrarproduktion, die für Landwirte weltweit nur ein Programm kennt: Wachse oder weiche. Viele, die in Berlin zusammenkommen, gestalten Modelle, mit denen bäuerliche Betriebe gesichert werden sollen.

Zu den jungen Trieben dieses bodenständigen Geflechtes zählt zum Beispiel die »Solidarische Landwirtschaft«. Die Grundidee: Städter sollen mehr über Praxis und Wert der Landwirtschaft erfahren und durch die Art ihres Konsums Bauern unterstützen, die nachhaltig produzieren. Ein Vorreiter in Deutschland, Mathias von Mirbach, trägt jede Woche stapelweise Lebensmittelkisten in die Depots seiner Hamburger Unterstützer. Meist sind es kleine Nachbarschafts-Kooperativen, die sich eine Speisekammer eingerichtet haben. In ihren Gemeinschafts-Kühlschränken, bei denen sich jeder bedienen kann, deponiert von Mirbach frische Milch, Joghurt, Butter und Quark, Brot, das kräftig nach Dinkel schmeckt, Fleisch und Würste aus Hausschlachtung, Karotten, Kartoffeln und saisonale Gemüse. Das alles stammt von seinem Hof, der keine 40 Kilometer entfernt in Schleswig-Holstein liegt. Ehe er wieder fährt, schnappt sich der Landwirt noch, was seine Kunden nicht gebraucht haben: »Die Reste gehen zurück, in den Schweinetrog.« Pro sogenanntem Ernteanteil bezahlen die Mitglieder monatlich rund 178 Euro.

Als innovationsfreudig fiel Mathias von Mirbach schon auf, als er Bürgern anbot, sich mit einer »Kuhaktie« an seinen Investitionen zu beteiligen. Von den 150 Hektar, die er mit einer weiteren Familie und vier Mitarbeitern bewirtschaftet, werden Marktstände, eine Biobäckerei und ein Laden beliefert. Die Hälfte der Produkte geht an die Kooperativen. Mit ihnen verbindet den norddeutschen Bauern eine Art Symbiose: Er kann zuverlässig mit den verkauften Ernteanteilen rechnen. Seine Kunden, die er gerne »nicht aktive Landwirte« nennt, verhelfen ihm überdies zu der Freiheit, seinen Mischbetrieb so zu bewirtschaften, wie er es für richtig hält: biologisch-dynamisch. Statt als Rohstoffproduzent mit wenigen Produkten dem Preisdruck weniger Großhändler ausgeliefert zu sein, schließe er mit einer selten gewordenen Vielfalt von Tieren und Anbaupflanzen ökologische Kreisläufe, sagt von Mirbach:»Gut Wirtschaften heißt nicht nur, Rendite zu machen, sondern vor allem, das Land fruchtbar zu halten.«

Viele jüngere Leute und Familien rennen stadtnahen Bauern die Türe ein, aber es ist nicht leicht, einen Lieferanten zu finden. Ein bayerisches Netzwerk hat die Sache schon deshalb größer und kommerziell angelegt; aber auch, weil die Vorteile einer regionalen Produktion mehr Bürgern zuteil werden sollen. Unter dem Label»Unser Land« vermarkten Bauern gemeinsam mit Handwerks-Molkereien, Käsereien, Metzgereien und»Solidargemeinschaften« ihre Produkte in Fachgeschäften und kleineren Supermärkten. Anders als bei vielen verwässerten Regionalsiegeln folgen sie einem verbindlich hohen ökologischen und sozialen Anspruch. Dann sind die Lebensmittel zwar etwas teurer. Aber immer mehr Konsumenten finden es absurd, dass sie billige Milch aus allen möglichen Landesteilen kaufen können außer dem eigenen. Sie würdigen, dass sie bei einigen Mitgliedsbauern auch mal vorbei schauen oder von ihnen sogar ein Stück Land mieten und selbst bebauen können. Deshalb sind viele konventionell wirtschaftende Landwirte dabei. Und mittlerweile profilieren sich auch die Lebensmittelketten mit Regionalität.

Aufklärung über Ernährung und Ackerbau mit praktischer Feldarbeit verbinden: Das will ein neues Projekt der Zukunftstiftung Landwirtschaft. Sie setzt sich sonst hauptsächlich für die Züchtung von Saatgut ein, das den Bedürfnissen des Bioanbaus nützt.»2000 Quadratmeter«: Unter diesem Titel regt die Stiftung nun Bürger in vielen Ländern dazu an,»Weltäcker« anzulegen. Solche Felder repräsentieren jene Fläche, die dem einzelnen Erdenbürger für seine Ernährung zur Verfügung stünde, wäre der Boden gerecht verteilt. Sie werden von Nachbarn, Schulen oder Stadtteilgruppen gemeinschaftlich bewirtschaftet, und um zu lernen, in jeder Anbausaison anders. Im ersten Jahr zum Beispiel so, dass die Anteile von Getreide, Knollen, Ölpflanzen, Obst und Gemüse die Wirklichkeit der Weltproduktion spiegeln. Dann erleben Schüler und andere Besucher sinnlich, wie viel Land allein die Monokulturen für Fleischkonsum und Energiepflanzen beanspruchen und welche Verantwortung ein durchschnittlicher EU-Bürger für die globale Ernährung trägt. Im zweiten Jahr kann man vielleicht die Lebensmittel säen, von denen eine Person und ihre Gäste ein Jahr lang leben könnten. Der »Weltacker« ist eine Variante des Urban Gardening; einer anderen lokalen Praxis, die sich weltweit ausweitet. Dabei tragen neue Gemeinschaften säend, hackend und pflückend auf Inner-City-»Allmenden« dazu bei, dass Städter sicherer versorgt sind und gesünder essen können, dass alte Arten und Sorten wieder entdeckt werden und Quartiere lebendiger, grüner und kühler. Da werden Hochbeete gebaut, junge Leute versuchen, aus Abfällen, Kompost und zerkleinerter Holzkohle selbst fruchtbaren Dauerhumus herzustellen. Manchmal ist das auch nichts anderes als die gute alte Schrebergartenkultur. Doch die meisten Stadtgärtner von der Hamburger »Keimzelle« über die Kölner »Pflanzstelle« bis zu den Berliner »Prinzessinnengärten« setzen zugleich auf eine politische Mischung aus Buddeln und Begreifen. »Lokal hacken, global denken«: Zwischen Beeten und Gemüsekisten gibt es Vorträge über die Vielfalt der Bohnen oder den Landraub in Afrika. Oder man unterstützt gemeinsam die Genossenschaft BioBoden der GLS-Bank. Die will Biolandwirten trotz hoher Pachtpreise zu Flächen verhelfen. Ein halbes Jahr nach ihrer Gründung 2015 hatte sie schon 600 Mitglieder. Das globale Netzwerk Urban Farming verzeichnet fast 63 000 Gemeinschaftsgärten. In westlichen Metropolen führen solche »Aussäer der Veränderung« (Papst Franziskus) Menschen zusammen, die besser essen und leben und zugleich ihren ökologischen Fußabdruck verkleinern wollen und die Gemeinwirtschaft fördern. Für die Bewohner osteuropäischer Vororte, amerikanischer Armenviertel oder asiatischer und afrikanischer Megacitys hingegen bedeuten Beete in den Städten oft sogar die Grundlage ihrer Existenz.

Politiker fördern Ernährungsinitiativen

Der Gedanke, Städte und Bauern direkt miteinander zu verbinden, wird auch schon von Regierungen aufgegriffen. In Brasilien zum Beispiel finanziert das Regierungsprogramm »Zero Fome« (Null Hunger) Landwirtschaftsprojekte am Rande urbaner Zentren, und Kleinbauern bekommen den Auftrag, die Produkte für Krankenhäuser, Schulspeisungen und Armenküchen zu liefern. So ist den Armen in Stadt und Land zugleich geholfen. Mehrere Organisationen, unter anderem der World Future Council, organisieren Austauschreisen für Experten und kommunalpolitisch aktive Bürger aus afrikanischen Ländern, damit sie sich vom brasilianischen Vorbild für ihre eigenen Städte inspirieren lassen können.

Politischen Rückenwind bekommt auch die »Rooftop Revolution« in Kerala, Indien. Begeistert schildert die Reporterin der Umweltzeitschrift *Down to Earth* den Garten Eden von Mr. Vadhyar, der in Thiruvananthapuram, der Hauptstadt des indischen Bundesstaates, lebt. Auf seiner Terrasse über dem vierten Geschoss hat der Bauingenieur Kokospalmen und Bananenstauden gepflanzt, Papaya, Guaven, Kürbisse und Kalebassen in allen Formen, Gurken, Tomaten, Bohnen, Tapioka und Merettich, Ingwer, Kurkuma. Er macht das schon lange und besonders ertragreich, weil seine Frau Agraringenieurin ist. Auch anderswo legen Beamte, Lehrer, Studenten und Pensionäre Dachgärten an, und das hat in Kerala einen besonderen Grund: Hier ist das Misstrauen gegen Pestizide besonders groß. Jahrzehntelang war das mittlerweile weltweit verbotene Präparat Endosulfan aus der Luft über staatlichen Cashew-Plantagen im Städtchen Kasargod versprüht worden. Hunderte von Menschen bekamen chronische Nerven-, Haut- und Krebsleiden. Mit ihrem chemiefreien Eigenanbau wollen die Bürger nicht zuletzt auf Nummer sicher gehen. Einige Stadtverwaltungen fördern das, in Thiruvananthapuram zum Beispiel bieten Landwirtschaftskammer und Gemeinderat Beratungsdienste an. Denn klar: Man muss auch was vom Aufbau des Bodens und von den Pflanzen verstehen.

In Industrieländern sind in den letzten Jahren immer mehr »Food

Policy Councils« entstanden. Der erste dieser »Ernährungsräte« wurde 1982 in Knoxville, Tennessee gegründet. Mittlerweile gibt es allein in den USA 263 solcher kommunaler Netzwerke aus Experten und Bürgern, die ihre Stadt gemeinsam mit dem Umland gesünder, gerechter und nachhaltiger ernähren wollen. In Deutschland gehört Köln zu den Pionieren, dort ist so ein Rat gerade in Gründung. Das kanadische Vancouver will Lebensmittel sogar zum »Mittelpunkt der grünen Wirtschaft« machen. Auch das ist Teil einer anderen Bioökonomie.

Die permanente Wiederauferstehung: Kreislaufwirtschaft funktioniert am besten dezentral

Als politische Hefe einer globalen Agrarwende erinnern viele dieser Stadt-Land-Projekte an die Bürgerinitiativen, die schon früh mit Sonne, Wind und Biomasse experimentiert und sich zu Energiegenossenschaften zusammengetan haben. Nur dadurch wurde die Energiewende überhaupt möglich. Selbst dreißig Jahre nach den Pionieren und fünf Jahre nach Fukushima stammen noch immer mehr als die Hälfte der Investitionen in die Erneuerbaren Energien nicht von den großen Stromkonzernen und Energieversorgungsunternehmen, sondern von Kommunen, Bürgern und ihren Zusammenschlüssen. Ein Bindeglied zwischen Energie- und Agrarwende sind Biogas und Biokraftstoffe. Auch dabei waren lokale Initiativen vorn – und viele von ihnen haben besonders beim Biosprit früh gemahnt, dass es eng gezogene Grenzen gibt, wenn man Pflanzen für energetische Zwecke nutzt.

Heute feixen Politiker und Medien gern, dass gerade Umweltschützer seinerzeit die Biokraftstoffimporte im großen Stil und damit das Tank-versus-Teller-Dilemma befördert hätten. Und es stimmt: Auch einige grüne Spitzenpolitiker hatten den Blick einseitig auf den Klimaschutz gerichtet, ohne die sozialen und ökologischen Folgen des Ausbaus von Zuckerrohr- und Palmölplantagen zu sehen. Der WWF forderte zeitweise sogar einen Biosprit-Anteil von 20 Prozent! Aber dabei wird vergessen: Ein anderer Teil der Grünen und Klimaschützer hatte den 2006 eingeführten Beimischungszwang engagiert zu verhindern versucht und war gemeinsam mit abtrünnigen Bundestagsabgeordneten aus den Regierungsparteien, mit Landwirten, Energiegenossenschaften und Naturschützern auf die Straße gegangen. Gewiss, auch die Biodiesellobby war dabei, die ihre Felle einer lokalen Produktion davonschwimmen sah. Vor dem Brandenburger Tor demonstrierten sie alle wegen ihrer Sorge, eine pauschale Kraftstoffquote würde »Billigimporte« fordern, »hinter denen höchst zweifelhafte Anbaukonzepte stehen – unter anderem aus Ländern, in denen Tropenwälder abgeholzt werden, um Plantagen für Energiepflanzen anzulegen«, so hieß es etwa in einer Pressemeldung des SPD-Bundestagsabgeordneten und Vaters des Erneuerbare-Energien-Gesetzes, Hermann Scheer. Das sei »ökologisch unverantwortlich«. Solche Warnungen verhallten, doch genau so kam es.

Dafür sorgte vor allem die Agrarlobby – und die Mineralölindustrie. Wenn sie nun schon widerwillig umstellen musste, dann sollte die Biosprit-Lösung wenigstens so ausfallen, dass sie am besten in ihre Infrastrukturen passte – auf Kosten lokaler Märkte. Die kleine Kundgebung war also der Aufstand der Dezentralität gegen die Übermacht einförmiger, zentraler Wirtschaftsstrukturen – und das keineswegs aus ideologischen Gründen, wie beim Stichwort Dezentralität immer wieder unterstellt wird. Die Kritiker befürchteten, dass die Vorteile einer regional angepassten Nutzung der Erneuerbaren Energien ausgehebelt würden: Vielfalt, ökologische Kreisläufe, kurze Transportwege, Flexibilität. Tatsächlich macht es vor allem aus energetischer Sicht nur selten Sinn, Biomasse über weite Strecken zu transportieren – je geringer ihre Energiedichte, desto weniger. »Landnutzungssysteme müssen viel stärker regional ausgerichtet werden, um die global und regional entkoppelten Stoffkreisläufe zu schließen«, fordert auch das Umweltbundesamt.

Trotz des Gegenwinds haben zahlreiche Bioenergie-Dörfer solche dezentralen Kooperationen wahr gemacht. Sie verwerten neben Ackerkulturen vor allem Gülle, Abfälle aus der Landwirtschaft oder Lebensmittelreste, die sonst verbrannt würden, erst zur Erzeugung von Biogas, das für Strom und Wärme genutzt wird, und bringen dann die Reste als Dünger wieder aufs Feld. Die Begrenztheit der Ressourcen hat sie außerdem gelehrt, dass, wer das Ziel einer 100-prozentigen Versorgung mit Erneuerbaren Energien erreichen will, zugleich effizient wirtschaften und sparen muss. So wurde die Stromproduktion in Biogasanlagen oft mit lokalen Wärmenetzen verbunden. Und ein weiterer Vorzug von Strom aus Biogas wurde in den Gemeinden erkannt: Er ist speicherbar und steht daher ständig zur Verfügung. Deshalb kann Biogas auf dem Weg in eine Vollversorgung mit erneuerbaren Energien jene Zeiten überbrücken, in denen kein Wind weht und auch keine Sonne scheint. Diesen dezentralen und flexiblen Einsatz der Biogasanlagen zu fördern, schlägt daher auch der Bioökonomierat vor. Anreize dafür müssten bei der im Frühjahr 2016 anstehenden Fortschreibung des Erneuerbare-Energien-Gesetzes zugeschnitten werden.

Die Suche nach Alternativen zum Mais hat überdies Experimente mit Agroforstsystemen beflügelt, die ebenfalls einen Vielfachnutzen hervorbringen. Ein Beispiel dafür kann man auf Josef Brauns Regenwurm-Acker besichtigen. Dort wachsen neben den Ackerkulturen zugleich schnell wachsende Bäume und Sträucher, eigentlich gar nicht so anders als in Burkina Faso. Wenn man die richtigen Arten reihenweise in bestimmten Abständen anpflanze, dann könne die Photosyntheseleistung auf der Fläche um bis zu 50 Prozent erhöht werden, sagt der Biobauer. Die Vorteile sind auch in Bayern: Erosionsschutz, mehr Humus durch das Laub, CO_2-Speicherung, ein ausgeglichenes Kleinklima. So können Futtermittel und Energie gemeinsam auf dem Acker gedeihen und die Agrar- und Energiewende gleichermaßen befördern. Große Mengen bringt das vielleicht nicht hervor, aber ein lokaler Bedarf kann sinnvoll gedeckt werden.

Außerdem kann sich die Vielfachnutzung auch noch mit der Chemie verbinden: So sieht es Hermann Fischer, ein Verfechter der Dezentralität bei der Erzeugung chemischer Produkte.[9] Vor 30 Jahren hat er ein Unternehmen gegründet, das bis heute erfolgreich Farben, Lacke, Lasuren, Reinigungsmittel und vieles mehr aus nachwachsenden Rohstoffen erzeugt. »Solare Rohstoffe« zu nutzen, heißt für ihn, die »petrochemische Schlange« zu vermeiden; jene umfänglichen und umweltschädlichen Transport- und Prozessketten von der Quelle in Saudi-

Arabien bis in den Cracker der Raffinerien, in denen die chemische Industrie die nutzbaren Inhaltsstoffe aus dem Erdöl erst energieaufwändig, teuer und teils mit negativen Folgen für die Umwelt erschließen muss. Fischer lehnt auch Bioraffineriemodelle ab, in denen diese Struktur reproduziert wird. Pflanzen erst in ihre niedermolekularen Einzelteile zu zerlegen, um diese dann wieder zu größeren Molekülen aufzubauen, sei Verschwendung, denn die Natur habe doch »vieles schon vorproduziert«, sagt Fischer. Er plädiert dafür, die Inhaltsstoffe von Sträuchern, Gräsern, Kräutern und Blumen direkt zu nutzen. Schon »aus Respekt vor der Pflanze« und der regionalen Vielfalt ihrer Arten gelte es, nicht nur einen bestimmten Anteil wie Lignin oder die Fasern zu verwerten, sondern auch die jeweils einzigartigen Farbstoffe, Gerbstoffe, Duftstoffe, Harze und Öle. Die »Nähe zum Rohstoff« mache eine regionale Produktion in der Bioökonomie langfristig plausibel. (Streitgespräch Seite 279)

Der Chemiker aus dem Harz sieht in Verbindung mit solchen Verarbeitungsprozessen auch in der Präzisionslandwirtschaft »wahnsinnig interessante Entwicklungen für den ökologischen Landbau«. Mini-oder Mikro-Roboter könnten in Zukunft den Biobauern ebenso wie den konventionellen als digitale Helfer auf dem Acker bei einer Ausweitung der Vielfalt nützen. Der langbeinige, wendige »Boni-Rob« zum Beispiel, der von einer Bosch-Tochter und der Hochschule Osnabrück entwickelt wird, reicht einem Landwirt noch höchstens bis zur Brust. Er soll mit seinen Sensoren bis zur einzelnen Pflanze erfassen können, was sie gerade braucht. Dann reagiert er, indem er sie passgenau besprüht, Wasser nachgießt oder Beikräuter zieht, sodass keine Herbizide gebraucht werden, sich aber auch keine Billiglohnarbeiter mehr den Rücken kaputt biegen müssen. Mit solchen Maschinen würde die Arbeitsintensität im Bioanbau verringert und seine Konkurrenzfähigkeit erhöht. Nützlich wären noch kleinere GPS-gesteuerten Roboter auch für den ökologisch wertvollen Mischfruchtanbau. Denn es wäre viel leichter, unterschiedliche Gewächse, die gemeinsam auf dem Acker stehen, aber nicht gleichzeitig reifen, getrennt voneinander zu ernten. Auch dank solcher intelligenten Erntemaschinen ließen sich Nahrungs-, Energie-

und Chemiepflanzen zum gegenseitigen Nutzen miteinander kombinieren.

Neuerdings entwickelt das Karlsruher Institut für Technologie (KIT) mit Fischers Farbfirma Mikroreaktoren, die eine differenzierte Herstellung vielfältiger Chemieerzeugnisse aus Pflanzen ermöglichen. Sie seien kompakt gebaut und äußerst flexibel einsetzbar, sagt Fischer, nämlich sowohl für chemische Reaktionen als auch für rein physikalische Prozesse wie Mischen oder Dispergieren. Auch das eröffne ganz neue Möglichkeiten für eine dezentrale Produktion. Selbst geringe Pflanzenmengen von vielfältig bewachsenen Äckern könnten dann kostengünstig verarbeitet werden. Die Kombination solcher Mikrotechnologien würde also zugleich die Skaleneffekte in der Landwirtschaft relativieren, und nicht mehr allein Monokulturen wären rentabel. Auch wegen solcher Perspektiven plädiert Hermann Fischer dafür, »aus vollem Respekt für bewährte biologische Prinzipien modern zu handeln«.

Nichts gegen Technik

Das zeigt: Wider alle Klischees ist Umweltschützern Technikfaszination keineswegs fremd; jedenfalls dann nicht, wenn neue Entwicklungen Antworten auf die richtigen Fragen geben. Welche Farbe hat die Forschung? Unter dieser Überschrift dachte 2014 ein ungewöhnliches Symposium in Berlin über das Innovationspotenzial biologischer und sozialer Beziehungsnetze nach. Die Antwort auch des Schweizer Ökolandbauforscher Urs Niggli lautete: jedenfalls ganz bestimmt nicht Schwarz und Weiß.[10] Er spielte damit auf die Tendenz in der Agrardebatte an, die Welt konsequent in zwei Lager einzuteilen. Das sei zwar nützlich, um Positionen und Prioritäten zu klären, sagte Niggli – aber die Wirklichkeit kenne eben auch graue und bunte Töne. Und er hat Recht: Es gibt ihn zwar, den beschriebenen Kampf zweier Schulen in der Landwirtschaft und in der Bioökonomie. Da stehen auf der einen Seite die Agrarkonzerne, die politischen und wissenschaftlichen Positivisten mit ihren groß dimensionierten bioökonomischen Hightech-Lösungen – auf der anderen die gentechnikkritischen Bios und Agrarökologen. Doch Technik versus Natürlichkeit, Groß versus Klein, lokal versus global: So einfach sind die Gegensätze dann doch nicht. Das ist spätestens klar, seit der Biolandbau zum Global Player geworden ist, mit allen Widersprüchen, in die ihn lange Transporte, Verpackungen und Kompromisse beim Anbau verwickeln.

Dass zum Beispiel Größe keineswegs zwingend monokulturellen Raubbau bedeuten muss, belegen nicht nur einige Betriebe mit mehreren Tausend Hektar in Ostdeutschland, die ökologische Landwirtschaft und Naturschutz in Einklang bringen. Es lohnt sich, im Internet einmal die faszinierenden Bilder der Farm Laguna Blanca in Argentinien anzuschauen.[11] Dort in Argentinien hat sich Douglas Tompkins, der jüngst verstorbene, schwer reiche Gründer von »The North Face« und »Esprit«, in den letzten beiden Jahrzehnten nicht nur als Naturschützer engagiert, sondern auch als Ökolandwirt im großen Stil. Er kaufte ein 3000 Hektar großes, vom Intensivanbau malträtiertes Gut, dessen ausgelaugte Böden durch Furchen und Risse fortflossen bis ins Meer. Dieses zerstörte Land haben Tompkins und sein Team in den letzten Jahren neu belebt, mit konsequenten Biomethoden wie Wurmkulturen, Kompost, Mist und Gründünger und Fruchtfolgen von nicht mehr zwei, sondern 10 bis 15 Pflanzen, darunter auch Wildblumen. Aber auch Kameras und Sensoren kamen laut Niggli zum Einsatz: Zum Schutz vor Erosion wurden mit Hightech-Maschinen Terrassen angelegt, die sich in weiten Schwüngen den geographischen Konturen anpassen. »Fruchtfolgen in Raum und Zeit«, nennt der Ökolandbauforscher Urs Niggli diese Vielfalt. Da gibt es keinen rechten Winkel, die Betriebsleiter wurden mit ihren Pflügen zu Landschaftsmalern. Ihre Kunstwerke aus Ackerstreifen in Dunkellila, Gelb, Weiß, Orange und allen Grün-, Gold- und Brauntönen – Farben der Forschung – präsentierte der Schweizer bei der genannten Tagung ebenfalls als Beispiel für die Vermählung von Öko- und Präzisionslandwirtschaft.

Umgekehrt beschäftigen sich allen Schwarz-Weiß-Zuordnungen zum Trotz auch große Saatgutzüchter mittlerweile zumindest am Rande mit Innovationen wie dem Mischfruchtanbau. Ein Mitarbeiter des in Niedersachsen verwurzelten globalen Saatgut-Players KWS SAAT untersucht zum Beispiel das schon erwähnte Prinzip der mittelamerikanischen »Milpa« mit Mais, Stangenbohnen und Kürbis und andere Agrarsysteme, die ein sich gegenseitig optimierendes »Beziehungsnetz« eingehen. Mit »koevolutionärer Züchtung« will KWS-Mitarbeiter Walter Schmidt stabilere Pflanzen, die weniger Dünger und Herbizide brauchen, sozusagen im gewohnten familiären Verbund entwickeln.

Auch Bioraffinerien, deren Biomasse-Sog viele Naturschützer fürchten, müssen nicht zwingend großtechnisch-zentralistische Monster werden. Die Karlsruher Forscher, die Biosprit aus Stroh erzeugen wollen, halten jedenfalls eine dezentrale Herstellung in bäuerlichen Erzeugergemeinschaften technisch für möglich. Wenn sie in kleineren Pyrolyseanlagen selbst Kraftstoff für ihren Bedarf und vielleicht den ihres Dorfes herstellen würden, dann müssten keine voluminösen Strohballen in Lkw-Kolonnen quer durchs Land gekarrt werden. Auch die italienische Bioplastikfirma Novamont denkt zunehmend in die Richtung, Technologien für Regionalisierung und Vielfalt einzusetzen. In ihren Bioraffinerien wurde anfangs nur Mais- und Kartoffelstärke verwendet, um die Kunststoffe zu erzeugen. Doch mittlerweile ist die Palette auf Gräser, Sonnenblumen und Reststoffe erweitert worden. Aus ökologischen Gründen plädiert ihre Gründerin Catia Bastioli für eine neue Vorstellung von Innovation: »In der Bioökonomie müssen wir lernen, nicht mehr nur einzelne Technologien zu hypen und in Produkten zu denken, sondern in Systemen, die regional verwurzelt sind.« Die neueste Bioraffinerie, die Bastioli mit dem Chemieunternehmen Eni Versalis in Sardinien plant, ist ein Versuch, diesen systemischen Technologieansatz praktisch umzusetzen. Die Raffinerie soll mit Kardonen gefüttert werden, einheimischen, mit Artischocken verwandten Distelgewächsen. Diese wachsen auf steinigen Brachen, auf denen sich der Weizenanbau für die Bauern nicht mehr gelohnt hat. »Der Klimawandel wird ja besonders dem Mittelmeerraum immer mehr Trockenheit bescheren«, sagt Bastioli. Die Disteln gedeihen auch auf kargen Böden und in großer Hitze, und sie kommen ohne Herbizide aus. Aus ihrem Öl wird dann nicht nur Bioplastik gewonnen. Zusätzlich kann man die holzigen Zellwände, die übrig bleiben, für die Prozessenergie nutzen, und künftig sollen auch noch chemische Grund- und Schmierstoffe herausgezogen werden. Schließlich gewinnen die Novamont-Forscher aus den Disteln einen Presskuchen, der Ziegen eiweißreiches Futter liefert. Diese produzieren Käse – und am Ende gemeinsam mit Resten aus der Raffinerie wieder Dünger für die Distelfelder. »So etwas entsteht nur durch Zusammenarbeit«, sagt Catia Bastioli. »Wir lernen viel von den Bauern und den Wissenschaftlern in Porto Torres.« Ganz nebenbei sei zum Beispiel auch noch eine neue Erntemaschine für steinige Hänge entwickelt worden. Das 500-Millionen-Euro-Unterfangen muss freilich noch beweisen, ob es sich für alle Beteiligten rechnet. Catia Bastioli ist jedenfalls davon überzeugt, dass die Bioökonomie auch auf einen sozialen und agrikulturellen Nutzen hinwirken muss, und das wird durch Nähe erleichtert.

Ein Spiritus Rector dieses Ansatzes ist Gunter Pauli, Bastioli hat den schillernden Unternehmer, Designer, Autor in ihren Aufsichtsrat geholt. »Blue Economy«[12]: Auf diesen Begriff bringt Pauli die Versuche, Landwirtschaft, Energie und Chemie dezentral miteinander zu verbinden; blau in Anspielung auf das berühmte Bild des Planeten Erde aus dem Weltall. Der in Belgien geborene Unternehmer lebt heute in Japan. Er hat mal für den Club of Rome gearbeitet und ist ein fast missionarischer Handelsreisender für Ideen zur Vielfachverwertung biologischer Ressourcen. Seine »Zero Emissions Research and Initiatives« (ZERI) zielt auf die Nutzung »immer dessen, was wir vor Ort schon haben«, wie er eingängig sagt – und das so vielfältig und oft, wie es geht. Wo es zum Beispiel Kalkstein- oder Minenabfälle gibt, schlägt Pauli die Herstellung von »Steinpapier« vor. Im Gegensatz zum üblichen Verfahren mit Zellulose braucht es kein Wasser und kann ständig wieder verwertet werden. Auf Abfall aus der Kaffeeproduktion werden Pilze gezüchtet; was davon übrig bleibt, wird verfüttert. Oder bei löslichem Kaffee fallen Geruchsneutralisatoren ab, die man in Textilien verwenden kann.

Mit einem Netzwerk von Wissenschaftlern findet Pauli immer weitere Möglichkeiten, Abfall zu einem Ausgangsprodukt oder Nährstoff zu machen. Sein jüngstes Projekt-Baby ist der »Windelkreislauf«; der »dycle«, so die Wortschöpfung aus »diaper« für Windeln und »cycle«

für Kreis. Pauli ist nur der Förderer, die Idee stammt von der in Berlin lebenden japanischen Künstlerin Ayumi Matsuzaka. Sie will biologisch abbaubare Windeln umsonst an die Eltern verteilen; dafür müssen sie alle gebrauchten samt Inhalt sammeln und abliefern. Der (vermeintliche) Windelmüll soll dann, indem man ihn mit Lebensmittelabfällen, Holzkohle und Kompost vermischt, fruchtbare schwarze Erde bilden. Darauf wachsen Obstbäume, deren Holz wieder als Rohstoff für Windeln genutzt werden kann, und die Früchte lassen sich vielleicht zu Babynahrung verarbeiten … Der Kreislauf schließt sich, und zugleich werden Städte zu Gärten Eden, jedenfalls schon mal in Matsuzakas und Paulis Phantasie. Die multinationalen Konzerne, die mit saugfähigen Plastikwindeln Millionen verdienen, würde so eine Praxis vermutlich weniger freuen als die Kommunen, die keinen geringen Anteil ihrer Abfälle nicht mehr entsorgen müssten. Ob das alles tatsächlich funktioniert, muss erst noch erforscht werden. Berliner Eltern und Wissenschaftler mehrerer Universitäten fangen schon mal damit an. Und Gunter Pauli wird zwar immer mal dafür kritisiert, dass er gern ein wenig übertreibt. Doch Humus statt Hausmüll, Kreislauf statt Kollaps: Er hat lokale Formen der Bioökonomie vorausgedacht und ausprobiert und damit viele Menschen inspiriert.

Noch umfassender ist die Kreislaufwirtschaft bei »Cradle to Cradle« durchdacht; ein Konzept, das Michael Braungart zusammen mit dem amerikanischen Architekten William McDonough entwickelt hat.[13] Von der Wiege nicht zum Sarg, sondern zur Wiege: Diese Vision einer permanenten Wiederauferstehung der Stoffe soll ebenfalls eine Revolution in der Welt der Produkte in Gang setzen. Auch dabei gibt es keinen Abfall, sondern nur Nährstoffe. Daraus lassen sich Möbel, T-Shirts oder Häuser herstellen, die in zahllosen Zyklen wiederverwertbar sind. Man muss bloß alle für Umwelt und Gesundheit bedenklichen Materialien und Substanzen, mit denen sie genäht, gebaut, geklebt wurden, durch unschädliche ersetzen. Außerdem gilt es, den Kreislauf der Technosphäre von jenem der Biosphäre streng zu trennen, damit hier Lebensmittel und Jeans ungestört kompostiert, dort Computer und Federhalter sortenrein zerlegt und wiederverwertet werden können. Dann gäbe es keine Gifte mehr im Abwasser und in der Leber.»C2C« schließt auch Konzepte des Teilens ein. Ein Teppichhersteller beispielsweise verleiht seine Ware und holt sie wieder ab.

Seit einiger Zeit weitet Braungart Cradle to Cradle auf ein »Upcycling« aus, das heißt: Benutztes wird nicht nur wieder-, sondern sogar aufgewertet. Beim Recycling geht es ja meist abwärts Richtung Müll: Von einem edlen Briefbogen bleibt ein schlichtes Druckerpapier und alsdann nur noch Klopapier. Braungart und sein Mitstreiter McDonough hingegen zielen darauf, während des Umbaus zusätzliche Umweltgewinne zu ermöglichen. Es gelte,»nicht mehr den kleineren ökologischen Fußabdruck zu hinterlassen, sondern einen positiven«. Das könne gelingen, wenn man Kohlenstoff nicht mehr verbrennt, sondern nutzt. Schließlich ermögliche er mit dem »größten Kreativpotenzial« unendliche Verwertungskaskaden: für Energie, Möbel, Kunststoffe, die Wiederherstellung des Bodens. Dann, das ist die beste Nachricht, wäre sogar Sparen von gestern, weil ja nichts mehr weg muss oder schadet. Und wenn nur erneuerbare Energien eingesetzt würden, dann wäre auch noch Schluss mit dem ganzen fossilen Knappheits-, Verschmutzungs- und Klimaspuk.

So paradiesisch das alles klingt, Cradle to Cradle ist trotz Braungarts jahrzehntelangem Bemühen noch nicht sehr weit gekommen. Das ist nicht nur ihm oder dem Konzept anzulasten, sondern vor allem dem fehlenden Mut der Wirtschaft und der Politik, den ein derart umfassender Umbau aller Produktionsweisen erfordert. Denn dafür müssten nicht nur neue Stoffe erfunden und – im Konflikt mit vielen Wettbewerbsrechten – vorgeschrieben werden. Unterschiedliche Branchen, Hersteller, Behörden müssten eng miteinander kooperieren und mit der gesamten Abfallwirtschaft neu vernetzt werden. So etwas zu organisieren ist eine gigantische Aufgabe für Gesetzgeber und Kommunen und dauert Jahrzehnte. Immerhin: wenn jetzt die Protagonisten von Cradle to Cradle, Gunter Pauli und Hermann Fischer bei Bioökonomie-Kongressen gefragte Redner sind: Vielleicht sollen sie dort ja nicht mehr nur die radikalen Entertainer geben?

Allzu kühn klingt Michael Braungart allerdings, wenn er gleich von

»intelligenter Verschwendung« schwärmt, weil es dank der Mischung aus Kreisläufen und erneuerbaren Energien gar keine Knappheiten mehr gebe. Diese These ignoriert zum Beispiel sogenannte Rebound-Effekte. Seit Jahrzehnten haben Ingenieure laufend Fahrzeuge, Kühlschränke, sogar Flugzeuge mit immer geringerem Energieverbrauch entwickelt. Aber bislang machten mehr Mobilität, höhere Flächenansprüche beim Wohnen, neue stromfressende Geräte und viele andere Wachstumsphänomene die Einsparungen stets wieder zunichte. Steigende Energieverbräuche sind überdies auch bei Sonne und Wind an einige seltene Materialien gekoppelt, die nur schlecht recycelt werden können. Selbst der effizienteste Laptop macht nur Sinn, wenn er nicht alle fünf Jahre ausgetauscht wird. Und eine gerechtere Verteilung der Ressourcen auf der Welt erfordert ebenfalls Begrenzungen.

Reinhard Loske, Umweltforscher und Politiker von Bündnis 90/Die Grünen, hält deshalb im Zentrum einer nachhaltigen Wirtschaftsweise und damit auch der Bioökonomie noch mehr Wandel für erforderlich als allein effiziente, technisch beflügelte Kreisläufe und Nutzungskaskaden. Den notwendigen Dreiklang hat er mit seiner »Besser-Anders-Weniger«-Strategie auf den Punkt gebracht. »Besser« für eine Erhöhung der Ressourcen- und Energieeffizienz. »Anders« für einen sukzessiven Umstieg auf erneuerbare Ressourcenquellen. Und »Weniger« für eine absolute Absenkung des Naturverbrauchsniveaus und eine »Kultur des rechten Maßes«. Ähnlich denkt der Theologe und Soziologe Wolfgang Sachs, der als Mitarbeiter des Wuppertal Instituts für Klima, Umwelt, Energie zwei große Studien zum »Zukunftsfähigen Deutschland« mitgeprägt hat: »Sowohl Dematerialisierung (Effizienz) wie Naturverträglichkeit (Konsistenz) verfehlen ihr Ziel, wenn nicht das Prinzip der Selbstbeschränkung (Suffizienz) an ihre Seite tritt.« Es gelte, schreibt Sachs, »eine Zivilisation zu erfinden, die sich mit Reduktion und Bescheidung verbindet.«

Und auch daran wird schon gestrickt – im Wortsinn. Freizeitdesigner mit neuer Lust am Wieder-Selbermachen steckten zum Beispiel 2014 1,35 Milliarden Euro in Garne, Stoffe, Wolle und Häkelnadeln. Sie organisieren Kleidertauschpartys, denn die »befriedigen unsere Lust auf

259

Neues, ohne die Gewässer zu vergiften oder gewaltige Müllberge zu produzieren«, so ein Veranstalter. Man trifft sich in Repair Cafés, mittlerweile gibt es sogar schon einen Runden Tisch, der die »Reparatur-Revolution« mit Forderungen nach Ausnahmen bei der Mehrwertsteuer voranbringen will. Eine wachsende Zahl von Menschen fährt Fahrrad, reist ohne Auto, boykottiert Alltagsgegenstände mit geplanter Obsoleszenz, kauft in verpackungsfreien Geschäften ein – alles, um Ressourcen zu sparen. Dahinter steckt oft nicht nur der Wunsch, es richtig machen zu wollen, möglichst gemeinsam mit Gleichgesinnten. Hinzu kommen längst Überdruss und Konsummüdigkeit in einer gesättigten Gesellschaft, in der man immer mehr Zeit mit überflüssigen Dingen wie neuen App-Apps oder Link-Likings verbringt, einschließlich der dazugehörigen Preisvergleiche für die Hardware und Warteschleifen, sodass Harald Welzer, Gründer der FUTURZWEI. Stiftung Zukunftsfähigkeit, fragt: »Wenn man bei all den Gadgets nicht mal mehr etwas davon hat, warum soll man dann die Welt damit zerstören?« Solche Konsumprodukte gab es noch gar nicht, als sich der eingangs zitierte Vordenker einer radikaleren Bioökonomie, Nicholas Georgescu-Roegen, bereits über die Absurdität der Konsum- und Innovations-Logik lustig machte: »Ich rasiere mich schneller, damit ich mehr Zeit habe, eine Maschine zu erfinden, mit der ich mich schneller rasieren kann, damit ich noch mehr Zeit habe ...«

Bürger denken mit: Die Forschungswende

Wenig beachtet ist, dass sich die Zivilgesellschaft auch in die lange unnahbare Welt der Forschungsgremien einzumischen beginnt, um ihre alternativen Ansätze dort wissenschaftlich zu erden und andere Forschungsfragen einzubringen. Dieser neue Beteiligungsprozess ist schon jetzt eine Erfolgsgeschichte. Er ging vor allem von der Energiewende und der Diskussion um die »große Transformation« zur klimafreundlichen Gesellschaft aus, die beide auf forschende Begleitung mit vielfältigen Wissensperspektiven angewiesen sind. Doch ein wichtiger Katalysator war auch die Bioökonomie, und Steffi Ober erhob dabei besonders engagiert ihre Stimme.

Lange war die Tiermedizinerin und Referentin für nachhaltige Forschungspolitik beim NABU in ihrem Verband für Gentechnik zuständig, und das ließ sie nicht nur zur scharfen Kritikerin des ersten Bioökonomierates werden. Sie erkannte auch, wie sehr Forschungspolitik die Zukunft bestimmt: »Unsere Gegenwart sähe gewiss ganz anders aus«, meint Ober, »wären in den letzten Jahrzehnten weniger Milliarden in die Biotechnologie geflossen und mehr in die Erforschung des Bodens – oder weniger Geld in die Entwicklung neuer Biokraftstoffe und mehr in Ideen für intelligente und solidarische Verkehrs-Infrastrukturen.« Tatsächlich eröffnen Entscheidungen über Forschungsfragen und -gelder Optionen – und blockieren damit andere. Das heißt: Sie entscheiden mit darüber, wie sich die Gesellschaft entwickelt. Trotzdem wird diese Form, politische Sachzwänge zu schaffen, öffentlich kaum wahrgenommen.

Das hat vor allem einen Grund: die Freiheit der Forschung. Sie ist ein in der Verfassung verankertes hohes Gut. Wissenschaftler sollen nicht politisch instrumentalisiert werden, von welchen Akteuren auch immer. Ganz richtig, sagt Steffi Ober,[14] die auch ein Buch über Partizipation in der Wissenschaft geschrieben hat – aber diese Forschungsfreiheit sei doch längst untergraben, nämlich durch die wachsende Abhängigkeit der Hochschulen von Drittmitteln. Universitäten müssen einen ständig wachsenden Anteil ihrer Haushalte von außen einwerben. Mittlerweile sind es im Bundesdurchschnitt 28 Prozent.[15] Einen Teil dieser Gelder finanzieren die Deutsche Forschungsgemeinschaft und Stiftungen. Aber etwa ein Fünftel kommt aus Industrie und Wirtschaft, rund ein Viertel vom Bund und 10 Prozent aus der EU – wobei die staatlichen Mittel ihrerseits oft stark von Unternehmen und ihren Verbänden beeinflusst sind. Besonders in Brüssel ist »industriegeführte Forschung« erklärtes Ziel, und das heißt: Wenn die Kommission ihre Programme plant, will sie im Namen der Wettbewerbsfähigkeit ganz bewusst den Unternehmen entgegenkommen. So ein überproportionaler Einfluss der Industrie aber, kritisiert Steffi Ober, könne zu einer Schlagseite zugunsten technischer Neuerungen führen – und genau das präge die Bioökonomie bis heute, weit über das mittlerweile umbesetzte Beratungsgremium hinaus. Deshalb beschloss Ober, dafür zu streiten, »dass die organisierte Zivilgesellschaft mit ihrer vielfältigen Expertise eine Korrektur der ökologischen blinden Flecken in den Strategien und Förderprogrammen der Bioökonomie wahrnehmen kann«. Andere beklagen solche blinden Flecken vor allem bei der Verbindung technischer mit sozialwissenschaftlichen oder ökonomischen Innovationen.

2012 gründete der NABU also gemeinsam mit einer ganzen Reihe von Verbänden und Hochschulen die »Zivilgesellschaftliche Plattform Forschungswende«,[16] eine Art außerwissenschaftlicher Opposition, die unter das Dach der Vereinigung Deutscher Wissenschaftler schlüpfte. Diese »AWO« reicht von Umweltverbänden und Kirchen bis zu Stiftungen, Verbraucherschützern, Gewerkschaften, Wohlfahrtsverbänden und entwicklungspolitischen Gruppen. Die im Netzwerk Ecornet (Ecological Research Network) versammelten außeruniversitären Öko-Forschungsinstitute diskutieren ebenso mit wie der Verbund für Nachhaltige Wissenschaft (NaWis), ein Zusammenschluss mehrerer Institute und Universitäten. Ihre gemeinsame These: Der Wissenschaftsbetrieb müsse »republikanischer« werden und Bürger, Parlamentarier, Verbändevertreter stärker in seinen Gremien mitmischen lassen. Dann könnten endlich »brachliegende Forschungsfelder« wieder bestellt werden und eine andere Zukunft wachsen.

Von solchen an den Hochschulen kaum beackerten Themen mahnten die Beteiligten dann eine ganze Reihe an, und viele betreffen die Bioökonomie. So kritisierte der BUND ein »Artensterben« gerade bei jenen Disziplinen, die das systemische Denken fördern: Lehrstühle für Freiland-Ökologie seien abgewickelt worden, in denen das Zusammenwirken der Ökosysteme in Landschaften erforscht wurde, und es fehlten Agrarsoziologen und Wirtschaftshistoriker. Die Taxonomie sei vom Aussterben bedroht, rund ein Fünftel weniger Artenkenner als vor 20 Jahren gebe es an den Universitäten. Wenn aber Pflanzen nur noch durch die Sequenzierung ihres Erbgutes charakterisiert würden, dann verkümmere das Wissen über ihre ökologische Einbindung und ihre Nutzungstraditionen. Diese Kulturtechnik pflegten heute vor allem Laien in den Natur- und Tierschutzverbänden, als »Citizen Science«.

Immer noch unterbelichtet seien überdies wissenschaftliche Antworten auf spezifische Bedürfnisse des ökologischen Landbaus. Der Anteil der Forschungsmittel dafür machte mit 17 Millionen Euro im Jahr 2014 gerade mal 2,2 Prozent des Agrarforschungshaushaltes aus. Auch die Toxikologie und eine unabhängige Risikoforschung für die Genund Biotechnologie stünden auf der »Roten Liste« gefährdeter Fächer. Verbraucherschützer würden zum Beispiel gern genauer wissen: Macht es eigentlich einen Unterschied für die Gesundheit, wenn Städter künftig beim Vertical Farming immer mehr von Produkten leben, die auf künstlich optimierten Substraten gewachsen sind statt in einem lebendigen Boden? »Alter Boden«, so nennt man in Südostanatolien schließlich nicht umsonst einen kerngesunden alten Menschen.

Die Plattform Forschungswende ist noch jung, aber ihre kritischen Anstöße haben gefruchtet; jedenfalls trugen sie zu einer Entwicklung bei, denn das Thema Partizipation lag, wie gesagt, in der Luft. Dass die Forschungspolitiker bei der Bioökonomie zunehmend über die reine Technologieentwicklung hinausdenken, zeigt nicht nur ein Vorhaben wie »Trans-SEC«, sondern auch die jüngste Ausschreibung des BMBF: »Bioökonomie als gesellschaftlicher Wandel«. Auch der Bioökononomierat wird nicht müde, zu betonen, dass er sich mit Bürgern und Verbänden intensiver austauschen will. Im Frühjahr 2015 positionierte sich Deutschlands gewichtigstes forschungspolitisches Gremium, der Wissenschaftsrat, »zum wissenschaftspolitischen Diskurs über Große gesellschaftliche Herausforderungen«. In diesem Papier heißt es, neben Innovationen in der Ökonomie sei »die Entwicklung und Unterstützung von sozialen Innovationen, die von einem umfassenderen Begriff des Gemeinwohls ausgehen«, notwendig, um den globalen Krisen entgegenzutreten. Neben Wirtschaftsvertretern gehörten fortan »weitere nicht-wissenschaftliche gesellschaftliche Akteure« mit an den Tisch, wenn Forschungsagenden geplant würden.[17] So wurden bereits Verbandsvertreter an der Konzeption der künftigen Energieforschung, sogenannter »Kopernikus-Projekte«, beteiligt. Und heute reden auch im Hightech-Forum Stimmen aus der Gesellschaft mit.

Prompt gibt es Debatten darüber, ob Regierung und Forschungsorganisationen die richtigen Externen eingebunden haben und wer fehlt, kurzum: wer eigentlich »die Zivilgesellschaft« ist und wer für sie sprechen sollte.[18] Den Verbänden und NGOs mit ihren begrenzten Ressourcen falle es überdies nicht leicht, sagt Ober, »in lange etablierten Gremien gegen Wirtschafts- und Akademienvertreter anzutreten, die ganze Stäbe von Zuarbeitern beschäftigen können«. Auch deshalb sieht sie bei allem zivilgesellschaftlichen Enthusiasmus vor allem die Parlamente noch stärker in der Pflicht, die Forschungsagenden der Regierung einschließlich ihrer Umsetzung kritisch zu begleiten. Also: die institutionelle, repräsentative Politik.

Die Mühen der demokratischen Ebene

Basis-Agrarbewegung, Konsumverzichts- und Post-Wachstums-Szenen: Ihre Experimente mit einer bescheideneren, in neuer Weise gemeinschaftlichen Kultur sind zwar äußerst wichtig. Doch schon wegen der knappen Zeit, die die explosive Mischung aus Klimawandel und Ressourcenknappheit der Menschheit lässt, ist allein auf private Einsicht und eine sich gegenseitig verstärkende Nischenperfektion von unten zu setzen ebenso eine Illusion wie auf der Seite der Hightech-Bioökonomie der Traum vom Perpetuum mobile. Denn beim Konsum macht sich dann doch nur eine Minderheit innerlich unabhängig von den immer schnelleren Zyklen neuer Kleider, neuer Computer, neuer Möbel, und achtet auf die Integrität oder Langlebigkeit der Produkte. Die Mehrheit lebt trotz dieser Trends weiterhin ihr Supermarkt-business-as-usual – oder ist zumindest voller Widersprüche und bekennt sich anders, als sie handelt. Sie fährt gern Fahrrad, während sie sich zugleich über die Verheißungen der neuen Premium Economy Class fürs verlängerte Wochenende in New York freut, die eine Lufthansa-Anzeige verspricht: »Boutique 14th Street. Schuhladen: 5th Avenue. Anprobe: Über den Wolken«. Wolfgang Sachs zitiert zu diesem Dilemma Ödön von Horváth: »Ich bin eigentlich ein ganz anderer, bloß komme ich so selten dazu.« Nachhaltiges Konsumverhalten werde so lange die Sache einer engagierten Minderheit bleiben, »wie Anreize falsch gesetzt sind und Strukturen es nicht unterstützen«, sagt daher Lucia Reisch, die sowohl im Nachhaltigkeits- als auch im Bioökonomierat sitzt. Aber wer setzt diese Anreize und Strukturen politisch durch?

Weite Teile der neuen grünen Opposition erklären ausdrücklich, sie wollten das ganze Nachhaltigkeitsprojekt lieber ohne Parteien und Regierungen hinkriegen. Von denen sei ohnehin nichts zu erwarten. Selbst bei vielen, die besonders laut über zu wenig Demokratie schimpfen, hört der Enthusiasmus schnell auf, wenn es an die mühsame Arbeit geht, Politik mit konkreten Gesetzesvorhaben zu gestalten. Doch so hilfreich, solidarisch, aufklärend und ehrenwert es sein mag, wenn eine Foodsharing-Initiative abgelaufene Lebensmittel aus dem Supermarkt vor der Mülltonne rettet und an Bedürftige verteilt: allein damit bleiben die Bedürftigen weiterhin bedürftig, die Haltbarkeitsdaten absurd, Hygienevorschriften hysterisch, Verpackungsgrößen stiften weiter zum Wegwerfen an. Und so integer der regional aus Abfall erzeugte Biodiesel im Tank sein mag: Die Fahrzeugflotten und erst recht die öffentlichen Verkehrssysteme sind damit noch nicht verbessert. Ganz abgesehen davon werden zivilgesellschaftliche Initiativen in vielen Ländern des Südens, die von europäischen Konsum- oder Gesetzesentscheidungen betroffen sind, von ihren Regierungen massiv unterdrückt. Sie müssen auch dadurch unterstützt werden, dass die Agrar- und Konsumkritiker im Norden eine andere Politik durchsetzen.

Diese waren vor allem in der Abwehr erfolgreich: Bürgerinitiativen haben in Deutschland Megaställe verhindert, damit Tierquälerei und Umweltstress. Gentechnik konnte in Europa nicht Fuß fassen. Oder derzeit kriegt das geplante Freihandelsabkommen mit den USA Gegenwind, weil es droht, Verbraucherstandards zu untergraben. Doch für die bilateralen Handelsabkommen zwischen der Europäischen Union und afrikanischen Staaten gab es schon sehr viel weniger Aufmerksamkeit – wohl weil sie die europäischen Mittelschichten nicht selbst treffen. Dabei untergraben diese Liberalisierungs-»Partnerschaften« in einigen Ländern erheblich die Entwicklungschancen eigener Agrar- und Lebensmittelindustrien und damit der Kleinbauern, die sie beliefern.

Dass die neue Konsum- und Agraropposition noch zu wenig politisch denke, kritisiert auch Jürgen Maier vom Forum Umwelt und Entwicklung. Tatsächlich bleiben die alternativen Ansätze ja weitgehend in einer Nische. Selbst der populäre Bioanbau ist auch nach Jahrzehnten über 6,4 Prozent der Anbaufläche und 3,7 Prozent Marktanteil nicht hinausgekommen. Dabei ist Deutschland einer der größten Ökomärkte. Die Herausforderung ist längst, sich den Widersprüchen zwischen Massenmarkt und grüner Verwurzelung offensiv zu stellen und beim Ernährungssystem wie bei der Nutzung von Pflanzen als postfossilem Rohstoff auf die richtigen politischen und wirtschaftlichen Rahmenbedingungen zu drängen. So wichtig die lokalen Initiativen sind, um an Modellen zu zeigen, was geht; sooft dabei auch Kooperationen mit Wirtschaftsunternehmen gelingen: ohne institutionelle Politik bleiben sie eine Sache für Minderheiten.

Immer häufiger wird bei der Agrar-, Chemie- und Materialwende der Vergleich mit der Energiewende gezogen. Doch auch Windräder und Solaranlagen konnten ihren Siegeszug erst antreten, als ihnen das Erneuerbare-Energien-Gesetz Marktchancen eröffnete. Neue Regeln zu erstreiten, erfordert das Ringen um technische Details, Kompromisse und Mehrheiten; jene Mühen der demokratischen Ebene, die von vielen vernachlässigt, ja belächelt werden. Der Publizist Mathias Greffrath hat es so formuliert: »Alle Überlegungen über die Konturen einer ›Postwachstumsgesellschaft‹, alle bewundernswerten Pioniertaten und Experimente könnten Übungen in Vergeblichkeit sein, wenn sie nicht – gleichgewichtig – mit einer Politisierung der ökologischen Aktivisten, mit ihrer Orientierung auf eine Instandbesetzung der politischen Institutionen einhergehen.« Und er fährt fort: »Zurzeit scheint das die anstrengendere, langweiligere, langwierigere, gelegentlich gar verachtete Arbeit zu sein ...«[19] Doch wer über Nischen hinaus den Verbrauch wirklich herunterkriegen will, der muss sich auch in Parlamente und Normungsausschüsse setzen, um sich daran zu machen, den Irrwegen der Bioökonomie gesetzliche Riegel vorzuschieben – und Vorrang für die sinnvollen Optionen zu erstreiten.

Die Vermessung der Nachhaltigkeit
Streitgespräch: Benedikt Härlin versus Juan Gonzalez-Valero
über die Zukunft der globalen Landwirtschaft

Benedikt Härlin, *geboren 1957, war Journalist, Europaabgeordneter der Grünen sowie gentechnikkritischer Aktivist bei Greenpeace und der Organisation Save Our Seeds. Er vertrat die nordamerikanischen und europäischen Nichtregierungsorganisationen im Aufsichtsrat des von der Weltbank initiierten Weltagrarberichtes. Seit 14 Jahren arbeitet Härlin in Berlin für die Zukunftsstiftung Landwirtschaft.*

Juan Gonzalez-Valero, *geboren 1960, studierte Biologie und Umwelttoxikologie in Hamburg. Seit 1990 arbeitet er bei dem Schweizer Weltkonzern für Agrochemie und Agrobusiness Syngenta International (bzw. dem Vorgängerunternehmen Novartis). Seine Aufgabengebiete waren Risikobewertung und nachhaltige Landwirtschaft. Derzeit leitet Gonzalez-Valero den Bereich Öffentliche Unternehmensverantwortung und Kooperationen. Er ist auch Vorsitzender des Nachhaltigkeitskomitees beim Verband CropLife International.*

Grefe Syngenta will mit dem »Good Growth Plan« die Nachhaltigkeit des Anbaus und die Situation der Kleinbauern weltweit verbessern. Was genau ist mit diesem »Plan für gutes Wachstum« gemeint?

Gonzalez-Valero Die Grundlage bildet ein Netz von Messgrößen. Bei 3700 Bauern in verschiedenen Weltregionen erheben wir anhand von Fragebögen Daten über Wasser, Biodiversität und die Qualität des Bodens sowie über den Einsatz von Dünge- und Pflanzenschutzmitteln, darunter auch unserer Produkte. So wollen wir nachweisen, wie man individuell zugeschnitten mit einer geringeren Intensität, das heißt einem geringeren Aufwand von Saatgut und Pflanzenschutzmitteln, mehr erzielen kann. Die Lösungen können wir dann auch bei Kleinbauern vermarkten.

Grefe Wie sieht das ganz praktisch aus?

Gonzalez-Valero Ein Problem der heutigen Landwirtschaft ist ja tatsächlich, dass wir grüne Wüsten haben. Da wächst nichts mehr außer der einen Kulturpflanze. Dabei sind manche Randbereiche im Vergleich mit dem Hauptfeld womöglich um ein Drittel weniger produktiv. Wenn der Landwirt auf solchen Teilflächen die gleichen Input-Mengen ausbringt, produziert er einen Verlust. Wo wir so etwas messen, empfehlen wir, die Intensität anzupassen. Das kann auf Teilflächen auch eine andere Nutzung bedeuten, zum Beispiel Blühstreifen, die aus Biodiversitätsprogrammen finanziert werden können.

Grefe Und ein Beispiel aus Entwicklungsländern?

Gonzalez-Valero Beim Reis ist ein Kernproblem vieler Kleinbauern in Asien, dass nicht alle Setzlinge keimen wollen. Vorsichtshalber stecken sie deshalb viel zu viele in die Erde, was letztendlich den Gesamtertrag senkt; oder man verschwendet ineffizient Nährstoffe, um die Gesamtkultur am Leben zu halten. Wir haben erforscht, wie jeder Setzling eine Pflanze hervorbringen kann. Jetzt behandeln wir ihn im Gewächshaus vor. Für den Mehrwert zahlt der Bauer auch gern einen höheren Preis.

Härlin Das heißt, der Setzling wird mit einem Pflanzenschutzmittel gebeizt?

Gonzalez-Valero Genau, ganz gezielt, und das ermöglicht eine sehr geringe Dosierung der Wirkstoffe.

Härlin Von der Beize halte ich natürlich nichts, denn Pestizide sollte man möglichst gar nicht einsetzen, und schon gar nicht vorbeugend. Außerdem macht man die Landwirte weiterhin von Inputs abhängig.

Grefe Und »Mehr Ertrag mit weniger Input«, leuchtet Ihnen das ein?

Härlin Ja, Ressourceneffizienz ist der erste, unabdingbare, am einfachsten und schnellsten realisierbare Teil des notwendigen Wandels zu mehr Nachhaltigkeit in der Landwirtschaft. Die spannende Frage dabei ist nur: Wer entscheidet denn, was effizient ist; wer beherrscht die Vermessung der Nachhaltigkeit? Um die Hoheit über die Daten und ihre Deutung bahnt sich derzeit eine Konkurrenzschlacht an, die mich an die Gentechnik erinnert: Wer bestimmt, was ein Gen ist, wem gehört das Gen, was kann patentiert werden?

In diesem Sinne ist es nur logisch, wenn Unternehmen wie Syngenta und Monsanto jetzt versuchen, sich durch die Erhebung und Kontrolle der Daten frühzeitig einen Vorteil zu verschaffen beim Run auf die Stellschrauben der Nachhaltigkeit. Auch gegenüber mittelständischen Unternehmen, Biolandbau-Dissidenten, Kleinbauern oder widerspenstigen Agrarministern in Entwicklungsländern.

Gonzalez-Valero Sie haben Recht: Die Frage ist, wer Nachhaltigkeit definiert. Aber ohne Daten kann man ja wohl keine vernünftige Zukunft planen! Insofern kann ich den Spieß ebenso gut umdrehen und sagen: Gruppen wie Ihre behaupten ohne Faktengrundlage eher philosophisch begründet, dass bestimmte Methoden wie der Ökolandbau nachhaltiger seien als andere. Wir haben keine Scheu, den Beweis anzutreten, dass die Methoden der modernen Landwirtschaft zu nachhaltigen Erfolgen führen, gerade in den Entwicklungsländern. Wichtig ist, dass der Prozess transparent ist – Sie können die Daten jederzeit einsehen.

Härlin Und ich drehe den Spieß noch einmal um: Die Daten, die Sie in der Industrie erheben, halte ich für »Bildzeitungs-Wissenschaft«. Sie liefern ein viel zu simples Bild von Nachhaltigkeit. Das beginnt schon mit der Frage: Wie beschreibe ich überhaupt Produktivität? Sehe ich sie als Produktivität pro Hektar – oder bewerte ich Produktivität als langfristige Entwicklung und nehme den Auf- und Abbau von Humus mit in die Rechnung hinein? Ist Produktivität eine Funktion der Arbeitszeit, so wie wir sie heute in unserem kapitalistischen, arbeitsteiligen Lohnsystem kennen – oder ist sie Teil des Lebensalltags und der Kultur einer typischen Bauernfamilie in Afrika? Berechne ich nur das Verhältnis zwischen Input und Output, egal, was mit dem dann passiert – oder beschreibe ich, wie viele Menschen von einer Ernte leben können? Das hat jeweils ganz unterschiedliche politische Konsequenzen.

Gonzalez-Valero Im Prinzip finde ich Ihre Überlegungen in Ordnung. Aber wir sind eine Firma, die Saatgut und Pestizide entwickelt und integrierte Anbausysteme vermarktet. Wir maßen uns nicht an, das gesamte System der Landwirtschaft effizienter zu machen. Fakt ist aber, dass Landwirte immer schon auf Aspekte wie den Humus achten, weil sie wissen, dass sie von ihrem Boden abhängen. Und, was Produktivität bedeutet, sollen natürlich die Bauern vor Ort für sich entscheiden. Die Widersprüche, die Sie hier kolportieren, sind nach unserer Auffassung gar nicht existent. Und ich muss noch einmal fragen: Wann fangen Organisationen wie Ihre denn mal an, für ihre Konzepte Datenbelege zu liefern?

Härlin Daten liegen ja längst vor, auch wenn die Forschungsgelder hier spärlicher fließen als bei Ihnen ...

Gonzalez-Valero Nehmen wir als Beispiel den Kohlenstoff im Boden. Das ist ja ein Schlüsselfaktor in der nachhaltigen Landwirtschaft, auch, weil damit Treibhausgasemissionen verringert werden können. Seit Jahrtausenden hat der Bauer Unkraut untergepflügt, um dem Saatgut eine faire Chance zu geben. Dabei entweicht aber CO_2. Wenn man das verhindern will, muss der Boden ohne Pflug bearbeitet werden. Und dann gibt es nur zwei Möglichkeiten: Herbizide auszubringen – oder sehr, sehr arbeitsintensiv Unkraut zu jäten. Nun frage ich Sie: Wer soll diese Arbeit machen? Dazu höre ich von Ihnen wenig.

Härlin Okay, wenn ich allein hundert Hektar bewirtschaften muss, dann kommen bestimmte Methoden, Unkraut in Schach zu halten, nicht mehr in Frage. Mit der Hacke ist das nicht zu schaffen. Doch über achtzig Prozent der Bäuerinnen und Bauern bewirtschaften weniger als zwei Hektar. Auf solchen Flächen ist bis hin zu komplexer Permakultur vieles möglich. Arbeit ist zu teuer, weil sie mit dem Preis des billigen Öls konkurriert. Erst die geringen Energiekosten für Traktoren und Agrarchemie haben ja den heutigen Intensivanbau überhaupt ermöglicht. Sie haben Recht: Der Pflug hat tatsächlich in den letzten Jahrtausenden viel Elend über den Boden gebracht. Wir müssen dem Boden viel mehr Ruhe gönnen. Aber jedes Jahr Glyphosat draufzukippen: Das bewirkt eine tödliche Ruhe, weil man das Leben im Boden, also all die Bakterien, Pilze, Würmer und Insekten, zerstört. Auch deshalb brauchen wir mehr biologische

Landwirtschaft. Sie hat mit einer Vielfalt kombinierter Methoden gelernt, den Boden ohne Agrargifte zu bewahren.

Gonzalez-Valero Da ist sie wieder, die alte Mär ... Natürlich benutzt auch der Biolandbau Kupfer, Sulfat, Paraffinöl und andere Pestizide! Einige davon sind kein bisschen natürlich, und auch die natürlichen sind oft durchaus toxisch. Unsere Zivilgesellschaft hat sich leider allein auf die synthetischen Pestizide eingeschossen. Dabei sind viele der modernen Pflanzenschutzmittel heute sicherer als biologisch hergestellte.

Härlin Entschuldigung, das stimmt einfach nicht! Jedenfalls nicht, solange es möglich ist, dass das weltweit am meisten verwendete Unkrautbekämpfungsmittel Glyphosat zehn Jahre, nachdem das Patent abgelaufen ist, von einer Behörde der Weltgesundheitsorganisation für wahrscheinlich krebserregend erklärt wird; und das unter Berufung auf Daten, die mindestens zehn Jahre alt sind. Über die Wirkungsweise von Pestiziden ist die Menschheit in den letzten fünfzig Jahren so oft belogen und betrogen worden, und es gab durch ihren Einsatz so viel Leid ...

Gonzalez-Valero ... das möchten Sie gerne so darstellen, auf Fakten stützt sich das nicht ...

Härlin ... dass ich nicht bereit bin, das in eine Reihe zu stellen mit Ihrer berechtigten Frage, ob jeder Wirkstoff so viel weniger Risiken birgt, nur weil er biologisch hergestellt wurde. Aber lassen Sie uns weiter über die bodenschonende Landwirtschaft reden. Im Gegensatz zu Ihrer Lösung mit Glyphosat schlagen wir vor, dass sich die Forschung viel intensiver um die Vielfalt auf dem Acker kümmert als um Monokulturen für den anonymen Massenmarkt. Denn wenn man verschiedene Pflanzen auf dem gleichen Feld anbaut, dann kann das Unkräuter in Schach halten und zugleich eine hohe Produktivität mit unterschiedlichsten Nährstoffen erzeugen. Außerdem eröffnen solche Mischkulturen all die spannenden Formen der Vermarktung, bei denen die Konsumenten in der Stadt wieder näher an die ländliche Produktion rücken.

Gonzalez-Valero Ich verstehe die Ideologie hinter dem, was Sie sagen ...

Härlin Wieso Ideologie? Sind Sie dann Marktideologe?

Gonzalez-Valero Nein, aber ideologiegetrieben ist bei Ihnen, dass man Ihre Vorstellungen nur sehr, sehr schwer umsetzen kann. Allem voran scheitern sie an der Realität bäuerlicher Betriebe. Ich sage es noch einmal: Da fehlt ganz einfach die Arbeitskraft. Sie steht ja nicht nur in Konkurrenz zum Öl, sondern auch zum übrigen Arbeitsmarkt mit seinen attraktiveren Bedingungen und Löhnen. In unserer Welt heute leben über fünfzig Prozent der Bevölkerung in Städten. Die stehen für die Arbeit auf dem Land nicht zur Verfügung.

Grefe Aber wir wollen ja vor allem von Entwicklungsländern reden, wo oft zwei Drittel der Menschen vom Land leben.

Gonzalez-Valero Gerade dort ist die Landflucht ausgeprägt.

Härlin Ideologie heißt für mich, an etwas zu glauben. Sie glauben, wenn der arme Bauer in der Lage ist, auch nur kleine Mengen an Marktfrüchten auf dem Weltmarkt loszuschlagen und von dem Erlös seinen Sohn oder seine Tochter in die Schule schicken kann, dann ist das schon der Fortschritt.

Gonzalez-Valero Im Prinzip: Ja.

Härlin Ich hingegen glaube: Der Weltmarkt für viele Marktfrüchte ist ein Feind der Lebensmittelversorgung vor Ort, der Entwicklung lokaler Märkte und der Stabilität im Dorf. Was passiert denn, wenn Sie den armen Bauern mit ihren Inputs für die Weltmärkte ertüchtigen? Dann konkurrieren ein, zwei Landwirte im Dorf mit unternehmerischer Verve die Nachbarn raus aus dem Geschäft. Dann sagen Sie: Tja, dass man arbeitssparend Chemie einsetzen muss, ist die Folge der Landflucht. Da beißt sich doch die Katze in den Schwanz.

Gonzalez-Valero Das können Sie so sehen. In den meisten Ländern mit kleinbäuerlichen Betrieben, in denen ich war, haben fast alle genau diesen Marktzugang gefordert. Und die meisten Bauern opfern sich nur für eines auf: dass ihre Kinder einen besseren Job bekommen als sie. Wir probieren ja in Afrika oder Asien mit Hilfe von Jugendclubs und Kampagnen, die jungen Männer und Frauen auf dem Land zu halten. Aber wenn wir sie fragen, was das Leben dort für sie attraktiver machen würde, dann kommen Antworten, die

Ihrer Vorstellung nicht entsprechen. Die Landjugend möchte mehr Prestige, sie möchte sich ein paar Gadgets kaufen können und Internetzugang kriegen, um Teil der globalen Welt zu sein.

Härlin Diese Sehnsucht nach der weiten Welt jenseits der dörflichen Enge erlebe auch ich, und zwar in Burkina Faso wie in Bayern und Schleswig-Holstein. Ich erlebe sie allerdings auch in Neukölln und in den Slums von Rio oder Lagos. In der Stadt befinden sich die Menschen erst recht im Gefängnis. Viele finden dort ja keineswegs die attraktivere Arbeit, von der Sie gesprochen haben. Die Möglichkeit der Stadtflucht aber, um auf dem Land ein neues Leben anzufangen – die gibt es fast nie und die wird niemandem eröffnet. Ich will nicht behaupten, dass die Welt voller glücklicher Dorfgemeinschaften wäre. Aber eine ganze Reihe von genossenschaftlich organisierten Modellen, wie ich sie aus Brasilien, Nicaragua, Frankreich, Kenia oder Indien kenne, überzeugen mich mehr als das individuelle Glück des einzelnen, frischgebackenen Agrarunternehmers, der seinen Erfolg auf Kosten der Nachbarn erringen muss.

Gonzalez-Valero Nach meiner Erfahrung verdrängt der Unternehmer niemanden, sondern die Marktfrucht kommt dazu. In Bangladesch beginnen die Reisbauern, sobald es Straßen gibt und damit einen Zugang zum Markt, Gemüse für den Verkauf mit anzubauen. Dann wird beides besser: die Selbstversorgung und das Einkommen.

Härlin Gegenbeispiel: Indien ist die Heimat der meisten Hungernden. Dort ist Baumwolle in vielen Regionen die vorherrschende Marktfrucht, mit der Bauern auf ihren kleinen Flächen versuchen, sich über Wasser zu halten. Sie verdrängt ganz klar die Selbstversorgung und behindert lokale Märkte, und es setzen sich mittelfristig immer größere Einheiten gegen kleinere durch. Was ich aber spannend finde an unserer Diskussion: Das Bedauern darüber, dass die Landflucht schwer zu stoppen ist, haben wir zwar gemeinsam. Aber ich habe nicht den Eindruck, dass zielstrebig an diesem Problem gearbeitet wird.

Gonzalez-Valero Schon – nur gehen wir unterschiedliche Wege. Noch einmal: Die Jugend auf dem Land will Modernität. Auch deswegen können Sie Technologie in der Landwirtschaft nicht ausblenden. Und auch deswegen stört mich diese Technologie-Phobie, die ich unter Anhängern der biologisch geprägten Landwirtschaft so weit verbreitet sehe.

Härlin Diese Angst sehen Sie nur, weil Sie sich weigern, zum Beispiel neue agrarökologische Methoden oder Entwicklungen von Permakulturen auch als Technologie zu akzeptieren! Dabei sind das hoch produktive, ökologische Anbausysteme, bei denen sich die Pflanzen gegenseitig verschatten, beim Kampf gegen Schädlinge helfen oder den Boden auch ohne Dünger regenerieren. Ich habe überhaupt nichts gegen Technologie! Ich bin aber sehr dagegen, Agrikultur bis zur Unkenntlichkeit zu vereinfachen, damit Technologie auf verkäufliche, patentierbare Mechaniken reduziert werden kann. Und ich bin gegen Innovationen, die uns keine Entscheidungsfreiheit mehr lassen. Papst Franziskus hat in seiner jüngsten Enzyklika Laudato Si' sehr klug gewarnt: Technologie ist immer auch ein Herrschaftsverhältnis. Meine Technologien orientieren sich eher an der Komplexität der Natur und dem Wissen der Akteure.

Gonzalez-Valero Moment mal: Darüber kann man durchaus diskutieren, auch wir orientieren uns daran. Rotation, Zwischenfrüchte und so fort, das ist wie bereits gesagt alles Teil eines Ansatzes, den die Landwirte schon immer verfolgen, nur in unterschiedlicher Ausprägung. Wenn wir den Gedanken gemeinsam wieder mehr in den Mittelpunkt rücken, ist das gut. Aber so zu tun, als ob sich die moderne Landwirtschaft nicht damit beschäftigen würde, ist falsch.

Grefe Aber eine konsequente Permakultur würde doch Ihre Geschäfte untergraben, weil Sie keine Agrarchemie mehr verkaufen könnten?

Gonzalez-Valero Überhaupt nicht. Das ist ja gerade der Hintergrund des Good-Growth-Plans. Integrierte Lösungen sind für uns kein nettes Wort, sondern Strategie. Wir schließen dabei nur nicht aus, gezielt und kontrolliert auch mit spezifischen Pflanzenschutzmitteln einzugreifen.

Grefe Sie würden aber sehr viel weniger davon verkaufen. Was verkaufen Sie dann?

Gonzalez-Valero Wir verkaufen das Wissen, wie man je nach Standort, Boden, Klima, Region, Märkten den Anbau optimieren kann. Es stimmt: Der Markt für die Agrarchemikalien wird sich in Zukunft in seiner Struktur und hinsichtlich der Nachfrage verändern. Wenn ich in dieser Situation die Beratung verkaufen kann und wenn ich die besseren Produkte und Gesamtlösungen dafür habe – die nicht einfach zu entwickeln und zu vermarkten sind –, dann kann ich höhere Anteile auch in einem schrumpfenden Markt gewinnen. Dass das die Zukunft ist, haben wir früher als andere erkannt.

Grefe Deshalb wollte Monsanto Sie aufkaufen, und deshalb hat die Braut nein gesagt?

Gonzalez-Valero Das mag einer der Gründe gewesen sein. Das Übernahmeangebot hat den Wert unserer Firma auch weit unterschätzt. Und: Wir halten uns nicht für zuständig dafür, die fehlgeschlagene Strategie eines Konkurrenten auszugleichen, der zu sehr auf Gentechnik und die wenigen dazu passenden Pflanzenschutzmittel gesetzt hat.

Grefe Die Sie ja auch noch verkaufen... Heute werden allerdings die molekularbiologischen Werkzeuge in der Pflanzenzüchtung – Stichwort CRISPR und Synthetische Biologie – immer ausgefeilter. Brauchen wir eine neue Diskussion darüber?

Gonzalez-Valero Ich gehe davon aus, dass die Synthetische Biologie und die modernen Züchtungsmethoden die Gentechnik zum Teil ersetzen werden. Dabei müssen wir sehr aufpassen, dass wir nicht wieder in die gleiche Debatte geraten wie bei der Gentechnik. Das Wissen um eine beschleunigte, zielgerichtete Züchtung, bei der die gewünschten Eigenschaften des Erbguts gezielt ausgeprägt werden, revolutioniert die Pflanzenzucht. Wir wollen das Gespräch transparent führen. Für uns sind das Zukunftsinvestitionen. Aber die nützen uns nichts, wenn die Gesellschaft das Produkt am Ende nicht will.

Härlin Es empfiehlt sich immer, erst die Bestellung aufzunehmen, bevor man serviert! Die Züchtungstechnologien wie CRISPR oder die RNA-Interferenz, bei denen Gene ausgetauscht oder stillgelegt werden können, werden große neue Herausforderungen an die Sicherheitsbewertung stellen.

Gonzalez-Valero Ich wünschte, wir würden in Deutschland nicht immer nur über die Methoden diskutieren, sondern über die Zulassung des Produktergebnisses. Das Verfahren zu entwickeln, ist ein Antrieb für den Wissenschaftler, und wenn ich dieses statt der Produkte beurteile, stoppe ich Innovation. Natürlich muss es eine verfahrenstechnische Sicherheit geben. Aber kritisch für den Verbraucher, die Umwelt und den Anwender ist doch, wie am Ende der Mais oder der Weizen wirken.

Härlin Diese Debatte haben wir Mitte der Achtzigerjahre in Bezug auf die Gentechnik begonnen, und heute sind wir uns nicht nur in Europa einig: Es war richtig, das Verfahren zu betrachten. Das war keine automatische Ablehnung der Gentechnik. Die ist im Prinzip ja zugelassen. Aber über das Produkt allein kann man einfach keine eindeutigen wissenschaftlichen Aussagen treffen, solange man beim Verständnis der Komplexität der Mechanismen und ihrer Wirkung so sehr am Anfang steht, wie dies die Molekularbiologie, die Genetik und Epigenetik bis heute tun.

Gonzalez-Valero Das ist genau der Punkt, wo wir uns nicht einig sind.

Härlin So ist es. Die Debatte um die einzelnen Technologien wird weiterhin ihr Dasein in Behörden und Fachblättern fristen müssen – während die eigentlichen Herausforderungen für das Ernährungssystem ganz woanders liegen! Die Pflanzenzüchtung spielt dabei ja gar nicht die entscheidende Rolle. Die wichtigsten innovativen Durchbrüche müssen auf einer ganz anderen Ebene geschehen: In den Anbausystemen und beim systemischen Zusammenspiel der Produktion mit den Märkten und der Gesellschaft, einschließlich der Bereitschaft der Verbraucher, für eine nachhaltige Landwirtschaft zu bezahlen. Ihr ganzer Good-Growth-Ansatz hingegen läuft darauf hinaus, ein falsches System zu optimieren.

Gonzalez-Valero Und wer entscheidet, was richtig und falsch ist? In meinen Augen müssen wir all diese Ansätze zusammenführen.

Härlin Aber dabei gibt es einen Grundkonflikt, und ich bringe ihn noch einmal auf die einfache Frage: Gelingt uns der Fortschritt in der Anbaumethode und Nutzung als Ganzes, oder kommt er uns als Input entgegen? Immer da, wo er uns nicht als Input entgegenkommt, besteht für die Marktdominanz von Unternehmen wie Ihrem ein Problem.

Gonzalez-Valero Eben nicht! Ich wiederhole mich: Wir bieten nicht mehr nur den Input an, sondern eine Kombination von Methoden, die zum Output führen.

Härlin Solange wir so tun, als würden wir mit Technologien keine gesellschaftlichen Prozesse fördern oder verhindern, werden wir nicht zu brauchbaren Lösungen kommen. Technologien wie pfluglose Monokulturen mit Hilfe von Totalherbiziden verändern die Gesellschaft, weil sie einer Größenordnung bedürfen, die letztlich die sozialen Strukturen auf dem Land entleeren.

Gonzalez-Valero Jetzt kommen wir wieder ins Politisch-Ideologische.

Härlin Genau das sage ich ja: Es gibt keine Technologie ohne Politik. Und die wird von den Agrarkonzernen mit ihrer Weltmacht in hohem Maße bestimmt.

Gonzalez-Valero Wir sind keine Weltmacht, sondern eine Weltfirma.

Härlin Eine Weltfirma mit hohem Einfluss.

Gonzalez-Valero Pardon, da muss ich einfach widersprechen. Syngenta setzt etwa fünfzehn Milliarden Schweizer Franken um, davon stecken wir 1,4 Milliarden in Forschung und Entwicklung. Wenn ich das vergleiche mit den Unternehmen, die Produkte an den Kunden bringen: Allein die zwei führenden Einzelhändler bei uns in der Schweiz haben einen Umsatz von über fünfzig Milliarden Franken, und die sind nicht mal global tätig. Die wirkliche Macht liegt nicht bei uns Input-Firmen, sondern bei denen, die Produkte an den Mann bringen.

Härlin Bei Saatgut und Pflanzenschutzmitteln spielen Sie in einer ähnlichen Klasse. Ich finde es bedenklich, dass Sie Ihre Marktkontrollmacht leugnen.

Gonzalez-Valero Weil wir sie einfach nicht haben. Nur bei Futtermitteln ist der Saatgutmarkt hoch konzentriert, sonst aber bleibt er sehr divers. Und beim Pflanzenschutz liegt unser Marktanteil bei rund zwanzig Prozent.

Härlin Richtig ist, dass es auch eine neue Macht gibt: die Städter. Wie bei der Diskussion um Tierzucht und Fleisch, werden letztlich sie es sein, die den Wandel in der Landwirtschaft weitertreiben. Städter wollen nicht mehr ertragen, wie Natur und Landschaft niedergemacht werden. Sie können das eher wahrnehmen und kritisieren, weil sie nicht in den Zwängen des Systems stecken. Die Input-Industrie und ein Großteil der aktiven Landwirte fühlen sich deshalb von der Gesellschaft eher bedroht als gestärkt.

Gonzalez-Valero Ach nein! Das behaupten Sie doch nur.

Härlin Wir haben hier ja kaum angemessen gewürdigt, in welch dramatischer Art und Weise wir die Herstellung unserer Lebensmittel innerhalb von zwei Generationen fundamental verändern müssen. Das gleiche System nur ein wenig zu verbessern, das reicht einfach nicht.

Gonzalez-Valero Ganz im Gegenteil, wir wollen bei diesem Wandel mit führend sein! Was ich mir aber wünsche, ist, dass die Gesellschaft technologische Innovation nicht mehr automatisch als Scare-Faktor betrachtet, sondern als notwendige Hilfe, um genau dieser Herausforderungen Herr zu werden: dass wir innerhalb der nächsten zwei Jahrzehnte die Landwirtschaft in einem Ausmaß verändern müssen, wie wir es in der Geschichte noch nie gesehen haben.

● ●

Stimmt die Chemie?
Streitgespräch: Hermann Fischer vs. Jörg Rothermel über Bioraffinerien, die Zukunft der Chemie und die Chancen dezentraler Vielfalt

Jörg Rothermel, *geboren 1960, ist Chemiker und in der Geschäftsführung des Branchenverbandes der Chemischen Industrie (VCI) verantwortlich für den Bereich Energie, Klimaschutz und Rohstoffe. Seit vielen Jahren wirkt er auch im Fachbeirat der Fachagentur Nachwachsende Rohstoffe (FNR) mit.*

Hermann Fischer, *geboren 1953, ist Chemiker und Gründer der Firma AURO Pflanzenchemie, die seit den 1970er Jahren ökologische Farben, Anstriche, Klebstoffe und Reinigungsmittel produziert. Als Pionier des Einsatzes natürlicher Rohstoffe ist er ein Kenner der Vielfalt pflanzlicher Pigmente, Harze, Öle und Emulgatoren. 2012 erschien sein Buch* Stoff-Wechsel – Auf dem Weg zu einer solaren Chemie für das 21. Jahrhundert

Fischer Ich sag's gleich: mit der Bioökonomie habe ich meine Probleme. Unter denen, die sie vorantreiben, gibt es leider die Tendenz, die Pflanze nur als dumme Kohlenstoffquelle zu sehen, mit der man Biogasanlagen und Bioraffinerien speist. Dabei sollten wir auf dem Weg zur Dekarbonisierung sehr viel stärker den primären Produktionsakt nutzen, den die Vielzahl von Pflanzen selber leisten – einfach, weil das die über viele Milliarden Jahre erprobte, optimierte und bewährte Methode der Synthese organischer Substanz ist. Und weil es die Chance bietet, dezentral zu produzieren.

Rothermel Bioökonomie verstehe ich vor allem als Begriff, der das Ganze beschreibt; also die ökonomische Nutzung von Biomasse in allen Bereichen. Dazu zählen Nahrungs- und Futtermittel, Alltagsprodukte, Treibstoffe, auch die Bearbeitung von Biomasse mit biotechnologischen Methoden. Nahrungsmittel haben auf jeden Fall Vorrang. Bei der Biomasse, die als Rohstoff in der Chemie genutzt wird, stellt sich für uns vor allem eine Frage: Wo stehen wir damit im Wettbewerb?

Fischer Herr Rothermel, schon das Wort Biomasse mag ich nicht. Es ist eine Art Degradierung, denn es verdeckt die enorme Vielfalt an Synthesemethoden in der Pflanzenwelt. Und lassen Sie mich ein Wort zum Vorrang für Nahrungsmittel sagen: Der ist ja absolut selbstverständlich. Dennoch meine ich, es tut gut, weiter nach vorne zu schauen, in Horizonten auch über fünfzig Jahre hinaus. Und da müssen wir uns auch die stoffliche Welt ganz ohne fossile Basis vorstellen können.

Rothermel Trotzdem möchte ich erst noch einmal die Verhältnisse erläutern: Fünfundneunzig Prozent der fossilen Rohstoffe weltweit gehen in die energetische Nutzung. Rund fünf Prozent der Rohstoffe werden stofflich genutzt. Und um es ebenso klar zu sagen: Einen Übergang der chemischen Industrie zu alternativen Rohstoffen werden wir nicht aus dem Grund erleben, dass das Öl knapp wird. Im Gegenteil: Wenn weniger fossile Rohstoffe zur Energieerzeugung eingesetzt werden, wird so viel Öl, Gas und Kohle zur Verfügung stehen, dass diese für die stoffliche Nutzung in der Chemie noch für tausend Jahre reichen würden.

Fischer Mit diesen tausend Jahren können Sie aber nicht argumentieren. Es gibt immer mehr ernst zu nehmende Stimmen bis hinein in den Weltklimarat IPCC, die sagen: Wir müssen Öl und Gas, die jetzt noch in der Erde sind, auch dort lassen.

Rothermel Das politische Ziel ist, in naher Zukunft fünfzig Milliarden Tonnen CO_2-Äquivalente zu vermeiden – da spielen eine Milliarde Tonnen aus der Chemie weltweit, also gerade mal zwei Prozent, kaum eine Rolle. Natürlich wollen und werden wir auch künftig unseren Beitrag zum Klimaschutz leisten. Auf Alternativen werden wir aber auch aus anderen Gründen umsteigen: Weil wir Dinge neu und besser machen wollen – und weil sich Produkte aus pflanzlichen Inhaltsstoffen vielleicht auch besser verkaufen. Nehmen Sie die Tenside in Waschmitteln. Fünfzig Prozent dieser oberflächenaktiven Stoffe sind heute schon auf der Basis von biogenen Rohstoffen hergestellt. Einfach, weil die Eigenschaften super sind, weil es wirtschaftlich ist, weil man die Synthesevorleistung der Natur sinnvoll ausnutzen kann und weil es vollkommen unsinnig ist, solche langen Funktionsketten erst chemisch aufzubauen.

Fischer Das finde ich jetzt toll! Als ich 1972 genau so argumentiert habe, wurde ich noch als irrsinnig angesehen. So eine Aussage eines hochrangigen Vertreters der chemischen Industrie wäre überhaupt nicht vorstellbar gewesen.

Rothermel Das kann ich nachvollziehen.

Fischer Wir sind uns also einig darin, dass die fossilen Kohlenstoffträger für die Chemie nur den einen Vorteil hatten: Sie waren in großen Mengen sehr günstig verfügbar. Sonst aber sind Erdöl-Kohlenwasserstoffe für die allermeisten chemischen Zwecke ausgesprochen ungeeignet. Ich muss etwas unter energetischen Gesichtspunkten eigentlich Absurdes tun, nämlich die Inhaltsstoffe erst zerkleinern, also cracken, um daraus dann in einem Umkehrschritt strukturreiche Grundstoffe zu machen, die für chemisch-technische Alltagsprodukte nutzbar sind. Wie genial ist dagegen die Pflanze! Aus den primitivsten beiden Bausteinen, die wir kennen – Kohlendioxid und Wasser –, baut sie nur mit Hilfe von Sonnenenergie diese vielfältigen, hochkomplexen Moleküle auf. Außerdem verursacht sie keinen Abfall. Wenn ich ein Tensid aus Zucker in den Garten schütte, dann können die Bodenorganismen ihre enzymatischen Werkzeuge völlig unverkrampft und ohne sich zu verbiegen darauf ansetzen, den Stoff zu degradieren. Diese Vorteile sollten die Treiber sein für die neue biogene Chemie.

Rothermel Das entwickeln wir ja jetzt auch weiter. In der chemischen Industrie werden biogene Rohstoffe als Alternativen immer mehr durchgetestet.

Grefe Und sie sollen in Bioraffinerien quer durch Europa in Biosprit und biogene Grundstoffe umgewandelt werden. Macht das Sinn?

Fischer Wenn da eine ehrliche Nutzungskaskade angelegt ist, bei der die Pflanzenstoffe zunächst in ihrem ganzen Strukturreichtum genutzt werden und dann erst am Ende noch in einer Bioraffinerie landen, dann habe ich kein großes Problem damit. Ich finde es allerdings nicht optimal. Besser wäre es, wie gesagt, in dezentralen Produktionsstätten unmittelbar von der faszinierenden Syntheseleistung der vielfältigen, einzelnen Pflanzen auszugehen.

Rothermel Aber die Revolution zu dezentralen Produktionsstätten wird so schnell nicht stattfinden. Wir haben hoch kapitalintensive Anlagen und eine effiziente Infrastruktur in der chemischen Industrie. Denen kommt die Bioraffinerie am besten entgegen. Und heute will man die Pflanze darin auch nicht mehr bloß klein hacken und in den Cracker packen ....

Fischer Das wird aber leider auch gemacht.

Rothermel Stimmt, weil es dafür mittlerweile durchaus effiziente Wege gibt. Da tut vielleicht dem Pflanzenbauer das Herz weh ...

Fischer ... dem richtigen Chemiker auch.

Rothermel Herr Fischer, wir stecken ja auch Pflanzen, genauer: Baumstücke, in den Kamin.

Fischer Keine gute Idee. Eine solche rein thermische Nutzung eines komplexen Pflanzenstoffes sollte doch gegenüber der stofflichen Nutzung immer den Nachrang haben.

Rothermel Wie auch immer: An der Kaskadennutzung wird gearbeitet. Nehmen wir als Beispiel eine Ölpflanze: Da nutzt man erst einmal das Öl. Dann werden die Zellulosestrukturen stofflich verwendet, indem man daraus Polymere macht oder sie zu verwertbaren Molekülen aufbricht. Den allerletzten Rest kann man dann verbrennen, also auch noch energetisch verwerten. Und das passt zu den Massenströmen, wie wir sie heute in der klassischen Chemie haben.

Fischer Das finde ich eben zu sehr vom Status quo her gedacht. Mit dem Status quo macht man es sich aber zu bequem. Wissenschaft und moderne Technologie leben davon, dass man es sich unbequem macht.

Grefe Ist die Bioraffinerie also doch ein Irrweg?

Fischer Wenn die Bioraffinerie, wie gegenwärtig, nur als biogene Variante der petrochemischen Raffinerie gesehen wird, ja: Dann ist sie ein Irrweg. Es ist eine Respektlosigkeit gegenüber der enormen Syntheseleistung ergiebiger Pflanzen, wenn wir sie im großen Stil anbauen, nur um sie am Ende in den Biocracker hineinzukarren.

Rothermel So läuft es ja auch bei der Zellulosebioraffinerie in Leuna nicht mehr. Dort wird Buchenholz aus der Umgebung erst stofflich genutzt, zum Beispiel für WPC-Dielen. Daneben folgt die chemische Nutzung, nachdem man die Bestandteile Zellulose, Hemizellulose und Lignin voneinander getrennt hat. Diese können dann vielfältig zu Polymeren, Aromaten oder anderen Stoffen verarbeitet werden

Grefe Manche sagen: Das wird sich nie rechnen.

Rothermel Ich bin überzeugt davon, dass sich das rechnen wird. Da vertraue ich voll den Forschern und Entwicklern in unseren Unternehmen und unserer Wissenschaft.

Fischer Das sehe ich genauso. Das Fraunhofer-Institut für Holzforschung in Braunschweig hat zum Beispiel gerade ein Schaumholz entwickelt, das ebenfalls auf diesem Prinzip basiert. Da wird zunächst das Lignin extrahiert, dann das Holz geschäumt, und anschließend wird das Lignin teilweise wieder als Bindemittel beigegeben. Da bekomme ich ein »biogenes« Styropor-Analogon, aber ohne das Risiko, dass mir eine brennende Fassade abtropft und das ganze Haus in Brand setzt, ohne die unangenehmen ästhetischen Eigenschaften und ohne dass es bei der Dämmung zu einer totalen Abschottung des Hauses kommt, denn das Holz hat ja eine porige Struktur.

Rothermel In diesem Fall sehe auch ich die Vorzüge des dezentralen, regionalen Konzeptes. Bei dem Cluster in Leuna gibt es genug Buchenholz in der Gegend. Wie groß die Strukturen am Ende sein werden, das ist noch eine offene Frage. Aber man will erreichen, dass die Region davon profitiert.

Grefe Wie schnell werden sich solche Entwicklungen durchsetzen?

Rothermel Wir werden keine Revolution erleben, sondern eine Evolution, die sich daran orientiert, wie sich die Prozesse und Produkte rechnen.

Grefe Man könnte politisch nachhelfen ...

Rothermel Könnte man. Aber nehmen Sie das Beispiel Italien. Das war ja das erste Land in Europa, das Plastiktüten auf der Basis fossiler Rohstoffe verboten hat. Wir haben dort ein sehr innovatives Unternehmen besucht, das Tüten aus nachwachsenden Rohstoffen herstellt. Und dort haben wir gehört: Mit solchen Tüten hat man nicht den gleichen Umsatz wie bei Kunststofftüten erreicht. Die Leute mussten dafür etwas mehr bezahlen – und sind schließlich wieder mit ihren Körben oder alten, dickeren Plastiktüten zum Einkaufen gegangen. Solche wirtschaftlichen Erwägungen kann man nicht außer Acht lassen. Sie könnten natürlich heute schon in vielen Bereichen alles Mögliche biobasiert ersetzen. Aber die Bevölkerung ist häufig nicht bereit, mehr Geld dafür auszugeben.

Grefe Tüten kann man leicht vermeiden, genau das ist doch auch ökologisch erwünscht ...

Fischer Und ich muss Ihnen beim Preis widersprechen. Das Wirtschaften darauf zu reduzieren, erscheint mir nicht vernünftig. Dann hätte es die Firma Apple mit ihren teureren PCs nie geben können. Auch die Produkte von AURO sind deutlich teurer als die der Konkurrenz, und trotzdem sind wir damit nachhaltig und seit Jahrzehnten wirtschaftlich erfolgreich.

Rothermel Tut mir leid, aber die Frage nach der Wirtschaftlichkeit bleibt. Wenn Apple sein iPad für 1500 Euro anbieten würde, könnte es noch so gut sein, es würde nicht mehr gekauft.

Fischer Man muss schon sehr blöd sein, um kein gutes Marketing machen zu können für Produkte, die nachgewiesenermaßen zu hundert Prozent aus pflanzlichen Grundstoffen hergestellt werden.

Grefe Warum sind dann aber auch Ihre Produkte nach vierzig Jahren in der Nische geblieben, Herr Fischer?

Fischer Ich glaube, was uns von Apple unterscheidet, ist nicht zuletzt ein Mangel an Aggressivität. Wenn wir in Marketing und Vertrieb aggressiver vorgegangen wären, dann hätten wir heute ein zigfaches Umsatzvolumen. Stattdessen ist es bei einem nachhaltigen, aber gesunden Wachstum geblieben. Auch auf diese Weise dringen biogene Produkte nach und nach erkennbar in den Massenmarkt vor.

Rothermel Revolutionäre Entwicklungen sehe ich da aber noch nicht. Außerdem: Wenn Sie mehr Marktanteile gewinnen, dann bekommen Sie doch sofort Ärger. Die Naturschutzverbände kritisieren ja eine breitere Nutzung von nachwachsenden Rohstoffen. Ich weiß nicht, wie weit Sie bei diesen Verbänden kämen, wenn Sie sagen würden: Jetzt rollen wir mal den gesamten Farbenmarkt auf.

Fischer Ich bin selbst beim NABU engagiert, und ich meine: Auch bei der Begrenztheit von biogenen Ressourcen sollten wir nicht immer nur den Status quo hochrechnen. Denn es kommen uns heute eine Reihe von Faktoren zugute. Erstens können wir für unsere Zwecke einigermaßen anspruchslose Pflanzen verwenden. Nehmen Sie die Färber-Resede. Das ist so ein typischer, genügsamer Bahndammbewohner, der braucht weder viel Stickstoff noch Phosphor. Diese Pflanze kann auch noch in Böden erfolgreich angebaut werden, auf denen keine Hochleistungspflanzen wachsen. Zweitens finde ich es als Freund der Vielfalt eine arge Verkürzung, eine Pflanze nur wegen eines einzigen darin enthaltenen Grundstoffs anzubauen. Bei der Leinpflanze zum Beispiel bleiben, nachdem ich das Öl extrahiert habe, jede Menge chemisch wertvoller, hoch strukturierter Substanzen übrig, die man mit nutzen kann. Drittens sollten wir von der Monokultur Abschied nehmen. Viele Kulturen gemeinsam auf dem gleichen Acker sind deutlich produktiver.

Grefe Warum werden sie dann nicht zusammen angebaut?

Fischer Die Technologien müssen erst noch entwickelt werden. Aber wir können durch eine Kombination von Sensorik und Robotik auf dem Acker schon Dinge tun, die man heute äußerst mühsam mit der Hand machen muss: Beikraut selektiv entfernen, selektiv düngen, meinetwegen auch selektiv biologische Pflanzenschutzmittel einsetzen, selektiv ernten. Die Vielfalt von Mischkulturen ermöglicht die Dezentralität, von der ich anfangs gesprochen habe.

Rothermel Dass wir bei der Bereitstellung von Biomasse mit der gleichen Innovationsgeschwindigkeit arbeiten müssen wie in der Verarbeitung, ist vollkommen klar. Da gibt's dann die verschiedenen Methoden, ob Mischfruchtanbau – oder letztendlich, wie wir meinen, doch die Gentechnik. Aber ein Wort zur Dezentralität. Diese mag beim Anbau der Biomasse vernünftig sein. Aber bei der Verarbeitung in der chemischen Industrie werden wir dezentrale Strukturen mit Sicherheit nicht durchsetzen.

Fischer Ganz klarer Einspruch.

Rothermel Herr Fischer, da geht es wieder um Wirtschaftlichkeit: Dezentralität wirkt der Effizienz entgegen. Solange Sie mit nachwachsenden Rohstoffen Nischen bedienen, mag das noch gehen. Aber wenn wir tatsächlich in größere Anwendungsfelder hineingehen und größere Massen bewegen müssen, dann werden wir an Effizienzbetrachtungen nicht vorbeikommen: Die Prozesse benötigen eine gewisse Größe, um effizient und wirtschaftlich zu sein. Achtzig Prozent unserer Produktmasse, die wir als chemische Industrie in Deutschland produzieren, kommen aus zwei Dutzend Großstandorten; Anlagen im Weltmaßstab. Das ist ganz normale Ökonomie: Man nutzt die Vorteile von Skaleneffekten.

Fischer Klar, aber da denken Sie eben – Entschuldigung – wieder zu sehr vom Status quo her, und damit innovationshemmend. Denn Ihre Analyse läuft einer gesellschaftlichen Entwicklung entgegen: dem Trend zur Individualisierung, der ein ganz starker Markttreiber ist. Er besagt in der Konsequenz, dass jeder Kunde eine Farbe bekommt, die kein anderer Kunde hat. Da gibt es wieder technologisch faszinierende Entwicklungen, und zwar in der Mikroreaktionstechnik. Wir erforschen sie mit dem Karlsruher Institut für Technologie und der Uni Braunschweig. Damit werden die Skaleneffekte bei der Großchemie regelrecht ausgehebelt.

Grefe Wie sieht das aus?

Fischer Der Nachteil der Skaleneffekte ist ja: Wenn Sie zehn Tonnen ansetzen statt einer, dann können diese zehn Tonnen nur in sich identisch sein. Das ist dann zwar billiger, muss aber für einen bestimmten Zweck genutzt werden. Der Reaktor in der Mikroreaktionstechnik hingegen ist nur kubikmillimetergroß. Bei dieser Inline-Produktion führen Sie die Reaktionspartner mit einer wahnsinnigen Geschwindigkeit durch kleine Düsen zum Ort des Geschehens, und dabei können Sie blitzartig wechseln. Da geht's um wenige Kubikzentimeter – schon haben Sie wieder ein anderes Produkt. Das heißt: Sie können die chemische Produktion auf geniale Art und Weise »customizen«, also auf ein individuelles Produkt zuschneiden, ohne damit an wirtschaftlicher Effizienz zu verlieren.

Rothermel Da stimme ich Ihnen sofort zu. Das gilt für alle spezialisierten Produkte. Aber ich behaupte trotzdem: Angenommen, Sie würden Ihren Marktanteil bei den Farben in Deutschland verzehnfachen – jede Wette, dass Sie dieses Volumen nicht in zehn dezentralisierten neuen Produktionsstätten herstellen würden!

Fischer Mit zehn Mikroreaktionsanlagen, die über das Land verteilt sind, habe ich doch zwei riesige Vorteile: eine wesentlich größere Marktnähe, und ich bin näher dran an den vielfältigen Grundstoffen.

Rothermel Aber nicht für den Massenmarkt.

Fischer Es wird künftig keinen Massenmarkt mehr geben, Herr Rothermel, und genau das kommt der biogenen Produktion entgegen.

Rothermel Das behaupten Sie.

Fischer Ich bin felsenfest davon überzeugt. Und damit rede ich einer leistungsfähigen und überlebensfähigen chemischen Industrie in Mitteleuropa das Wort. Hier sollen diese Innovationen herkommen!

Grefe Dann wäre ja die Schlüsselfrage: Kann sich ein Unternehmen wie zum Beispiel BASF dezentralisieren?

Rothermel Mit einzelnen Produkten können auch BASF und die anderen Großen dezentral arbeiten – aber nicht mit der großen Masse ihrer Produkte. Es würde aus Effizienzgründen und wirtschaftlich keinen Sinn machen.

Fischer Wir sehen es doch an der Energiewende. Auch Herr Großmann von RWE hat vor zehn Jahren noch gesagt, dass die zentralistischen Kohlekraftwerke wirtschaftlich seien. Er ist widerlegt worden, und bei RWE, Vattenfall & Co. sehen wir jetzt, was passiert, wenn man solche langfristigen Herausforderungen ignoriert. Bei der Energiewende spielt die Chemie ja im Übrigen eine wichtige Rolle. Warum? Weil alles an Speicherfragen hängt. Das ist doch ein Urfeld der Chemie, in dem es vor Innovationsmöglichkeiten nur so kracht. Auch an diesem Beispiel sieht man, dass es nicht besonders vernünftig ist, wenn die Industrie so eine Widerstandshaltung zeigt.

Rothermel Die Forschungs- und Entwicklungsarbeiten bei den Speichern haben doch längst enorm zugenommen. Aber genau diese Entwicklung könnte die Bioökonomie am Ende für die Chemie obsolet machen.

Grefe Warum?

Rothermel Angesichts der gigantischen Energieüberschüsse der Zukunft werden wir an großen chemischen Massenspeichern nicht vorbeikommen. Daraus ergibt sich dann die Frage: Wie gelingt es uns, die volatile Energie aus den Erneuerbaren Energien in chemische Produkte umzuwandeln? Da bietet sich als Erstes Wasserstoff an. Und den werden Sie sinnvoll nutzen können, indem Sie ihn wieder katalytisch mit CO_2 verbinden. Denn so lässt sich auch der CO_2-Kreislauf schließen.

Fischer Das stört doch die Bioökonomie überhaupt nicht.

Rothermel Da bin ich anderer Auffassung. Denn wenn wir eine wirtschaftliche Methode finden, Wasserstoff zu produzieren und damit CO_2 chemiegängig zu machen – und das können wir –, dann werden wir keine biogenen Rohstoffe mehr benötigen.

Fischer Pardon, aber da ist ein Denkfehler drin. Die gespeicherte Energie wollen Sie doch zu Energiezwecken wieder verbrauchen. Der Bedarf an Strom wird ja in Zukunft gewaltig steigen, um Elektroautos zu nutzen oder – power to gas – aus regenerativ erzeugtem Strom Gas zu erzeugen. Aber dann stehen diese Substanzen ja für die Bioökonomie nicht mehr zur Verfügung.

Rothermel Das sehe ich anders. Wenn wir 2050 tatsächlich achtzig Prozent unserer Energie regenerativ erzeugen wollen, dann brauchen wir ungefähr das Sechs- bis Siebenfache der jetzigen Produktionsleistung, und diese müssen Sie irgendwie speichern. Da wird genug für die stoffliche Nutzung abfallen. Unabhängig davon, werden wir unsere Rohstoffe diversifizieren. Für bestimmte Zwecke werden wir bei fossilen Rohstoffen bleiben, aber zugleich – sehr langfristig – auch CO_2 nutzen und einen deutlich wachsenden Teil der Produkte mit biogenen Rohstoffen machen.

Fischer Vielfalt finde ich immer großartig. Aber es spricht noch ein weiterer Aspekt für die biogene Wende und gegen den Wasserstoff. Zu den beiden Trends Individualisierung und Dezentralisierung kommt auch noch der Wunsch nach mehr Autonomie. Hermann Scheer hat für die Energie beschrieben, wie sich Individuen, Genossenschaften und Kommunen mit erneuerbaren Energien von den Oligopolen unabhängig machen können, und für mich hat diese Möglichkeit auch bei der Chemie einen großen Charme. Die Anlagen, von denen Sie reden, schreien hingegen schon wieder nach Großtechnologie.

Rothermel Herr Fischer, es bleibt meine tiefe Überzeugung, dass Sie, egal, welche Rohstoffe Sie nutzen, aus Effizienz- und aus Wirtschaftlichkeitsgründen auf Dauer gesehen nicht von zentraleren Produktionsstandorten wegkommen. Hinzu kommt: Die pflanzlichen Rohstoffe sind einstweilen begrenzt. Um die Produkte von heute aus Biomasse zu produzieren, würde ich doch die gesamte deutsche Ackerfläche benötigen. Das schürt Konflikte, mit denen wir jetzt schon ringen.

Fischer Sie haben natürlich insofern Recht: Eine Eins-zu-Eins-Konversion zur biogen basierten Chemie – die funktioniert nicht. Das Unternehmen, das ich leite, ist ein gutes Beispiel dafür. Wir haben Anstriche und Schutzmittel, da brauchen Sie im Vergleich nur noch ein Viertel der Masse mit gleicher Wirkung. Ernst Ulrich von Weizsäcker hat diese Effizienz mit dem Faktor vier beschrieben, und ich bin der Meinung, dass wir es zu einer Reduktion des Stoffgebrauchs bis zum Faktor zehn bringen können. Dann erreichen wir einen Bereich, dessen ökologischer Fußabdruck durchaus auf der Fläche Mitteleuropas darstellbar wäre. Und es ist doch auch in Ihren Mitgliedsunternehmen nicht entscheidend, Tonnagen zu verkaufen. Bei entsprechenden Preisen macht man den Umsatz eben mit weniger Masse.

Rothermel Deswegen wird bei uns kaum noch Massenkunststoff hergestellt. Das sind alles hochwertige Kunststoffe mit neuen Qualitäten, an denen man teilweise mehr verdienen kann.

Grefe Und die billigen und schmutzigen Massenkunststoffe lassen wir mit den entsprechenden Umweltfolgen in Asien herstellen ...

Fischer Gewiss, dieser Effekt, die Massenproduktion auszulagern, ist wie ein Tsunami. Aber die Welle brandet auch irgendwo an. In China sieht man ja schon, dass die Ansprüche an Qualität und Umweltschutz steigen. Irgendwann wird die ganze Welt Standards haben, und es wird keinen Fleck mehr geben, wo Polyethylen überhaupt noch wirtschaftlich herstellbar ist. Das ist eine gute Nachricht für die Chemie! Ich kann ja heute jungen Leuten nur sagen: Studiert Chemie! Das ist das Zukunftsfach überhaupt. Während alles, was in Richtung Biologisierung gedacht wird, doch sehr schnell an ethische Grenzen stößt.

Grefe Gerade diese Biologisierung aber hat durch das wachsende Wissen über Genome eine große technologische Dynamik in der Bioökonomie in Gang gesetzt.

Fischer Ich bin sehr kritisch bei gentechnischen Verfahren oder der gentechnischen Modifikation von Organismen. Da sind dann einzelne GVO in der Hand eines bestimmten Konzerns, und viele können sich die Lizenzen dafür nicht leisten. Das finde ich problematisch, weil es wieder zu einer Ent-Autonomisierung führt. Deswegen würde ich ein weiteres Mal sagen: Suchen wir doch nach dem, was es schon gibt in dieser unglaublichen Vielfalt der Organismen.

Rothermel Die meisten Enzyme und Organismen, die heute in den biotechnologischen Verfahren benutzt werden, sind genau auf dieser Basis entstanden. Heerscharen von Forschern waren und sind unterwegs, um die Welt zu erfassen. Beim Versuch, für Bioethanol Zellulose in Zucker zu überführen, hat man sich zum Beispiel das Genom von Termiten und Pilzen angesehen, die das können. Mit Gentechnik wird das lediglich optimiert.

Grefe Und patentiert ...

Rothermel Ich vertraue auf die Kräfte des Marktes. Bei allen neuen Technologien gibt es am Anfang die großen Marktführer. Aber die Konkurrenz wartet nicht.

Grefe Besonders groß ist die Artenvielfalt in den Tropen. Gibt es da durch Biopiraterie eine neue Form kolonialer Ausbeutung?

Rothermel Man muss zu einem gerechten Ausgleich kommen, damit sich niemand einer Ressource bemächtigen kann. Auf der anderen Seite muss man auch sehen, wer überhaupt wirtschaftlich in der Lage ist, diese Art von Forschung zu betreiben. Es wäre jedenfalls schade, wenn wir nicht in der ganzen Breite schauen würden: Was bietet uns die Welt?

Fischer Darüber wusste man ja schon mal so viel! Bis etwa 1850 gab es weltweit eine ausgedehnte, hoch professionelle Warenkunde und ein großes Know-how über spezifische Pflanzen und Varietäten. Das wurde durch die chemische Industrie in den Hintergrund gedrängt ...

Rothermel ... weil man es erst mal nicht mehr brauchte ...

Fischer ... genau. Heute ist zum Beispiel Indigo halt Indigo, und meist wird es synthetisch hergestellt. Vor 1850 aber wurden Hunderte von verschiedenen Indigo-Arten beschrieben, die aus unterschiedlichen Pflanzen mit unterschiedlichen Technologien gewonnen wurden. Ähnlich ist es bei den Duftstoffen: Aus einer fast unüberschaubaren Vielfalt von Riechstoffdrogen ist heute eine sehr begrenzte Auswahl geworden – auch als Folge der Verdrängung durch synthetische Düfte. Mit dem Abschied vom Öl kommen wir wieder in eine Phase, in der die Vielfalt dieser alten klassischen Warenkunde neu genutzt werden könnte.

Grefe Und der Genomsequenzierer hilft heute dabei ... Oder entzaubert so eine DNA-Analyse »die Magie der Pflanze«, von der Sie immer reden, Herr Fischer?

Fischer Nein, das entzaubert ganz und gar nicht. Umso besser, wenn wir die Vielfalt des pflanzlichen Kosmos mit Hilfe moderner Technologie wiederentdecken und jungen Forscherinnen und Forschern etwas von dieser Magie der Diversität vermitteln können. Die gibt es im Übrigen ja unter Menschen genauso. Stellen Sie sich mal eine Welt vor, in der alle gleich aussähen – da wäre auch unter den Menschen keine Magie mehr möglich. Wir würden glatt aussterben.

●●●

7   WERDEN SIE GÄRTNER ...

Regeln für eine nachhaltige Bioökonomie

Der Bund für Umwelt- und Naturschutz hat zwei prominente Mitglieder verloren. »Schweren Herzens und in großer Trauer« verabschiedete sich vor drei Jahren Enoch zu Guttenberg, ein Gründervater des BUND. Der Verband zeichne mit allgegenwärtigen Windkraftanlagen »das Elendsbild eines besetzten, seiner selbst beraubten Landes« und vernachlässige seine eigentliche Aufgabe, so lautete zu Guttenbergs Erklärung: »Es geht nicht mehr um die Natur und ihren Schutz.«[1] Der andere Abtrünnige kündigte 2015 aus genau dem gegenteiligen Grund: Hans-Josef Fell ist der BUND beim Ausbau von Windkraft und Bioenergie zu defensiv. Offenbar wollten die Verbandsmitglieder lieber riskieren, schimpfte der grüne Energieexperte, dass ihre liebevoll geschützten Buchen zukünftig den Hitzewellen des Klimawandels zum Opfer fielen.[2]

Fell wie zu Guttenberg sind engagierte, aber auch, sagen wir: sperrige Typen, und beider Urteil ist durchaus ungerecht. Ihr Ex-Verband hat es sich keineswegs leicht gemacht mit der Frage, ob und wo Wind-, Solar- oder Biomasseanlagen zum Klimaschutz beitragen sollten, selbst wenn die Landschaft ohne sie schöner wäre und die Natur weniger gestört. Die beiden Austritte markieren aber das Spannungsfeld zwischen Klimaschutz und Naturschutz, in dem es jetzt immer öfter knistert. Und das ist nur eine der zahlreichen Zerreißproben und Widersprüche der Bioökonomie beim Umgang mit Land und Natur.

Emotional geht es auch zu, wenn Förster oder Bauern auf Umweltverbände treffen. Der Vorrang von »Food First« reibt sich vielerorts mit dem Erhalt der Ökosysteme, Energiesicherheit am Flächenfraß. Der Klimaschutz gerät in Kollision mit dem Schutz von Wasser, Arten und Böden, wenn sich monokulturell bewirtschaftete Holzplantagen als CO_2-Speicher ausbreiten. Auf den Äckern konkurrieren Futtermittel mit Nahrungsmitteln mit Energiepflanzen. Handel oder Selbstversorgung? Zentral oder dezentral? Vorrang für die energetische Nutzung oder für die stoffliche; die chemische? Reststoffe werden von allen Seiten umbuhlt, zentrale Großtechnologien bedrängen dezentrale Entwicklungen, Synthetische Biologie verletzt Wünsche nach »Natürlichkeit«. Wie werden globale Regeln den geographisch und klimatisch ganz unterschiedlichen Bioökonomien gerecht? Die Liste der Zielkonflikte ist alles andere als vollständig, sie zeigt: Die Herausforderungen der Bioökonomie sind immens. Aber Kohle und Öl weiterzunutzen, ist auch keine Option, was die Bioökonomie-Expertin des NABU, Steffi Ober, schon zu der ironischen Frage verleitete: »Welchen Tod wollen wir sterben?«

Aktuelle politische »Baustellen«

Gewiss ist, dass die Nutzung der natürlichen Ressourcen für alle Zwecke sensible Regeln erfordert. »Letztlich entscheiden vor allem die relativen Preise über die Verwendung im Lebensmittel-, Futtermittel-, Energie- oder Industriesektor«, heißt es in der Politikstrategie der Bundesregierung zur Bioökonomie, aber die Entwicklungen allein dem Spiel von Angebot und Nachfrage zu überlassen, wäre verantwortungslos. Denn dann gewinnt gerade in möglichen Knappheitskrisen der »dickste Geldbeutel«, wie Stig Tanzmann von Brot für die Welt meint: »Die Hersteller von biobasierten Handyhülsen werden für Hektare und Tonnagen immer mehr bezahlen können als der Dorfnachbar.« Preise sind kein Schicksal, sie hängen davon ab, wie Märkte gestaltet werden, und solche Rahmenbedingungen zu entwerfen, ist eine der wichtigsten Aufgaben der Bioökonomie-Politik. Dabei herrscht beim Vorrang für Nahrungsmittel Einigkeit (auch wenn noch unklar ist, wie man ihn durchsetzt). Über viele andere Prioritäten aber muss die Gesellschaft viel intensiver streiten, und zwar: die Weltgesellschaft.

Der Präsident des Bioökonomierates Joachim von Braun hat Recht:

Die Bioökonomie sollte nicht »hopplahopp mit Hauruck und Hurra«[3] gestaltet werden, sondern mit Umsicht und guten Informationsgrundlagen. (Tatsächlich liegen bei kaum einem anderen Thema die Daten über Emissionen, Anbauverdrängung und Potenziale so weit auseinander wie auf dem an Prämissen reichen und interessengeladenen Feld der biogenen Rohstoffe). Weil Regeln eine enge internationale Kooperation erfordern, war auch der erste Global Bioeconomy Summit des Bioökonomierates ein richtiger Schritt. Er dürfte zwar außerdem anderen Zielen dienen: Deutschland baut mit solchen Kooperationen nicht zuletzt gute Beziehungen zu potenziellen Biomasse-Lieferländern auf; die Bundesregierung profiliert sich als Vorreiter neuer Technologien. Doch die neue bioökonomische Gipfel-»Community« zielt auch darauf, Wissen zu teilen und Grundlagen für globale Nachhaltigkeits-Abkommen zu erarbeiten.

Dabei ist nur zu hoffen, dass sich Wissenschaftler und Regierungen künftig nicht mehr von der jeweils stärksten Lobby in ökologisch fragwürdige Richtungen ziehen lassen, so wie bei den grünen Kraftstoffen. Da haben Verkehrspolitiker vereint mit der Agrarlobby mit der bequemsten Klimaschutzlösung die Konkurrenzverhältnisse für die nächsten fünf Jahre erst mal festgeschrieben: Biogene Rohstoffe für Energiezwecke werden gefördert, auf Kosten der stofflichen oder chemischen Nutzung. Für sie fehlen die politischen Anreize. In den USA gibt es hingegen schon ein »BioPreferred«-Programm. Es hält Behörden dazu an, bei ihrer Beschaffung biobasierte Produkte mit einem Qualitätslabel gegenüber konventionellen zu bevorzugen.

Bei so einem breiten Aufgabenfeld wie der Bioökonomie können hier nicht alle politischen Anknüpfungspunkte thematisiert werden. Auf vier »Baustellen« aber werden in den nächsten Monaten und Jahren ganz konkrete Weichen für die Zukunft gestellt.

Die erste, vielleicht wichtigste ist die europäische Kreislaufwirtschaft.[4] Im Dezember 2015 hat die Kommission in Brüssel einen umfänglichen Entwurf präsentiert, und er entscheidet über die Frage: Wird es in Europa nur ein etwas besseres Recycling geben – oder ernsthafte Schritte in Richtung »Cradle to Cradle«? Mit 650 Millionen Euro Forschungsgeldern und

5,5 Milliarden Euro Investitionen will Brüssel dafür sorgen, dass die Europäer künftig »wertvolle Ressourcen bewahren und ihren wirtschaftlichen Wert vollständig nutzen«. Das Paket zielt darauf, die Lebensdauer von Produkten zu verlängern und zu erleichtern, dass ihre Bestandteile mehrfach verwendet werden können. Es enthält Vorschläge für ein besseres Recycling von Abwasser, Kunststoffen und organischen Materialien, um daraus Rohstoffe und Düngemittel wiederzugewinnen, neue Regeln für die Abfallwirtschaft und vieles mehr. Das klingt ehrgeizig, allerdings: Die Ideen haben weniger Biss als jene des vorherigen Umweltkommissars Janez Potočnik, die von der neuen Kommission erst mal »kassiert« worden waren. Ein Beispiel für Zahnlosigkeit ist die Lebensmittelverschwendung: Statt konkreter Ziele sollen die EU-Regierungen nur vage darauf verpflichtet werden, dass sie Möglichkeiten zur Vermeidung bewerten. Umweltverbände kritisieren auch, dass die Anforderungen an ein Ökodesign zu kurz greifen; also Vorschriften, die es erleichtern würden, Materialien zu reparieren oder zu recyceln. Wie ambitioniert sich die EU von der Wegwerfgesellschaft verabschiedet, das wird davon abhängen, wie viel Druck aus der Gesellschaft kommt.

Eine zweite anstehende Aufgabe für die Bioökonomie sind Standards für »Biomasse«. Derzeit ist die Lage paradox: Biokraftstoffe dürfen nicht mehr ohne Nachhaltigkeitszertifikat eingeführt werden – für pflanzliche Rohstoffe aber gibt es nur Kennzeichnungspflichten oder freiwillige Siegel. Das heißt: Palmöl im Tank braucht ein Zertifikat – Palmöl in der Margarine keines. »Würden an alle landwirtschaftlichen Nutzungen so hohe Anforderungen wie an den Biosprit gestellt«, urteilte einmal der heutige Staatssekretär im Umweltministerium, Jochen Flasbarth, »dann lebten wir in einer besseren Welt«.[5] Deshalb fordert die Welthungerhilfe einen globalen »Biomassestandard«. Er soll ökologischen, wirtschaftlichen und sozialen Kriterien gerecht werden und sich am Menschenrecht auf Nahrung ausrichten. Gemeinsam mit dem Bonner Zentrum für Entwicklungsforschung (ZEF) hat die Welthungerhilfe dazu ein Papier vorgelegt.[6] Nachhaltigkeitszertifikate für die Biomasse befürwortet auch der Bioökonomierat. Eine Autorengruppe der Organisation für wirtschaftliche Zusammenarbeit und Entwicklung

(OECD) plädierte in der Zeitschrift *Nature* ebenfalls dafür, dass die Regierungen der Welt sich auf gemeinsame Indikatoren und Messmethoden für die Nachhaltigkeit der Nutzung von »Biomasse« einigen sollten.[7] Doch Zahlen sind hoch politisch, denn dahinter stehen unterschiedliche Prämissen und Werte. Deshalb ist der Vorschlag problematisch, dieses Projekt bei der OECD anzusiedeln, denn das ist der Club der Reichen. Entwicklungsländer haben, anders als in der UN, kein Mitspracherecht.

Die dritte wichtige Gestaltungsaufgabe ist die Gemeinsame Landwirtschaftspolitik der Europäischen Union (CAP), also die Verteilung der EU-Subventionen. Sie ist die zentrale Möglichkeit, zu steuern, was auf europäischen Äckern geschieht. Bei der Halbzeitbilanz im Frühjahr 2017 gibt es die erste Gelegenheit, die Reform von 2014 nachzubessern. Zum Beispiel sollten die verwässerten Ansprüche an »ökologische Vorrangflächen« verschärft und vereinfacht werden. Die nächste Verhandlungsrunde der CAP böte dann die Chance, Subventionen noch konsequenter an ökologische Vorgaben zu binden und auch zu verhindern, dass weiterhin gerade die größten Betriebe, oft mit wenigen Beschäftigten, am meisten von den EU-Geldern profitieren. Sie wird zwar erst ab 2018 neu verhandelt, doch Entscheidungsprozesse in Europa dauern. Umso spannender ist, dass sich neben den üblichen Agrar- und Umweltlobbys schon jetzt eine europäische »Agricultural and Rural Convention« (»ARC 2020«) warm läuft, um Mehrheiten für einen tiefer greifenden ökosozialen Wandel zu organisieren.

Das vierte aktuelle Themenfeld: die künftigen Schwerpunkte der Forschungspolitik. In der EU hat das Agrarberatungskomitee der Kommission »Standing Committee on Agricultural Research« (SCAR) bereits einen lesenswerten »Foresight Report« über die Bioökonomie-Forschung erstellt. Ihr »Blick in die Zukunft« leitet aus fünf Grundprinzipien – »Food First«, Nachhaltige Ernten, Kaskadennutzung, Kreislaufwirtschaft und Vielfalt – acht Prioritäten für die nachhaltige Bioökonomie-Forschung ab.[8] In Deutschland muss der Bioökonomierat im Lauf des Jahres 2016 Empfehlungen erarbeiten, anhand derer das BMBF die ablaufende »Nationale Forschungsstrategie Bioökonomie«

fortschreiben kann. Dieser Vorschlag wird großen Einfluss darauf haben, mit welchen Projekten sich Wissenschaftler in Zukunft beschäftigen. Internationale Nachhaltigkeit soll im Mittelpunkt stehen, deshalb hat der Rat als ersten Schritt Bioökonomie-Experten in aller Welt befragt, welche »Ideen oder Visionen« ihnen als besonders relevant und wünschbar erschienen.[9] Aus den Antworten destillierten die Räte sieben »Leitprojekte«:

- Welche globalen Regeln fördern eine nachhaltige Bioökonomie?
- Wie sieht eine Stadt aus, die nach bioökonomischen Prinzipien funktioniert; eine »bioprincipled city«?
- Welche Systeme der Nahrungserzeugung und -verteilung unterstützen eine »intelligentere« Ernährung mit weniger Tierprodukten?
- Wie müssen sich Wertschöpfungsketten auf biogener Basis verändern?
- Wie wird die Nutzung der Meere nachhaltig?
- Bietet die künstliche Photosynthese Chancen?
- Wie sehen Modelle für »Bioraffinerien 4.0« aus?

Für diese sieben – noch breit interpretierbaren – »Leuchttürme« will der Bioökonomierat nun konkretere Programmvorschläge entwickeln. Auch bei den Debatten darüber soll die Zivilgesellschaft beteiligt werden, wie der Ratspräsident Joachim von Braun immer wieder betont: »Ohne sie wird das Projekt nicht fliegen.« In welcher Form Bürger da mitreden sollen, darauf darf man noch gespannt sein. Zumindest öffentlich hat der Rat bislang noch eine gewisse Konfliktscheu beim Umgang mit seinen Kritikern gezeigt.

»Klingt gut, ist aber gefährlich«

Umgekehrt hat auch die »Zivilgesellschaft« jenseits der Forschungswende noch kaum versucht, die Bioökonomie-Politik in ihrem Sinne konstruktiv zu beeinflussen. Ein Grund für die Zurückhaltung ist wie gesagt der Fehlstart als »Biotechonomie«. Andere sehen Bioökonomie verkürzt als Bioenergie-Förderung, und da scheinen ihnen nach der Biokraftstoffnovelle und der Rücknahme der Biogasförderungen erst mal »die Messen gesungen«. Außerdem: Die Biomasse brauche man sowieso nicht mehr, argumentieren sie, weil es schon bald viel effizientere Alternativen geben werde. Und es stimmt: Wind- und Solarenergie stehen vor dem globalen Durchbruch, und das als Folge des neuen Klimaschutzabkommens mit größerem Nachdruck. Damit kann die Umwandlung von regenerativ erzeugtem Strom zu Methangas und Wasserstoff schneller vorankommen, die nicht nur energetisch, sondern auch zur Herstellung chemischer und stofflicher Grundstoffe genutzt werden können. »Aufgrund der Vielfalt dieser Alternativen«, so urteilen deshalb Gutachter des Umweltbundesamtes sogar für die Wärmeproduktion, sei »die Nutzung von Biomasse aus technischer Sicht auch für diesen Energiebereich – sowohl in der Übergangszeit als auch langfristig – nicht erforderlich.«[10]

Allerdings sagen solche Berechnungen der Potenziale »aus technischer Sicht« noch nicht die reale Entwicklung voraus. Wird der Wärmebedarf tatsächlich schon bald zurückgehen, weil Häuser gedämmt werden und die Temperaturen steigen, wie das Umweltbundesamt annimmt? Wie schnell werden solare Stromüberschüsse in derart großen Mengen zur Verfügung stehen, dass auch noch Heizung und Verkehr davon leben können? Das sind nur einige Unwägbarkeiten. Vor allem ist es auch im Sinne einer fehlerfreundlichen Gesellschaft immer gut, wenn sie über eine Vielfalt von Möglichkeiten verfügt. Schon deshalb ist auch in Zukunft wichtig, eine kluge Mehrfachnutzung biogener Quellen weiter zu erproben – doch dabei diskutieren noch immer zu oft die einzelnen Fachleute unter sich. Wie wichtig es ist, Klimaschutz, Ressourcenschutz, Ernährung und Gerechtigkeit zusammenzudenken, also den Umgang mit Energie und biologischen Ressourcen systemisch zu sehen, weil das andere Prioritäten, Chancen und Lösungen bringt: Das haben die Verfechter der Bioökonomie noch nicht breit und überzeugend vermitteln können.

Ein weiterer Grund dafür, dass sich ihre Kritiker bislang zu wenig einmischten, ist das Wachstumsversprechen der Bioökonomen. Zu viele ihrer Vertreter verharrten in dieser Hinsicht noch immer in einem Positivismus, der an den Großen Vorsitzenden Mao erinnere, spottet zum Beispiel Thomas Fatheuer: »Die Welt schreitet vorwärts, die Zukunft ist glänzend«. Essbare Sitze im Flugzeug, Karbonhecks für viel zu viele Autos: Auch für den Ökonomen Nico Paech ist das Selbstbetrug und in den Proportionen lächerlich, solange Kerosin subventioniert wird, niemand die Billigpreisangebote der Fluggesellschaften und den Ausbau des Flugverkehrs insgesamt in Frage stellt und öffentliche Verkehrssysteme nicht attraktiver werden. Wenn ungewisse technologische Hoffnungen und Wachstum das oberste Ziel blieben, sei die Gefahr groß, dass die Bioökonomie den Bogen der Ressourcennutzung am Ende doch überspanne, kommentiert die Autorin Tanja Busse: »Klingt gut, ist aber gefährlich«.[11]

»Das Herz der Bioökonomie muss Gerechtigkeit sein«

Tatsächlich sind Bescheidenheit beim Konsum, die Suche nach anderen Wirtschafts- und Geschäftsmodellen und Lebensformen in der Bioökonomie so gut wie kein Thema und auch bei den geplanten Forschungs- »Leuchttürmen« bisher kaum zu erkennen. Dabei zeigen die Vielzahl der Zielkonflikte und die bisherigen technischen Innovationen der Bioökonomie, ob bei der höheren Effizienz des Biosprits, der gentechnischen Pflanzenzüchtung, der Optimierung von Biogasanlagen und Holzpellets, der feineren Dosierung von Pestiziden: Es gibt zwar manchen graduellen Fortschritt – aber nirgends »Durchbrüche« oder Wunder, und die werden auch in Zukunft keine Erlösung bringen. Selbst noch so präzise optimierte Algen oder Fermentierungsverfahren, selbst die ausgefeiltesten Agrarinformationssysteme, Wertschöpfungs- und Logistikketten, die alle ihren Wert haben – falls sie sich denn rechnen sollten: Sie werden auf einem begrenzten Planeten an Grenzen stoßen; Grenzen der Verfügbarkeit, der Wirtschaftlichkeit, der Geschwindigkeit, der gesellschaftlichen Akzeptanz, der sozialen Stabilität. Die industrielle Biotechnologie kann zwar in manchen Bereichen helfen, noch effizienter zu produzieren – aber in der Logik des Wachstums reicht das nicht aus, weil die Einsparungen den wachsenden Mengen meist nicht hinterherkommen. Technik allein kann Grenzen erweitern – aber nicht sprengen, und das gilt für nichts so unumstößlich wie für die Naturgesetze. Der frühere EU-Umweltkommissar und engagierte Förderer der Kreislaufwirtschaft Janez Potočnik sagte es knapp:»Wir Ökonomen leugnen zu gern die physikalischen Fakten.« Die physikalischen – und die biologischen.

Vielleicht schafft eine klug geregelte Kreislaufwirtschaft tatsächlich noch einmal Möglichkeiten, das Wirtschaftswachstum durch eine größere Pluralität der Nutzungen ohne zusätzlichen Ressourceneinsatz neu zu erfinden. Ihr Vordenker und Förderer Gunter Pauli vergleicht sie mit einem Wald, und der schafft das ja: Innerhalb seines begrenzten Gebietes, also ohne Ausdehnung der Fläche kann immer noch mehr Vielfalt gedeihen. Auch Michael Succow hofft, dass die Menschheit von der Natur lernen könnte,»zu wachsen und dabei immer komplexer und reicher zu werden, ohne pleite zu gehen«.[12]

Doch auch Bäume wachsen nicht in den Himmel, und die Vielfalt im Wald ist nur möglich im Zusammenspiel mit ihrem Antipoden Verrottung, also dem Tod; dem»großen Stabilisator« (Carl Amery). Selbst wenn wir in Informationsgesellschaften, Dienstleistungsgesellschaften, Spaßgesellschaften, demnächst Industrie-4.0-Gesellschaften und anderen vermeintlich»dematerialisierten« Gesellschaften leben – Teil des ganz großen Stoffwechsels wird jede Wirtschaftsform und werden wir selbst immer bleiben.

Begrenzung bedeutet vor dem Hintergrund globaler Ungerechtigkeit: Es führt kein Weg daran vorbei, zu teilen. Die Überversorgten müssen abgeben und ihre Ressourcen nicht nur effizienter managen, sondern auch den Verbrauch so herunterfahren, dass die anderen mehr abbekommen. Wenn natürliche Ressourcen nicht besser zugunsten der Armen verteilt würden, warnte eindringlich der frühere Chef des Umweltprogramms der Vereinten Nationen Ashok Khosla beim Global Bioeconomy Summit, dann drohten neue Kriege:»Das Herz der Bioökonomie muss Gerechtigkeit sein.« Khosla forderte die in Berlin versammelten Wissenschaftler und Regierungsvertreter deshalb auch dazu auf,»vom Mitläuferzug der Hochtechnologien herunterzuspringen«

und Bauern und Slumbewohnern mit angepassten Technologien rasch zu Einkommenschancen zu verhelfen. Die Bioökonomie als Friedensprojekt: Warum gibt es kein Leuchtturmvorhaben des Bioökonomierates für »Frugal Innovation«? So nennt man Innovationen, die billig und mit wenig Aufwand für die arme Bevölkerung nützlich sind.

Neuer Raubbau oder Wirtschaftsform der Zukunft? Das wird also davon abhängen, ob die Bioökonomen global vernetzte, lokal verschiedene Produktionssysteme finden, die Wasser, Wald und Boden schützen und zugleich einer fairen globalen Verteilung gerecht werden. Dabei lautet eine der zentralen Fragen: Wie werden Preise mehrheitsfähig, die den sozialen und ökologischen Wert der Produkte, besonders der Nahrungsmittel, realistisch spiegeln? Vor solchen Fragen drücken sich bislang Unternehmen und Politiker und auch die Bioökonomie. Die meisten Nachhaltigkeitsstrategien von Einzelhandels-, Textil- und anderen Unternehmen machen genau da Kompromisse – oder kompromittieren sich –, wo es die Kunden auch nur ein bisschen mehr kosten könnte. Das Preis-Tabu zu sprengen, setzt Debatten über ethische Anforderungen an das Wirtschaften voraus, eine breite Verständigung darüber, welcher Natur welcher Wert zugeschrieben wird – und damit letztlich einen kulturellen Wandel.

Auch das sah der Begriffs-Pionier der Bioökonomie, Nicholas Georgescu-Roegen, voraus: »Nur Ökonomen spannen noch immer den Wagen vor das Pferd, indem sie behaupten, dass die wachsenden Turbulenzen, mit denen die Menschheit konfrontiert ist, mit den richtigen Preisen verhindert werden könnten«, schrieb er. »Die Wahrheit ist: Nur wenn die Werte passen, werden es auch die Preise tun.«[13] Die Folge angemessener Preise und anderer Formen des Konsums wäre zwar eine gewisse Verringerung des Überflusses im Westen. Doch darin sah Georgescu-Roegen keinen Verlust. Lange bevor der König von Bhutan oder die Enquete-Kommission des Deutschen Bundestags über ein »Bruttoglücksprodukt« diskutierten, kritisierte er, dass in den Kalkulationen der Ökonomen etwas fehle: die Lebenszufriedenheit. »Der wahre ›output‹ des ökonomischen Prozesses«, schrieb er, sei »nicht eine ständige materielle Produktion von Abfall, sondern ein beispielloses beständiges Fließen, der Fluss der Freude am Leben. Wenn wir diese Bewegung wie auch viele andere spezifisch menschliche Neigungen nicht in unser analytisches Instrumentarium einbeziehen, so bewegen wir uns nicht in der ökonomischen Wirklichkeit.« Die indische Schriftstellerin Arundhati Roy hat es noch anders ausgedrückt:»Wenn all die Flüsse und Täler und Wälder und Hügel der Welt erst verpackt, mit Preis und Kassencode versehen und im Supermarkt gestapelt sind; wenn alles Stroh, alle Kohle und Erde und alles Holz und Wasser zu Gold gemacht wurden«, fragte sie in ihrem Essay *Rumpelstilzchens Reinkarnation* –,»was sollen wir dann machen mit all dem Gold?«[14]

Von diesem Denken ist die letztlich auf Produktangebote und Wachstum gerichtete Bioökonomie meist noch weit entfernt. Der Bioökonomierat spricht zwar von einer»Wiedereingliederung des menschlichen Wirtschaftens in die Kreisläufe der Natur« und vonNachhaltigkeit. Aber Letztere ist auch zur Floskel geworden; zu einem ebenso wirkmächtigen wie amorphen Plastikwort. Umso wichtiger ist es, noch einmal an den Urheber des Begriffs Nachhaltigkeit zu erinnern, Carl von Carlowitz. Der Oberberghauptmann aus Chemnitz legte der damaligen Forstwirtschaft nahe: Es geht darum, nur so viel zu verbrauchen, dass auch künftige Generationen wieder genauso viel zur Verfügung haben. Mit der Vielfalt und Lebendigkeit der Natur zu wirtschaften, heißt, immer die kommenden Generationen im Blick zu haben.

Diesen Gedanken hat der Amerikaner Henry A. Wallace besonders schön beschrieben, nämlich nicht bloß als Gefahrenabwehr, sondern als vitalen, beflügelnden Antrieb. Wallace war Gründer des heutigen Saatgutgiganten Pioneer und Agrarminister des New Deals in der Regierung Franklin D. Roosevelts. Seinen Mitbürgern gab der passionierte Pflanzenzüchter Wallace einen Rat, den man persönlich wie politisch verstehen kann, für den eigenen Wohnort wie für die globalen Wälder, Äcker und Weiden:

»Ich empfehle Ihnen allen: Werden Sie Gärtner. Dann werden Sie niemals sterben, denn Sie müssen ja weiterleben, um zu sehen, was im nächsten Jahr geschieht.«

ANMERKUNGEN

Viele Informationen und Zitate stammen aus persönlichen Interviews oder öffentlichen Veranstaltungen. Die Fußnoten betreffen nur die anderen Quellen:

KAPITEL 1

1 Paul J. Crutzen, Christian Schwägerl: »Living in the Anthropocene: Toward a New Global Ethos«, in: Yale Environment 360, http://e360.yale.edu/feature/living_in_the_anthropocene_toward_a_new_global_ethos/2363/; Christian Schwägerl: Menschenzeit: Zerstören oder gestalten? Die entscheidende Epoche unseres Planeten. Riemann Verlag, München 2010

2 Carl Amery, Hermann Scheer: Klimawechsel. Von der fossilen zur solaren Kultur, Kunstmann Verlag, München 2001

3 Bundesministerium für Bildung und Forschung/Bundesministerium für Ernährung und Landwirtschaft: Bioökonomie in Deutschland. Chancen für eine biobasierte und nachhaltige Zukunft, Berlin 2014

4 GFFA Communiqué, 7th Agriculture Ministers Summit 2015: »The growing demand for food, raw materials and energy: opportunities for agriculture, challenges für food security«, Berlin 2015

5 »Sustainable Agriculture, Forestry and Fisheries in the Bioeconomy: A Challenge for Europe«, 4th SCAR Foresight Exercise, Generaldirektion für Forschung und Innovation der Europäischen Union, Brüssel 2015

6 Strategy for »Innovating for Sustainable Growth: A Bioeconomy for Europe«, http://ec.europa.eu/research/bioeconomy/pdf/201202_innovating_sustainable_growth_en.pdf

7 Forum Umwelt und Entwicklung: »Goldgräberstimmung. Bioökonomie zwischen Welthunger und Rohstoffalternativen«, Rundbrief 4/2014

8 Umweltbundesamt: Erneuerbare Energien in Zahlen, https://www.umweltbundesamt.de/themen/klima-energie/erneuerbare-energien/erneuerbare-energien-in-zahlen

9 Food and Agriculture Organisation of the United Nations: »Agriculture's greenhouse gas emissions on the rise«, http://www.fao.org/news/story/en/item/216137/icode

10 World Resources Institute/Global Forest Watch, http://www.wri.org/news/2015/09/release-new-global-data-finds-tropical-forests-de clining-overlooked-hotspots

11 Earth Overshoot Day, http://www.footprintnetwork.org/en/index.php/GFN/page/earth_overshoot_day

12 Generaldirektion Forschung und Innovation:»The Knowledge Based Bioeconomy«, https://ec.europa.eu/research/conferences/2005/kbb/index_en.html; http://europa. eu/rapid/press-release_SPEECH-05-513_en.htm?locale=EN

13 »En Route to the Knowledge-Based Bio-Economy«, EU 2007, http://www.bio-econo my.net/reports/files/koln_paper.pdf

14 Deutscher Biotechnologie-Report 2015, http://www.biodeutschland.org/tl_files/con tent/dokumente/biothek/2015/EY_Deutscher_Biotech_Report_2015.pdf

15 OECD:»The Bioeconomy to 2030. Designing a Policy Agenda. Main Findings and Po licy Conclusions«, http://www.oecd.org/futures/long-termtechnologicalsocietalchal lenges/42837897.pdf

16 http://www.biosc.de

17 Bundesministerium für Bildung und Forschung:»Nationale Forschungsstrategie Bio-Ökonomie 2030. Unser Weg zu einer bio-basierten Wirtschaft«, Berlin 2010

18 www.biooekonomierat.de

19 Bundesministerium für Bildung und Forschung:»Wegweiser Bioökonomie. For schung für biobasiertes und nachhaltiges Wirtschaftswachstum«, Berlin 2014

20 Bundesministerium für Ernährung und Landwirtschaft:»Nationale Politikstrategie Bioökonomie. Nachwachsende Ressourcen und biotechnologische Verfahren als Ba sis für Ernährung, Industrie und Energie«, Berlin 2013

21 http://www.bbi-europe.eu

22 http://www.welthungerhilfe.de/ueber-uns/mediathek/whh-artikel/brennpunkt-nr-34.html

23 https://www.boell.de/de/bodenatlas

24 Franz-Theo Gottwald, Anita Krätzer: Irrweg Bioökonomie – Kritik an einem totalitä ren Ansatz, edition unseld, Suhrkamp Verlag, Berlin 2014

25 Gerald Hartung, Thomas Kirchhoff: Welche Natur brauchen wir? Analyse einer an thropologischen Grundproblematik des 21. Jahrhunderts«, Verlag Karl Alber, Frei burg/München 2014

26 Nicholas Georgescu-Roegen: The Entropy Law and the Economic Process, Harvard University Press, 1971

27 Herman E. Daly: Steady-State Eonomics, Island Press, 2nd edition, Washington 1991

28 Schlussbericht der Enquete-Kommission des Bundestages:»Wachstum, Wohlstand, Lebensqualität – Wege zu nachhaltigem Wirtschaften und gesellschaftlichem Fort schritt in der Sozialen Marktwirtschaft«, Berlin 2013

29 Nicholas Georgescu-Roegen:»The Entropy Law and the Economic Process in Retro spect«, Schriftenreihe des IÖW 5/87

30 Lewis Mumford: The Pentagon of Power, Harcourt, Brace, Jovanovich, New York 1971

31 Mathias Greffrath:»Wider die globale Unvernunft«, in: Atlas der Globalisierung: We niger wird mehr, Le Monde Diplomatique, Berlin 2015

KAPITEL 2

1 Die Deutsche Biotechnologie-Branche 2015, https://www.biotechnologie.de/BIO/Na vigation/DE/Hintergrund/studien-statistiken,did=180726.html?view=renderPrint

2 Ann Reid, Shannon E. Greene:»How Microbes Can Help Feed the World«, A Report from the American Academy of Microbiology, Washington 2012

3 Grüne Revolution: Mit hohen Fördersummen von Regierungen und Stiftungen wie der Rockefeller Foundation trieben Pflanzenzüchter in den 1960er und 1970er Jahren die Verbreitung neuer Hochleistungssorten bei den wichtigsten Grundnahrungsmitteln Weizen, Reis und Mais voran. Die auf starke Erträge gezüchteten Gewächse waren indes anfälliger, sie gediehen nur mit Hilfe großer Mengen von Kunstdünger auf Erdölbasis und zusätzlicher Bewässerung. Weil sie zunehmend monokulturell angebaut wurden, waren auch chemische Unkraut- und Schädlingsbekämpfungsmittel nötig. So konnte man zwar beim steigenden Bedarf einer wachsenden Bevölkerung Schritt halten. Aber über die lange Dauer verursachte die neue Errungenschaft viele Probleme, die die industrielle Landwirtschaft bis heute herausfordern: zum Beispiel Monokulturen, Stickstoffüberschüsse, Nitrat im Trinkwasser, die Überdüngung der Böden und Gewässer. Wirtschaftlich profitiert haben zudem meist Großbauern.

4 Peter Wagner:»The Future of Precision Farming«, http://lb.landw.uni-halle.de/publi kationen/pf/pf_efita99.htm; http://www.economist.com/news/business/21602757-managers-most-traditional-industries-distrust-promising-new-technology-digital; http://www.isafarmnet.com/2015OFNConf/pdf/Paul_Planter_Technology.pdf; https://www.accenture.com/_acnmedia/Accenture/Conversion-Assets/DotCom/Do cuments/Global/PDF/Digital_3/Accenture-Digital-Agriculture-Point-of-View.pdf

5 Piper Jaffray, Biological Crop Chemistry Primer: Green Shoots Through Green Products, http://library.constantcontact.com/download/get/file/1102591137375-215/ Cox+Industry+Note+-+Agriculture+08.27.13+copy.pdf

6 Edward Lanphier et al.:»Don't edit the germ line«, Nature, 12.03.2015 sowie: DFG, Leopoldina, acatech, Union der Deutschen Akademien der Wissenschaften:»Chancen und Grenzen des genome editing, Stellungnahme vom 15.09.2015

7 Ulrich Bahnsen:»Ein Schöpfungsakt«, DIE ZEIT, 27.05.2010

8 Synthetische Biologie: Finale Technisierung des Lebens oder Etikettenschwindel? TAB Brief Nr. 39, Schwerpunkt »Hope-, Hype- and Fear-Technologien«, Büro für Technikfolgen-Abschätzung beim Deutschen Bundestag

9 Synthetische Biologie. Stellungnahme der Deutschen Forschungsgemeinschaft (DFG), der Deutschen Akademie der Technikwissenschaften (acatech) sowie der Nationalen Akademie der Wissenschaften Leopoldina, Weinheim 2009

10 Arnold Sauter et al., Endbericht:»Synthetische Biologie – die nächste Stufe der Bio- und Gentechnologie«, Büro für Technikfolgen-Abschätzung beim Deutschen Bundestag, November 2015

11 http://ecowatch.com/2015/03/10/vertical-farms-grow-food

12 http://www.themenportal.de/wirtschaft/biooekonomie-bmbf-foerdert-drei-innovati onsallianzen-aus-iwbio-netzwerk-89728

13 http://www.newyorker.com/magazine/2012/05/14/the-artificial-leaf; http://brevia. hcura.org/artificial-photosynthesis-an-interview-with-daniel-nocera; https://www. youtube.com/watch?v=WD9yr-Bf-Kw&feature=youtu.be

14 http://aktuell.ruhr-uni-bochum.de/pm2015/pm00035.html.en

KAPITEL 3

1 http://eur-lex.europa.eu/legal-content/EN/TXT/?uri=celex:52005SC0430

2 Außenminister Frank-Walter Steinmeier zur Eröffnung der Konferenz »Berlin Energy Transition Dialogue«

3 Unabhängiges Institut für Umweltfragen: Energiepflanzenanbau und Biokraftstoffproduktion in Brasilien, Berlin 2012

4 Nachhaltige Entwicklungsziele: http://www.undp.org/content/undp/en/home/sdgo verview/post-2015-development-agenda.html; http://www.bmz.de/de/ministerium/ziele/ziele/2030_agenda/17_ziele/index.html; http://www.zeit.de/serie/un-entwick lungsziele

5 Zit. nach Felix Rohrbeck: »Bohren, bis die Blase platzt«, ZEIT Online, http://www.biooekonomierat.de/fileadmin/Publikationen/berichte/BOERMEMO_Pflanzenzu echtung_final.pdf

6 »Mark Carney warns investors face ›huge‹ climate change losses«, Financial Times, 29.09.2015

7 Andreas Mihm: »Bedroht der Klimawandel die Finanzmärkte?« Frankfurter Allgemeine Zeitung, 01.06.2015

8 Antwort der Bundesregierung auf die Kleine Anfrage grüner Abgeordneter zum »Risiko der sogenannten Carbon Bubble«, http://dip21.bundestag.de/dip21/btd/18/048/1804877.pdf

9 Harald Schumann: »Raus aus der Kohle – um Kohle zu machen«, Der Tagesspiegel, 05.10.2015

10 CHEManager 3/2010

11 DG Research and Innovation: »Bioeconomy Policy«; https://ec.europa.eu/research/bioeconomy/index.cfm?pg=policy&lib=bbpp

12 BMEL, Nationale Politikstrategie Bioökonomie, http://buel.bmel.de/index.php/buel/article/view/39/Sonderheft-220-html

13 Ebd.

14 Positionen und Strategien des Bioökonomierates, 14.05.2014, http://www.biooekonomierat.de/fileadmin/Publikationen/empfehlungen/Strategie papier.pdf

15 Bioökonomierat-Memo: »Beitrag der Pflanzenforschung zur Deckung des Rohstoffbedarfs«, 13.01.2015

16 Ralf Seppelt et al.: »Synchronized peak-rate years of global resources use«, in: Ecology and Society, Vol. 19, No. 4, 2014

17 http://www.iva.de/verband/die-pflanzenschutzindustrie-mit-kompetenz-die-spitze

18 Cathrin Caprez, Christiane Grefe: »Einer muss der Erste sein«, DIE ZEIT, 23.07.2015; Anke Sparmann: »Was ist da drin?«, DIE ZEIT, 10.12.2015

19 Union of Concerned Scientists: »The Rise of Superweeds – and What to Do About it«, Dezember 2013, http://www.ucsusa.org/sites/default/files/legacy/assets/documents/food_and_agriculture/rise-of-superweeds.pdf; https://www.pioneer.com/home/site/us/agronomy/weed-mgmt-and-glyphosate-resis

20 Christoph Then: »Die Rache von Käfer & Co. – 20 Jahre kommerzieller Anbau von

Gen-Pflanzen in den USA«, Studie i.A. des EU-Abgeordneten Martin Häusling, 25.02.2013

21 Robert F. Service:»What Happens, When Weed Killers Stop Killing?«, Science, 20.09.2013

22 »Systemic pesticides pose global threat to biodiversity and ecosystem services«, http://www.iucn.org/news_homepage/?16025/Systemic-Pesticides-Pose-Global-Threat-to-Biodiversity-And-Ecosystem-Services

23 In: Science, 20.09.2013, http://www.justlabelit.org/wp-content/uploads/2013/10/Scie nce-2013-What-Happens-1.pdf

24 Tom Philpott:»We'll All Eat Less Meat Soon, Like It or Not«, Mother Jones, 10.06. 2015

25 Piper Jaffray, Biological Crop Chemistry Primer: Green Shoots Through Green Products, http://library.constantcontact.com/download/get/file/1102591137375-215/Cox+Industry+Note+-+Agriculture+08.27.13+copy.pdf

26 »Masterplan Bioökonomie 2020«, http://www.ernaehrungswirtschaft.de/fileadmin/user_upload/Dateien/Downloads/Masterplan_Biooekonomie.pdf

KAPITEL 4

1 Christiane Grefe:»Im Schleudergang«, DIE ZEIT, 26.03.2015

2 Open Letter to Evover/Method, 02.06.2014, http://www.etcgroup.org/content/open-letter-ecover-method

3 Friends of the Earth, International Center for Technology Assessment, ETC Group et al.: »The Principles for the Oversight of Synthetic Biology«, http://www.synbiopro ject.org/process/assets/files/6620/_draft/principles_for_the_oversight_of_synthetic_ biology.pdf

4 http://www3.weforum.org/docs/WEF_GlobalRisks_Report_2014.pdf

5 Secretariat of the Convention on Biological Diversity:»Synthetic Biology«, CBD Technical Series 82, März 2015

6 Stellungnahmen der Wissenschaftlichen Ausschüsse der EU für Verbrauchersicherheit, öffentliche Gesundheit und Umwelt zur Synthetischen Biologie, http://ec.europa. eu/health/scientific_committees/emerging/docs/scenihr_o_044.pdf (2010); http://ec. europa.eu/health/scientific_committees/emerging/docs/scenihr_o_048.pdf (2015); http://ec.europa.eu/health/scientific_committees/emerging/docs/scenihr_o_050.pdf (2015); Kurzversion aller drei Stellungnahmen: http://ec.europa.eu/health/scienti fic_com mittees/docs/citizens_synbio_de.pdf

7 Convention on Biological Diversity, COP 12, Decision XII/24: New and emerging issues: synthetic biology, https://www.cbd.int/doc/?meeting=cop-12

8 ETC Group, Case Study: Vanilla and Synthetic Biology, http://www.etcgroup.org/content/case-study-vanilla etc

9 Sustainable Development Knowledge Platform/Technology Facilitation Mechanism, https://sustainabledevelopment.un.org/topics/technology/facilitationmechanism

10 http://www.cibus.com/products.php

11 http://www.bvl.bund.de/DE/06_Gentechnik/04_Fachmeldungen/2015/2015_06_03 _Fa_CIBUS.html

12 Ulrich Bahnsen:»Finden Sie den Unterschied!«, DIE ZEIT, 16.04.2015
13 Michael Bauchmüller:»Hendricks will gentechnikfreies Deutschland«, Süddeutsche Zeitung Online, 15.01.2015
14 »Wanka macht sich für Grüne Gentechnik stark«, https://www.biotechnologie.de/BIOOEKO/Navigation/DE/Aktuelles/politik,did=180874.html?view=renderPrint
15 »Kein Freifahrtschein für neue Gentechnik-Verfahren«, http://www.testbiotech.org/en/node/1178
16 Jost Maurin:»Gentechnik reloaded«, taz, 10.07.2015
17 Nathanael Johnson:»Team Obama plans big overhaul of GMO regulations«, Grist, 02.07.2015
18 New York Times, 02.07.2015
19 Erklärung von Bern: Agropoly, https://www.evb.ch/fileadmin/files/documents/Shop/EvB_Agropoly_DE_Neuauflage_2014_140707.pdf; ETC Group:»Putting the Cartel before the Horse ... and Farm, Seeds, Soil andPeasants, etc ... Who will control Agricultural Inputs?«, September 2013; ETC Group:»Breaking Bad. Big Ag Mega-Mergers in Play«, Dezember 2015
20 Die Agrarexpertin Hope Shand schätzte den Anteil allein der sechs größten Konzerne an der Agrarforschung auf das 23-Fache der Mittel, die den internationalen staatlichen Züchtungsinstituten in der Consultative Group on International Agricultural Research (CGIAR) für die großen globalen Fragen zur Verfügung stehen. Allerdings ist diese Studie von 2007 vermutlich nicht mehr ganz aktuell: http://www.seedsavers.org/site/pdf/HeritageFarmCompanion_BigSix.pdf
21 Zit. nach Ferris Jabr:»Creating Tastier and Healthier Fruits and Veggies With a Modern Alternative to GMOs«, The Scientific American, 23.01.2014
22 Colin K. Khoury et al.:»Increasing homogeneity in global food supplies and the implications for food security«, Proceedings of the National Academy of Sciences of the United States of America, 29.01.2014
23 Erklärung von Bern: Agropoly, https://www.evb.ch/fileadmin/files/documents/Shop/EvB_Agropoly_DE_Neuaufla ge_2014_140707.pdf
24 Zit. nach Alison Rice:»Stallman: Big Data Agreement Will Bring Farmers More Peace of Mind«, http://www.agweb.com/article/stallman-big-data-agreement-will-bring-farmers-mo re-peace-of-mind-alison-rice/
25 ETC Group:»Seedy Characters«, http://www.etcgroup.org/content/seedy-characters
26 http://www.nestle.de/zukunftsstudie
27 Ebd.
28 Evonik Industries, elements 43, 2/2013, http://corporate.evonik.de/_layouts/Web sites/Internet/DownloadCenterFileHandler.ashx?fileid=294
29 Christiane Grefe:»Das Brotgutachten«, ZEIT-Wissen Nr. 3, 2014
30 Ebd.
31 Nikolaus Geiler:»Unproblematisch und alternativlos? Die Bioökonomie und die Begrenztheit der Wasserressourcen« in: Forum Umwelt und Entwicklung, Rundbrief 2014
32 Petra Schaper-Rinkel:»Bio-Politische Ökonomie. Zur Zukunft des Regierens von Bio-

technologien«. in: Susanne Lettow (Hg.): Biökonomie. Die Lebenswissenschaften und die Bewirtschaftung der Körper, transcript-Verlag, Bielefeld 2012

33 Ralf Fücks: Intelligent wachsen: Die grüne Revolution, Carl Hanser Verlag, München 2013

34 Thomas Fatheuer, Lili Fuhr, Barbara Unmüßig: Kritik der Grünen Ökonomie, Oekom Verlag, München 2015

35 FAO: »Action Against Desertification«, http://www.fao.org/in-action/action-against-desertification/background/en/

36 Umweltbundesamt: Globale Landflächen und Biomasse nachhaltig und ressourcenschonend nützen, Dessau 2013

37 WWF Deutschland: »Fleisch frisst Land«,Berlin 2014

38 Friends of the Earth Europe: Burning land: How much land wll be required for Europe's bioenergy, Brüssel 2014

39 globalsoilweek.org

40 Umweltbericht der Bundesregierung 2015, http://www.bmub.bund.de/fileadmin/Da ten_BMU/Download_PDF/Strategien_Bila nzen/umweltbericht_2015_bf.pdf

41 www.landmatrix.org

42 Laut dem Land & Rights Watch-Projekt des Netzwerks PAN Asia Pacific (PANAP) haben 56 solcher Streitigkeiten in Afrika, Asien und Südamerika allein im ersten Halbjahr 2015 510 Tote gefordert. Bei dieser Zahl sind Konflikte um Minen einbezogen, doch auch dafür müssen Bauern oft ihr Land verlassen. Bei den Auseinandersetzungen ging es um Plantagen, Holzschläge und andere Agrarprojekte in Honduras, Kolumbien, Brasilien, Indonesien, Guatemala, Pakistan, Thailand, Indonesien.

43 European Commission, Generaldirektion Landwirtschaft und ländliche Entwicklung, Information Note: Study »Extent of Farmland Grabbing in the EU«, 28.09.2015

44 Stellungnahme des Europäischen Wirtschafts- und Sozialausschusses: »Jagd nach Agrarland – ein Alarmsignal für Europa und eine Bedrohung für bäuerliche Familienbetriebe«, Amtsblatt der Europäischen Union, 23.07.2015

45 Zwischenbericht der Bund-Länder-Arbeitsgruppe »Bodenmarktpolitik« vom 18.09. 2014; dazu auch: Die Grünen/Europäische Allianz: »Landjäger – Europas Äcker im Ausverkauf«, Brüssel 2015

46 Harald Schumann: »Kaufen Spekulanten den Osten auf?«, Tagesspiegel, 12.08.2013

47 Bernhard Forstner, Andreas Tietz: »Kapitalbeteiligung nichtlandwirtschaftlicher und überregional ausgerichteter Investoren an landwirtschaftlichen Unternehmen in Deutschland«, Thünen Report 5, https://www.ti.bund.de/media/publikationen/thuenen-report/Thuenen_Report_05. pdf

48 http://www.ktg-agrar.de/news-archiv/news-detail/ktg-agrar-se-die-von-fosun-international-limited-shanghai-china-kontrollierte-fidelidade-companh.html

49 www.raiffeisen.com/news/artikel/30239731

50 Christian Weiser et al.: »Integrated assessment of sustainable cereal straw potential and different straw-based energy applications in Germany, Applied Energy, Vol. 114, Feb 2014; Kurzfassung: https://www.ufz.de/index.php?de=32109

51 http://www.renewablematter.eu/art/65/Europe_Desperately_Seeking_Biomass

52 http://www.livingplanetindex.org/home/index

53 Gerardo Ceballos et al.: »Accelerated modern human-induced species losses: Entering the sixth mass extinction«, in: Science Advances, 19.06.2015

54 Thomas H. Kunz et al.: »Ecosystem services provided by bats«, Annals of the New York Academy of Sciences, http://www.bu.edu/cecb/files/2009/08/Kunz-et-al.-Eco system-Services_ANYAS-2011.pdf

55 Zit. nach Hans Diefenbacher: »Der Wert der Natur«, in: Welche Natur brauchen wir?, siehe Kap. 1, Anm. 25; sowie: Was kostet die Welt? Interview mit Frederik Vester, brand eins, 02/2003

56 www.teebweb.org

57 The Oakland Institute: »The Darker Side of Green. Plantation Forestry and Carbon Violence in Uganda«, Oakland 2014

58 Thomas Fatheuer: »Neue Ökonomie der Natur. Eine kritische Einführung«, https://www.boell.de/sites/default/files/neue-oekonomie-d-natur-2.aufl-vo1_kommentier bar.pdf

59 ETC Group/Heinrich-Böll-Stiftung: Biomassters battle to control the Green Economy, Ottawa/Berlin 2012

60 George Monbiot: The Pricing of Everything, www.monbiot.com/2014

61 Christoph Schön: »Der Wert der Natur«, Grüner Journalismus, 07.04.2015, www.gruener-journalismus.de/wert-der-natur

62 Martin Sharman: »Ethics and the ecosystem services paradigm«, http://freshwater blog.net/2013/07/03/perspective-martin-sharman-on-ethics-and-the-ecosystem-ser vices-paradigm/

63 Papst Franziskus: Enzyklika Laudato Si', Über die Sorge für das gemeinsame Haus, http://www.dbk.de/fileadmin/redaktion/diverse_downloads/presse_2015/2015-06-18-Enzyklika-Laudato-si-DE.pdf

64 J. Craig Venter on DNA and Life's Mysteries, http://www.wsj.com/articles/j-craig-venter-speaks-about-dna-and-the-mysteries-of-life-1423540853

65 Franz-Theo Gottwald, Anita Krätzer: Irrweg Bioökonomie – Kritik an einem totalitären Ansatz, edition unseld, Suhrkamp Verlag, Berlin 2014

66 Monteith McCollum: Hybrid – One Man's Passion for Corn, https://www.you tube.com/watch?v=jStyOuVV9A4

67 Petra Schaper-Rinkel, siehe Anm. 32

68 Video Biobased Economy (2D), Agentschap NL, https://www.youtube.com/watch?v =N_Be7cLMJYI

KAPITEL 5

1 E.N. Sawe: »Sustainable Charcoal Production for Poverty Reduction in Tanzania«, http://www.compete-bioafrica.net/events/events2/Brussels/S4-3-COMPETE-Confe rence-Brussels-Nov2009-Sawe.pdf

2 http://www.un.org/sustainabledevelopment/sustainable-development-goals

3 gbs2015.com/fileadmin/gbs2015/Downloads/Communique_final.pdf

4 http://www.bmel.de/SharedDocs/Downloads/Veranstaltungen/GFFA2015/GFFA-Abschlusskommunique-2015-EN.pdf?__blob=publicationFile5
5 Studie des Land Rights Research and Resources Institute, www.hakiardhi.org/
6 http://www.globalbioenergy.org/uploads/media/0508_GTZ_-_Liquid-biofuels-for-transportation-in-Tanzania.pdf
7 www.actionaid.org/publications/take-action-stop-ecoenergys-land-grab
8 Zit. nach Jasper van Teeffelen/Evert Vermeer Foundation: »Fuelling Progress or Poverty? The EU and Biofuels in Tanzania – Policy Coherence for Development in practice«, http://www.fairpolitics.nl/ doc/Impact%20Study%20DEF.pdf
9 https://new-alliance.org
10 www.sagcot.com
11 European Parliament, Directorate-General for External Policies, Olivier De Schutter: »The New Alliance for Food Security and Nutrition in Africa«, http://www.europarl.europa.eu/RegData/etudes/STUD/2015/535010/EXPO_STU(2015)535010_EN.pdf
12 Hannah Twomey et al.: »Allianz der Zäune: Großflächige Agrarinvestitionen in Tansania. Eine Analyse auf Grundlage des Rechts auf Nahrung«, https://www.misereor.de/fi lead/min/publikationen/studie-allianz-der-zaeune-kurzfassung-deutsch-2015.pdf
13 http://www.norfund.no/eastern-africa/agrica-article312-319.html
14 De Schutter, siehe Anm. 11
15 http://www.gatesfoundation.org/Media-Center/Press-Releases/2012/05/Bill-Gates-Statement-in-Response-to-G8-Food-Security-Commitment
16 www.gatesfoundation.org
17 Peter Buffett: »The Charitable-Industrial Complex«, New York Times, 26.07.2013, http://www.nytimes.com/2013/07/27/opinion/the-charitable-industrial-complex.html
18 www.agra.org
19 http://wema.aatf-africa.org/about-wema-project
20 Brot für die Welt/The African Centre for Biodiversity: »Profiting from the Climate Crisis undermining resilience in Africa; Gates and Monsanto's Water Efficient Maize for Africa (WEMA) Project«, Melville/SA 2015; https://www.brot-fuer-die-welt.de/fi leadmin/mediapool/2_Downloads/Fachinformationen/Sonstiges/Zusammenfas sung_WEMA-Studie_de.pdf
21 Welthungerhilfe, terre des hommes: »Anreicherung von Nahrungsmitteln: ›Techno-Fix‹ oder nachhaltige Lösung für versteckten Hunger?«, Bonn 2014
22 http://project2.zalf.de/trans-sec/public/

KAPITEL 6

1 Jules Pretty, Rachel Hine: »Reducing Food Poverty with Sustainable Agriculture: A Summary of new Evidence«, Februar 2001; Greenpeace, Brot für die Welt (Hg.): Ernährung sichern: Nachhaltige Landwirtschaft – eine Perspektive aus dem Süden, Brandes & Apsel, Frankfurt 2001; Jules Pretty: Agri-Culture: Reconnecting People, Land and Nature, Routledge, London 2002

2 »The Man Who Stopped the Desert«, http://www.1080films.co.uk/Yacoubamovie

3 Christiane Grefe: »Regenernte in Indien«, DIE ZEIT, 04.08.2005

4 Ebd.

5 http://rodaleinstitute.org/regenerative-organic-agriculture-and-climate-change

6 http://www.weltagrarbericht.de/themen-des-weltagrarberichts/agraroekologie/agraroekologie-volltext.html

7 http://www.unep.org/dewa/Assessments/Ecosystems/IAASTD/tabid/105853/Defa

8 Spiegel-Interview, 16.01.2012: http://www.spiegel.de/international/world/un-food-and-agricultural-chief-speculation-is-an-important-cause-of-high-prices-a-809289.html

9 Hermann Fischer: Stoff-Wechsel – Auf dem Weg zu einer solaren Chemie für das 21. Jahrhundert, Verlag Antje Kunstmann, München 2012

10 Urs Niggli: »Landwirtschaftliche Vielfalt und High-Tech: ein Widerspruch?, https://www.youtube.com/watch?v=pzNBXgEp7rw

11 http://www.tompkinsconservation.org/farm_laguna_blanca.htm

12 Gunter Pauli: Neues Wachstum, Konvergenta Verlag, Berlin 2010; The Blue Economy, Konvergenta Verlag, Berlin 2012

13 Michael Braungart, William McDonough et al.: Einfach intelligent produzieren, Piper Verlag München, 2014;»Intelligente Verschwendung: The Upcycle: Auf dem Weg in eine neue Überflussgesellschaft, Oekom Verlag, München 2014

14 Steffi Ober: Partizipation in der Wissenschaft. Zum Verhältnis von Forschungspolitik und Zivilgesellschaft am Beispiel der Hightech-Strategie, Oekom Verlag, München 2014

15 Deutsche Forschungsgemeinschaft: Förderatlas 2015 – Kennzahlen zur öffentlich finanzierten Forschung in Deutschland, Weinheim 2015

16 http://www.forschungswende.de/fileadmin/uploads/user_upload/Zivilgesellschaft_beteiligen.pdf

17 Wissenschaftsrat:»Zum wissenschaftspolitischen Diskurs über Große Herausforderungen«, Positionspapier Stuttgart 2015

18 Im Beirat der Hightech-Strategie sitzen für die Zivilgesellschaft Vertreter der Stiftung Warentest, der Volkswagen-Stiftung, des Deutschen Gewerkschaftsbundes, des Sachverständigenrates zur Begutachtung der gesamtwirtschaftlichen Entwicklung, des Bundesnetzwerkes Bürgerschaftliches Engagement sowie des Rates für Nachhaltige Entwicklung

19 Mathias Greffrath:»Wider die globale Unvernunft«, in: Atlas der Globalisierung: Weniger wird mehr, Le Monde Diplomatique, Berlin 2015

KAPITEL 7

1 Enoch zu Guttenberg:»Ich trete aus dem BUND aus«, Frankfurter Allgemeine Zeitung 13.05.2012

2 http://www.klimaretter.info/umwelt/nachricht/19252-hans-josef-fell-verlaesst-den-bund; http://www.sonnenseite.com/de/politik/bund-wehrt-sich-gegen-fell-kritik.html

3 Joachim Braun im Interview mit Christiane Grefe:»Nicht mit Hauruck und Hurra«, DIE ZEIT, 15.01.2015

4 European Commission, »Circular Economy Strategy«, http://ec.europa.eu/environ ment/circular-economy/index_en.htm

5 Dagmar Dehmer: »Öl ins Feuer«, Der Tagesspiegel, 07.03.2011

6 »Bioökonomie: Produkte aus biologische Rohstoffen«, http://www.welthungerhilfe. de/biooekonomie; Anna Mohr, Tina Beuchelt, Rafaël Schneider und Detlef Virchow, »A rights-based food security principle for biomass sustainability standards and certification systems«, Bonn, November 2015, http://www.welthungerhilfe.de/fileadmin/ user_upload/Themen/Hunger/MohrBeucheltEtAl-2015-ZEF_Working_Paper_143_ 20151110Printversion. pdf

7 Roeland Bosch, Mattheüs van de Pol, Jim Philp: »Define biomass sustainability«, in: Nature, Vol. 523, 30.07.2015

8 »Sustainable Agriculture, Forestry and Fisheries in the Bioeconomy: A Challenge for Europe«, 4th SCAR Foresight Exercise, Generaldirektion für Forschung und Innovation der Europäischen Union, Brüssel 2015. Die acht Forschungsthemen im SCAR-Bericht: Ökologische Intensivierung; Precision Farming; die Widerstandsfähigkeit (Resilienz) von Landwirtschaft und Landschaften gegenüber Einflüssen des Klimas und menschlicher Aktivitäten verbessern; den Wandel zu Erneuerbaren Energien in seinen Möglichkeiten und Folgen ergründen; Geschäftsmodelle für die Kreislaufwirtschaft; Wechselwirkungen zwischen sozialem und technologischem Wandel; Regeln für Märkte und Subventionen; die Folgen der Innovationen für die gesamte Biosphäre

9 »Global Visions for the Bioeconomy. An International Delphi-Study«, Berlin, November 2015, http://gbs2015.com/fileadmin/gbs2015/Downloads/GBS2015_02_Del phi-Study.pdf

10 »Globale Landflächen und Biomasse nachhaltig und ressourcenschonend nutzen«, Umweltbundesamt, Dessau 2013

11 Tanja Busse: »Klingt gut, ist aber gefährlich«, WDR, 26.11.2015

12 Michael Succow et al. (Hg.): Naturschutz in Deutschland, Christoph Links Verlag, Berlin 2012

13 Nicholas Georgescu-Roegen: »The Entropy Law and the Economic Process in Retrospect«, Schriftenreihe des IÖW 5/87

14 Arundhati Roy: »Rumpelstilzchens Reinkarnation«, in: Die Politik der Macht, München 2003

LITERATURAUSWAHL

Amery, Carl, Scheer, Hermann: Klimawechsel. Von der fossilen zur solaren Kultur, Verlag Antje Kunstmann , München 2001

Berger, John, Von ihrer Hände Arbeit. Eine Trilogie, Büchergilde Gutenberg, 1995

Bioökonomierat

– Der Biokonomierat: Auf dem Weg zur biobasierten Wirtschaft, Berlin 2014

– BÖRMEMO 1: »Landwirtschaft in Deutschland – ihre Rolle für die Wettbewerbsfähigkeit der Bioökonomie«; BÖRMEMO 2: »Die deutsche Chemieindustrie – Bedeutung für die Wettbewerbsfähigkeit der Bioökonomie«; BÖRMEMO 3: »Beitrag der Pflanzenforschung zur Deckung des Rohstoffbedarfs der Bioökonomie«; BÖRMEMO 4: »Bioenergiepolitik in Deutschland und gesellschaftliche Herausforderungen«, November 2015

– »Positionen und Strategien des Bioökonomierates«, 14.5.2014

– »Global Visions for the Bioeconomy. An International Delphi-Study«, Berlin, November 2015

– »Bioeconomy Policy (PartI) – Synopsisans Analysis of Strategies in the G 7; (Part II) – Synopsis of National Strategies around the World«, Berlin 2015

Bonaccorso, Mario: Inside the European Bioeconomy, Verlag Lulu.com, 2013

Braungart, Michael, McDonough, William et al.: Einfach intelligent produzieren, Piper Verlag München, 2014

Braungart, Michael, McDonough, William et al.: Intelligente Verschwendung: The Upcycle: Auf dem Weg in eine neue Überflussgesellschaft, Oekom Verlag, München 2014

Budde, Joachim, Gottwald, Franz-Theo: »Mit Bioökonomie die Welt ernähren?« Eine kritische Kurzstudie im Auftrag des Instituts für Welternährung mit Unterstützung der Schweisfurth Stiftung, Berlin 2015

Büro für Technikfolgen-Abschätzung beim Deutschen Bundestag, Arnold Sauter et al., Endbericht: »Synthetische Biologie – die nächste Stufe der Bio- und Gentechnologie«, November 2015

Bundesministerium für Bildung und Forschung/Bundesministerium für Ernährung und Landwirtschaft: »Bioökonomie in Deutschland. Chancen für eine biobasierte und nachhaltige Zukunft«, Berlin 2014

Bundesministerium für Bildung und Forschung: »Nationale Forschungsstrategie BioÖkonomie 2030. Unser Weg zu einer bio-basierten Wirtschaft«, Berlin 2010

Bundesministerium für Bildung und Forschung:»Wegweiser Bioökonomie. Forschung für biobasiertes und nachhaltiges Wirtschaftswachstum«, Berlin 2014

Bundesministerium für Ernährung und Landwirtschaft:»Nationale Politikstrategie Bioökonomie. Nachwachsende Ressourcen und biotechnologische Verfahren als Basis für Ernährung, Industrie und Energie«, Berlin Juli 2013

Bundesministerium für Ernährung und Landwirtschaft: Förderprogramm Nachwachsende Rohstoffe, Juni 2015

Bundesregierung: Roadmap Bioraffinerien im Rahmen der Aktionspläne der Bundesregierung zur stofflichen und energetischen Nutzung nachwachsender Rohstoffe, Mai 2012

Deutsche Forschungsgemeinschaft (DFG), Deutsche Akademie der Technikwissenschaften (acatech), Nationale Akademie der Wissenschaften Leopoldina: Stellungnahme zur Synthetischen Biologie, Weinheim 2009

Deutsche Forschungsgemeinschaft (DFG), Deutsche Akademie der Technikwissenschaften (acatech), Nationale Akademie der Wissenschaften Leopoldina, Union der deutschen Akademien der Wissenschaften:»Chancen und Grenzen des genome editing, Stellungnahme vom September 2015

Daly, Herman E.: Steady-State Economics, Island Press, 2nd edition 1991

ETC Group:»The New Biomassters, Synthetic Biology and the Next Assault on Biodiversity and Livelihoods«, November 2010

– »Putting the Cartel before the Horse ... and Farm, Seeds, Soil and Peasants etc.: Who will Controll the Agricultural Inputs?«, Ottawa, September 2013

ETC Group, Heinrich-Böll-Stiftung:»Outsmarting Nature? Synthetic Biology and Climate Smart Agriculture«, Ottawa/Berlin, November 2014

– »Extreme Biotech Meets Extreme Energy«, Ottawa, November 2014

European Commission,»Sustainable Agriculture, Forestry and Fisheries in the Bioeconomy: A Challenge for Europe«, 4th SCAR Foresight Exercise, Brüssel 2015

European Commission:»Innovating for Sustainable Growth: A Bioeconomy for Europe«, Brüssel 2012

Fatheuer, Thomas, Fuhr, Lili, Unmüßig, Barbara: Kritik der Grünen Ökonomie, Oekom Verlag, München 2015

Fatheuer, Thomas:»Neue Ökonomie der Natur: Eine kritische Einführung«, Heinrich-Böll-Stiftung, Schriften zur Ökologie, 2013

Fischer, Hermann: Stoff-Wechsel – Auf dem Weg zu einer solaren Chemie für das 21. Jahrhundert, Verlag Antje Kunstmann, München 2012

Forum Umwelt und Entwicklung:»Goldgräberstimmung. Bioökonomie zwischen Welthunger und Rohstoffalternativen«, Rundbrief 4/2014

Fücks, Ralf: Intelligent wachsen: Die grüne Revolution, Carl Hanser Verlag, München 2013

Georgescu-Roegen, Nicholas: The Entropy Law and the Economic Process, Harvard University Press, 1971

Gottwald, Franz-Theo, Krätzer, Anita: Irrweg Bioökonomie – Kritik an einem totalitären Ansatz, edition unseld, Suhrkamp Verlag, Berlin 2014

Hartung, Gerald, Kirchhoff, Thomas: Welche Natur brauchen wir? Analyse einer anthropologischen Grundproblematik des 21. Jahrhunderts, Verlag Karl Alber, Freiburg/München 2014

Holdinghausen, Heike, Reller, Armin: Der geschenkte Planet. Nach dem Öl beginnt die Zukunft, Westend Verlag, Frankfurt 2014

Koechlin, Florianne, Battaglia, Denise: Mozart und die List der Hirse – Natur neu denken, Lenos Verlag, Basel 2012

Lahl, Uwe: »Bioökonomie für den Klima- und Ressourcenschutz – Regulative Handlungskorridore«, Studie im Auftrag des NABU, März 2014

Langbein, Kurt: Landraub – Die globale Jagd nach Ackerland, Ecowin, Wals bei Salzburg, 2015

Le Monde Diplomatique, »Atlas der Globalisierung: Weniger wird mehr, Berlin 2015

Lettow, Susanne (Hg.): Biökonomie. Die Lebenswissenschaften und die Bewirtschaftung der Körper, transcript-Verlag, Bielefeld 2012

Meyer von Bremen, Ann-Helen, Rundgren, Gunnar: Foodmonopoly – Das riskante Spiel mit billigem Essen, Oekom Verlag, München 2014

Mumford, Lewis: The Pentagon of Power, Harcourt, Brace, Jovanovich, New York 1971

Neßhöver, Carsten: Biodiversität – Unsere wertvollste Ressource, Herder Verlag, Freiburg 2013

Ober, Steffi: Partizipation in der Wissenschaft. Zum Verhältnis von Forschungspolitik und Zivilgesellschaft am Beispiel der Hightech-Strategie, Oekom Verlag, München 2014

OECD (Organisation für wirtschaftliche Zusammenarbeit und Entwicklung): »The Bioeconomy to 2030. Designing a Policy Agenda. Main Findings and Policy Conclusions«, Paris, 2009

Pauli, Gunter: Neues Wachstum, Konvergenta Verlag Berlin 2010

–: The Blue Economy , Konvergenta Verlag, Berlin 2012

Politische Ökologie: »Forschungswende – Wissen schaffen für die Große Transformation«, Oekom Verlag, München 2015

Schwägerl, Christian: Menschenzeit: Zerstören oder gestalten? Die entscheidende Epoche unseres Planeten, Riemann Verlag, München 2010

Thurn, Valentin, Kreutzberger, Stefan: Harte Kost. Wie unser Essen produziert wird – Auf der Suche nach Lösungen für die Ernährung der Welt, Ludwig Verlag, München 2014

Weltagrarbericht: Synthesebericht, hrsg. von Stephan Albrecht, Albert Engel, Hamburg University Press, Hamburg 2009

Wissenschaftsrat: »Zum wissenschaftspolitischen Diskurs über Große Herausforderungen«, Positionspapier, Stuttgart 2015

Zukunftsstiftung Landwirtschaft et al.: »Wege aus der Hungerkrise. Die Erkenntnisse und Folgen des Weltagrarberichtes: Vorschläge für eine Landwirtschaft von morgen«, Berlin 2013

DANKSAGUNG

Zu diesem Buch haben so viele Menschen mit unzähligen Gesprächen, Ideen, Gedanken, Lese- und Veranstaltungshinweisen, Unterstützung bei Recherchereisen und vor allem kostbarer Lebenszeit beigetragen, dass ich unmöglich alle auflisten kann. Mögen sie alle sich von einem riesengroßes Gesamtdankeschön angesprochen fühlen und mir dieses ebenso verzeihen wie die gar nicht so mutigen Lücken in diesem Buch – sowie die Tatsache, dass ich doch einige wenige Namen herausgreife. Vielen Dank dem Landschaftsökologen Timo Kaphengst für seine kritische Lektüre des Manuskriptes. Vielen Dank all denen, die sich für die Streitgespräche viel Zeit genommen haben: Petra Schwille und Andreas Weber; Franz-Theo Gottwald und Carl-Albrecht Bartmer, Hermann Fischer und Jörg Rothermel sowie Benedikt Härlin und Juan Gonzalez-Valero. Ein großer Dank meiner Familie und den Freunden für Zuspruch und Großzügigkeit gegenüber Abwesenheiten und Nervenbündeleien. Dank der ZEIT-Redaktion, die einen Teil der Recherchen ermöglicht hat. Last not least, ein großer Dank Antje Kunstmann und Moritz Kirschner und ihren Verlagskollegen, die dieses Buch ermöglicht und sein Entstehen mit jeder Hilfestellung begleitet haben – und vor allem: mit sehr viel Geduld.